लाल बहादुर शास्त्री:
मृत्यु या हत्या?

लाल बहादुर शास्त्री: मृत्यु या हत्या?

विवेक रंजन अग्निहोत्री

हिंदी अनुवाद:
विश्वास तिवारी

B L O O M S B U R Y
NEW DELHI • LONDON • OXFORD • NEW YORK • SYDNEY

BLOOMSBURY INDIA
Bloomsbury Publishing India Pvt. Ltd
Second Floor, LSC Building No. 4, DDA Complex,
Pocket C – 6 & 7, Vasant Kunj,
New Delhi 110070

First published in India 2022
This edition published 2022

ISBN: PB: 978-93-54353-17-8; e-Book:978-93-54353-25-3
2 4 6 8 10 9 7 5 3 1

Printed and bound in India by Thomson Press India Ltd.

FSC www.fsc.org
MIX
Paper from responsible sources
FSC® C010615

To find out more about our authors and books, visit www.bloomsbury.com and sign up for our newsletters

विषय-सूची

प्रस्तावना एवं आभार

जीवन में कई बार चमत्कार होते हैं।
यह पुस्तक भी एक चमत्कार का परिणाम है।

भारत के द्वितीय प्रधानमंत्री की जयंती के दिन उनके स्मरण में किये गए एक साधारण से ट्वीट के कारण यह यात्रा शुरू हुई जिसने मुझे आत्मान्वेषण, मेरे उद्देश्य को समझने में और मेरे सच को जानने में मेरी मदद की।

जैसा कि आप इस पुस्तक में पढ़ कर जानेंगें कि लाल बहादुर शास्त्री की ताशकंद में हुई रहस्यमयी मृत्यु के पीछे के सत्य का पता लगाने में एक अदृश्य शक्ति ने मेरा मार्गदर्शन किया। एक मामूली सी जिज्ञासा व्यापक शोध में बदल गयी जो चार वर्षों तक चलता रहा। एक बार जब मेरे लिये चारों तरफ से रास्ते बंद हो गये थे तब मैंने आम लोगों से मेरा साथ देने का आग्रह किया और फिर हजारों लोग इस सत्य का पता लगाने के लिये मेरे साथ जुट गये। जब *दि ताशकंद फाइल्स* फिल्म सारी रुकावटों के बावजूद सिनेमाघरों में 100 दिनों तक चलती रही तब मैंने इस सफलता का श्रेय उन सभी अज्ञात लोगों को दिया जिन्होंने मुझे ऐसा करने के लिये प्रेरित किया, मेरी मदद की और इस यात्रा में मुझे सहयोग दिया। मैं उन सब के प्रति अपना आभार व्यक्त करता हूँ।

हम कोई पेशेवर शोधार्थी तो नहीं लेकिन जिस तरह कभी-कभी आम लोग पत्रकारिता में सहभागी हो जाते हैं, उस तरह आप हमें

भी उन आम लोगों की गिनती में रख सकते हैं जो शोध करने लग जाते हैं। जब हमने इस यात्रा की शुरुआत की थी तब हम केवल यह जानना चाहते थे कि शास्त्री की मृत्यु वाली 'रात' क्या हुआ था पर जब हमने इस यात्रा को पूर्ण किया तब तक हम 1962 में भारत को चीन के हाथों मिली करारी हार से लेकर 1975 के डरावने और घिनौने आपातकाल तक, सब जान चुके थे। नेहरू या इंदिरा के भारत में शास्त्री जैसे जमीन से जुड़े नेता के लिए कोई जगह क्यों नहीं थी? क्या भारत बिक्री के लिए रख दिया गया था? इसे किसने बेचा था? क्या इसी वजह से शास्त्री को मिटा दिया गया? इसलिये मैं उस समय के भारत की घिनौनी राजनीति का पर्दाफाश करने के लिये प्रतिबद्ध हो गया, जो कदाचित शास्त्री जी की मृत्यु के रहस्य के पीछे का कारण भी हो सकती है। हो सकता है यह सच न भी हो पर इससे आपको आगे की तहकीकात करने में मदद मिलेगी। अब यह आपके ऊपर है कि आप स्वयं अपने सत्य की खोज करें।

जैसा कि मैंने पहले भी कहा है कि हम कोई पेशेवर शोधार्थी नहीं है लेकिन अपने इस शोधकार्य के दौरान हमने हर उस चीज का अध्ययन किया जो हमें मिल सकी जिसमें–लेख, अखबार में छपी खबरें, डॉक्युमेंट्रीज, किताबें, संसदीय दस्तावेज, साक्षात्कार, अनौपचारिक बातचीत, आर.टी.आई. आदि शामिल हैं। यहाँ तक कि हम व्हिसल ब्लोअर तक बन गये। उस समय मुझे इस बात का बिलकुल अंदाजा नहीं था कि एक दिन मैं इस पुस्तक को लिखने के लिये मुख्य शोध को इस प्रकार संकलित करूँगा। अगर पता होता तो लिखने के सन्दर्भ से बेहतर तैयारी करता। इसके अलावा मुझे एक और समस्या का सामना करना पड़ा जिसमें बहुत सारे लेख ऐसे थे जो दूसरे लेखों के हवाले से लिखे गये थे और जो दूसरे लेख थे उनमें अन्य लेखों का सन्दर्भ था और जिनमें अन्य

लेखों का सन्दर्भ था, वह कई किताबों के सन्दर्भ से लिखे गये थे। ऐसी स्थिति में मूल स्रोत तक पहुँचना लगभग असंभव लगने लगा था। शायद ऐसा इसलिये भी था क्योंकि पहले किसी ने शास्त्री जी की मृत्यु में कोई रुचि ही नहीं दिखायी थी इसलिये इसके ऊपर कोई ठोस काम भी नहीं किया गया था। हालांकि मैंने पुस्तक के अंत में सभी स्रोतों की एक सूची तैयार की है फिर भी अगर मैंने किसी का नाम लेने में भूल की हो तो उसके लिये मैं अपनी पूरी निष्ठा से माफी चाहता हूँ। ऐसा मैंने जानबूझकर नहीं किया। मैं उन सभी लोगों के प्रति आभार प्रकट करता हूँ जिनकी सहायता से हमने यह शोधकार्य पूरा किया। मैं अनुज धर के प्रति आभार प्रकट करता हूँ जिन्होंने हमें शोध से जुड़ी जानकारियाँ उपलब्ध करायीं जिनमें संसदीय दस्तावेज शामिल हैं।

मैं नहीं जानता कि शास्त्री जी की रहस्यमयी मृत्यु का सच हमें कभी पता चलेगा या नहीं परन्तु एक बात मैं बहुत अच्छे से जानता हूँ कि स्वतंत्र भारत में हमें यानि भारत के नागरिकों को सत्य जानने का अधिकार नहीं है।

इस पुस्तक ने मेरे इस विश्वास की पुष्टि की है कि असंभव को संभव होने में समय लगता है पर हमें अपनी आशा को सदा जीवित रखना चाहिये क्योंकि अन्ततोगत्वा सत्य की ही विजय होती है अर्थात *सत्यमेव जयते*।

मैं अपने संपादकों, श्रेया, प्रवीण और मेघा को धैर्य रखने और उनके सहयोग के लिये धन्यवाद देता हूँ। मैं ब्लूम्सबरी के सभी अद्‌भुत लोगों को धन्यवाद देता हूँ।

मैं शास्त्री जी के परिवार, विशेषकर महिमा शास्त्री, मंदिरा शास्त्री और संजय नाथ सिंह को धन्यवाद देता हूँ, जिनकी अंतर्दृष्टि के बिना यह पुस्तक अधूरी होती। मैं तृप्ति शर्मा को धन्यवाद देता हूँ, जिन्होंने निस्वार्थ भाव से मेरे विचारों का उच्च स्तर पर

परीक्षण किया। इस यात्रा में, मैं मेरी आत्मीय बहन डिम्पल कौल का भी धन्यवाद देता हूँ।

मैं स्मरण करता हूँ श्री कुलदीप नैयर को जिन्होंने अपने देहावसान से कुछ महीने पहले ही उन सभी रहस्यों का खुलासा करने के लिए मुझे चुना, जिनके बारे में उन्होंने न कभी लिखा था न बोला था। मैं अपने आप को बहुत भाग्यशाली मानता हूँ कि इस यात्रा के दौरान मुझे तीन लोगों, मेरे पिताजी की डायरी, मेरी अर्धांगिनी पल्लवी और मेरे सहायक सौरभ उपाख्य 'डॉक्साब' का निरंतर मार्गदर्शन मिलता रहा। आत्मन्वेष्ण की मेरी इस यात्रा में इन लोगों ने नये-नये आयाम और पहलुओं को जोड़ा और साथ ही इन्होंने मेरे लिए एक प्रयोगशाला बनकर कार्य किया। जब कभी मैं अपने जीवन के लक्ष्य को लेकर भ्रमित हुआ तब मेरे पापा की आवाज ने मेरी सहायता की। पल्लवी की सहज सत्यनिष्ठा मेरी निर्भयता का स्रोत बन गयी और डॉक्साब ने मुझे मेरी युवावस्था याद दिलायी, मेरी जड़ों का अहसास करवाया।

ऐसे सैंकड़ों लोग हैं जिन्होंने इस कार्य में मेरी कई तरह से सहायता की। मैं उन सब को धन्यवाद देता हूँ।

अंत में, मैं उस परमात्मा को धन्यवाद देता हूँ जिसने मुझे इस कथा को सुनाने के लिये चुना।

पहला दृश्य

1

पापा की डायरी

सच सचमुच मीठा हो, यह जरूरी नहीं। जब सच सामने आता है तो तलाक हो जाते हैं। जब सच सामने आता है तो कई बार बँटवारे हो जाते हैं। जब सच सामने आता है तो युद्ध भी छिड़ जाते हैं। जब सच सामने आता है तो देश भी बँट जाते हैं। सच मार भी सकता है। सच, वास्तव में, एक घातक चीज है।

उस दिन 2 अक्टूबर का दिन था–गाँधी जयंती। गाँधी, जो सच के लिये जिये और सच के लिये मरे। जिनके सच ने हमें स्वतंत्र करवाया और उनके एक सच ने बँटवारा भी करवाया।

हर साल की तरह मैं गाँधी पर ट्वीट करना चाहता था। सोचा क्यों न इस बार एक पंक्ति गाँधी की ही किताब सत्य के साथ मेरे प्रयोग से लिखूँ?

जब मैं 14 साल का था, तब मेरे पिताजी ने मुझे गाँधीजी की आत्मकथा पुस्तक की एक प्रति उपहार में दी थी। यह पुस्तक मेरी लाइब्रेरी में कहीं होनी चाहिए। वास्तव में, मेरे पास इसकी दो प्रतियाँ हैं। एक मैं वर्धा के पास सेवाग्राम में एक भाषण प्रतियोगिता में जीता था, जहाँ गाँधीजी ने हरिजनों और अन्य स्वतंत्रता सेनानियों के लिए गृह तुल्य अपना आश्रम बनाया था। मेरे पिताजी भी उनमें से एक थे। गुजरात के साबरमती आश्रम से 1930 में अपनी नमक

आंदोलन पदयात्रा के बाद गाँधीजी ने तब तक साबरमती नहीं लौटने का फैसला किया था जब तक भारत स्वराज (आजादी) हासिल नहीं कर लेता। 1936 में उन्होंने उद्योगपति जमनालाल बजाज द्वारा दान में दी गई 300 एकड़ जमीन में अपने नए आश्रम की स्थापना की। वर्धा से करीब सात से आठ किलोमीटर दूर यह बंजर भूमि सेवाग्राम आश्रम बन गई, जहाँ गाँधीजी सन 1948 में दिल्ली में अपनी मृत्यु तक रहे।

एक शॉल, सत्य के साथ मेरे प्रयोग के अलावा गाँधी पर लिखी कुछ अन्य पुस्तकें, एक नारियल, एक ट्राफी और ईनाम में मिले पूरे एक हजार रुपये लेकर मैं वापस लौट रहा था तब मुझे ऐसा लग रहा था मानो लाखों रुपए मिल गये हों। रास्ते में नागपुर से मैंने पापा के लिये एक डायरी खरीदी।

जिनका जन्म 1960/1970 के दशक में नहीं हुआ है वे लोग निजी डायरी के महत्त्व को नहीं समझ सकते। उस समय की डायरी की तुलना आज के मोबाइल से अवश्य की जा सकती है। एक बार सोच कर देखिये अगर एक दिन के लिये आपको मोबाइल न मिले... कैसा लगेगा आपको? भले ही यह दोनों अलग-अलग चीजें हों पर इनके लिये लगाव एक सामान ही है।

डायरी में लोग केवल अपने विचार ही व्यक्त नहीं किया करते थे, बल्कि वे उसमें लेख लिखा करते थे, महत्त्वपूर्ण तारीखें, पते, बैंक अकाउंट नंबर, हिसाब-किताब, और अन्य स्मरणीय बातें भी लिखा करते थे। डायरी के पन्नों के बीच महत्त्वपूर्ण फोटो, रसीदें, एवं अन्य स्मरणीय वस्तुएँ भी रखी जाती थीं।

मैं चलता जा रहा था... गली के बाद गली, कुछ अंधियारी... लम्बी... सँकरी गली... और फिर एक और गली... और फिर मुझे वह दुकान दिख गयी जहाँ अक्टूबर के महीने में ही आने वाले साल की डायरियां रखी हुई थीं। थोड़ी भूख सी लग रही

थी, प्यास और थकान भी थी पर यह सोच कर कि मैं पापा को डायरी गिफ्ट करने जा रहा हूँ, वह भी खुद के कमाये हुए उन पैसों से जो मुझे राष्ट्रपिता पर दिये गये भाषण से मिले थे, मेरा मन उत्साहित हो उठा।

'क्या इस पर तुम्हारा नाम लिखना है?'–दुकानदार ने पूछा!

'जी। अ–ग्नि–हो–त्री'–मैंने बहुत गौरव के साथ कहा!

'गोल्ड या सिल्वर'–उसने पूछा!

विकल्प एक समस्या होती है, विशेष रूप से यदि दोनों विकल्प समान हो और उनका पहले कभी परिक्षण या अनुभव न किया हो। अनजान चीजों को अपनाने में हमेशा 50–50 का चांस होता है। ज्यादातर लोग चॉइस देने पर उलझन में पड़ जाते हैं। ऐसा इसलिए होता है क्योंकि चेतन मन विकल्पों का मूल्यांकन करने लग जाता है क्योंकि अंतर समान होता है, हमें समझ ही नहीं आता कि क्या बेहतर है? चेतन मन की अपनी सीमायें होती हैं पर हमारे मस्तिष्क में ऐसी इन्द्रियां हैं जो अचेतन-मन से हमारे लिये ठीक वो चुन कर लाती हैं जो हमारे लिये श्रेष्ठ होता है और उसे कहते हैं–सहजवृत्ति जैसे कि दादी माँ के हाथ का अचार। वह कभी भी यह नहीं बता पायेंगीं कि वह कौन सी एक ऐसी चीज जो उन्होंने अचार में डाली है, जिसके कारण उसका वह स्वाद बना। मैं हमेशा अपनी सहजवृत्ति पर निर्भर रहता हूँ और इसके कारण में जल्द फैसले भी ले पाता हूँ।

क्या गोल्ड कलर एक संस्कृत के विद्वान को... जिसने वेदों का अनुवाद किया हो... अच्छा लगेगा? सिल्वर थोड़ा कम दिखावटी है... पर क्या उस इंसान को जिसने अपनी जवानी जेलों में बितायी हो... गाँधीजी की बस एक आवाज पर... सब कुछ छोड़ आजादी की लड़ाई में जुट गया हो... क्या उसे सिल्वर अच्छा लगेगा? जिसने अपनी पीठ पर जेलरों के कोड़े खाये हों... जिसने कभी

सर नहीं झुकाया हो, चाहे खून से पीठ लाल हो गयी हो... लाल... हाँ... लाल अच्छा रहेगा... अच्छा तो लगा पर न जाने क्यों कहीं चुभ सा रहा था... अचेतन मन में... पापा के व्यक्तित्व के ऊपर... क्या वह इंसान जो सिर्फ खादी पहनता हो और जिसके बाल भी सफेद हो गयें हों... पूरे सफेद... भारत में अक्सर एक ईमानदार मिडिल क्लास आदमी के बाल जवानी में ही सफेद हो जाते हैं। सफेद बाल... सफेद कुरता पजामा... चेहरे पर सम्पूर्ण शांति... शांति का भी तो एक रंग होता है–सफेद–पूर्णतः सफेद। चाचा नेहरू भी तो सफेद कबूतरों को उड़ाकर शांति का सन्देश दिया करते थे पर वे हमेशा एक लाल गुलाब अपने कोट पर सजा कर रखते थे। क्या उन्हें कभी अहसास नहीं हुआ होगा कि लाल रंग तो अशांति का होता है? या क्लेश का? कलह का? खतरे का? जलन का? या अहंकार का? अगर चाचा नेहरू शांति के पुजारी थे तो वे हमेशा अहंकार वाले रंग को अपने कोट पर क्यों सजा कर रखते थे? मुझे याद है मेरे पापा कहा करते थे, 'शांति जोड़ती है और अहंकार तोड़ता है।' मगर लाल रंग तो कम्युनिस्टों का भी होता है। रूसी कम्युनिस्ट... लाल अक्टूबर... लाल पैसा... लाल आतंक... बस लाल...

'गोल्ड या सिल्वर' दुकानदार जोर से चिल्लाया और मैं सहसा वास्तविकता में लौट आया।

जब मैं सोच में डूब जाता हूँ तो मुझे कुछ और दिखाई सुनाई ही नहीं देता। दूकानदार ने जरूर मुझसे कई बार पूछा होगा और मैंने सुना ही नहीं होगा क्योंकि उस वक्त तो मैं यह सोच रहा था कि जब मेरे पापा नहीं होंगे तब सिर्फ डायरी का यह रंग ही तो रहेगा और जब मैं भी नहीं रहूँगा तब भी सिर्फ रंग ही रहेगा। यह सिर्फ रंगों का विकल्प नहीं था बल्कि यह एक युग को परिभाषित करने की तरह था–जैसे गाँधी-युग। जिस इंसान की जिन्दगी संघर्ष

और त्याग से भरी हो उसे भला कौन रंग दे सकता है? सफेद और केवल सफेद ही चलेगा।

'सफेद' मैंने जोर से कहा और दुकानदार ने बहुत ही रूखेपन से एक डायरी उठायी और पेंसिल से उसके पहले पेज पर उर्दू में कुछ लिखने लगा। 'लिखिये मत प्लीज'–मैंने कहा!

'घबराओ मत, मिट जायेगा'–जवाब आया!

पर वह अब नयी तो नहीं रह गयी। काश पापा की नयी डायरी पे सबसे पहले मैं लिख पाता–'टू पापा' (पापा के लिये) फिर साइन करता... पहले पेज पर। एक 15 साल के बच्चे की सोच जो अपने पापा के लिये अपनी पहली कमाई से ऐसा कुछ देना चाहता था कि पापा बस खुश हो जायें... इस उम्र में बच्चे अपने पिता की तुलना या तो ईश्वर से करते हैं या फिर राक्षस से... इस मामले में मैं बहुत भाग्यशाली था।

'गर्ल फ्रेंड के लिये?'

'नहीं... मेरे पापा के लिये...'

'फिर क्या फर्क पड़ता है?'–यह कहते हुए उसने पहले पेज पर पेंसिल से लिखा हुआ मिटाया और आखरी पेज पर कुछ लिखते हुए डायरियों के ढेर पर उसे धम्म्म्म... से पटक दिया। डायरी के गिरने पर जोर से आवाज हुई जो मेरे कानो से ज्यादा मेरे दिल ने सुनी। जब आप किसी चीज से पूरी घनिष्टता के साथ जुड़ जाते हैं तब आपके कान बंद हो जाते हैं और आप दिल से सुनना शुरू कर देते हैं। डायरी का इस तरह फेका जाना मुझे उसका अपमान सा लगने लगा। एकदम से वह एक खास डायरी से आम डायरी की तरह दिखने लगी। डायरी का अपमान जैसे पापा का अपमान... जिस तरह से उस दुकानदार ने डायरी को फेंका था... ऐसा लगता था पक्का ये कोई शैतान है।

'सफेद रंग उतरेगा तो नहीं'–मैंने बहुत उत्सुकता से पूछा और आखिर क्यों नहीं? मेरी पहली कमाई से पहली चीज जो मैं अपने पापा के लिये खरीदने जा रहा था... मैं हर तरह से संतुष्ट हो जाना चाहता था।

'अच्छी पसंद है... गोल्ड और सिल्वर बहुत जल्दी उतर जाते हैं।'

'और सफेद?' मैंने फिर से बहुत उत्सुकता के साथ पूछा जैसे कि इस प्रश्न के उत्तर में ही कहीं मेरे और पापा के बीच का रिश्ता छुपा हो।

'कभी नहीं जायेगा'–उसने अपने अनुभव से जवाब दिया जो उसकी आँखों से झलक रहा था।

'सफेद क्यों नहीं मिटता?'

'क्योंकि सफेद कोई रंग ही नहीं है... रंग मिट जाते हैं... सफेद नहीं।'

पापा का देहांत 95 वर्ष की आयु में हुआ। उनके निधन के बाद मैंने उनकी अधिकतर पुस्तकें जरूरतमंद लोगों को दान कर दीं और बची हुई कुछ पुस्तकें और डायरी मैं घर ले आया। आठ साल बीत गये थे पर मैंने एक बार भी उनकी डायरी खोल कर नहीं देखी थी। मैं सीधे अपनी लाइब्रेरी की ओर भागा और डायरी ढूंढने लगा। ऐसा लग रहा था कि मैं फिर से नागपुर की लम्बी सँकरी गलियों में आ गया हूँ और सूर्य की धूप, सीधे मेरे ऊपर पड़ रही है। काफी कोशिशों के बाद मुझे डायरी मिल गयी। ऑनलाइन खरीदी कुछ नई चमकीले कवर वाली किताबों के पीछे से झाँक कर शायद डायरी भी मुझ को ही देख रही थी।

नौकर-चाकर सफाई करते समय अक्सर पुरानी चीजों को नई चमकने वाली चीजों के पीछे छुपा देते हैं चाहे उनमें कोई गुण,

महत्व या सच्चाई हो या न हो। नयापन, कवर डिजाइन और रंग मायने रखते हैं। यहाँ तक कि चमक, और उभरे हुए शीर्षक भी मायने रखते हैं।

डायरी मेरे हाथ में थी और ऐसा लग रहा था जैसे बहुत देर तक धूप में पैदल चलने के बाद मुझे बरगद के पेड़ की छाया मिल गयी हो। वह अमिट–सफेद रंग जैसा का तैसा बना हुआ था। उस डायरी पर पापा का नाम लिखा देख ऐसा लग रहा था जैसे पापा मेरी तरफ देख कर मुस्कुरा रहे हों–बिलकुल वैसे ही जैसे वे हमेशा मुस्कुराया करते थे जब मैं भाषण प्रतियोगिता जीत कर आता था।

मैंने पहला पेज खोला–'टू पापा' यह मैंने ही लिखा था और उसके अगले पेज पर पापा की लिखावट में ऋग्वेद का एक श्लोक था। मैं पन्ने पलट-पलट कर देखता जा रहा था और तब मुझे अहसास हुआ कि पापा ने अपनी डायरी में जो कुछ भी लिखा वह ऐसे ही हर कुछ नहीं लिखा था बल्कि वे एक व्यवस्थित अनुक्रम में लिखे हुए घटनाक्रमों के ऊपर उनके विचार थे। कुछ थोड़ा बहुत इतिहास, कुछ दर्शन ज्ञान (फिलॉसफी) कुछ उस समय की राजनीति। एक पेज पर तो मम्मी ने धोबी का हिसाब लिख रखा था। कुल मिलाकर पापा ने उनकी आँखों-देखी जिंदगी का निचोड़ इस डायरी में लिखा था जो मेरे हाथों में थी। लोग विरासतें छोड़ जाते हैं। पापा ने मुझे विरासत में किताबें दीं... डायरी दी... और दी जिंदगी जीने की कला।

कुछ घंटों तक मैं डायरी में ही डूबा रहा। कभी इधर से तो कभी उधर से... इतनी उत्सुकता बढ़ गयी थी कि क्रम से एक के बाद एक पेज नहीं पढ़ पा रहा था... पर जहाँ से भी खोलता... बस एक ही बात, एक ही जज्बा सामने आता–भारत–इंडिया–मेरा देश। जैसे ही मैंने लाल बहादुर शास्त्री पर लिखा हुआ यह लेख

पढ़ा तब सहसा मुझे याद आया कि असल में तो मैं गाँधी पर एक पंक्ति ढूंढने निकला था जिस पर मैं ट्वीट करना चाहता था।

जब लाल बहादुर शास्त्री ने लोगों से स्वेच्छिक व्रत करने की अपील की तब भारत के पास अनाज की बहुत कमी हो गयी थी। हरित क्रांति का बीज बोने के साथ ही शास्त्री ने त्याग की उपासना भी की। त्याग का उपयोग, उन्होंने एक राजनीतिक शस्त्र की तरह किया। राजनीति में प्रकाश की आवश्यकता है। प्रकाश यानि की आम आदमी की भी राजनीति में भागीदारी। उपवास तो हमारे संस्कारों में पहले से जुड़ा हुआ है और शास्त्री ने इस उपवास को भोजन संकट से जोड़ दिया और भारतवासियों से उपवास कर त्याग करने की अपील की और सबको एकजुट कर दिया। त्याग जोड़ता है अहंकार तोड़ता है। नेहरू ने गाँधी से कभी त्याग करना नहीं सीखा जो कि शास्त्री ने सीखा। आखिर देश में परिवर्तन कैसे आयेगा जब तक लोगों में देश के प्रति त्याग करने की भावना नहीं पनपेगी। त्याग सर्वोच्च है–त्याग शुद्धि का द्वार है। जब तक हम स्वयं शुद्ध नहीं हो जाते तब तक परिवर्तन नहीं आ सकता। जब ये बात मैंने अपने स्टाफ रूम में कही तो माहौल थोड़ा गर्म सा हो गया। शायद उनको लगता है कि शास्त्री उपवास की बात सिर्फ नेहरू-वाद से ध्यान भटकाने के लिये कर रहें है। न तो वह एक वक्त का उपवास करना चाहते और न ही संकट की इस घड़ी में देश के साथ खड़ा होना चाहते, ऐसे में मेरा रविवार को उपवास करने का संकल्प और भी दृढ हो गया। अगर हमने हमारा भाग्य हमारे नेता के हाथों सौंप दिया है तो हमें उस पर

विश्वास करना चाहिये और उसके बताये हुए पथ पर चलना चाहिये। अगर उस पथ पर त्याग करना लिखा है तो एक सच्चे अनुयायी को त्याग से भला कैसा भय? अगर भारत को एक सच्चा स्वतंत्र राष्ट्र बनना है तो पारस्परिक त्याग ही इसका हल है। आज हमें त्याग करने वाले नेता चाहिये अहंकार करने वाले नहीं।

इस डायरी ने सैंकड़ों ऐसी बाते याद दिला दीं जो पापा के जाने के बाद न जाने कहाँ दब गयीं थीं।

मुझे आज भी याद है हर साल 2 अक्टूबर को पापा मुझ से पूछते थे कि, 'बताओ आज और किसका जन्म हुआ था?'

'शास्त्री जी।'

'शाबाश, तुम इस बात को कभी मत भूलना चाहे दुनिया लाख जतन करे।'

'हे भगवान्! मैं कैसे भूल सकता हूँ? कैसे? कि आज लाल बहादुर शास्त्री का भी तो जन्म दिवस है?'—मुझे आश्चर्य हुआ!

मुझे उनका सादा जीवन हमेशा प्रेरित करता था। मैं कैसे भूल सकता हूँ शास्त्री जयंती को? क्या मीडिया इतना असर डालती है हमारे जीवन पर? अगर सच की आवाज को लम्बे समय तक दोहराया न जाये तो वह भुला दी जाती है।

'बताओ आज के दिन कौन पैदा हुआ था?' मैंने अपने 14 वर्ष के बेटे से पूछा, जो अपने टैबलेट (Tablet) में उलझा हुआ था!

'गाँधी जी।'

'और कौन?'

'और कौन?'

'हाँ, और कौन पैदा हुआ था आज के दिन?'

'और कौन पैदा हुआ था आज के दिन? मुझे नहीं पता।'

'क्या तुम्हारे स्कूल में तुम्हें किसी ने भी नहीं बताया कि आज के दिन शास्त्री जी भी पैदा हुए थे?'

'शास्त्री... कौन?'

मुझे विश्वास ही नहीं हो रहा था... मेरा... हाँ मेरा बेटा... इसको यह नहीं पता कि शास्त्री कौन थे? मैं तो ऐसा सोचता था कि मेरे बच्चे एक बहुत ही अच्छे स्कूल में पढ़ते हैं। पर मुझे अब यह लगने लगा कि इन से कहीं ज्यादा तो मुझे पता है जबकि जिस केंद्रीय विद्यालय में, मैं पढ़ता था उसकी फीस एक रुपया महीना थी। मैं इस शिक्षा प्रणाली से बहुत निराश था। मैं बहुत आहत और हताश सा महसूस कर रहा था।

Let's not forget today is also Lal Bahadur Shastri's birthday. शास्त्री जी की एक फोटो के साथ मैंने ट्वीट किया। ट्वीट करने से पहले मैं उनकी फोटो थोड़ी देर के लिए देखता रहा। 60 वर्ष की आयु में भी वह कितने ऊर्जावान दिखते थे, उनकी आँखों में अहंकार नहीं था, कोई द्वेष नहीं था, कोई तनाव नहीं था। उनका व्यक्तित्व कुछ ऐसा प्रतीत होता था जैसे कि आप उनके सामने कोई भी स्वीकारोक्ति कर सकते हो। उनको देखकर ऐसा लगता था जैसे वह दूसरों की भलाई के लिये खुद हमेशा त्याग और बलिदान के लिये तैयार बैठे हों। मैंने उनमें एक सज्जन, विचारशील, मनभावन, ईमानदार, सदाचारी इंसान देखा। आप उनके चेहरे की झुर्रियाँ देखकर यह कह सकते हैं कि अपने त्याग और तपस्या से उन्होंने जीवन की ऊँचाइयों और गहराइयों को भली-भाँति मापा है। अगर कोई मुझसे यह कहे कि एक सच्चे भारतीय की पेंटिंग बनाओ तो मैं निसंकोच शास्त्री जी की ही पेंटिंग बनाऊँगा।

मैं शास्त्री जी पर पूर्णतः विश्वास करता हूँ।

मुझे इस बात का दूर-दूर तक भी अहसास नहीं था कि यह ट्वीट मुझे एक ऐसे सफर पर ले जा रहा था जहाँ पर मेरी भेंट सत्य के साथ होगी और न सिर्फ मेरी जिंदगी हमेशा-हमेशा के लिये बदल जायेगी बल्कि मैं स्वतंत्र भारत के सबसे बड़े षड़यंत्र का खुलासा करूँगा।

ये करना बहुत कठिन था। असंभव तो नहीं पर असंभव से बस थोड़ा ही नीचे।

इस सफर में त्याग और तपस्या मेरे साथी बने।

2

एक विचार का जन्म

मैं जैसे ही अपने क्रिएटिव स्टूडियो में दाखिल हुआ डॉक्साब बोले–'सर, ये देखिये'–और अपनी व्हाट्सएप चैट ओपन कर दी!

'अरे इतनी लम्बी'–मैंने कहा!

'सर आप पढ़िये तो सही'–डॉक्साब बोले!

'अपने बॉस को बोलो कि वो शास्त्री जी के कत्ल पर एक मूवी बनायें'

'बॉलीवुड के अंदर इतनी ताकत नहीं।'

'अगर वो... 'बुद्धा इन ट्रैफिक जैम' बना सकते हैं तो वो शास्त्री के कत्ल पर भी एक फिल्म बना सकते हैं।'

'जहर दिया गया था शास्त्री जी को...'

'नहीं! उनको हार्ट अटैक आया था'–डॉक्साब का जवाब!

'नहीं–उन्हें मारा गया था–तुम्हे इतना भी नहीं पता?'

ऐसे जवाब आ रहे थे...

'आप बस विवेक जी से कहो कि वो एक फिल्म बनाये शास्त्री जी की हत्या पर।'

'सच सामने आना चाहिये।'

'वो नहीं बना सकते ऐसी फिल्म'–डॉक्साब का जवाब।

'पर क्यों?'

'क्या वो भी बॉलीवुड के गुलाम हैं?'

'जो आप बोल रहें हैं, उनको ऐसा कुछ पता ही नहीं।'

'उनको भारत के बारे में क्या पता है?'

'सर आप वो मत सोचिये जो ये बोल रहे हैं मगर इस कहानी में पक्का एक फिल्म छुपी हुई है'–डॉक्साब बोले।

'किस कहानी के अंदर'–मैंने पूछा।

'जो ट्वीट आपने किया था आज सुबह... लाल बहादुर शास्त्री पर... तो क्यों न एक फिल्म बनायी जाये?'–डॉक्साब ने बड़े भोलेपन से कहा।

मुझे हँसी आ गयी।

'सर इतने सारे लोग प्रतिक्रिया कर रहे हैं, बातें कर रहे हैं–वो कुछ जानना चाह रहे हैं... शास्त्री... एक महान नेता थे... भारत के प्रधानमंत्री थे... उनसे भारत के नागरिक प्यार करते थे।'

'आपको पता तो है मैं बायोपिक्स नहीं बनाता डॉक्साब... और फिर उनके जीवन में जय जवान जय किसान के अलावा कुछ खास था भी नहीं... कोई ड्रामा... कोई कॉन्ट्रोवर्सी... कुछ भी तो नहीं... महान जीवन एक महान कहानी या महान सिनेमा बने, यह जरूरी नहीं।'

'सर उनकी जिंदगी पर नहीं... उनकी मौत पर! और लोग भी तो यही जानना चाहते हैं! क्या उन्हें मारा गया था? और अगर हाँ तो किसने मारा था उन्हें?'

'ये कोई नहीं जानता।'

'बायोपिक नहीं सर–मर्डर मिस्ट्री।'

डॉक्साब की आँखों में विश्वासपूर्ण एक असाधारण-सी चमक थी। मानो डॉक्साब ने तो फैसला भी कर लिया हो... ऐसा अक्सर कम होता है मगर जब होता है तो उसे नजर अंदाज नहीं किया जा सकता! जब सरलता, अंदर की आवाज के साथ मिल कर कुछ कहती है तब एक चिंगारी निकलती है। यह चिंगारी ही बाद में बहुत बड़ी आग बन जाती है।

जब मैं डॉक्साब से पहली बार मिला था तब वह उलझे बिगड़े बालों वाला एक दुबला-पतला नौजवान था जिसने कई दिनों से दाढ़ी नहीं बनाई थी, उसके गाल भीतर घुसे हुए थे, कमीज पर सिलवटें थीं और वह गंदे से जूते पहने हुए था। अगर किसी को एक कुपोषित आदमी के लिए कास्ट करना हो जिसने वर्षों में कोई प्रोटीन नहीं लिया है और जो प्रति दिन मैगी के दो पैकेटों पर जीवित रहता है, तो वह एक सुपात्र होता। मैं तुरंत समझ गया कि ये कोई स्ट्रगलर है।

बॉलीवुड में दो तरह के स्ट्रगलर होते हैं। एक तो वे जो प्रोटीन शेक पी कर मसल बनाने का संघर्ष करते हैं और एक वे जो पानी पी कर अवसर पाने का संघर्ष करते हैं। इनकी भी एक पहचान होती है। प्रोटीन शेक डूड्स एकदम टाइट कपड़े पहनते हैं जिसमें से उनकी मसल झलकती है और मैगी-पानी वाले अक्सर ढीले ढाले कपड़ों में देखे जाते हैं।

डॉक्साब का असली नाम सौरभ पांडे है और वह उत्तर प्रदेश के प्रतापगढ़ के रहने वाले हैं। वे एक गीतकार बनना चाहते थे सो मुंबई आ गए थे। शायद उन्हें यह नहीं पता कि फिल्म जगत जो बॉलीवुड के नाम से अधिक लोकप्रिय है, यहाँ, ऐसा कर पाना इतना आसान नहीं। हर एक प्रतिभावान कलाकार की तरह उन्होंने ने भी कई फिल्मों में बतौर असिस्टेंट डायरेक्टर के रूप में काम किया। इसी काम की तलाश में वे एक दिन मेरे ऑफिस आये, पर प्रोडक्शन टीम ने उन्हें रिजेक्ट कर दिया।

'वो आपके टाइप नहीं' मेरे एक्जेक्यूटिव डायरेक्टर ने मुझे बताया। यह बड़ी अजीब बात है कि फिल्म जगत में इस बात पर ज्यादा महत्व दिया जाता है कि कौन किस के टाइप है बजाय उसकी योग्यता और प्रतिभा पर। मुझे याद है करण जौहर ने निखिल अडवाणी को सिर्फ इस बात पर रिजेक्ट कर दिया था

क्योंकि वे कुरता पहनकर आये थे। खुद अपने इंटरव्यू में करण जौहर ने कहा 'ही वोर कुर्ता... नॉट माय टाइप'।

'क्या आपने पहले कहीं काम किया है?'

'सर, मैं सीखना चाहता हूँ।'

'आपमें वो क्या है जो आप सबसे अच्छे से कर सकते हैं... किसी और से बेहतर'–मैंने एक अलग-सा सवाल किया।

'मैं भीड़ पर नियंत्रण किसी से भी बेहतर कर सकता हूँ।'

इस कार्यक्षेत्र में बिताये अपने 20 वर्षों में मैंने किसी भी महत्वाकांक्षी असिस्सेटेंट को ऐसा उत्तर देते कभी नहीं सुना था। ज्यादातर लोग कार्यक्रम, पटकथा, या निरंतरता के बारे में बात करते हैं। कुछ एक बोल जाते हैं कि आप जो बोलेंगे मैं वो करूँगा, पर भीड़ पर नियंत्रण करने वाली बात वो भी इतने गर्व के साथ, मैंने कभी नहीं सुनी। भारत में भीड़ बहुत उपद्रवी हो जाती है। भीड़ को नियत्रण करने वाला जोखिम भरा काम, भला कौन करना चाहेगा? ऐसा नही है कि लोग बुरे होते हैं पर सवाल पूरी व्यवस्था पर है। अक्सर स्थानीय गुंडे पुलिस वालों से साँठ-गाँठ कर भीड़ में शामिल हो जाते हैं और जैसे ही शूटिंग आगे बढती है वे तब तक व्यवधान पैदा करते रहते हैं जब तक उनके और सहायकों के बीच लड़ाई न हो जाए। बस यही समय होता है जब पुलिस मामले को सुलझाने के नाम पर भारी रिश्वत की माँग करती है। यह पूरा काम पुलिस और गुंडे मिलकर करते हैं। यह खेल तब से चल रहा है जब से फिल्म निर्माता आउटडोर शूटिंग कर रहे हैं। भारत में लोग सोचते हैं कि फिल्म वालों को धमकी दे कर आसानी से लूटा जा सकता है। कितने पैसों में बात तय होती है यह प्रोडक्शन-डाइरेक्शन टीम की होशियारी पर निर्भर करता है और अगर कहीं थोड़ी भी चूक होती है तो सहायक की पिटाई हो जाती है। इस तरह के हादसे शूटिंग का एक हिस्सा ही बन

गये हैं पर कोई इसे भ्रष्टाचार की तरह नहीं देखता। अगर गलत काम को रोका न जाये तो जल्द ही वह एक चलन बन जाता है और फिर प्रथा और अंत में संस्कृति का एक अंश। कला और कलाकार के प्रति सम्मान की कमी हमारी जन-संस्कृति बन गयी है। माँ-बाप अपनी लड़कियों की शादी कलाकारों से नहीं करना चाहते। राजनेता, बिना जाने ऐसी कोई भी कला पर अनिवार्य रूप से प्रतिबंध लगा देना चाहते हैं जो उन्हें अपने लिये खतरा लगती है। मजहब भी कला से घृणा करते हैं। पुलिस उन्हें उपद्रवी समझती है। कुल मिलाकर अगर आप अपना काम शांति और सम्मान के साथ करना चाहते हैं तो आपको नेता पुलिस और मजहब के ठेकेदारों से सम्बन्ध बनाना पड़ेंगे। पर इस तरह की साँठ-गाँठ करना भी तो अपने आप में एक कला ही है।

आकर्षक और ठाट बाट की नौकरी के बजाय, सौरभ ने सबसे कम ग्लैमरस और सबसे जोखिम भरा काम चुना था। मुझे यह अनूठा लगा ।

'क्यों?'-बस इतना ही पूछ सका।

'क्योंकि जब आप भीड़ के बीच होते हैं तब ही आप उस भीड़ को जान पाते हैं... उनके समाज के बारे में जान पाते हैं और सिनेमा को भी समझा पाते हैं... आखिर वही भीड़ ही तो हमारी दर्शक है...' सौरभ की आँखों में वही सर्वाइवल इंस्टिंक्ट (जिंदा रहने की वृत्ति) दिख रही थी जो कि एक आवारा कुत्ते में दिखती है जब वह नस्ली कुत्तों के झुण्ड में फँस जाता है।

मैंने उन्हें काम पर रख लिया।

कभी चाय पर, तो कभी भरी दोपहरी में, कभी मेरे स्टूडियो की खिड़की से सुंदर सूर्यास्त को देखते हुए, हमने लगभग हर विषय पर बातचीत की-राजनीति से लेकर अध्यात्म तक। सौरभ की एक बात मुझे बहुत प्रभावित करती थी-वह दूसरों से एकदम

हटकर सोचता था, उसकी नजर वो देख लेती थी जो दूसरों को नहीं दिख पाता था। अगर ऐसे लोगों को मौका दे दिया जाये तो वे इस प्रणाली को एक नये अंजाम तक पहुँचाने की क्षमता रखते हैं। बहुत दुःख की बात है कि भारत के छोटे-छोटे शहरों के इन मध्यम वर्गीय बच्चों के अंदर सब कुछ है पर नहीं है तो एक अवसर-एक मौका।

सौरभ को घमंड का जरा भी अहसास न था पर उनकी एक अपनी स्टाइल थी, उनके काम करने के तरीके और बर्ताव को देख कर ऐसा लगता था जैसे कि वो एक बहुत गंभीर शोधार्थी हों। कानो में हमेशा हेडफोन्स फंसे होते थे, आखें स्मार्टफोन में गढ़ी हुई, अपने ही खयालों में खोया हुआ सा... डूबा हुआ सा और कभी-कभी तो इतनी चिढ़ आ जाती थी क्योंकि आपने सवाल किया कुछ और जवाब आया कुछ और। पर यह 'कुछ और' ही तो आपको एक अलग रास्ते पर ले जाता था। यही कारण था कि सौरभ नाम उनके व्यक्तित्व से मेल नहीं खाता था। सौरभ नाम बहुत साफ-सामान्य-साधारण है जबकि, सौरभ भीड़ में रहना वाला एक ऐसा इंसान है जिसे पता है कि भीड़ क्या सोचती है। भीड़ का एक ऐसा डॉक्टर जिसने पी.एच.डी. न की हो। इसलिये मैं सौरभ को डॉक्साब बोलता हूँ-डॉक्टर साहेब का शार्ट फॉर्म।

डॉक्साब हमेशा मेरे ट्वीट्स के जवाब पढ़ने के लिये उत्सुक रहते हैं।

'जवाबों में विचारों का खजाना छुपा होता है'-डॉक्साब ऐसा मानते थे।

और यह सच भी है। असल भारत की समझ किसी के सोशल मीडिया की पोस्ट के जवाबों में ही झलकती है। पहले यह सच 'सम्पादक के नाम पत्रों' में पाया जाता था। भारत तेजी से बदल

सकता है अगर राजनेता सिर्फ यह अनजानी आवाजें सुनना शुरू कर दें। डॉक्साब ने पाया की उस दिन जवाबों में बहुत से लोग भारत के दूसरे प्रधानमंत्री लाल बहादुर शास्त्री की ताशकंद में हुई रहस्यमयी मृत्यु पर फिल्म बनाने को बोल रहे थे। मेरा DM भी ऐसे ही जवाबों से भरा पड़ा था। इतने सारे जवाब थे कि ऐसा लग रहा था कि जैसे काँग्रेस विरोधी समूह ने मुझे भारतीय राष्ट्रीय काँग्रेस को शर्मिंदा करने के लिये ऐसा करने की साजिश रची थी क्योंकि आम धारणा यह है कि शास्त्री की मौत के पीछे भारत की तीसरी प्रधानमंत्री इंदिरा गाँधी का हाथ रहा था। यह असाधारण था। प्राय: लोग प्रसिद्ध लोगों की मृत्यु के पीछे कहानी बुन लेते हैं। श्रीदेवी के प्रशंसकों ने उनकी मृत्यु का आरोप उन्हीं के पति पर लगाना शुरू कर दिया था। जैसे शादी-ब्याह में काना-फूसी चलती है ठीक वैसे ही प्रसिद्ध व्यक्ति के मरने पर भी काना-फूसी शुरू हो जाती है। हर एक कोने में एक षड़यंत्र की कहानी बनने लगती है, कोई कुछ कहता है कोई कुछ। षड़यंत्र की मन-घडन्त कहानियाँ ड्रग्स की तरह नशा देती हैं। जब लोग उनकी बनायी हुई कहानियों पर विश्वास करने लगते हैं तब उन्हें एक अलग टाइप का आनन्द आने लगता है। वे मन-घडन्त सच के ऐसे तार जोड़ देते हैं जिनका असल में कोई अस्तित्व ही नहीं होता। जैसे कि मृगतृष्णा के अंदर एक और मृगतृष्णा। फिर ये चाहते हैं कि सिस्टम इनकी बातों पर यकीन करे और छानबीन कर सच को सामने लाये जो सच है ही नहीं। हां, कभी षड़यंत्र भी होतें हैं और सामने भी आते हैं पर करोड़ो में एक।

शाम को जब मैं चाय पीते समय शास्त्री की पोस्ट पर आये जवाबों के बारे में सोच रहा था, मेरी नजर पापा की डायरी पर पड़ी...

पाकिस्तान के साथ ताशकंद समझौते पर हस्ताक्षर करने के कुछ घंटों के उपरांत शास्त्री की मृत्यु हो गयी थी। जब मैं सर्दियों में ताशकंद गया था तब मैंने अनुभव किया था कि वहाँ ठण्ड बहुत तेज पड़ती है। हो सकता है शास्त्री को एक और दिल का दौरा पड़ा हो। और यह भी हो सकता है, जैसा कि सुनने में आया है कि उन्हें जहर दिया गया हो। जो भी हो, सवाल यह उठता है कि उनका पोस्ट-मॉर्टम क्यों नहीं किया गया? कोई भी जाँच-पड़ताल क्यों नहीं की गयी? हम ने सत्य जानने का प्रयत्न भी क्यों नहीं किया? आज के युग में क्या सत्य जानना असंभव है? प्रजातंत्र में हर कोई समानता और न्याय के अधिकारों के लिये लड़ता है पर क्या सत्य के बिना समानता वाला प्रजातंत्र प्राप्त किया जा सकता है? क्या सत्य को जानना हमारा पहला मौलिक अधिकार नहीं होना चाहिये?

इस प्रश्न का उत्तर हाँ और सिर्फ हाँ है। पर बॉलीवुड में हम सबको पता है कि हमें राजनेताओं पर कभी भी फिल्में नहीं बनाना है। ऐसा कहीं लिखा हुआ तो नहीं, पर सब समझते हैं। सिर्फ यही एक कारण है कि भले ही हमने इतनी सारी बायोपिक्स बना डालीं हों पर एक भी किसी राजनेता पर नहीं बनायी गयी। फौजी पर बायोपिक या क्रिमिनल पर बायोपिक, गैंगस्टर पर बायोपिक यहाँ तक कि सिल्क स्मिता पर *The Dirty Picture* पर भी बायोपिक बन सकती है पर नेहरू, संजय गाँधी या राजीव गाँधी आदि पर कभी नहीं। अब समस्या यह खड़ी हो जाती है कि चाहे आप किसी भी नेता के ऊपर फिल्म बनाने जाओ पर बिना गाँधी-नेहरू परिवार को शामिल किये वो पूरी नहीं हो सकती। स्वतंत्र भारत

की पूरी राजनीति इस परिवार के इर्द-गिर्द ही घूमती है। सोचिये कितनी गहरी जड़ें हैं इस परिवार की। और फिर बायोपिक्स में मुझे कोई दिलचस्पी भी तो नहीं। मैं मानता हूँ कि जीवन इस धरती पर केवल एक बार ही जिया जाता है। फिर उस जीवन की कहानी को दोहराना कुछ ऐसा ही है जैसे राजाओं और सम्राटों के मरणोपरांत उनकी प्रतिमा बना देना। बायोपिक्स में सच्चाई नहीं होती। बायोपिक्स की कहानियाँ नमक-मिर्च की परतों में लपेटकर प्रोफेशनल्स द्वारा लिखी जाती हैं। मेरी माने तो बायोपिक्स में सच नहीं होता। जैसे आप विंडो शॉपिंग में देखते हैं—नकली पुतलों के ऊपर असली कपड़े पहना दिये जाते हैं। हमारी नयी पीढ़ी उस ही गाँधी को असली गाँधी मानती है जिस गाँधी को उन्होंने एटनबरो की फिल्म में देखा है। बायोपिक्स केनवस पर बने उस चित्र की तरह होती हैं जिसे आप नये रंगों से कभी भी बदल सकते हैं।

मुझे अंदर से पता था कि मुझे शास्त्री की बायोपिक में कोई दिलचस्पी नहीं पर मैं यह भी निश्चित रूप से जानना चाहता था कि आखिर शास्त्री जी को किसने मारा था? अगर सच में किसी ने मारा है तो... और अगर उनकी मृत्यु दिल का दौरा पड़ने से हुई थी, तब इस तरह की मन-घडन्त कहानियों पर पूर्ण विराम क्यों नहीं?

मुझे यह समझ नहीं आ रहा था कि आखिर अब तक इस मामले में किसी ने सच्चाई का पता लगाने की कोशिश क्यों नहीं की ताकि इस विवाद को ही खत्म किया जा सके? क्या सरकार का यह प्रथम कर्तव्य नहीं था कि सच्चाई को सामने लाये? क्या लोगों को सच जानने का अधिकार नहीं था?

'क्या आपको लगता है कि हमारे पास सच जानने का अधिकार है?'—मैंने डॉक्साब से पूछा!

'बेशक।'

'फिर शास्त्री की मृत्यु कैसे हुई? यह हमें क्यों नहीं पता।'

'क्योंकि पोस्ट-मॉर्टम नहीं किया गया।'

'और पोस्ट-मॉर्टम क्यों नहीं किया गया?'

'यह कोई नहीं जानता सर।'

'और यह कोई क्यों नहीं जानता?'

'क्योंकि किसी ने जानने की कोशिश नहीं की।'

'पर किसी ने यह जानने की कोशिश क्यों नहीं की।'

'क्योंकि शास्त्री की कोई परवाह ही नहीं करता।'

'नहीं इसलिये नहीं कि लोग शास्त्री की परवाह नहीं करते बल्कि इसलिये कि हम सच जानने की परवाह नहीं करते।'

'पर क्यों?'

'क्योंकि हमें यह कभी नहीं बताया गया कि सच जानना हमारा मौलिक अधिकार है और यदि हमारे पास सत्य जानने का अधिकार ही नहीं तो न स्वतंत्रता और न कभी न्याय हासिल किया जा सकता है।'

'पर हमारा तो संविधान ही कहता हैं *सत्यमेव जयते*।'

'सिर्फ कहता है–पर क्या हमारे सिस्टम में आपको सच की कोई अहमियत दिखायी देती है?'

'आप सही बोल रहें हैं सर। आज तक हमें एक भी घोटाले या राजनीतिक हत्या या वैज्ञानिकों का गायब हो जाना या किसी एक भी काण्ड का सच नहीं पता चला। यह बहुत दुर्भाग्यपूर्ण है।'

'क्या हम सच का पता लगायें?'–मैंने डॉक्साब से पूछा।

'शास्त्री जी का सच? कभी भी...'–डॉक्साब एक फौजी की तरह उठ खड़े हुए!

'क्या आप सच में तैयार हो? यह जोखिम भरा काम होगा।'

'सर, मैं शास्त्री जी की सच्चाई जानने के लिए कुछ भी कर सकता हूँ... कुछ भी...'

'चलो फिर शोध शुरू करते हैं।'

'कब से?'

'अभी... इसी पल से।'

जीवन के सबसे बड़े धर्मयुद्ध बिना किसी योजना के शुरू हो जाते हैं। बस अंदर से एक आवाज आती है और वे शुरू हो जाते हैं। मुझे इस बात का कोई अंदेशा नहीं था कि अंदर की यह आवाज मुझे कहाँ ले जा रही थी और मैं भारत के इतिहास का सबसे बड़ा षड़यंत्र उजागर करने जा रहा था और इस तरह सत्य उजागर होने जा रहा था।

जैसे ही मैं सोने के लिये लेटा, मैंने पापा की डायरी खोली...

हमसे सबसे बड़ा असत्य तो यह कहा गया है कि हर कोई सच्चाई चाहता है। आधुनिक भारत असत्य की नीव पर निर्मित किया गया है। सत्य के लिये धर्मयुद्ध ने हमें स्वतंत्र करवाया परन्तु असत्य के सामने समर्पण हमारे विभाजन का करण बना। विभाजन उपरान्त हर किसी का सत्य और न्याय से विश्वास उठ गया। इस सत्य को जाने बिना आज के भारत को नहीं समझा जा सकता। कुछ घटनाएँ पूरे देश की मानसिकता बदल सकती हैं, भावनाएँ बदल सकती हैं, सिद्धांत बदल सकती हैं और यह हमेशा–हमेशा के लिए भाग्य भी बदल सकती हैं। विभाजन की पीड़ा, कश्मीर को खो देना और चीन से मिली अपमानजनक हार ने लोगों को आश्वस्त कर दिया था कि सत्य में कुछ नहीं रखा। शास्त्री की मृत्यु ने इस विश्वास पर मुहर लगा दी।

क्या शास्त्री की मौत का रहस्य भी इन्हीं घटनाओं में से एक था?

3

चीन-भारत युद्ध

बहुत भयानक ठण्ड का मौसम है। यह ऐसी ठण्ड जो आपके शरीर की हड्डियों में घुस जाती है और फिर धीरे-धीरे शरीर गलने लगता है। अंततः आप मर जाते हैं।

सूबेदार दशरथ सिंह पीठ के बल लेटे हुए ऐके-47 की मैगजीन को एकटक देख रहे हैं जो जल्द ही चीनी सैनिक द्वारा उनके सीने में खाली होने वाली है। वे लड़े तो बहुत, अपने आखिरी बचे कारतूस तक, फिर पत्थरों से भी लड़े मगर सामने से इतनी गोलियाँ चलीं कि सारे साथियों ने दम तोड़ दिया और पत्थर भी खत्म हो गये। अब प्रार्थना के अलावा कुछ न बचा था पर युद्ध में प्रार्थनाएँ कम ही सुनी जाती हैं।

मरने से पहले दशरथ सिंह एक बार मुस्कुराये। मुस्कुराये क्योंकि वे सही साबित हुए। जब उन्होंने अपने अधिकारियों से कहा था कि परिस्थितियाँ अभी युद्ध के अनुकूल नहीं हैं तब उन्हें डाँटा गया था और हँसी उड़ायी गयी थी। वे जानते थे कि जिस तरह की पोजिशन पर उन सभी को तैनात किया गया था वहाँ दुश्मन से बचने का कोई अवसर नहीं था। कारतूसों का लोहा शरीर के अंदर पिघलने लगा था और रक्त था जो थमने का नाम ही नहीं ले रहा था, फिर भी दर्द का अहसास, क्षणिक मात्र भी न था और वे मुस्कुरा रहे थे क्योंकि उनको पता था कि आखिरकार इस दुःस्वप्न का अंत हो रहा है।

चीन–जिसने बारूद और युद्ध कला की खोज की, उनके उत्तर में था, पूर्व में तिब्बत जिसने दुनिया को मृत्यु के सिद्धांत के बारे में बताया और दक्षिण में भारत, वह भारत जिसने ध्यान और पुनर्जन्म की खोज की थी। इन सब के बीच में दशरथ सिंह पड़े हुए थे जो अपनी अंतिम साँसें गिन रहे थे।

यह दशरथ सिंह का पहला युद्ध नहीं था। जवानी के पाँच वर्ष उन्होंने बर्मा में जापानियों से लड़ते हुए बिताये थे। जब आजादी के बाद कश्मीर में आपदा आयी तब वे वहाँ भी लड़े। वे उन बातों को भली–भाँति जानते थे जिनके के साथ असल में जमीन पर खड़े होकर युद्ध लड़ा जाता है। यही कारण है कि जब कुछ दिन पहले नाम का चू पर ब्रिज 3 में लेफ्टिनेंट जनरल बी.एम. 'बिज्जी' कौल ने नाम का चू के पार थागला रिज पर कब्जा करने के लिए अपनी आक्रामक और बेहद महत्वाकांक्षी योजना साझा की थी, वहाँ न केवल दशरथ सिंह बल्कि लगभग हर सैनिक जानता था कि यह पूरी तरह से अव्यावहारिक और बकबास योजना है। कौल की अधिकांश बातें कठिन और जटिल शब्दों से भरी थीं जो कि सैनिकों की समझ के परे थीं। कौल की बातें सुनकर ऐसा लग रहा था जैसे चीनी सेना उनका जवाब देने के लिये वहाँ पर मौजूद ही नहीं थी। कौल के अंदर इतना अहंकार कहाँ से आया था? दशरथ सिंह यही सोच रहे थे। जब कौल को यह बताया गया कि उनके पास बहुत सीमित गोला–बारूद है, बर्फ में पहनने योग्य कपड़े और जूते नहीं हैं और हथियारों की कमी है, तो कौल ने इसे 'मामूली कमी और बेकार की चिड़चिड़ाहट' बताते हुए किनारा कर लिया।

यह सभी के लिये स्पष्ट हो गया था कि जनरल कौल उन सभी को मरने के लिये आगे भेज रहे थे। जनरल ने पूछा–'कोई सवाल', पर वहाँ पूर्ण रूप से सन्नाटा छाया रहा। यह सन्नाटा

सहमति का नहीं था। यह अविश्वास का सन्नाटा था। यह जान-बूझकर मरने के लिये तत्पर व्यक्ति की मौन सहमति थी।

थोड़ी हिचकिचाहट के साथ दशरथ सिंह बोले–'मैं पहली बार एक ऐसी लड़ाई देख रहा हूँ जहाँ हम रिज में हैं और दुश्मन पहाड़ की चोटी पर है।'

'और यह भी पहली बार है कि कोई जनरल खुद फ्रंटलाइन पर खड़ा है'–कौल ने बहुत गुस्से के साथ उत्तर दिया।

'सर आपने अपनी बात तो कह दी पर मेरे प्रश्न का उत्तर नहीं दिया'–दशरथ सिंह ने निडर होकर कहा।

'इसे अभी और इसी वक्त गिरफ्तार किया जाये और तुरंत नौकरी से बर्खास्त कर दिया जाये'–कौल अपना आपा खो बैठे।

अन्य वरिष्ठ अधिकारियों ने कौल को शांत किया और दशरथ सिंह को वहाँ से तुरंत चले जाने को कहा।

उस दिन दशरथ तो बच गये पर प्रधानमंत्री जवाहर लाल नेहरू नहीं बच सके। चीन से मिली शर्मनाक हार के सिर्फ डेढ़ साल के भीतर 27 मई 1964 के दिन नेहरू एक अकेले, टूटे हुए, बिखरे हुए और पराजित व्यक्ति के रूप में इस दुनिया से चले गए।

जब डॉक्साब ने यह किस्सा मुझे शिव कुणाल वर्मा की किताब *1962: The War That Wasn't* से पढ़कर सुनाया, तो मुझे लगा कि शायद यह सनसनी फैलाने के लिये लिखा गया हो। भले ही मैं शास्त्री के ऊपर फिल्म बनाने के लिये तैयार हो गया था पर कहीं न कहीं मेरा दिल षड्यंत्रों वाली कहानियों पर यकीन नहीं कर पाता था। शायद इसलिये कि मैं एक ऐसे परिवार से आता हूँ जहाँ साजिश, षडयंत्रकारी, उल्टी-सीधी, जोड़-तोड़ जैसे शब्द भी हमारे लिये अनजान होते थे। मैं किसी का आंकलन सिर्फ उसे देखकर ही करता हूँ–जो उसके चेहरे पर लिखा होता है। नेहरू मेरे

लिये बहुत आदरणीय थे। सच मानिये, जब मैं थोड़ा बड़ा हुआ तब जाकर मुझे मालूम हुआ कि वे मेरे चाचा नहीं थे। पर जैसे-जैसे मैंने चीन-भारत युद्ध के बारे में पढ़ना और जानना शुरू किया, हर लेख, हर किताब, और हर हिसाब सिर्फ एक ही आदमी को जिम्मेदार ठहराता–जवाहर लाल नेहरू।

यदि हमें शास्त्री की मृत्यु की तहकीकात करना है तो हमारे लिये यह समझना जरूरी है कि शास्त्री के प्रधानमंत्री बनने के पहले क्या हुआ था? देश में क्या माहौल था? देश की सेना का मनोबल कैसा था? नेहरू पीछे क्या छोड़ गये थे? जय जवान जय किसान जैसे नारों की आवश्यकता क्यों पड़ी? इन सभी प्रश्नों के उत्तर जानने के लिये हमें चीन-भारत युद्ध को समझना बहुत जरूरी था। 20 अक्टूबर 1962 से शुरू हुई इस लड़ाई में हमारे 3000 से ज्यादा सैनिक मारे गये थे... कई हजार जख्मी हो गये थे... 4000 से ज्यादा बंदी बना लिये गये थे... और लगभग एक महीने तक चली इस लड़ाई में कई हजार सैनिक लापता थे। एक पूरे डिविजन के 15000 सैनिकों को अपमानजनक तरीके से खदेड़े जाने की घटना ने भारतीय पराजय की लज्जा को और अधिक बढ़ा दिया था। चीन ने नार्थ ईस्ट फ्रंटियर एजेंसी (NEFA) से बहुत बुरी तरह से बदला लिया था। यह हार बहुत शर्मनाक थी।

'ऐसा कैसे हो सकता है कि किसी ने स्थिति का पूर्वानुमान न लगाया हो। यहाँ पर कुछ तो गड़बड़ है... कुछ ऐसा जो हमें पता नहीं'–मैंने डॉक्साब से कहा!

'सबको सब कुछ पता था सर, पर सब अन्जान बने रहना चाहते थे'–डॉक्साब बोले!

मैंने उनके अंदर एक प्रकार की कुंठा देखी।

भले ही हम लोग मजहब, जाति, क्षेत्र, पीढ़ियों के अंतर आदि में बँटे हों परन्तु एक भावना ऐसी है जो हम सब को एकजुट करती

है और वह है हमारा गुस्सा... उन लोगों के खिलाफ जिन्होंने भारत को पूरी तरह से विफल कर दिया। हमारे संविधान और हमारी कार्य प्रणाली में निरंतर दूरियाँ बढ़ रही हैं। हम एक ऐसे समाज में रहते हैं जहाँ कोई भी जवाबदेह नहीं है और न ही कोई किसी चीज का जिम्मेदार। जवाबदेही के सिद्धांत व्यवस्थित ढंग से देश की आत्मा से ही मिटा दिये गये। पर किसी को तो जवाब देना ही पडेगा। मेरे खुद के अंदर गुस्सा भरा हुआ था।

'सर अगर आप देश के प्रधानमंत्री होते तो क्या आप अपने सेना-अध्यक्ष की सलाह को सुनते?'

'निस्संदेह।'

'क्या आप अपने सेना-अध्यक्ष को अपमानित करते और उन्हें महत्वहीन बताते?'

'तुम किसकी बात कर रहे हो?'

'जनरल थिमैय्या।'

डॉक्साब ने मुझे कुछ किताबें और लेख दिये।

'इन्हे आप जरूर पढ़ें, सर।'

डॉक्साब ने मुझे सेना के भूतपूर्व अधिकारी एवं विदेश सेवा में रहे अधिकारियों द्वारा लिखी गयी 5-6 किताबें दी। जो किताब मैंने सबसे पहले पढ़ने के लिये उठाई वह एयर मार्शल के.सी. करियप्पा द्वारा लिखी गयी थी। यह किताब उनके पिता *फील्ड मार्शल के.एम. करियप्पा* के जीवन पर आधारित थी। ब्रिगेडयर जॉन दलवी द्वारा लिखित *हिमालयन ब्लंडर;* चीन में रहे भारत के भूतपूर्व एम्बेसडर पी.के. बैनर्जी द्वारा लिखित *माय पेकिंग मेमरीज ऑफ चायनीज इन्वेशन ऑफ इंडिया;* अनुभवी पत्रकार और भारत राज्य पर अपनी सूक्ष्म नजर रखने वाले दुर्गा दास की किताब *इंडिया फ्रॉम कर्जन टू नेहरू एंड आफ्टर; अ वाइड सर्वे ऑफ मॉडर्न इंडिया* और ब्रिगेडयर सी. खंडूरी द्वारा लिखी गयी

थिमैय्याः एन अमेजिंग लाइफ... इसके अलावा साइनो-इंडियन वार पर हेंडर्सन ब्रूक्स की रिपोर्ट। हालांकि मेरी कुछ मीटिंग्स पहले से तय थीं पर मेरा दिल इन किताबों से बाहर निकलने को नहीं कर रहा था। मेरे पापा कहा करते थे कभी भी एक अच्छी किताब को कल के लिये मत छोड़ना।

इन सभी किताबों को पढ़ने के बाद मैं इस निष्कर्ष पर पहुँचा कि नेहरू को दिलासा देने वाले राजनेता के रूप में देखा जाता था। एक तरफ तो शांतिवादी नेहरू पंचशील और नॉन अलाइनमेंट पर उपदेश देते और सफेद कबूतरों को उड़ाया करते थे और दूसरी ओर संकट के समय वे सेना पर निर्भर करने लगते थे। जब इंडियन आर्मी के पहले कमांडर-इन-चीफ जनरल सर रॉब लोकहर्ट ने नेहरू को रक्षा नीति अनुमोदन के लिये दी तब नेहरू उन पर झपटे और बोले, 'यह क्या बकवास है? हमें किसी रक्षा नीति की आवश्यकता नहीं। अहिंसा ही हमारी नीति है। हमें कोई सैन्य खतरा नहीं है। अगर आप मेरी माने तो मैं कहूँगा कि हमें किसी सेना की आवश्यकता ही नहीं—पुलिस ही काफी है हमारी सुरक्षा के लिये।' कुछ ही समय में नेहरू को खुद अपने मुँह की खानी पड़ी जब पाकिस्तान के साथ मिलकर कबाईलियों ने कश्मीर पर आक्रमण कर दिया और स्थिति संभालने के लिए नेहरू को सेना बुलानी पड़ी थी। फिर इसी सेना का सहारा उन्होंने 1961 में गोवा में लिया और फिर 1962 में चीन-भारत युद्ध में।

लोग सोचते हैं नेहरू एक रोमेंटिक नेता थे और वे षड़यत्र और शक्ति-नियंत्रण जैसी साजिशों में शामिल नहीं होते थे। पर वे यह भली-भाँति जानते थे कि अपने विरोधियों को किनारे कैसे किया जाता है। सुभाष चंद्र बोस, राजेंद्र प्रसाद, आचार्य कृपलानी, सरदार पटेल उनके शिकार बने। यहाँ तक मोहम्मद अली जिन्नाह

भी–भले ही देश बँट गया। लोग उन्हें शांतिप्रिय राजनेता के रूप में ज्यादा देख पाये और उनकी चालाकियाँ तथा छल करने वाली हरकतें नहीं पहचान पाये। स्वतंत्रता के उपरांत 1947 में जनरल करियप्पा को कश्मीर में चल रहे युद्ध पर पाकिस्तान को सबक सिखाने की जिम्मेदारी सौंपी गयी थी। लड़ाई खत्म हो गयी पर हमने एक बड़ा हिस्सा पाकिस्तानियों द्वारा प्रशिक्षित कबाईलियों के हाथों खो दिया। लोगों को यह बात हज़म ही नहीं हो रही थी कि हमने अपनी जमीन वापस लिये बिना ही संघर्ष विराम की घोषणा कैसे कर दी? जहाँ-जहाँ जनरल करियप्पा जाते उनसे यही सवाल बार-बार किया जाता और उनका सिर्फ एक ही उत्तर होता था–'सरकार से पूछिये, नीतिगत विषयों पर सरकार फैसले लेती है।' जनरल करियप्पा कभी भी अपनी जमीन वापस लिये बिना संघर्ष विराम नहीं चाहते थे। वह जब भी मिडिया से बात करते तो एक ही बात पर कायम रहते–'हमें पूर्ण विश्वास था कि हम पूरा कश्मीर खाली करा लेंगे पर 31 दिसंबर और 1 जनवरी 1948-49 की आधी रात हमें संघर्ष विराम के निर्देश दे दिये गये।'

बाद में, जब जनरल करियप्पा ने नेहरू से संघर्ष विराम लगाने का कारण पूछा तो नेहरू बोले, 'आप समझ सकते हैं कि यू.एन. सेक्योरिटी कॉउन्सिल को ऐसा लग रहा था कि अगर हमने इस लड़ाई पर अभी विराम नहीं लगाया तो यह एक युद्ध में तब्दील हो सकती थी, तो उनके अनुरोध के जवाब में हम संघर्ष विराम लगाने पर मजबूर हो गये।' फिर कुछ सोचने के बाद नेहरू पुनः बोले, 'अगर मैं पीछे पलटकर देखूँ और बिलकुल साफ शब्दों में कहूँ तो हमें आपको 10-15 दिनों का समय और देना चाहिये था। अगर ऐसा होता तो आज परिस्थिति कुछ अलग ही होती।' यह बहुत स्पष्ट था कि अपनी खुद की सेना के मूल्यांकन पर भरोसा

करने के बजाय नेहरू एक तीसरे पक्ष द्वारा रखी गयी अनजान राय को अधिक महत्त्व देते थे।

असल युद्ध के 11 साल पहले सन् 1951 में कुछ चीनी सैनिकों को नार्थ ईस्ट में कुछ नक्शों समेत पकड़ा गया था जिन नक्शों में NEFA के कुछ हिस्सों को चीन का हिस्सा दर्शाया जा रहा था। जनरल करियप्पा ने सटीक अनुमान लगाया था और प्रधानमंत्री नेहरू को इससे अवगत कर सावधानी बरतने की राय भी दी थी। 'देश के दुश्मन कौन हैं यह तय करना सेना का काम नहीं'–यह कहते हुए नेहरू ने एक सटीक जानकारी देने वाले सेना प्रमुख का उपहास बनाया।

फिर 1959 में जनरल कोदेन्द्र सुबैय्या थिमैय्या ने भी नेहरू को चीन से खतरा होने की जानकारी दी। अपने जनरल की सलाह सुनने के बजाय नेहरू ने अपने रक्षामंत्री वी.के, कृष्ण मेनन के साथ मिलकर जनरल थिमैय्या को बदनाम करने की योजना बनाई, जिसके कारण कई ऐसी घटनाएँ हुईं, जिनकी परिणिति चीन के हाथों भारत की शर्मनाक हार हुई।

जनरल के.एस. थिमैय्या जो कि 'टिमी' के नाम से अधिक जाने जाते थे एक अविवादित और उच्च श्रेणी में गिने जाने वाले अफसर थे। टिमी कोई साधारण अफसर नहीं थे। वे एक ऐसे अकेले भारतीय अफसर थे जिनको द्वितीय विश्व युद्ध में उनकी भूमिका पर Distinguished Service Order (DSO) का सम्मान दिया गया था। सेना की निरंतर उपेक्षा को लेकर थिमैय्या अत्यंत व्यथित रहते थे। एक ओर नेहरू जानते थे की थिमैय्या को दबाया नहीं जा सकता और दूसरी ओर थिमैय्या नेहरू के सेना के प्रति घोर अविश्वास से भली-भाँति परिचित थे। अनुभवी पत्रकार और भारत राज्य पर अपनी सूक्ष्म नजरें रखने वाले प्रसिद्ध लेखक दुर्गा दास आधुनिक भारत के विस्तृत सर्वेक्षण के उनके संग्रह में लिखते

हैं कि एक बार गवर्नर कॉन्फ्रेंस में नेहरू ने थिमैय्या की चीन द्वारा आक्रमण किये जाने की संभावना को लेकर उनकी बहुत आलोचना की थी। नेहरू को उनसे खतरा लगा रहता था, जो कभी भी नेहरू को मुश्किलों में डाल सकते थे।

अक्टूबर 1959, कोंग्का पास पर भारत और चीन की सेना में झड़प हुई और भारत की फ्रंटियर पुलिस के 9 जवान मारे गये। भारत को विवादित क्षेत्र खाली कर निकलना पड़ा। नेहरू ने इसे भी नजर अंदाज कर दिया। 10 जुलाई 1962 को करीब 350 चीनी सैनिकों ने चुशूल में एक भारतीय पोस्ट को घेर लिया और गोरखाओं को समझाने के लिए लाउडस्पीकरों का इस्तेमाल किया कि उन्हें भारत की ओर से नहीं लड़ना चाहिए। नेहरू को अब भी यही लग रहा था की यह कोई छोटी-मोटी घटना है। उधर सैन्य-प्रमुख के.एस. थिमैय्या का ध्यान इस नयी उभरती हुई समस्या का निवारण करने में लगा था, जहाँ रक्षा संबंधित मामलों में निर्णय को लेकर सेना की भागीदारी लगातार कम की जा रही थी। रक्षा-मंत्रालय, थिमैय्या के प्रति या तो उदासीनता वाला रवैया अपनाता या उनके विपरीत बात करता जिससे थिमैय्या अपने आप को रक्षा-मंत्रालय में लाचार महसूस करने लगे थे। थिमैय्या, मेनन और नेहरू दोनों से ही बहुत परेशान हो गये थे, यहाँ तक उनकी नेहरू से तीखी बहस भी हो गयी थी।

शिव कुणाल वर्मा अपनी किताब *1962: The War That Wasn't* में लिखते हैं—नेहरू ने संसद में कहा की राष्ट्रीय राजमार्ग G219 पर निर्माण कार्य के चलते और चीन के साथ तनावपूर्ण वातावरण को देखते हुए सीमा पर सेना को तैनात किया गया। सैन्य प्रमुख थिमैय्या को यह अच्छा नहीं लगा जिस प्रकार सेना को NEFA के लिये जिम्मेदार ठहराया गया वो भी पर्याप्त संसाधन उपलब्ध करवाये बिना... इस पर उन्होंने अपनी नाराजगी जताई और

उनकी नेहरू से बहस भी हुई। इस तरह के रवैये से चीन भारत को पहले हमला करने वाला कसूरवार भी ठहरा सकता था। यह सुनकर नेहरू ने वी.के. कृष्ण मेनन को थिमैय्या के साथ मिलकर इस मामले को सुलझाने के लिये कहा। मेनन और थिमैय्या की मुलाकात बहुत गर्म और असफल रही और मीटिंग के तुरंत बाद सैन्य प्रमुख थिमैय्या ने अपना त्यागपत्र दे दिया। नेहरू ने किसी तरह थिमैय्या को अपने इस्तीफे को रद्द करने के लिये मना लिया क्योंकि चीन के साथ समस्या अब आग पकड़ने लगी थी। पर थिमैय्या के इस्तीफे कि खबर मिडिया तक पहले ही पहुँच चुकी थी जिसके चलते नेहरू ने संसद में थिमैय्या को लेकर एक अलग ही बयान दे डाला। वे बोले 'इस्तीफे कि वजह कुछ खास नहीं बल्कि सिर्फ छोटे-मोटे वैचारिक मतभेद हैं और इस इस्तीफे से हमें कुछ असर भी नहीं पड़ेगा।' उन्होंने सैन्य प्रमुख की निंदा करते हुए कहा कि 'संकट की इस घड़ी में वे पद छोड़ना चाहते हैं जब कि चीन-भारत सीमा पर तनाव बना हुआ है।'

दुर्गा दास लिखते हैं, अगर प्रधानमंत्री सेनाध्यक्ष को नीचा और अपमानित कर रहे थे, तो वह इस तथ्य की भी अनदेखी कर रहे थे कि जनरल का इस्तीफा वैध आधारों दिया गया था, जो ऐसे समय में सशस्त्र बलों के अनुशासन और दक्षता के लिए प्रासंगिक थे जब देश की सीमाओं पर खतरा मंडरा रहा था।'

वर्मा लिखते हैं, 'जो जाल चीन ने हमारे लिये बुना था हम उसी जाल में फँसते चले जा रहे थे और चीनी इस बात को देखकर मन ही मन मुस्कुरा रहे थे। चीनी रिकॉर्ड के अनुसार, ऐसे स्थान पर भी कोई कार्रवाई नहीं हुई जहाँ भारतीय सेना की कंपनी चीनी सैनिकों की संख्या से कम-से-कम चार से पाँच गुना अधिक थी।'

आज भी थिमैय्या का त्यागपत्र एक रहस्य बना हुआ है।

जब हमारी सेना की कमियाँ जग-जाहिर हो चुकी थीं, विशेषज्ञों की राय के बावजूद भी आखिर नेहरू के पास इतना विश्वास कहाँ से आ गया था कि वे समझते थे कि वे चीन को हरा देंगे? हमने फटाफट बोर्ड पर कुछ सवाल लिखने शुरू किये।

1. नेहरू ने अपने जनरलों की बात क्यों नहीं सुनी?
2. कौल का अहंकार कहाँ से आ रहा था?
3. नेहरू ने मेनन के इस्तीफे के बारे में कैबिनेट को सूचित क्यों नहीं किया?
4. बिज्जी कौल को अचानक इतना महत्व क्यों दिया जाने लगा?
5. उनकी 'फॉरवर्ड पॉलिसी' को सेना की मंजूरी क्यों नहीं मिली?
6. क्या NEFA को सेना के सुपुर्द करने का फैसला कैबिनेट द्वारा लिया गया? सेना के किसी अधिकारी को उसमें शामिल क्यों नहीं किया गया?
7. थिमैय्या के त्यागपत्र की जानकारी सार्वजनिक क्यों नहीं की गयी?

डॉक्साब ने राय दी, 'ऐसा लगता है कि वह भारत को अपनी जागीर समझकर चला रहे थे।'

'याद रहे हमें शास्त्री पर फिल्म बनानी है, नेहरू पर नहीं। हम यह खोज इसलिये कर रहे हैं ताकि हम यह जान पायें कि जब शास्त्री ने शपथ ली तब देश किन हालातों से गुजर रहा था। हमारा इरादा किसी को नीचा दिखाने का नहीं है... हमें सिर्फ वह बड़ा सच ढूंढ़ना है।'

'क्या लगता है? इसमें बड़ा सच क्या है?'

'मुझे नहीं पता... पर हम खोजेंगे।'

पूरे हफ्ते मेरे दिमाग में मात्र एक ही विचार घूमता रहा–नेहरू जैसे जीनियस, जिन्होंने 'डिस्कवरी ऑफ इंडिया' लिखी, पंचशील संधि तैयार की, वे यह कैसे भूल गये कि जिसने *आर्ट ऑफ वॉर* यानी युद्ध की रणनीतियों पर किताब लिखी थी वह कोई और नहीं बल्कि चीनी रणनीतिज्ञ सुन-त्जु था?

4

नेहरू: एक असफल नेता

आपने कभी सोचा है कि अक्सर शोधार्थी अकेले क्यों पड़ जाते हैं? क्योंकि पढ़ने के लिये उनके पास इतने विकल्प होते हैं कि एक ही विषय पर एक-दूसरे से विपरीत तथ्य उनके सामने उजागर हो जाते हैं। ऐसे में किस की माने और किस की न माने, जैसे किसी भी चीज के ऊपर से आपका विश्वास उठ सा जाता है। पर जब आप विश्वास करना बंद कर देते हैं तब आपको सिर्फ सत्य की तलाश होती है और फिर आपके दृष्टिकोण में भी अंतर आ जाता है। दर्द की तीव्रता पता लगाने के बजाय डॉक्टर दर्द के कारण का इलाज करता है।

जैसे-जैसे हम नेहरू के नेतृत्व पर खोजबीन तेज करते गये वैसे-वैसे हमें यह साफ होता चला गया कि उनके निर्णय और नीतियाँ दोनों ही भारत के हित के खिलाफ थे, कोई भी ऐसा नहीं था जो उनका विरोध कर सके। जो उनका विरोध करता उसे थिमैय्या की तरह कुचल दिया जाता। भारत के संविधान की आत्मा का गला घोटा जा रहा था और निरंकुशता राजनीतिक संस्कृति बनती जा रही थी और सब चुप थे। समस्या यह बन गयी थी कि हर किसी को एक ही बात समझायी जाती थी कि सिर्फ नेहरू ही एक ऐसा विकल्प हैं जो देश का भाग्य बदल देने की क्षमता रखते हैं। यह हमारा दुर्भाग्य था कि पूरा का पूरा देश सिर्फ एक ही आदमी की मन मर्जी से चल रहा था। आपको सैन्य और

कूटनीतिक दृष्टिकोण से चीन-भारत युद्ध पर ढेरों किताबें, शोध, लेख, कथन... सब मिल जायेगा पर हम युद्ध लड़ने की स्थिति में नहीं थे आखिर नेहरू यह जान पाने में क्यों विफल रहे, इस पर आपको मुश्किल से और बहुत ढूँढ़ने पर बस थोड़ा ही पढ़ने को मिलेगा। हमारा ध्यान सिर्फ दो ही रिपोर्टों (जाँचों) पर था। हेंडर्सन ब्रूक्स-भगत रिपोर्ट और सी.आई.ए. रिपोर्ट। टिमी के खिलाफ साजिश कर हटा देने के बाद नेहरू ने लेफ्टिनेंट जनरल बी.एम. 'बिज्जी' को जनरल ऑफिसर कमांडिंग, नार्थ-ईस्ट (GOC) के पद पर नियुक्त किया। लड़ाई के दौरान कौल बीमार पड़ गये और वापस दिल्ली बुला लिये गये। जब बिज्जी चीफ ऑफ जनरल स्टाफ (CGS) के पद पर थे, उन्होंने सैन्य खर्च बढ़ाने से इन्कार कर दिया और संभावित युद्ध की तैयारी करने के लिये कहा। जब दशरथ सिंह ने इस मुद्दे को उठाया, तो कौल ने उन्हें फटकार लगाई। यह कहने की जरूरत नहीं कि बिज्जी कश्मीर से नेहरू के रिश्तेदार थे। हैंडर्सन ब्रूक्स-भगत रिपोर्ट के अनुसार ब्रूक्स पूरे पूर्वी क्षेत्र में घोर पराजय का जिम्मेदार सिर्फ कौल को मानते हैं। ऐसा नहीं कि नेहरू को सेना की कमजोरियों से अवगत नहीं कराया गया था। उनको खुफिया एजेंसी की रिपोर्ट, सेना का अपना खुद का आंकलन और कूटनीति के आधार पर बनायी गयी रिपोर्ट, सभी उपलब्ध करायी गयी थीं लेकिन वह उन पर विश्वास नहीं करना चाहते थे। यह संसद में उनके बयानों से स्पष्ट है।

'मैं सभा को यह बता देना चाहता हूँ कि स्वतंत्रता के बस कुछ ही दिनों के अंदर आज हमारा सुरक्षा बल एक बहुत ही बेहतर और मजबूत स्थिति में है और हमारा दूरगामी औद्योगिक उत्पादन हमेशा से उसकी मदद करता आया है। मैं न तो इसकी तुलना किसी अन्य देश के साथ कर रहा हूँ और न ही मैं कोई शेखी बघार रहा हूँ, पर यह बात मैं पूरे दावे के साथ कह सकता

हूँ कि हमारी सैन्य शक्ति हमारे देश की हिफाजत कर सकने में आज पूर्ण रूप से सक्षम है', यह प्रधानमन्त्री नेहरू का 25 नवम्बर 1959 को लोक सभा में दिया हुआ भाषण है। उनका संसद में यह बयान... बावजूद इस तथ्य के कि थिमैय्या उन्हें कुछ और ही बता रहे थे... क्या नेहरू ने संसद में झूठ बोला?

बाद में जनरल बी.एम. कौल ने अमरीका के एम्बेसडर, जॉन गालब्रेथ से कहा, 'चीन ने भारत से युद्ध उनकी ताकत के बल पर नहीं बल्कि भारतीय सेना की कमजोरियों पर लड़ा। भारतीय सेना चीन के इस "मूड" का सही ढंग से आंकलन नहीं कर पायी और बस चौकियाँ बनाने में लगी रही। भारतीय सेना अपने ऊपर युद्ध थोपे जाने की स्थिति में नहीं थी।'

विभिन्न मीडिया रिपोर्टों के अनुसार, हैंडर्सन ब्रूक्स-भगत रिपोर्ट, लगभग आधी सदी तक पूर्ण रूप से गुप्त रखी गयी। 1963 में यह रिपोर्ट आयी थी। स्वतंत्र भारत को चीन से मिली सबसे शर्मनाक हार के कारण जानने के लिये जो जाँच करवाई गयी थी, उस रिपोर्ट की मात्र 2 ही प्रतियाँ बनवायी गयीं थीं और फिर इनका अध्ययन कर रक्षा मंत्रालय और सेना के मुख्यालय की तिजोरियों में दफन कर दिया गया।

इस रिपोर्ट के अनुसार भारतीय नेतृत्व गलत हाथों में पड़ गया था। भारत द्वारा चीन की ताकत का आंकलन एकदम गलत ढंग से किया गया था। जब भारत और चीन की वार्ता विफल हो गयी थी तब भारत ने 'फॉरवर्ड पॉलिसी' अपनायी और सीमाओं पर चौकियाँ बनाने में जुट गया जिसके परिणामस्वरूप चीनी सेना के साथ कई झड़पें हुईं।

हालाँकि व्यक्तिगत नामों को समीक्षा से बाहर रखने के डिस्क्लेमर के बाबजूद इस रिपोर्ट में विशेष रूप से जनरल कौल का उल्लेख किया गया है। ब्रूक्स अपनी रिपोर्ट में कहते हैं कि

'कौल ने CGS के पद पर बैठकर जमीन पर लड़ रहे सैनिकों के लिये असंभव लक्ष्य तय किये थे। कौल ने सरकार को इस बात से भी भ्रमित किया था कि चीन 'फॉरवर्ड पॉलिसी' वाली नीति पर प्रतिक्रिया नहीं करेगा। CGS के पद को रिक्त करते हुए कौल ने NEFA में गठित 4-Corps की एक नयी बागडोर संभाली। 4-Corps बनाने के पीछे का कारण कौल और उनके प्रमुख अधिकारियों को विशेष दर्जा देकर त्वरित ऑपरेशन के लिए सीधे सक्षम बनाना था। 'कोई भी व्यक्ति जिसे हल्का-सा सैन्य ज्ञान और अनुभव होगा वह स्थापना के दिन एक बड़ा ऑपरेशन संचालित करने के लिए एक कोर का गठन नहीं करेगा या गठन करना स्वीकार नहीं करेगा।'

कौल के अलावा ब्रूक्स ने नेहरू मंडली के कुछ अन्य सदस्यों के नाम भी लिये जो इस पराजय के जिम्मेदार थे।

1. रक्षामंत्री, वी.के. कृष्ण मेनन
2. बी.एन. मल्लिक, डायरेक्टर–इंटेलिजेन्स ब्यूरो
3. एम.जे. देसाई, विदेश सचिव
4. ब्रिगेडियर डी.के. पलित, डायरेक्टर–मिलिट्री ऑपरेशंस

सीआईए की रिपोर्ट के अनुसार, 'नेहरू और उनके अयोग्य सहयोगियों के लिए यह चौकाने वाली बात थी कि झ़ोउ एनलाई छल और दबाब की रणनीति का खेल पिछले पाँच साल से योजनाबद्ध तरीके से निष्पादित करते चले आ रहे थे। झ़ोउ एनलाई ने पूरा खेल तीन बातों के ऊपर खेला... पहली, नेहरू की मानसिकता जो कि एशिया में साम्राज्यवाद के खिलाफ थी... दूसरी, नेहरू की चीजों को टालने की आदत और तीसरी, उनका चीन-भारत के सौहार्दपूर्ण संबंध के प्रति झुकाव। यह रणनीति

इतनी अच्छी तरह से तैयार की गई थी जिसके निष्पादन के लिए चीनी सही समय का इंतजार कर रहे थे और 1962 में 16 से 28 अक्टूबर के बीच 13 दिन के क्यूबा मिसाइल संकट के दौरान वह सही समय आया और उन्होंने अपनी चाल चली। इस समय अमेरिका और रूस शीत युद्ध में उलझे हुए थे और भारत को इन दोनों देशों से सैन्य, वित्तीय, रणनीतिक, राजनयिक या नैतिक किसी भी तरह की कोई भी मदद नहीं मिल सकती थी।' नेहरू द्वारा जॉन फिट्जरल्ड को लिखे गये पत्र इस बात की पुष्टि करते हैं। चीनियों ने नेहरू को बिलकुल अलग-थलग एक कोने में धकेल दिया था।

सी.आई.ए. रिपोर्ट में इस बात का भी जिक्र है कि नेहरू कुछ विशेष परिस्थितियों में अपने किसी खास को यह कहते पाये गये थे कि भले ही चीन लद्दाक का कुछ हिस्सा (शायद अक्साई चीन) रख ले पर चीन इस तरह खुलेआम उनकी धज्जियाँ न उड़ाये।

सी.आई.ए. की रिपोर्ट के आधार पर प्रकाशित मीडिया की रिपोर्टों के अनुसार, 'चीन ने भारत को दीर्घकालिक खतरा माना था और चीनी नेतृत्व भारत के राजनीतिक और सैन्य, दोनों ही नेतृत्व को एक बड़ा झटका देना चाहता था और अपनी शक्ति प्रदर्शित करना चाहता था।'

एक नेहरू के अलावा पूरी दुनिया जानती थी कि चीन भारत के खिलाफ गहरा षड़यंत्र रच रहा है। सी.आई.ए. की रिपोर्ट कहती है, 'चायनीज प्रेसिडेंट लियाओ-शाओ-ची ने 1963 में स्वीडन के एम्बेसडर को बताया था कि हमले ने भारत और नेहरू को एक अच्छा सबक सिखाया और भविष्य में नेहरू सहित हर भारतीय यह याद रखेगा कि सीमाओं की यथास्थिति कभी भी बलपूर्वक नहीं बदली जा सकती।'

रिपोर्ट में यह भी कहा गया था कि 'चीनी नेताओं ने नेहरू की प्रतिष्ठा, विश्वसनीयता और अहंकार को भंग करने की ठान ली थी। चीन के उप विदेशमंत्री ने प्रधानमंत्री नेहरू, रक्षामंत्री मेनन और महासचिव आर.के. नेहरू पर व्यक्तिगत हमले भी किये थे। उन्होंने भारत के प्रधानमंत्री पर बेईमानी के आरोप भी लगाये थे। जुलाई 1961 में जब नेहरू ने चीन के पीछे हटने की बात की थी, तब शाओ-ची ने उन्हें एक छोटे बच्चे की तरह फटकार लगायी और अपमानित भी किया था।'

पी.के. बैनर्जी जिन्होंने 1961 से 1963 के दौरान बीजिंग में भारत का नेत्तृत्व किया था, उनके द्वारा लिखी गयी किताब 'My Peking Memoirs of the Chinese Invasion of India' उन किताबों में से एक है जो कि इंडो-चाइना पॉलिटिकल डायलॉग पर सबसे कम प्रचलित है। बैनर्जी बताते हैं कि उनकी चीनी प्रमुख झ़ोउ एनलाई से 7 अहम बैठकें हुईं थीं। 7 जनवरी 1963 को हुई बैठक में झ़ोउ ने नेहरू को एक निजी मशवरा देने के लिये कहा, 'युद्ध से कभी कोई समस्या हल नहीं हुई है बल्कि केवल नयी पैदा हुई हैं। राजनीतिक बयान और सार्वजनिक घोषणाओं के अलावा सकारात्मक सोच की सख्त जरूरत है।' उन्होंने बैनर्जी से कहा कि 'नेहरू एक महान विचारक और दूरदृष्टा हैं और वे एक-दूसरे को कई वर्षों से जानते भी हैं। वे नेहरू की राजनितिक मुश्किलों को समझते हैं पर नेहरू को भी उनकी स्थिति समझना चाहिये। दोस्ती का हाथ बढ़ाने और एक-दूसरे का सहयोग करने के लिये उन्हें नेहरू के साथ की जरूरत है। उन्होंने तीन-सूत्रीय योजना का सुझाव दिया:

1. अगले तीन महीनों तक वे और नेहरू एक-दूसरे के देश के प्रति नकारात्मक बयानबाजी नहीं करेंगे।

2. प्रेस और प्रचार से अलग हटकर वे और नेहरू जल्द ही एक मुलाकात करेंगे जिसमें वे दोनों वर्तमान स्थिति से निपटने पर संयुक्त कार्यवाही करने पर चर्चा करेंगे। दो दिवसीय यह बैठक नितान्त व्यक्तिगत होगी।
3. मुलाकात के पश्चात हम हर प्रकार से यह सुनिश्चित करेंगे कि संघर्ष विराम की स्थिति बनी रहे। दोनों सरकारें एक ऐसे कार्यक्रम की रूपरेखा तैयार करेंगी जहाँ वे संयुक्त रूप से व्यापार, विज्ञान, संस्कृति और प्रौद्योगिकी जैसे क्षेत्रों में एक-दूसरे का सहयोग करेंगी और जब आपसी विश्वास हासिल कर लिया जायेगा तब हम सीमाओं के विवाद पर बातचीत करेंगे।'

जब बैनर्जी नेहरू से मिलने पहुँचे तब वे साऊथ ब्लॉक से अपने दफ्तर के लिये निकल ही रहे थे। उन्होंने बैनर्जी को अपने साथ कार में आ जाने को कहा। रास्ते भर नेहरू एक ही प्रश्न दोहराते रहे-'आखिर क्या गलती हुई मुझसे?' फिर जब बैनर्जी ने एक पेज का टाइप किया हुआ झ़ोउ का पत्र नेहरू को दिया तो नेहरू ने उसे कई बार पढ़ा। नेहरू ने बनर्जी से कहा, 'अब यह संभव नहीं है क्योंकि बात (मामला) बहुत दूर तक चली गई है। आप सरकार और विपक्ष के सदस्यों, प्रेस लोगों के साथ-साथ आम नागरिकों से जरूर मिले होंगे और निश्चित रूप से आप भी इसी निष्कर्ष पर पहुँचे होंगे कि भारत में अब कोई भी चीनी झाँसे में नहीं आने वाला और न ही ऐसी बकवास सहन करेगा।'

नेहरू ने एक बार फिर पत्र पढ़ते हुए बैनर्जी से पूछा कि क्या उन्होंने इस पत्र के बारे में किसी और से चर्चा की? 'नहीं'-बैनर्जी ने उत्तर दिया। नेहरू ने माचिस उठाई और उसमें आग लगाते हुए उसे वहाँ रखी क्रिस्टल की ऐशट्रे में फेंक दिया और बोले कि

भारत को कम-से-कम एक सदी का चौथाई हिस्सा तो लगेगा चीन के सामने इस तरह विनम्र होने में, वो भी तब, जबकि चीन एक और युद्ध न छेड़ दे।

नेहरू की इस प्रकार की प्रतिक्रिया से झ़ोउ बहुत नाराज हुए। 'मैं जो भी कर सकता था वह मैंने किया... आगे आने वाली बाधाएँ और गतिरोध का जिम्मेदार खुद भारत होगा। अब इस विषय पर मैं नेहरू को औपचारिक रूप से पत्र लिखूँगा,' झ़ोउ ने बैनर्जी से कहा। बैनर्जी को बीजिंग से वापस बुला लिया गया और उसके बाद कोई भी भारतीय दूत झ़ोउ से दोबारा नहीं मिला।

'कल्पना करो कहीं ऐसी गलती शास्त्री ने की होती...'

'मार दिये जाते...'-डॉक्साब ने मेरा सवाल पूरा भी नहीं होने दिया फिर सिगरेट का एक लम्बा-सा कश खींचते हुए खिड़की से सूर्यास्त पर अपनी नजरें गड़ाये, वे बोले-'नहीं मारते क्या?'

एक अजीब सी चुप्पी छा गयी।

'भले ही अभी यह सिद्ध नहीं हुआ पर एक बार सोचकर देखो अगर ऐसी गलती शास्त्री ने की होती तब इतिहासकार, राजनीतिक विश्लेषक, बुद्धिजीवी, और मीडिया की क्या प्रतिक्रिया होती?'-मैं वापस अपने सवाल पर आया।

'शास्त्री एक जमीन से जुड़े किसान थे, वे इतनी बड़ी भूल कभी नहीं करते।'

'यह आप इतने दावे के साथ कैसे कह सकते हैं?'

'क्योंकि शास्त्री अपनी मिट्टी को पहचानते थे और जो अपनी मिट्टी से प्यार करता है वह कभी उससे समझौता नहीं कर सकता।'

मैं डॉक्साब की भावनाओं को समझ सकता था। यह मेरे लिये कुछ नया भी नहीं था। मैं जमीन से जुड़े हुए लोगों में और चाँदी का चम्मच हाथ में लिये वालों में फर्क समझता हूँ और मैं खुद

इसका शिकार बन चुका हूँ। जमीन से जुड़े लोग भले ही कैसी भी गलती कर दें पर वे अपनी मिट्टी के साथ समझौता नहीं कर सकते जबकि इन चाँदी के चम्मच वालों की देश के प्रति कोई निष्ठा नहीं होती। अगर इनकी निष्ठा कहीं होती है तो सिर्फ खुद के प्रति चाहे उसमें देश का अहित हो रहा हो तब भी। मेरे पापा नेहरू कि प्रशंसा बहुत उत्साह के साथ करते थे और स्वतंत्रता के लिये संघर्ष करते समय कुछ समय के लिये उन्होंने नेहरू के साथ काम भी किया था। मैं पापा के विचार जानना चाहता था। मैंने तुरंत डायरी निकाली, मैं जानता था कि इस यात्रा में यह डायरी मेरी सबसे सुखद साथी बन चुकी है।

नेहरू एक महान दूरदृष्टा थे। हर कोई उनका समर्थन करता था, यहाँ तक उनके विरोधी भी यह मानते थे कि वे असाधारण व्यक्तित्व वाले नेता थे। पर हर दूरदर्शिता को क्रियान्वित किया जाना भी तो आवश्यक होता है और निष्पादन एक ऐसी प्रक्रिया होती है जो सबके सहयोग से ही पूर्ण होती है और सहयोग सदैव योगदान देने से पूर्ण होता है और योगदान पाने के लिये दूसरों के विचारों को सुना जाना आवश्यक होता है। नेहरू के साथ एक समस्या थी कि वे कभी यह मानने को तैयार नहीं होते थे कि उनसे श्रेष्ठ भी कोई हो सकता था। उनका अहंकार और दूसरों की बुद्धि का तिरस्कार, उनके लिये अभिशाप बन गया।

नेहरू सिर्फ सेना की अवधारणा के विरोधी ही नहीं थे बल्कि वे अपने अधिकारियों के साथ भी कभी सहज नहीं रहे। नेहरू के सभी फैसले राष्ट्रीय रक्षा नीति बनाने हेतु सेना की भूमिका को कमजोर करते चले गये।

परिणामस्वरूप सेना में नेत्तृत्व की घोर कमी आ गयी और इस कमी को भरने के लिये नेहरू के विश्वासपात्र मेनन और बिज्जी जैसे लोग सामने आये। भारत की सुरक्षा से जुड़े विषयों पर वे लोग निर्णय लेने लग गये जो या तो चाटुकार थे या फिर जिन्हें कोई जमीनी अनुभव नहीं था। इस प्रकार विशेषज्ञों और कर्मठ लोगों का स्थान चाटुकार और गैर-विशेषज्ञों ने ले लिया और इस तरह चाटुकारिता वाली संस्कृति चल पड़ी। सामान्यता ने योग्यता पर अधिकार प्राप्त कर लिया था। गाँधी के समय में जो सर्वसम्मति की संस्कृति स्थापित की गयी थी और जिसने काँग्रेस में असाधारण नेताओं को जन्म दिया था, आज वह मात्र 'सत्तावाद की संस्कृति' में सिमट कर रह गयी। मुझे नहीं लगता कि नेहरू ऐसा जानबूझकर कर रहे थे पर वे वास्तव में यह मानते थे कि मिट्टी से जुड़े और ग्रामीण नेताओं को दुनिया के परिदृश्य का कोई ज्ञान नहीं। ऐसे नेताओं के पास वैज्ञानिक दृष्टिकोण नहीं इसलिये वे परामर्श योग्य भी नहीं। उनके बौद्धिक-मोह के कारण उन्होंने सेना को लेकर मौलिक रूप से गलत निर्णय लिये जिसकी कीमत राष्ट्र को चुकानी पड़ी।

1962 का युद्ध भारत को दशकों पीछे धकेल गया। मात्र डेढ़ दशक पहले, एक नेता ने सबसे शक्तिशाली लड़ाई लड़ी और हमें स्वतंत्र करवाया और भारत एक मजबूत लोकतंत्र के रूप में उभरा... यह कैसी विडंबना है कि उन्हीं के आश्रय में रहने वाले नेता इस स्वतंत्रता से समझौता कर बैठते हैं। हमें ईश्वर से चार वरदान प्राप्त हैं–स्वतंत्रता, आत्मसम्मान, स्वाभिमान एवं आशा और यह अंत समय तक हमारे साथ रहते हैं पर आज इन चारों

का जीवन में अभाव लग रहा है। नेहरू के बड़े से बड़े प्रशंसक भी उनके बारे में बोलने से कतराते थे। यहाँ तक कि सार्वजनिक स्थानों पर लोग एक-दूसरे से बातचीत करने में भी हिचकिचाते थे। सब जगह जैसे अंधेरा-सा छाया रहता था... जब तक कि शास्त्री भारत के दूसरे प्रधानमंत्री न बन गये।

5

'ध्यान' और अहंकार की राजनीति

21वीं शताब्दी तक आते-आते विश्व की अधिकांश प्राचीन सभ्यताएँ मर चुकीं थीं पर समय के कठिन पथों को पार कर, भारतीय और मंगोल, केवल दो ही ऐसी सभ्यताएँ थीं, जो बच पायी थीं, जो आज इंडियन और चायनीज कल्चर के नाम से जानी जाती हैं। जहाँ भारत में कृष्ण और चाणक्य जैसे महान रणनीतिकारों ने जन्म लिया वहाँ चीन में सन-त्जू और ज्यूग-लिआंग ने अपना स्थान बनाया। भारत की स्वतंत्रता के मात्र दो वर्ष उपरांत 1949 में पीपल्स रिपब्लिक ऑफ चायना (पी.आर.सी.) का गठन हुआ।

दुनिया की सबसे पुरानी दो सभ्यताएँ भारत और चीन शुरू से कभी भी पड़ोसी राज्य नहीं रहे। इन दोनों के बीच विश्व के शिखर पर हिमालय के पर्वतों के बीच एक बौद्धिक स्थल था जिसे हम 'विश्व की छत' या तिब्बत के नाम से जानते हैं। बुद्धधर्म चीन, वियतनाम, कोरिया, जापान, और पूर्व-एशियाई देशों तक फैलने के पहले, सातवीं शताब्दी से तिब्बत में माना जाने लगा था। आध्यात्म ही उनके लिये राजनीति था, इसलिये यह उपयुक्त ही था कि उन्होंने दलाईलामा को अपना आध्यात्मिक और राजनैतिक गुरु चुना, जिसका शाब्दिक अर्थ होता है-प्रज्ञा अर्थात ज्ञान का सागर। विश्व के शिखर पर बसने वाला यह देश, घास के हरे मैदानों और घने

जंगलों से समृद्ध जल्दी ही ध्यान में भी समृद्ध हो गया था। ध्यान के सहारे उनकी आत्मा को भले ही मुक्ति प्राप्त हो गयी थी परन्तु तिब्बत खुद कभी भी एक मुक्त राष्ट्र के रूप में नहीं उभर पाया। कभी मांगोलियन साम्राज्य तो कभी चीनी राजवंशों ने संप्रभुता की अवधि में तिब्बत पर शासन किया। चीन ने हमेशा से तिब्बत पर अपनी संप्रभुता को विद्यमान रखा और यही कारण था कि पी.आर.सी. के गठन के एक वर्ष के भीतर ही तिब्बत पर आक्रमण कर दिया गया। द *गार्जियन* में छपी इस खबर के अनुसार, 'यांग्त्जे नदी को पार करते हुए पीपल लिबरेशन आर्मी के लगभग 40000 लड़ाके चीनी सैनिक आगे बढ़ रहे थे। उन्होंने अपने हाथों में माओ जेदोंग की तस्वीरें पकड़ी हुई थीं और 7 अक्टूबर 1950 को पूर्वी तिब्बत में प्रवेश कर लिया था। यहाँ पर न तो पक्की सड़कें थीं और न ही कोई पश्चिमी भाषा से परिचित था। तिब्बत की 4000 सैनिकों की टुकड़ी जिसने कभी युद्ध का प्रशिक्षण भी प्राप्त नहीं किया था और जो कि आंशिक रूप से ही सशस्त्र थी, इसका जवाब देने में असमर्थ थी। भौतिक आकर्षण के बजाय तिब्बती आंतरिक परिवर्तन को श्रेष्ठ मानते थे। जो अध्यात्म के बारे में नहीं जानता वह एक राष्ट्र को एक मजबूत सेना रहित नहीं देख सकता। बौद्ध भिक्षु लगातार संकटों को दूर करने के लिये कड़ी प्रार्थना कर रहे थे पर पी.एल.ए. के सैनिक पूर्वी तिब्बत के चामदो शहर पर कब्जा करने के लिये आगे बढ़ते जा रहे थे। चीन ने बड़ी आसानी से चामदो शहर पर कब्जा कर आधी से ज्यादा तिब्बती सेना को बंधक बना लिया था। संकट की इस घड़ी में तिब्बती सरकार ने पंद्रह वर्षीय 'तेनजिन ग्यात्सो' को 14वें दलाई लामा के रूप में विराजमान किया। इतनी समस्या होने पर भी सड़कों पर हर्ष एवं उत्साह का वातावरण था परन्तु संयुक्त राष्ट्र की चेतावनी के बावजूद चीनी सेना के कदम नहीं थम रहे थे।'

इस आक्रमण के लगभग अठारह वर्ष पूर्व गहन ध्यान एवं साधना के पश्चात् तेहरवे दलाई लामा ने अपने इच्छापत्र में लिखकर यह स्पष्ट कर दिया था–'हमारी आध्यात्मिक और सांस्कृतिक परंपराओं को साम्यवादियों द्वारा अत्यंत क्रूरता से नष्ट कर दिया जायेगा... यहाँ तक कि दलाई लामाओं और पंचेन लामाओं के नाम तक मिटा दिये जायेंगे... मठों को लूटकर नष्ट कर दिया जायेगा... भिक्षुओं और भिक्षुणियों को या तो मार दिया जायेगा या फिर भगा दिया जायेगा... हम सब अपने विजेताओं के दास बन जायेंगे... दिन और रात बहुत दुख और भय के साथ भारी लगने लगेंगे...', पर किसी ने भी उनकी बात पर विश्वास नहीं किया।

1959 में शांतिप्रिय भिक्षुओं ने चीन के खिलाफ विद्रोह को उकसाया पर यह अधिक न चल सका क्योंकि सशस्त्र बल के खिलाफ विद्रोह करना ध्यान लगाने वाले भिक्षुओं के बस की बात नहीं थी। परिणामस्वरूप 14वें दलाई लामा को तिब्बत छोड़कर भागना पड़ा। भारतीय प्रधानमंत्री नेहरू ने धर्मशाला में उनका स्वागत किया जहाँ दलाई लामा ने निर्वासन में रहते हुए अपनी सरकार बनाई। चीन में सांस्कृतिक बदलाव के चलते अधिकांश मठों को नष्ट कर दिया गया था; मार्शल लॉ और दमन के इस युग में हजारों भिक्षुओं को मार दिया गया। एक तरफ तिब्बती लोग दलाई लामा को ईश्वर के रूप में देखते थे, वहाँ चीन ने इनकी पहचान एक अलगाववादी और खतरनाक इंसान के रूप में की थी जिनको भारत ने शरण दे रखी थी। दलाई लामा भारत पर एक दायित्त्व बन गये थे। उन्हें शरण देने का फैसला नेहरू का था जिससे नेहरू की शांतिवादी राजनेता वाली छवि को और प्रतिष्ठा मिल गयी थी। यहाँ गौर करने वाली बात यह है कि इस बदलती परिस्थिति को देखते हुए भारतीय सेना को राष्ट्रीय सुरक्षा का पुनः आंकलन करने को क्यों नहीं कहा गया। ऐसा नहीं है कि

नेहरू को चीन की प्रतिक्रिया का अंदाजा न था; वे जानते थे तभी उन्होंने दलाई लामा से केवल धार्मिक गतिविधियों में संलग्न होने के लिये कहा था ताकि चीन उत्तेजित न हों। पर अगर वे खुफिया एजेंसी और सेना के अधिकारियों से एक बार भी परामर्श करते, तो वह यह जान जाते कि चीनी पहले ही उत्तेजित हो चुके थे।

राजनीति को एक कला की दृष्टि से भी समझा जा सकता है और इसका अध्ययन विज्ञान के आधार पर भी किया जा सकता है। आप चाहे जिस रास्ते जायें पर अहंकार का त्याग किये बगैर आप राजनीति को नहीं समझ सकते। राजनीति में आप केवल जनता के प्रति जवाबदेह होते हैं। हो सकता है आपके सम्बन्ध आपके पड़ोसी राज्य के साथ अत्यंत मैत्रीपूर्ण हों पर आपको सदैव उस दुर्लभ पल के लिये तैयार रहना चाहिये जब आपका पड़ोसी राज्य ही आपका सबसे बड़ा दुश्मन बन बैठे। सैन्य ताकत की कीमत पर कूटनीतिक संबधों को बेहतर बनाना, अंततः महंगा पड़ता है।

ऐसे व्यक्ति को पराजित कर पाना, जिसने अपने मन को ही नियंत्रित कर रखा हो, बहुत मुश्किल होता है। मन अगर क्षणभंगुर विचार नहीं तो और क्या है? और विचार तो अस्थिर होते हैं, विचार हमें उन चीजों में उलझाये रखते हैं जो असल में मायने ही नहीं रखतीं। इसलिये ऐसी कहावत है कि मन शरीर से अधिक बलवान होता है। भारतवर्ष में हिन्दू समाज मन की पेंचीदगियों को समझता है। यही कारण है कि जहाँ पश्चिमी सभ्यता भौगोलिक संसाधनों पर जीत हासिल करने में लगी थी, इसके विपरीत हिन्दू समाज इस जीवन और जीवन-के-परे अज्ञात रहस्यों के हल खोजने में संलग्न था। जहाँ पाश्चात्य संस्कृति धन और बल अर्जित करने में लगी हुई थी वहाँ हिन्दू जीवन, मृत्यु और पुनर्जन्म की जटिलताओं को

सुलझाने में लगे हुए थे। जहाँ पाश्चात्य संस्कृति धन और बल को सर्वोच्च मान बैठी थी वहाँ हिन्दू अध्यात्म और 'ध्यान' के पथ पर चलकर परमात्मा तक पहुँचने का सीधा मार्ग अपना रहे थे। हिन्दू इस विधि की पहचान 'ध्यान' शब्द से करते हैं।

जब बौद्ध लोग 'ध्यान' के इस अपार ज्ञान को लेकर चीन पहुँचे तब यह 'ध्यान' वहाँ पर 'चान' के नाम से जाना जाने लगा क्योंकि चीनी उच्चारण में 'ध' नहीं होता।

ध्यान को या तो मनन के परिपेक्ष्य में या आध्यात्मिक तल्लीनताओं की उन स्थितियों के संदर्भ से समझा जा सकता है जिसमें मन गहन चिंतन की दशा में प्रवेश करता है। ध्यान में चिंतन और सचेतन मन जीवन के केंद्र होते हैं।

बुद्ध ने ध्यान के मूल्य को समझा और अपने अनुभवों और समझ के आधार पर इसे नये रूप में प्रस्तुत किया। विभिन्न संस्कृतियों में ध्यान के व्यवहारिक शैली में अंतर होते हुए भी इसका तात्पर्य समान था। जब बुद्ध के शिष्य बोधिधर्म अन्य पूर्वीय देशों में गये तो ध्यान को वहाँ की स्थानीय भाषा में नया नाम मिला। चीन में यह *चान* (*ch'an*), कोरिया में *साओन* (*son*), वियतनाम में *चियान* (*thien*) और जापान में *जेन* (*zen*) कहा जाने लगा। 80 के दशक में पश्चिम के जापान के साथ इलेक्ट्रॉनिक-प्रद्योगिकी के रोमांस के दरम्यान जेन ने वहाँ अपार लोकप्रियता अर्जित की। शीघ्र ही जेन वहाँ के सभी प्रबंध-पाठ्यक्रमों में पढ़ाया जाने लगा बाजार तथा जीवन में संतुलन तलाशती वहाँ की लोभी, भौतिकवादी और तनावग्रस्त कॉर्पोरेट दुनिया में गूँजने लगा। आज सभी कम्पनियाँ ध्यान की शक्ति में विश्वास करती हैं।

भारतीय समाज हमेशा से सहयोगात्मक रहा है। प्रधान-मंत्रित्व को छोड़कर यहाँ सबकुछ सामूहिक है। जब भी हमने सामूहिक

प्रधान-मंत्रित्व को आजमाया–हम बुरी तरह से असफल हुए। शायद सामूहिकता के लिये अधिनायकवाद या सत्तावाद जरूरी है।

स्वतंत्र भारत की यात्रा की नीव एक सत्तावादी नेता ने रखी। जहाँ गाँधी बहुत ही हठी थे, नेहरू एक रोमेंटिक नेता के रूप में जाने जाते थे और फिर रोमेंटिक होना कोई गलत बात तो नहीं पर समस्या यह बन गयी थी कि वे अपने विचारों से ही रोमांस करने लग जाते थे और उनके निजी विचार भारत के विचार बन जाते थे। वे स्वयं अपनी बुद्धि से बेहद प्यार करते थे। 'नेहरू-के-विचारों-वाले-इंडिया' ने 'गाँधी-के-विचारों-वाले-भारत' को पूरी तरह से कुचल दिया था। 'नेहरू-के-विचारों-वाले-इंडिया' में सुभाषचंद्र बोस, वीर सावरकर, राजेंद्र प्रसाद या फिर जिन्नाह और यहाँ तक कि गाँधी के स्वदेशी मूल्यों का भी कोई स्थान न था। इसमें कोई अचरज की बात नहीं कि स्वतंत्रता उपरान्त उनका प्रख्यात भाषण 'नियति से वादा या ट्रिस्ट विद डेस्टिनी' अंग्रेजी में दिया गया था क्योंकि असल में वे पश्चिम को ही संबोधित कर रहे थे। गाँधी की *स्वदेशी* वाली बात के साथ-साथ 'ध्यान-का-राजनीति-में-महत्व' को भी पूरी तरह से अनदेखा कर दिया गया था। *स्वदेशी* और 'ध्यान-का-महत्त्व' इन दोनों में ज्यादा अंतर नहीं है। *स्वदेशी* भी इसी नीति पर आधारित है कि पहले जो कुछ देश के भीतर है उसको बाहर निकालो और उसका उपभोग करो। जैसे 'ध्यान' भीतर-से-बाहर आने वाली प्रक्रिया है उसी तरह *स्वदेशी* भी। नेहरू का विचार 'बाहर-से-भीतर' वाला था। इसमें कोई अचरज की बात नहीं कि उन्होंने कई ऐसी विदेशी अवधारणाओं को भारत में स्थान दिया जो हमारे 'ध्यान' वाले समाज के अनुकूल नहीं थीं। वे सोवियत की विशालता और पश्चिमी वर्ग के प्रति अत्यधिक आकर्षण से ग्रस्त थे। उनके दिमाग में उनकी प्रतिस्पर्धा केनेडी के साथ चलती रहती थी। उन्होंने बड़े-बड़े बाँधों की, पंच-वर्षीय

योजनाओं की, केंद्र-शासित निर्णय की अपनी नीति की शुरुआत कर खुद ही अपनी वाह-वाही करने में कोई कसर न छोड़ी थी। जहाँ गाँधी वस्त्रों तक का त्याग कर दलितों के बीच रहते थे वहाँ नेहरू अपने कोट पर गुलाब लगाकर कबूतरों को उड़ाया करते थे। कोई उनकी आलोचना करे तो वे उससे घृणा करते थे। उनके निर्णय स्व-हित और व्यक्तिगत स्वार्थ से भरे होते थे और भारत के लिये क्या अच्छा है?—इसका फैसला आम सहमति द्वारा नहीं बल्कि नेहरू की अपनी समझ से किया जाता था। एक समाज जिसकी स्थापना सामूहिक राय और सर्वसम्मति के सिद्धांतों के आधार पर की गयी थी, आज वो सिद्धांत पूर्ण रूप से ओझल हो गये थे और ऐसा लगने लगा था जैसे अंग्रेज सरकार के अधिकार नेहरू को दे दिये गये हों। अंग्रेज और नेहरू दोनों ही खुद को सबसे श्रेष्ठ मानते थे। जब कभी 'ध्यान' के मूल्यों पर चलने वाले नेता नेहरू के इस अहंकार पर सवाल उठाते, तो उनको या तो दरकिनार कर दिया जाता या फिर अपमानित किया जाता फिर चाहे वो राजेंद्र प्रसाद हों या फिर सरदार पटेल या श्यामा प्रसाद मुखर्जी।

स्वतंत्र भारत, नेहरू के अहंकार और उनके विचारों को देश के ऊपर थोपे जाने के कारण दम तोड़ने लगा था। नेहरू के इस अहंकार ने भारत को 1962 में चीन के सामने भयावह युद्ध में धकेल दिया था जिसके लिये भारत तैयार ही न था जिसके परिणामस्वरूप भारत को सबसे अपमानजनक हार का सामना करना पड़ा।

सदियों से भारत और चीन एक-दूसरे के प्रति शांति और मैत्रीपूर्ण रवैया अपनाते चले आ रहे थे। हिमालय की सीमाओं में एक अनौपचारिक व्यवस्था बना ली गयी थी—आपस में एक ऐसा सामंजस्य बैठा लिया गया था कि हिमालय के उत्तर में चीन और

दक्षिण में भारत अपना अधिकार बनाये रखेगा। हमेशा से यात्रियों का आवागमन, व्यापार और ज्ञान का आदान-प्रदान होता चला आ रहा था। भारत को स्वतंत्रता मिलने के बाद नेहरू ने पी.आर.सी के साथ अपने पुराने संबंधों को पुनर्जीवित करने के लिये अधिकतम प्रयास किये। भारत पी.आर.सी को राजनयिक मान्यता देने वाले चंद पहले राष्ट्रों में से एक था। पी.आर.सी के गठन के पूर्व चीन दुनिया से अलग-थलग ही रहता था तब नेहरू ने विश्व-मंच पर चीन का प्रवक्ता बनने का भरसक प्रयास किया था। 1954 में चीन द्वारा तिब्बत पर आक्रमण किये जाने के उपरांत, भारत ने चीन के साथ पंचशील संधि (शांति बनाये रखने वाले पाँच सिद्धांत) पर हस्ताक्षर किये जिसमें भारत ने तिब्बत पर चीनी अधिग्रहण का समर्थन किया। भारत ने सीमांत मानचित्र प्रस्तुत किये जिसे चीन ने स्वीकार किया फिर संधि पर हस्ताक्षर के उपरांत कबूतर उड़ाये गये। नेहरू ने भाईचारे का नारा गढ़ा-'हिंदी चीनी भाई भाई'। 1951 में जापान और एलाइड पॉवर्स के बीच एक संधि करार किया गया था जिसे हम जापान की शांति संधि (The Peace Treaty of Japan) या सैन फ्रांसिस्को की शांति संधि (The Peace Treaty of San Francisco) के नाम से जानते हैं। नेहरू चीन के साथ संबंधों को लेकर इतने ज्यादा उत्साहित थे कि जब चीन को इस संधि में आने का आमंत्रण नहीं दिया गया तो नेहरू ने भी इसमें भाग लेने से इंकार कर दिया। अन्य हस्ताक्षर करने वाले राष्ट्रों को लगा कि पी.आर.सी. चीनी लोगों का प्रतिनिधित्व नहीं करता है। सोचिये, भारत द्वारा चीन का समर्थन इस तरह से किया जाता था।

दूसरी ओर तिब्बत में तिब्बती-बौद्ध और पी.आर.सी. के बीच संकट गहराता जा रहा था। जब पी.आर.सी. ने तिब्बत पर कब्जा कर लिया

था तब भारत ने इस पर विरोध जताते हुए पत्र लिखा और इस मुद्दे पर बातचीत का प्रस्ताव रखा। बस, यह बात चीनी नेत्तृत्व को बहुत परेशान कर गयी और यहाँ से भारत और चीन के मैत्रीपूर्ण संबंध बिगड़ना शुरू हो गये। ताबूत में आखरी कील तब ठुकी जब मार्च 1959 में एक असफल तिब्बती विद्रोह के बाद 14वें दलाई लामा को भारत में शरण दे दी गयी। जिस तरह से नेहरू ने दलाई लामा का भारत में स्वागत किया, चीन की कम्युनिस्ट पार्टी के अध्यक्ष माओ जेदोंग को यह घोर विश्वासघात और अपमान जैसा प्रतीत हुआ। उन्होंने ल्हासा विद्रोह के लिये नेहरू को जिम्मेदार ठहराया। उन्होंने जिन्हुआ समाचार एजेंसी को तिब्बत में काम करने वाले भारतीय कार्यकर्ताओं पर रिपोर्ट बनाने के लिये कहा।

2 अक्टूबर जिस दिन गाँधी और लाल बहादुर शास्त्री का जन्म हुआ था, 1959 में इसी ही दिन जब सोवियत संघ और चीन के बीच एक बैठक चल रही थी, सोवियत संघ के प्रधानमंत्री निकिता खुश्चेव ने नेहरू का पक्ष लिया तब माओ जेदांग का विश्वास और भी प्रबल हो गया कि सोवियत संघ और भारत चीन के विरुद्ध विस्तारवाद की रचना कर रहे हैं। परिणामस्वरूप चीन ने मैकमोहन लाइन की मान्यता रद्द करते हुए अक्साई चीन और NEFA (अरुणाचल प्रदेश) को चीन का हिस्सा बताया। चीन ने अक्साई चीन खाली करने के बदले में भारत को NEFA से पीछे हटने को कहा। नेहरू ने इसका विरोध अकूटनीतिक स्तर पर किया जिससे चीन को लगा कि भारत तिब्बत को लेकर कोई गहरी चाल चल रहा है। धीरे-धीरे भारत-चीन के कूटनीतिक रिश्ते खराब होते चले गये।

चीन को लगा नेहरू दोहरी चाल चलते हैं और उन्हें भारत से खतरा महसूस होने लगा। भारत-चीन युद्ध के पीछे, चीन की यह धारणा ही युद्ध का मुख्य कारण बनी। नेहरू ने भी इस धारणा

को बदलने का कभी कोई प्रयास नहीं किया या शायद वे दोहरी चाल ही चल रहे थे। 1952 में तिब्बत पर किये गये आक्रमण और 1959 में ल्हासा विद्रोह के बीच 1954 में, नेहरू ने भारत-चीन की सभी सीमायें संशोधित किये जाने की माँग रखी जिसमें 1,20,000 किलोमीटर का विवाद था। चीन के प्रधानमंत्री ने माना कि नक्शों में कुछ त्रुटियाँ हैं।

सी.आई.ए. की रिपोर्ट के अनुसार नेहरू ने बर्मा के उनके ही समकक्ष 'बा-स्वे' द्वारा दी गई जानकारी को, कि चीनी जानबूझकर सीमा मुद्दे पर विवाद न उठाते हुए भारत को धोखा दे रहे हैं, पूरी तरह से नजरअंदाज कर दिया। भारत ने एक सीमांत मानचित्र प्रस्तुत किया जिसे चीन ने स्वीकार कर लिया। नेहरू ने चीन पर विश्वास किया और उन्होंने कम्युनिस्टों के प्रति झुकाव रखने वाले अपने रक्षामंत्री, वी.के. कृष्ण मेनन को भी दरकिनार कर दिया था जिन्होंने संदेह जताया था और चीन में भारतीय राजदूत जी. पार्थसारथी से उन्होंने अब सीधा-संवाद करने के लिये कहा। नेहरू ने सोचा था कि वह चीन के साथ मिलकर 'एशियाई अक्ष' बनाने में सक्षम हैं, पर वे गलत थे।

नेहरू के अंदर अहंकार इतना अधिक था कि वे समझते थे कि विदेश-नीतियाँ और उन से जुड़े सभी मसलों को उन से अच्छा न कोई समझ सकता था न सुलझा सकता था–उनका अपना मंत्रिपरिषद भी नहीं। उनकी इस ही समझ ने उनको भरोसा दिला दिया था कि चीन कभी आक्रमण नहीं करेगा। नेहरू के इस विश्वास के कारण भारतीय सेना भी युद्ध की तैयारी नहीं कर पायी पर 20 अक्टूबर 1962 के दिन जब आक्रमण हुआ तब चीन की 80,000 की सेना का जवाब देने के लिये भारत की 10,000 से 20,000 की सेना ही थी। एक महीने चली इस लम्बी लड़ाई के बाद 21 नवम्बर को चीन ने इस पर युद्धविराम लगाया।

नेहरू शायद यह भूल चुके थे कि भारत कि यह धरती 'ध्यान' के मूल्यों पर आस्था रखने वालों और सर्वसम्मति से एक होकर चलने वालों की है। नेहरू ने इन नियमों का तिरस्कार किया था। उन्होंने अपने अहंकार के बल पर देश को चलाने की कोशिश की थी। उन्होंने अकेले अपनी मर्जी से बड़े बड़े फैसले लिये और उनकी फॉरवर्ड पॉलिसी पूरी तरह से गलत साबित हुई। थिमैय्या द्वारा दी गयी चेतावनी सटीक थी। एक सेवक के रूप में देश की सेवा करने के बजाय नेहरू देश के जमींदार बन बैठे थे। अपनी कुर्सी बनाये रखने के लिये उन्होंने अपने निजी स्वार्थ और अहंकार के नशे में मनमाने ढंग से फैसले लिये।

इस अपमानजनक हार के बाद अंतर्राष्ट्रीय स्तर पर नेहरू पूर्णरूप से शर्मसार हो गये थे और स्वतंत्र भारत एक पराजित राष्ट्र में तब्दील हो गया था जहाँ केवल सवाल ही सवाल थे, जवाब एक भी नहीं।

हमारा भाग्य, हमारी शांति, हमारा आत्म-सम्मान, हमारा आत्मविश्वास-एक राष्ट्र के निर्माण के लिये हर वो सामान जो हमने एकत्रित किया था-एक ऐसे इंसान के हाथों तबाह कर दिया गया जिसको हमने इसकी रक्षा करने के लिये चुना था। नेतृत्व का आंकलन अच्छे समय में नहीं परन्तु संकट की घड़ी में किया जाना चाहिये। जो नेता संकट की घड़ी को सफलतापूर्वक पार लगा देते हैं, वे अमर हो जाते हैं और जो विफल होते हैं, उनकी असफलता की कीमत आने वाली पीढ़ियों को चुकानी पड़ती है। आज, अगर भारतीय लोकतंत्र भी अपेक्षित रूप से विकसित नहीं हुआ तो क्या इसका जिम्मेदार नेहरू को नहीं ठहराया जाना चाहिये? अगर भारत की अर्थव्यवस्था इस तरह की गहरी खाई में पहुँच गयी थी कि हमारे नागरिकों के लिये पेट भरने को भोजन तक नहीं बचा था तो

क्या इसका जिम्मेदार नेहरू को नहीं ठहराया जाना चाहिये? अगर हमारी राष्ट्रीय सुरक्षा की हालत जर्जर हो गयी थी तो क्या इसका जिम्मेदार नेहरू को नहीं ठहराया जाना चाहिये? और अगर देश के मनोबल और आत्मा पर गहरा घात हुआ था तो क्या नेहरू के नेत्तृत्व पर प्रश्न नहीं उठाना चाहिये? अगर एक नेता न तो राष्ट्रीय चरित्र का निर्माण कर पाता है और न ही देशवासियों का मनोबल ऊपर रख पाता है तो वो भला किस काम का? एक कंपनी में नुकसान होने पर उसके सी.ई.ओ. को निकाल दिया जाता है। कप्तान को टीम की हार पर कप्तानी छोड़नी पड़ती है तो फिर ऐसा क्या था कि इतनी घोर पराजय के बाद भी नेहरू ने इस्तीफा नहीं दिया? अगर वे स्वतंत्रता का श्रेय लेने का अधिकार रखते हैं तो देश को वापस शून्य की स्थिति में लाने की जिम्मेदारी क्यों नहीं ले सकते? क्या ऐसे सवाल करने का हक भी नहीं? आखिर क्या कारण है कि छात्रों को इस काले इतिहास के बारे में बताया भी नहीं जाता? जब हम आने वाली पीढ़ियों को गलत इतिहास पढ़ा रहे हैं तो हम 'ध्यान' और सत्य के मूल्यों को कैसे जीवित रख सकते हैं? पुस्तकों में सिर्फ नेहरू के गुणगान के पाठों को पढ़ाकर क्या हमसे आंशिक रूप से झूठ नहीं बोला गया? कम-से-कम आज, क्या इसमें सुधार किया जा सकता है?

मैं सोच रहा था कि सिर्फ प्रश्न ही प्रश्न हैं, उत्तर एक भी नहीं और अगर फिल्म बनानी है तो उसमें उत्तर दिया जाना जरूरी है। 'आखिर यह फिल्म सवालों के जवाब देने के लिये ही क्यों बनायी जाये? सदियों से अपनी प्रतिष्ठा कायम रखने के लिये इन बातों को ढक कर रखा गया था। क्यों न हम जवाब दिखाने के बजाय अपनी फिल्म में सवाल पूछें?'–डॉक्साब ने मुझसे पूछा।

'सत्य' उजागर करने का समय आ गया था।

6
किंगमेकर

पराजय को स्वीकार करना वो भी एक ऐसे इंसान के लिये जो अपने आप से बेशुमार प्यार करता हो, सरल नहीं होता... नेहरू के लिये बड़ा कठिन समय था। पराजय के बाद कुछ लोग परिपक्वता और नई सीख से चमक उठते है और कुछ, निराशा से टूट जाते हैं; अंतर केवल इस बात का होता है कि कौन विनम्र है और कौन अहंकारी। नेहरू ने कभी हार का स्वाद चखा ही न था तो यह कोई आश्चर्य की बात नहीं कि वे इस घोर असफलता से टूट गये थे। लोगों की मनोदशा नेहरू भली-भाँति पहचान जाते थे। लोगों में आक्रोश था और नेहरू की लोकप्रियता समाप्त होती जा रही थी। काँग्रेस खुद एक संकट में पड़ गयी थी। काँग्रेस में ऐसे कई दिग्गज नेता थे जिनके नाम नेहरू के उत्तराधिकारी के रूप में सामने आने लगे थे–मोरारजी देसाई, जे.बी. कृपलानी, लाल बहादुर शास्त्री, जगजीवन राम, बीजू पटनायक, एस.के. पाटिल, जयप्रकाश नारायण, संजीव रेड्डी और कामराज–वह 'कामराज' जो उत्तराधिकारी चुनकर उसे कुर्सी पर बिठाने की क्षमता रखते थे अर्थात किंगमेकर।

राजनीतिक दृष्टि से दक्षिण भारत का सबसे महत्वपूर्ण राज्य–तमिलनाडु जहाँ से मुख्यमंत्री के पद पर बने रहकर

कुमारस्वामी कामराज लगातार 3 बार से जीतते चले आ रहे थे। दक्षिण भारत की राजनीति में बड़े नेताओं को देवताओं की तरह पूजा जाता रहा है। 1954 से 1963 के बीच मुख्यमंत्री के पद पर बने रहते हुए उन्होंने राज्य में शिक्षा के बुनियादी ढांचे को भरपूर मजबूती दी थी। वह ऐसे पहले मुख्यमंत्री थे जिन्होंने वर्तमान मिड-डे मील कार्यक्रम के समान एक योजना शुरू की थी जिसमें स्कूल में बच्चों को भोजन दिया जाता था और उन्हें स्कूल जाने के लिये प्रोत्साहित किया जाता था। काँग्रेस में वे बेहद प्रभावशाली माने जाते थे और वे यह जानते थे कि काँग्रेस को एक नये चेहरे के साथ पुनर्स्थापित किये जाने की आवश्यकता थी।

नेहरू उनकी घटती हुई लोकप्रियता और बिगड़ते हुए स्वास्थ्य से भली-भाँति परिचित थे। वे अंदर से टूट गये थे और वापस लड़ने की उनकी भावनात्मक और नैतिक ऊर्जा खो बैठे थे। अहं से भरे नेहरू यह जान गये थे कि उनका अहंकार अब उन्हें कोई और जीत नहीं दिला सकता। तीन मूर्ती भवन स्थित प्रधानमंत्री की उस कुर्सी के अलावा नेहरू की सबसे बड़ी कमजोरी थी उनकी पुत्री–इंदिरा प्रियदर्शिनी नेहरू गाँधी। वह इंदिरा को अपना उत्तराधिकारी बनाकर उस कुर्सी पर बिठा देना चाहते थे, पर मोरारजी देसाई और अन्य कई दिग्गजों के रहते यह सोचना भी नामुमकिन था।

युद्ध उपरान्त, हर कोई प्रधानमंत्री बनने की महत्वकांक्षी सोच का पालन-पोषण कर रहा था। पर यदि आप देश को विभाजित करने की कीमत चुका कर, अपनी राजनीतिक बुद्धि के बल पर, इस शीर्ष पद पर पहुँचते हैं, तो आप इस कुर्सी को इतनी आसानी के साथ कैसे छोड़ सकते हैं? पर अगर कोई मजबूरी ही बन जाये

तब यह स्थान आप अपने वारिस को देना चाहेंगे। कुर्सी के साथ यह सबसे बड़ी समस्या है। आपको लगने लगता है कि यह बस अब आपकी है और आपकी ही रहेगी। किसी भी ताकतवर और अहंकारी पिता की तरह, नेहरू चाहते थे कि अब इंदिरा उनकी विरासत को संभालें।

इसके लिये, नेहरू को एक ऐसे व्यक्ति की तलाश थी, जिसकी नैतिक विश्वसनीयता पर भरोसा किया जा सके। कामराज इस काम के लिये सबसे खरे उतरते थे। कामराज अपने ईमानदार व्यक्तित्व के लिये जाने जाते थे। मात्र 15 मंत्रियों के साथ वे राज्य में कुशल प्रशासन प्रदान करने में कामयाब रहे थे। एक बार कुछ मंत्रियों ने कामराज के घर पर हैंडपंप लगवा दिया ताकि उनकी वृद्ध माँ को पानी भरने के लिये बाहर न जाना पड़े। जब कामराज को इस बात का पता चला तो उन्होंने इसका खर्चा मंत्रियों की तनख्वाह में से काट लिया। उनकी प्रतिष्ठा और विश्वसनीयता कुछ ऐसी थी।

युद्ध में हार के अतिरिक्त, नेहरू पर भ्रष्ट मंत्रियों को बचाने का आरोप भी लगता आया था। आजादी के तुरंत बाद, 1948 में जीप घोटाला हुआ था, जिसमें ब्रिटेन में तत्कालीन उच्चायुक्त–वी.के. कृष्ण मेनन भी शामिल थे। इस घोटाले में 200 जीपों की खरीद की गयी थी, जिसके लिये 80 लाख रुपयों का भुगतान किया गया था, लेकिन 200 के बजाय केवल 155 जीपों की डिलीवरी की गयी थी। सरकार को 45 जीपों से धोखा दिया गया था जिसके लिये लगभग 20 लाख का भुगतान भी कर दिया गया था। नेहरू ने इस घोटाले को न सिर्फ अनदेखा किया, बल्कि कुछ समय पश्चात उन्होंने मेनन को अपना निकटतम सलाहकार बना लिया और यहाँ तक कि 1959 में मेनन को रक्षामंत्री के पद पर भी नियुक्त कर

दिया गया। 1959 में, 'हरिदास मूँदड़ा कांड' हुआ, सार्वजनिक रूप से इसकी जाँच प्रतिष्ठित सेवानिवृत्त न्यायाधीश एम.सी. छागला के नेतृत्व में एक आयोग द्वारा की गयी। जाँच में सामने आया कि एल.आई.सी द्वारा निवेश-समिति की मंजूरी लिये बगैर 1.24 करोड़ रुपये का निवेश ऐसी कंपनियों के शेयरों में किया गया जिनका डूबना तय था। जाँच के निष्कर्ष के बाद मूँदड़ा को 22 साल की सजा सुनाई गयी और वित्त मंत्री–टी.टी. कृष्णमाचारी और वित्त सचिव–एच.एम. पटेल को इस्तीफा देना पड़ा। यह कैसी विडंबना है कि इस घोटाले का खुलासा करने वाला कोई और नहीं बल्कि इंदिरा के पति और नेहरू के दामाद फिरोज गाँधी थे।

नेहरू के लिये यह अनिवार्य हो गया था कि वे कामराज सरीखे किसी बेदाग ईमानदार व्यक्ति को मनायें। पर इन सब के चलते कामराज को मनाना कठिन लग रहा था जो कि बेदाग ईमानदारी के लिये जाने जाते थे। कामराज, जिनके पास विस्तृत ज्ञान, दूरदर्शिता और आम आदमी को परखने की असाधारण समझ थी, आज नेहरू की सबसे बड़ी जरूरत बन गये थे।

नेहरू ने कामराज के साथ मिलकर उन लोगों से निपटने की योजना बनायी जो प्रधानमंत्री के रूप में इंदिरा को उभरता देख, उनके रास्ते की बाधा बन सकते थे। राजनीतिक हलकों में यह कहानी प्रचलित है कि कामराज ने जब नेहरू से कहा कि इंदिरा अभी प्रधानमंत्री पद के लिये बहुत छोटी हैं और उनके पास प्रधानमंत्री पद के उपयुक्त अनुभव भी नहीं है तो नेहरू बोले कि इस बात को लेकर उन्हें घबराने की जरूरत नहीं है क्योंकि देश चलाना तो उनके खून में है। वे देश को इंदिरा के 'सुरक्षित हाथों' में छोड़ना चाहते थे क्योंकि उनका मानना था कि 'इंदिरा मेरी दूरदर्शिता को समझती है जो कोई और नहीं समझ सकता।'

विभिन्न पुस्तकों में प्रासंगिक अंशों की तुलना कर मैंने यह निष्कर्ष निकाला कि नेहरू को इस बात पर गहरा यकीन था कि यह देश केवल 'नेहरू-गाँधी परिवार' को ही चलाना चाहिये क्योंकि यह देश केवल 'नेहरू-गाँधी परिवार' ही चला सकता है।

'खुद को श्रेष्ठ समझना इस देश का सबसे बड़ा दुर्भाग्य है'–डॉक्साब बोले!

'श्रेष्ठ होना कोई खराब बात नहीं। टैगोर और सत्यजीत रे जैसे लोग भी तो श्रेष्ठ थे'–मैंने उनकी धारणा को सही किया।

'चलिये सुधार कर कहता हूँ... ताकत और अहंकार के बल पर अपने आप को श्रेष्ठ समझना जानलेवा हो सकता है।'

'मुझे लगता है कि अपने-आप को श्रेष्ठ समझने वाले इन नेताओं की सबसे बड़ी भूल यह है कि ये आम लोगों के मूल स्वभाव को नहीं समझते।'

'नरेंद्र मोदी के हाथों बुरी तरह से हारने के बाद भी काँग्रेस केवल सोनिया या राहुल का ही नेतृत्व चाहती है तो यह कोई आश्चर्य की बात नहीं होगी अगर 50 साल बाद भी काँग्रेस यही बात कह रही होगी।'

'आपने ध्यान दिया, इस घोर पराजय की आज भी कोई जवाबदेही नहीं है। मुझे अचरज होता है कि इस हार का जिम्मेदार कोई भी सोनिया गाँधी को नहीं ठहरा रहा था जो पिछले 10 वर्षों से पार्टी के शीर्ष पद पर थीं।'

'जो अपने-आप को श्रेष्ठ-सर्वोच्च समझते हैं वो कभी अपनी विफलता और अक्षमता को नहीं पहचान सकते। उनका ध्यान सिर्फ इस बात पर होता है कि कुर्सी पर कहीं कोई "अश्रेष्ठ" व्यक्ति न बैठ जाये जैसे यह सिर्फ इनके लिये ही बनायी गयी हो। 1984 में भी यही हुआ। अपनी पार्टी के ही नेताओं द्वारा हजारों सिखों के नरसंहार को उचित ठहराये जाने के बाद भी, राजीव गाँधी जो कि

वास्तव में एक पायलेट थे, प्रधानमंत्री बना दिये गये क्योंकि यह देश केवल "नेहरू-गाँधी परिवार" को चलाना चाहिये क्योंकि यह देश केवल "नेहरू-गाँधी परिवार" ही चला सकता है।'

'सर, अगर आज से 50 साल बाद प्रियंका गाँधी के बेटे को राहुल गाँधी के बाद काँग्रेस की बागडोर संभालने के लिये मजबूर किया गया तो मुझे कोई आश्चर्य नहीं होगा क्योंकि, जैसा कि आपने कहा यह देश केवल "नेहरू-गाँधी परिवार" को चलाना चाहिये क्योंकि यह देश केवल "नेहरू-गाँधी परिवार" ही चला सकता है।'

उस वर्ष गाँधी-जयंती पर, कामराज ने तमिलनाडु के मुख्यमंत्री पद से इस्तीफा देकर सभी को अचंभित कर दिया और अन्य कैबिनेट मंत्रियों और मुख्यमंत्रियों (संभावित प्रधानमंत्री पद के दावेदारों) से आग्रह किया कि वे भी काँग्रेस को मूलभूत स्तर पर मजबूत करने के लिये इस्तीफा दें। उन्होंने प्रस्ताव रखा कि सभी वरिष्ठ नेता अपने पदों से इस्तीफा दें और पार्टी को पुनर्जीवित करने के लिये अपना जीवन समर्पित करें। बड़ी चतुराई के साथ उन्होंने इस बात पर जोर देते हुए कहा कि भारत एक युवा देश है और यह कदम युवाओं को सत्ता में आने का मौका देगा। राजनीतिक संदेश यह था कि यह कदम कांग्रेसियों के मन से सत्ता के लालच को दूर भगाएगा और सब अपनी-अपनी जगह पर रहकर संगठन के उद्देश्यों और नीतियों के प्रति समर्पित होकर काम में जुट जायेंगे। यह इस्तीफा कामराज ने एक उच्च नैतिक आधार पर दिया था। ऐसे में अन्य वरिष्ठ कांग्रेसियों के पास इस्तीफा देने के अतिरिक्त और कोई विकल्प नहीं बचा था। यह मास्टरस्ट्रोक था अर्थात् सफलता को पूर्णतः सुनिश्चित करनेवाली चाल।

एक ऐसे व्यक्ति से लड़ना असंभव होता है जो कि पार्टी की भलाई के लिये सत्ता का त्याग कर देता है। राजनीति में ऐसा माना जाता है कि नैतिकता के आधार पर अपने प्रतिद्वंद्वी को कभी भी खुद से ऊपर नहीं उठने देना चाहिये। इससे नेहरू और कामराज को पहला फायदा तो मिल ही चुका था। नेहरू की चाल काम कर गयी थी। अब अगर अन्य वरिष्ठ नेता इस्तीफा नहीं देते तो जनता को लगता कि वे सत्ता के लोभी हैं और वे जनता की नजरों में गिर जाते। इस प्रकार, 6 केंद्रीयमंत्री और 6 मुख्यमंत्रियों ने अपने पद से इस्तीफे सौंप दिये जिनमें जगजीवन राम, मोरारजी देसाई, बीजू पटनायक, एस.के. पाटिल समेत भारत के सबसे बड़े राज्य, उत्तर प्रदेश के मुख्यमंत्री लाल बहादुर शास्त्री भी शामिल थे। इस कदम को 'कामराज योजना' के नाम से जाना जाता है।

एक हफ्ते का समय राजनीति में बहुत लम्बा समय होता है। एक हफ्ते के बाद 9 अक्टूबर 1963 के दिन कुमारस्वामी कामराज भारतीय राष्ट्रीय काँग्रेस के नये अध्यक्ष चुन लिये गये। अगर कामराज खुद एक संभावित प्रधानमंत्री पद के उम्मीदवार थे तो फिर वे नेहरू के जाल में कैसे फंस गये? कामराज एक जमीन से जुड़े हुए व्यक्ति थे और जमीनी हकीकतों से भली-भाँति परिचित रहते थे। कामराज न अंग्रेजी बोल सकते थे और न हिंदी। वे भारत के उस युग को अच्छी तरह जानते थे जो कभी भी ऐसे प्रधानमंत्री को स्वीकार नहीं करता जिसे न हिंदी आती हो और न अंग्रेजी। भले ही वे यथार्थ पर चलने वाले इंसान थे पर उनकी महत्वाकांक्षाएँ कम न थीं। वे 'कुर्सी पर बिठाने वाली ताकत' यानी किंगमेकर बनना चाहते थे।

कामराज एक बहुत ही गरीब परिवार से थे और वे जो कुछ भी बने उसके लिये उन्होंने वर्षों संघर्ष किया। 11 वर्ष की कच्ची उम्र में परिवार का पेट पालने के लिये उन्होंने काम करना शुरू कर दिया था। वे रुकने वालों में से नहीं थे। सार्वजनिक स्थानों पर पड़े हुए अखबारों से पढ़-पढ़कर उन्होंने बहुत कुछ सीखा। प्रतिभा को बढ़ने से कोई नहीं रोक सकता जैसे कि एक ताकतवर पौधा पत्थरों के बीच भी पनपकर एक शक्तिशाली वृक्ष बन जाता है। बहुत कम उम्र में ही वे स्वतंत्रता आंदोलन की तरफ आकर्षित हुए और 1937 में प्रांतीय विधान-सभा के सदस्य बन गये। वे उस संविधान-सभा का हिस्सा भी बने जिस संविधान-सभा के द्वारा बाद में भारत के संविधान का मसविदा तैयार किया गया। 1954 में वे अविभाजित मद्रास के मुख्यमंत्री बनाये गये और इसके बाद लगातार दो बार 1959 और 1962 में चुनाव जीतकर वे सत्ता में कायम रहे। उनका जीवन नेहरू की तरह नहीं था जिन्होंने कभी अस्तित्व के लिये संघर्ष न किया हो। राजनितिक-खींचतान उन्होंने सड़कों पर रहकर सीखी थी और वे आम लोगों के साथ कंधे से कंधा मिलाकर चलने वाले नेता थे इसलिये वे *चाणक्य नीति* पर विश्वास करते थे जो सिखाती है-'अपने मित्रों को समीप रखें लेकिन शत्रुओं को और समीप।' जब वे मुख्यमंत्री बने, उन्होंने अपने दो मुख्य विरोधियों को मंत्रीमंडल में शामिल किया ताकि वे उनके राजनितिक चाल-चलन और गतिविधियों पर कड़ी नजर रख सकें। कामराज का वर्चस्व कुछ ऐसा था कि पूरी पार्टी में लिया गया उनका निर्णय ही अंतिम एवं मान्य होता था। 1966, में अमरीका के उप-राष्ट्रपति ह्यूबर्ट हम्फ्रे ने कहा था कि, 'कामराज विश्व के सबसे महान नेताओं में से एक हैं।'

नेहरू की मृत्यु के उपरान्त, इंदिरा गाँधी और मोरारजी देसाई के बीच एक सशक्त संघर्ष उभरने लगा। मोरारजी देसाई का चुना जाना स्वाभाविक विकल्प था क्योंकि पहली बात तो यह कि वे काँग्रेस के सबसे वरिष्ठ नेता थे ऊपर से मुख्यमंत्री के रूप में वे एक ईमानदार और साफ सुथरी छवि वाले गाँधीवादी राजनेता के रूप में जाने जाते थे। पर काँग्रेस बँट गयी थी–कई वरिष्ठ नेता खुद के लिये कुर्सी पर नजरें गड़ाये हुए थे और देसाई से खुश नहीं थे; कुछ जो स्वयं को इस योग्य नहीं समझते थे, यह सोचकर इंदिरा का समर्थन कर रहे थे कि बाद में वे इंदिरा को कठपुतली की तरह नचाएँगे। ऐसे में सबकी नजरें कामराज के ऊपर थीं पर कामराज ने लाल बहादुर शास्त्री का समर्थन करते हुए सबको आश्चर्यचकित कर दिया। शास्त्री–जो दौड़ में शामिल ही नहीं थे। कहीं ऐसा भी सुना गया था कि कामराज ने जानबूझकर शास्त्री को एक कमजोर प्रधानमंत्री के रूप में चुना था ताकि आग बुझने के बाद वे शास्त्री का इस्तीफा लेकर प्रधानमंत्री की कुर्सी पर इंदिरा को बिठा सकें। यह कोई नहीं जानता था कि कामराज ने शास्त्री या इंदिरा से क्या ताल–मेल बना लिया था पर एक बात तो पक्की थी कि इससे सबसे बड़ा नुकसान मोरारजी देसाई का हुआ।

निस्संदेह, आम धारणा यह थी कि नेहरू के कद के सामने शास्त्री कुछ भी नहीं। नेहरू ने पत्रकारों, बुद्धिजीवियों, कलाकारों, और समझदार विचारकों के लिये एक ऐसा वातावरण बना रखा था जहाँ उन्हें विशेष पद, समाज में विशेष स्थान या विशेष लाभ देने की व्यवस्था उपलब्ध थी। यह कोई आश्चर्य की बात नहीं कि इससे पहले कि शास्त्री शपथ भी ले पाते इस तरह की व्यवस्था का इस्तेमाल कर शास्त्री पर एक 'कमजोर प्रधानमंत्री' की मुहर भी लगा दी गयी थी पर कोई नहीं जानता था कि 4–फुट का यह

आदमी सबको आश्चर्यचकित कर देगा। क्या सच में शास्त्री उतने कमजोर थे, जैसा कि सब सोचते थे?

प्रख्यात पत्रकार कुलदीप नैयर लिखते हैं कि शास्त्री जब कभी नेहरू से मुलाकात करने तीन मूर्ती भवन पहुँचते थे, तब इंदिरा गाँधी यह सुनिश्चित करती थीं कि शास्त्री को नीचा दिखाया जाये और उन्हें अपमानित किया जाये। जैसे-जैसे दिन बीतते गये वैसे-वैसे शास्त्री को अपमानित करने की घटनाएँ भी बढ़ती गयीं। यहाँ तक कि उन्हें नेहरू से मिलने के लिये समय माँगने के लिये भी इंतजार करना पड़ता था। एक बार तो मुझसे बोल रहे थे कि सोचता हूँ इस्तीफा देकर वापस इलाहाबाद चला जाऊँ... 'अब मेरे लिये यहाँ कुछ भी तो नहीं रखा।' वे आगे बोले, 'अगर ऐसे ही चलता रहा तो मेरा पंडित जी से टकराव पक्का है और टकराव के बजाय मैं इस्तीफा दे देना बेहतर समझता हूँ।'

'कई लोगों ने उनसे कहा भी था कि नेहरू का उनके प्रति इस तरह के व्यवहार के पीछे का कारण दरअसल इंदिरा थीं। पहले तो शास्त्री ने इस तरह की बातों को अनसुना कर दिया पर जब कोई और कारण नहीं दिखा तब शास्त्री ने इस बात का पता लगाने की ठान ली। कुछ ही समय में उन्हें विश्वास हो गया कि वे नेहरू के उत्तराधिकारी के रूप में नेहरु की पसंद में सबसे ऊपर नहीं हैं। इंदिरा गाँधी उन्हें सामने से नजर अंदाज करती थी और महत्वपूर्ण दस्तावेज लेकर खुद नेहरू के पास जाया करती थी।'

राजनितिक गलियारों में 'किसी के साथ निकटता' सत्ता में मजबूत होने का पहला दावा माना जाता है और किसी को 'मुलाकात का समय न देना' ताकत दिखाने का दूसरा हथकंडा होता है। इंदिरा के पास यह दोनों हथियार मौजूद थे।

नैयर एक किस्सा याद कर लिखते हैं, 'मैंने एक दिन शास्त्री से पूछ ही डाला, "आपको क्या लगता है नेहरू के दिल में अगला प्रधानमंत्री कौन है?" "उनके दिल में तो उनकी सुपुत्री ही हैं पर यह आसान नहीं होगा", वे बोले। "लोगों को तो लगता है कि आप नेहरू के प्रति इतने निष्ठावान हैं कि आप ही इंदिरा के नाम का प्रस्ताव रखेंगे", मैंने पूछा। "मैं इतना बड़ा साधु भी नहीं जैसा कि आप मुझे समझते हैं। कौन भला खुद भारत का प्रधानमंत्री बनना पसंद नहीं करेगा?" शास्त्री का जवाब आया।'

तब यह कोई नहीं जानता था कि शास्त्री के नेतृत्व में जो होने जा रहा था वह भारत के इतिहास के सबसे महत्वपूर्ण अध्यायों में से एक होगा। बहुत सारे लोगों को इस बात पर संदेह था कि कामराज की राजनीतिक चालों के सामने शास्त्री प्रधानमंत्री की कुर्सी पर अधिक दिन टिक पायेंगे पर यह किसी ने सोचा भी न था कि स्वतंत्र भारत के दूसरे प्रधानमंत्री के रूप में शपथ लेने के मात्र दो वर्षों के अंदर शास्त्री दुनिया से ही चले जायेंगे। हाँ यह सच है... शास्त्री की मृत्यु ताशकंद में हुई थी... सोवियत संघ में... रहस्यमय तरीके से... 11 जनवरी 1966 के दिन... ताशकंद शांति समझौते पर हस्ताक्षर करने के कुछ घंटों के उपरांत...

शास्त्री के आकस्मिक निधन के उपरांत एक बार फिर काँग्रेस के सबसे वरिष्ठ नेता मुरारजी देसाई के हक को ठुकराते हुए किंगमेकर कामराज ने फिर से अपनी चालाकी और चतुराई का इस्तेमाल करते हुए अनुभवहीन इंदिरा गाँधी को भारत के तीसरे प्रधानमंत्री के रूप में कुर्सी पर बिठा दिया। ठीक वैसे, जैसे नेहरू चाहते थे, वो भी नेहरू के मरने के सिर्फ दो साल के अंदर।

इंदिरा को उस समय *गूँगी गुड़िया* के नाम से जाना जाने लगा। कामराज को भी यह जम रहा था और वे सोच रहे थे, चाणक्य की तरह सत्ता की बागडोर अब वे नियंत्रित करेंगे। कामराज एक किंगमेकर थे पर सत्ता पर इस बार किंग नहीं क्वीन विराजमान

थीं। और इस बात पर किसी ने ध्यान ही नहीं दिया कि सत्ता पर राज करने वाली कोई और नहीं पर वह इंदिरा गाँधी थीं जिनकी रगों में नेहरू का खून दौड़ रहा था–वह नेहरू जो विरोधियों को दरकिनार करने में माहिर थे।

1966 में, शास्त्री की मृत्यु के बाद, एक बार फिर 'कामराज योजना' सफल हुई। लोगों को लग रहा था मोरारजी देसाई एक बार फिर से हार गये पर असल हार तो भारतीय गणतंत्र की हुई थी जो सिर्फ भविष्य ही तय कर सकेगा।

7

एक कमजोर प्रधानमंत्री

अगर उस वक्त की राजनीति की तुलना शतरंज के खेल से की जाये तो कामराज ने नेहरू की मृत्यु के बाद पहली चाल चलकर बहुत बड़ा जुआ खेला था। मोरारजी देसाई काँग्रेस के वरिष्ठ नेता और कुशल प्रशासक होने के नाते इस पद के पहले हकदार थे। देसाई ने स्वतंत्रता के पहले बम्बई में गृहमंत्री के रूप में कार्य-भार संभाला था फिर 1952 में वे मुख्यमंत्री बनाये गये थे। बम्बई राज्य में मराठी-समाज और गुजराती-समाज, दोनों का अपना एक वर्चस्व था पर अलग-अलग आकाँक्षाओं के रहते कुछ समुदायों के बीच बम्बई पर अपनी पकड़ मजबूत करने के ऊपर टकराव भी था। ऐसे राज्य पर शासन करना बहुत मुश्किल होता है। मराठी और गुजराती दोनों ही अपनी-अपनी भाषाओं के आधार पर राज्य का बटवारा कर अपने लिये अलग-अलग राज्य चाहते थे। एक कट्टर राष्ट्रवादी होने के बावजूद, देसाई इन मांगों के खिलाफ थे।

इसी माँग को लेकर ये लोग सड़कों पर उतर आये और प्रदर्शन करने लगे पर जब यह प्रदर्शन उग्र और हिंसक हो गया तब देसाई ने एक दृढ़-गाँधीवादी होने के बावजूद पुलिस को भीड़ पर नियंत्रण करने के लिये गोली चलाने के आदेश दिये जिसमें एक 11 साल की लड़की सहित 105 प्रदर्शनकारियों की मौत हो गयी। हालांकि इस हादसे के बाद उनकी छवि एक कठोर प्रशासक के

रूप में बन गयी पर विरोध इतना बढ़ गया था कि अंततः बंबई राज्य को गुजरात और महराष्ट्र में विभाजित करना पड़ा। बंबई में स्थित फ्लोरा फाउंटेन जहाँ पुलिस ने गोलियाँ चलायीं थीं 'हुतात्मा चौक' के नाम से आज भी जाना जाता है जिसका का अर्थ होता है 'शहीदों का स्मारक'।

'नेहरू मंत्रिमंडल' में शामिल कर देसाई को गृहमंत्री बनाया गया। नेहरू और देसाई में जमीन-आसमान का फर्क था। जहाँ नेहरू सामाजिक रूप से उदार माने जाते थे वहाँ देसाई एक रूढ़िवादी मानसिकता में विश्वास रखते थे और यही कारण था कि मंत्रिपद संभालते ही उन्होंने फिल्मो और नाटकों में किसिंग सीन्स पर प्रतिबंध लगा दिया। लेकिन देसाई व्यापर को बहुत बढ़ावा देते थे। वे स्वतंत्र-बाजार-अर्थव्यवस्था और स्वतंत्र-उद्यम-अर्थव्यवस्था के पक्ष में थे जबकि नेहरू समाजवाद को मानने वाले थे इसलिये वे बाजारों पर पूर्ण नियंत्रण रखने का पक्ष रखते थे। नेहरू के नेतृत्व में भ्रष्टाचार की खबरों का आना आम सा हो गया था तो दूसरी ओर देसाई एक कट्टर भ्रष्टाचार-विरोधी मंत्री थे। राष्ट्रवाद के मुद्दे पर भी दोनों का विरोधाभास था। नेहरू, देसाई की तरह कट्टर-राष्ट्रवादी के रूप में नहीं जाने जाते थे। इन सभी बातों के कारण, वे एक-दूसरे के विपरीत थे। जब नेहरू की मृत्यु के 24 घंटे के अंदर ही देसाई ने पद पर अपनी दावेदारी की घोषणा की, तो कई कांग्रेसियों ने इसे खराब रणनीति बताया।

पर कामराज के दिमाग में तो एक अलग ही योजना चल रही थी। सत्ता की ताकत को वे अपने हाथों में रखना चाहते थे पर वे यह भी जानते थे कि देसाई जैसे हठी इंसान के साथ यह कर पाना असंभव था। देसाई के दावे को रद्द करने के लिये कामराज ने एक ऐसे व्यक्ति का समर्थन करने का फैसला लिया जिसका नाम आने पर पार्टी में विभाजन का सबसे कम खतरा हो और एकजुटता की

सबसे ज्यादा सम्भावनायें हों। कई लोगों का यह भी मानना है कि जब यह विचार प्रस्तावित किया गया था तब कामराज के मन में इंदिरा का ही नाम था। लेकिन यह कर पाना इतना आसान नहीं था। कामराज ने देसाई और कार्यवाहक प्रधानमंत्री गुलजारीलाल नंदा के अलावा सत्ता के लिये कई दिग्गजों को आपस में टकराते हुए देखा जो क्षेत्रीय ताकत या जाति के आधार पर गठबंधन कर कुर्सी हथियाना चाहते थे।

कामराज ने काँग्रेसियों से आम-सहमति बनाने की अपील की क्योंकि पूरी दुनिया की नजरें भारत पर टिकी हुई थीं कि क्या यह युवा देश नेहरू की दूरदर्शिता को नेहरू के बिना आगे ले जा पायेगा? लेकिन इस परामर्श का कोई भी असर न पड़ा। एक बार वी.के. कृष्ण मेनन ने कहा था, 'अगर कभी आपको काँग्रेस अध्यक्ष बुलाये और अगर आप मेरी तरह मूर्ख नहीं हैं तो आप वही बोलेंगे जो वे सुनना चाहते हों।' कामराज की निपुण राजनीतिक बुद्धि यह समझती थी कि अगर ऐसे समय में इंदिरा का नाम प्रस्तावित किया गया तो काँग्रेस टूटने की आशंकायें बढ़ जायेंगी। ऐसे में उन्होंने एक तटस्थ नेहरूवादी नेता–लाल बहादुर शास्त्री का नाम प्रस्तावित कर एक बार फिर सबको अचंभित कर दिया जो पहले कुर्सी की लड़ाई में शामिल ही न थे।

शास्त्री विनम्र, अविवादित और अपने सिद्धांतों से समझौता न करने वाले नेता के रूप में जाने जाते थे। वे हर एक कार्य को अपना निजी-दायित्व मानकर चलते थे और इसी कारण रेलवे-मंत्री रहते, जब रेलवे दुर्घटना का हादसा घटा तब उन्होंने अपने पद से इस्तीफा दे दिया। *न्यूयॉर्क टाइम्स* में शास्त्री के बारे में एक निष्पक्ष, विनम्र, नशे से दूर, एक शाकाहारी शांतिदूत के रूप में वर्णन किया गया था। शास्त्री को नियुक्त किया जाना न तो काँग्रेस में किसी

खेमे की जीत थी और न हार इसलिये किसी भी दल को उनसे कोई शिकायत न थी।

प्रधानमंत्री के रूप में शास्त्री का चयन इस शर्त पर किया गया था कि शास्त्री को सभी बड़े फैसले लेने से पहले पार्टी की सहमति लेनी होगी। इस तरह सत्ता का नियंत्रण काँग्रेस कार्य समिति के पास रखा गया था जो कामराज के इशारे पर चलती थी। इस तरह जब 'कामराज योजना' काम कर गयी और 2 जून 1964 के दिन लाल बहादुर शास्त्री ने स्वतंत्र भारत के द्वितीय प्रधानमंत्री के रूप में शपथ ली।

इंदिरा, शास्त्री के चयन से बिलकुल खुश नहीं थीं। नेहरू की मृत्यु का समय आते-आते शास्त्री और इंदिरा के बीच की दूरियाँ काँग्रेस में उजागर हो गयी थीं। कुलदीप नैयर, जो कि शास्त्री के प्रेस सचिव थे और उनकी मृत्यु के समय ताशकंद में उनके साथ थे, लिखते हैं-'जैसे ही नेहरू "कामराज योजना" से आश्वस्त हो गये, उन्होंने शास्त्री को उस हद तक नजर-अंदाज किया, जब तक कि शास्त्री अपमानित महसूस न करने लगे।'

शास्त्री के दूसरे प्रधानमंत्री के रूप में शपथ लेने के बाद, एक दुःखी और चिढ़ी हुई इंदिरा गाँधी ने संकेत दिये कि लाख मनाने पर भी वह मंत्रिमंडल में शामिल नहीं होने वालीं। शास्त्री दुविधा में पड़ गये क्योंकि, अगर वे इंदिरा को मंत्रिमंडल में शामिल न करते तो ऐसा लगता कि उन्होंने जानबूझकर उन्हें बाहर रखा और अगर शामिल करते तो अपने ही मंत्रिमंडल में वे एक सशक्त प्रतिद्वंद्वी को जगह दे देते।' 10 साल तक नेहरू के निजी-सहायक रहे जनक राज जय अपनी किताब 'Strokes on Law & Democracy in India' में लिखते हैं, 'इलाहाबाद से नेहरू की अस्थि-विसर्जन कर वापसी के दौरान शास्त्री ने जब इंदिरा से सरकार में शामिल होने का आग्रह किया तो पहले तो उन्होंने इस आग्रह को "ठुकरा"

दिया।' जनक राज इंदिरा के विश्वासपात्रों में से एक थे। कागज पर भले ही वे नेहरू के निजी-सहायक नियुक्त किये गये थे पर 'असल में वे नेहरू और उनकी पुत्री इंदिरा, दोनों ही के लिये काम करते थे।' उन्होंने यह भी बताया है कि नेहरू अक्सर उनसे मिलने आये अधिकारियों से कहते थे, 'इंदू से भी मिलकर जाना।' उनके अनुसार शास्त्री ने जब नई दिल्ली रेलवे स्टेशन पर इंदिरा से यह बात कही तब वे बोलीं कि प्रधानमंत्री उनसे यह आग्रह इस दु:ख की घड़ी में क्यों कर रहें हैं? तब शास्त्री ने जवाब में कहा कि 'अगर वे उनके मंत्रिमंडल में शामिल नहीं होती हैं तो फिर शास्त्री यह आग्रह लेकर विजय लक्ष्मी पंडित के पास जायेंगे।' जैसे ही इंदिरा के मन में विजय लक्ष्मी पंडित के मंत्री बनाये जाने की आशंका बढ़ी उन्होंने फौरन अपने सचिव, जय से शास्त्री के साथ मुलाकात का समय माँगने को कहा। उन्होंने शास्त्री से भेंट के दौरान कहा कि 'वे मंत्रिमंडल में शामिल किये जाने वाली बात खुशी-खुशी स्वीकार करती हैं।' इस तरह इंदिरा सूचना और प्रसारण मंत्री बना दी गयीं। शास्त्री इंदिरा से अपनी बात मनवाना अच्छी तरह जानते थे।

शास्त्री के शपथ लेने के कुछ समय बाद ही *न्यूयॉर्क टाइम्स* लिखता है, '4-फुट 11-इंच, 111-पाउंड वजनी भारत के प्रधानमंत्री किसी भी संभावित परिवर्तन से शीघ्र देश की समस्याओं को और गहरा कर भारत को भ्रम, अनिश्चितता और राजनीतिक अस्थिरता की स्थिति में डाल देंगे।'

कुछ हद तक यह सही भी था। इंदिरा एक मात्र समस्या नहीं थीं जो शास्त्री को विरासत में मिली थीं। नेहरू सरकार के अंतिम वर्षों में अर्थव्यवस्था का बिगड़ना और औद्योगिक विकास में मंदी आ जाना किसी से भी नहीं छुपा था। भुगतान-संतुलन पूरी

तरह से बिगड़ गया था और जनसंख्या में वृद्धि के कारण भोजन संकट सबसे बड़ी समस्या बन गयी थी। कई राज्यों में भयंकर सूखा पड़ा था और खाद्य सामग्री में बहुत तेजी से कमी आ रही थी। ऐसा लग रहा था मानो ईश्वर, भारत की परीक्षा ले रहा था। 1965 में इटली में खाद्य-विशेषज्ञों के एक सम्मेलन में यह माना जाने लगा था कि भारत में लोग भेड़-बकरियों के समान भूख से मारे जायेंगे। हालत को बदतर बनाने के लिये जिन राज्यों के पास अतिरिक्त खाद्य सामग्री थी, वहाँ के मुख्यमंत्रियों ने सहयोग करने से इन्कार कर दिया।

शीघ्र ही कुछ काँग्रेसियों और विपक्ष द्वारा शास्त्री के खिलाफ एक अभियान चलाने की तैयारियाँ शुरू कर दी गयीं। विजय लक्ष्मी पंडित शास्त्री को 'निर्णय लेने में अयोग्य' से संबोधित करती थीं। उन्हें सरकार की नीतियों को दिशा देने में और यहाँ तक अपने मंत्रिमंडल पर नियंत्रण करने में विफल बताया गया था। सरकार के दबाव में और अपने आलोचकों की टिप्पणियों से वे दुविधा में पड़ जाते थे और अधूरा सा महसूस करते थे। 1965 की शुरुआत में एक पत्रकार के साथ निजी बातचीत में, उन्होंने आश्चर्य जताया था कि कहीं प्रधानमंत्री पद के लिये उनकी दावेदारी एक गलत निर्णय तो नहीं था या उनमें प्रधानमंत्री कार्यालय के बोझ को उठाने की क्षमता थी या नहीं।

कम्युनिस्ट नेता हिरेन मुखर्जी ने शास्त्री को एक 'विखंडित व्यक्तित्व' (split personality) बताया था। वे लिखते हैं–'जब शास्त्री जवहार लाल नेहरू के आदर्शों पर चलने का दिखावा करते तो उनका यह कपट बहुत बेतुका दिखायी पडता था।' इस पर लाल बहादुर शास्त्री ने कहा था,'मैं इस तरह की बातों का शिकार बनने वालों में से नहीं हूँ। मैं यह अच्छी तरह से जानता हूँ कि मैं एक समझदार व्यक्ति हूँ। नेहरूजी की नीतियाँ जारी हैं पर

स्थिति के अनुसार परिवर्तन भी अनिवार्य हैं। नेहरू शायद ज्यादा भोले थे और सब पर जल्दी विश्वास कर लेते थे पर याद रखिये मैं उतना भोला भी नहीं जितना मैं दिखता हूँ। यह बात एक बार मैंने नेहरूजी से भी कही थी कि मैं उनसे ज्यादा चतुर हूँ।'

शास्त्री सच ही बोल रहे थे। लोगों ने उन्हें बहुत कम आँका था। वे जो कुछ बने खुद के बल बूते पर बने, कामराज की तरह राजनीति उन्होंने भी जीवन के अनुभवों से सीखी थी। शास्त्री ने आत्मविश्वास के साथ अपनी बातें दृढ़तापूर्वक रखना शुरू कर दी थीं। यह बात तब और भी स्पष्ट हो जाती है जब कामराज ने कई बार इस बात की शिकायत की कि शास्त्री उनको कई महत्वपूर्ण निर्णयों में शामिल नहीं करते।

इस छोटे से कार्यकाल में, शास्त्री ने कुछ साहसी और दूरदर्शी निर्णय लिये। भारतीय सरकार उन कुछ देशों में प्रथम थी जिन्होंने उत्तरी वियतनाम पर अमरीका द्वारा की गयी बमबारी की आलोचना की थी। शास्त्री ने हरित-क्रांति और श्वेत-क्रांति की नीव रखी। भारत के लिये उन्होंने परमाणु कार्यक्रम की शुरुआत की। अपनी मृत्यु के पहले वे पंचवर्षीय योजना वाले सोवियत मॉडल को समाप्त कर एक-साल की योजना का एक नया युग शुरू करने की कगार पर थे। शास्त्री ने उनके निजी प्रमुख-सचिव एल.के. झा की देख-रेख में अन्य मंत्रालयों से स्वतंत्र, प्रधानमंत्री सचिवालय की स्थापना की जिसका काम नीतिगत मामलों पर प्रधानमंत्री को जानकारी उपलब्ध करवाना एवं सलाह देने का था। यह सचिवालय, जिसे आज हम प्रधानमंत्री कार्यालय PMO के रूप में जानते हैं, सरकारी नीति बनाने और क्रियान्वयन में बहुत प्रभावशाली और सहायक साबित हुआ। इंदिरा गाँधी के आधीन, यही सचिवालय एक स्वतंत्र कार्यकारी और चरम शक्ति के केंद्र के रूप में उभरा।

गंभीर परिस्थितियाँ राष्ट्र की नियति को बदलने और देश को ऊँचा उठाने का अवसर भी प्रदान करती हैं और कुछ महान नेता ऐसा कर भी गुजरते हैं। अगस्त-सितम्बर 1965 में भारत-पाक युद्ध के रूप में, यह अवसर शास्त्री को भी मिला। इतिहासकार मनु एस. पिल्लई ने शास्त्री को 'एक ऐसा व्यक्तित्व' बताया, जिसने 18 महीने के कम समय की अवधि में एक कठपुतली के रूप में नहीं बल्कि एक महान नेता के रूप में अपनी पहचान बनायी जो सम्मान और प्रशंसा के योग्य थे।

प्रसिद्ध इतिहासकार रामचंद्र गुहा ने अपनी पुस्तक 'Patriots and Partisans' में उस कल्पना का उल्लेख किया है कि यदि शास्त्री का निधन न हुआ होता तब क्या होता। गुहा लिखते हैं, 'अगर शास्त्री 1960 के दशक के अंत तक प्रधानमंत्री पद पर बने रहते तो भारत की आर्थिक स्थिति कुछ और ही होती... 1965 में उनके द्वारा दिये गये भाषण में शास्त्री ने स्पष्ट संकेत दिये थे कि वह बाजार को उद्यम और स्वतंत्र प्रतिस्पर्धा के लिये खोल देना चाहते थे... वे उत्पादन की प्रक्रियाओं को राज्य नियंत्रण से मुक्त कर देना चाहते थे... वे गरीबी दूर करने के लिये ठोस एवं कल्याणकारी कदम उठाना चाहते थे। दूरदर्शी और निष्ठावान व्यक्तित्व रखने वाले शास्त्री भारत की सार्वजनिक-संस्थानों की कार्यप्रणाली में सुधार लाने के लिये भी काम करना चाहते थे... अगर शास्त्री पाँच से दस साल और जीवित रह जाते तो इंदिरा गाँधी के प्रधानमंत्री बनने की संभावनाएँ लगभग समाप्त हो जाती और फिर उनके पुत्र को भी कभी प्रधानमंत्री की कुर्सी पर बैठने का मौका नहीं मिलता... और भारत नेहरू-गाँधी के राजवंश से मुक्त रहता।'

प्रसिद्ध संपादक, लेखक और इंदिरा गाँधी की जीवनी लिखने वाले इन्दर मल्होत्रा का विश्लेषण है कि ताशकंद जाने के दो दिन

पहले शास्त्री ने टी.टी. कृष्णमाचारी को वित्तमंत्री पद से इस्तीफा देने पर मजबूर कर दिया था जो कि असल में नेहरू के आदमी थे और इंदिरा के करीबी दोस्त। तब इंदिरा गाँधी ने बहुत झुंझलाते हुए उनसे कहा था कि, 'देखना अगला नंबर मेरा होगा'। आगे मल्होत्रा का कहना है कि उस समय इंदिरा के सम्बन्ध प्रधानमंत्री से इतने बिगड़ गये थे कि बस टूटने के कगार पर थे। शास्त्री ने इंदिरा के प्रति दोहरी निति अपनायी थी–एक ओर तो वे इंदिरा का नाम महत्वपूर्ण समितियों में नामांकित करते और दूसरी ओर बड़े फैसले और नीतियाँ तय करते समय उनकी एक न चलने देते। इस तरह नजर अंदाज किये जाने पर इंदिरा की प्रतिक्रिया में नाराजगी दिखायी पड़ती थी।

शास्त्री और इंदिरा के बीच यह शीत-युद्ध 1965 में उनके मंत्रिमंडल में शामिल होने के तुरंत बाद शुरू हो गया था। हिंदी के विरोध में तमिलनाडु में एक बड़ा आंदोलन छिड़ गया था और कई आंदोलनकारियों ने खुद को आग लगा ली थी। इससे पहले कि शास्त्री इसका समाधान निकालते, इंदिरा गाँधी प्रधानमंत्री को दरकिनार कर सीधा तमिलनाडु पहुँच गयीं और आंदोलनकारियों के साथ मध्यस्थता की। शास्त्री अपने सहयोगियों से यह कहते हुए पाये गये कि वह तो सीधे 'प्रधानमंत्री के सिर पर कूद रहीं हैं'।

मल्होत्रा लिखते हैं, 'अगस्त में जब पहली बार कश्मीर में पाकिस्तानी घुसपैठ की खबरें आयीं, तो इंदिरा तुरंत वहाँ पहुँच गयीं और जब तक युद्ध शुरू होने की नौबत न आ गयी तब तक वे घाटी में ही रहीं। 1965 की लड़ाई की प्रचंड जीत के साथ शास्त्री को अस्थिर करने की इंदिरा की क्षमता समाप्त हो गयी थी और दिसंबर 1965 के आते-आते इंदिरा गाँधी मंत्रिमंडल में अपनी महत्वहीन मौजूदगी से थक चुकी थी। वह इस्तीफा देकर लन्दन चले जाना चाहती थी... और शास्त्री भी कुछ ऐसा ही चाह रहे थे।

जैसा कि उनके विश्वासपात्र बताते हैं कि वे ताशकंद से वापस आकर इंदिरा को लन्दन में उच्चायुक्त के पद का प्रस्ताव देने वाले थे। लेकिन उस वक्त भला यह कौन जानता था कि शास्त्री समारा में होने जा रही मुलाकात से बच नहीं पायेंगे।'

'सर, समारा में होने जा रही मुलाकात? मैं कुछ समझा नहीं'–जब मैं अब तक की कहानी अपने मन में स्पष्ट कर रहा था तभी डॉक्साब ने पूछा।

'यह जॉन ओहारा द्वारा लिखित एक प्रसिद्ध अमेरिकी उपन्यास है।'

'किस बारे में?'

'मैंने उपन्यास तो नहीं पढ़ा पर यह फारसी लोककथा मुझे बहुत अच्छी लगी थी कि बगदाद में एक दुकानदार के नौकर को अचानक मौत से बेहद डर लगने लगा। जब दुकानदार ने इसका कारण पूछा तो वह बोला कि बाजार जाते वक्त वह एक औरत से टकराया जिसके अंदर उसको अपनी मौत नजर आई। नौकर उस मौत से इतना भयभीत हो गया था कि वो वहाँ से बहुत दूर भाग जाना चाहता था। उसने दुकानदार से उसका घोड़ा उधार माँगा और वहाँ से बहुत दूर एक दूसरे शहर–समारा में पहुँच गया। पीछे से दुकानदार ने बाजार जाकर उस औरत से पूछा कि उसने मौत बनकर उसके नौकर को क्यों डराया तो वह बोली, 'मैंने उसे डराया नहीं, मैं तो उसको बस यहाँ... इतनी दूर... बगदाद में... देखकर हैरान हो गयी थी क्योंकि मेरी मुलाकात तो आज रात उससे समारा में होना तय है।'

सर, इंडिया खुद इस तरह की हजारों कहानियों से भरा पड़ा है जो हम जैसे साधारण लोगों को आसानी से समझ आ सकती हैं

तो आखिर इनमें ऐसी क्या अनोखी बात है जो ये लोग हमें बगदाद और जाने कहाँ-कहाँ के किस्से-कहानियाँ सुनाते हैं?

'क्योंकि ये लोग इंग्लिश मीडियम से पढ़े हैं... इनके सोचने-विचारने का तरीका बहुत अलग है... जब हम-तुम प्रेमचंद की हामिद वाली कहानियाँ सुन-सुन कर बड़े हो रहे थे तब ये लोग मार्क ट्वेन की हकलबेरी फिन की कहानियाँ सुनते थे।'

'पर बात तो ये हम जैसे साधारण लोगों से करते हैं-जनता से जिसे पता ही नहीं कि समारा कहाँ हैं?'

'आप गलत हैं। ये लोग जनता से कभी बात नहीं करते।'

'तो फिर किस से करते हैं? इनके सिस्टम में और कौन लोग हैं?'

'जिन्हें यह पता है कि समारा कहाँ है।'

'वह क्या चीज है जो इन्हें इतना ताकतवर बना देती है?'

'कि वे जानते हैं कि समारा कहाँ है।'

डॉक्साब बिन-जलाई सिगरेट, हाथ में लिये कुछ सोच रहे थे। मैं जानता था उनको कोई बात परेशान कर रही थी। यह जरूरी था कि इस परेशानी का हल निकाल कर इसे यहीं खत्म किया जाये वर्ना यह भ्रमित करती रहेगी और हम शोध पर पूरा ध्यान नहीं लगा पायेंगे।

'आप किस सोच में पड़ गये?'

'मैं सोच रहा था कि इन जैसे लोगों के बीच शास्त्री कैसे बचे रह सकते थे?'

मेरे पास कोई जवाब नहीं था।

8

भारत-पाक युद्ध

31 अगस्त 1965 की सुखद शाम शास्त्री अपने सभी काम-काज समय से निपटाकर घर पहुँच गये थे और परिवार के साथ भोजन करने के लिये बैठ गये थे। पूरे परिवार के साथ हँस-बोलकर भोजन करना शास्त्री को अति प्रिय था। शास्त्री, केवल शुद्ध शाकाहारी और प्रायः सादा भोजन पसंद करते थे। अभी उनकी पहली रोटी भी पूरी नहीं हुई थी कि उनके निजी-सचिव ने आकर बताया कि भारतीय सेनाओं के तीनों प्रमुख उनसे मिलना चाहते हैं।

शास्त्री तुरंत भोजन छोड़ उनसे मिलने बैठक-कक्ष की ओर बढ़े। कुछ मिनटों के बाद वे वापस अपने भोजन कक्ष में दाखिल हुए और अपना भोजन जारी रखा। जब ललिताजी ने उनसे अचानक तीनों प्रमुखों के एक साथ आने का कारण पूछा तो वे बोले–'युद्ध के लिये तैयार हो जाओ'।

शास्त्री के लिये सबसे बड़ी समस्या यह बन गयी थी कि पाकिस्तानी सेना अंतर्राष्ट्रीय सीमा पार कर चंब-सेक्टर में घुस चुकी थी और अगर उसे वहाँ तुरंत रोका न गया तो वह जम्मू और कश्मीर को देश के बाकी हिस्से से काटकर आने-जाने वाले सभी मार्ग बंद कर देगी। चंब-सेक्टर में उन्हें रोकने के लिये, लड़ाई के नये मोर्चे खोलने के अलावा और कोई रास्ता न था। इस योजना को लागू करते हुए शास्त्री ने तत्काल सैन्य प्रमुख को आगे

बढ़कर जवाब देने के आदेश दिये और उनसे योजना में लाहौर को अवश्य शामिल करने को कहा। इसके अतिरिक्त शास्त्री ने वायु सेना प्रमुख को पाकिस्तान पर हवाई आक्रमण करने के आदेश भी दिये। स्वतंत्रता-उपरान्त यह पहला मौका था जब भारतीय वायु सेना अंतर्राष्ट्रीय सीमा पार कर हमला करने जा रही थी। एयर मार्शल अर्जन सिंह ने अपने कुछ साक्षात्कारों में उल्लेख किया है कि, 'युद्ध के समय देश को इससे अच्छा प्रधानमंत्री नहीं मिल सकता था।' आगे उन्होंने यह भी कहा कि जिस तत्परता के साथ शास्त्री ने निर्णय लेकर सशस्त्र बलों को आगे बढ़ने का मौका दिया, वह केवल एक शूरवीर, निर्णायक और दृढ़ सैन्य शासक ही कर सकता है।

उस समय पाकिस्तान में पश्तून सैन्य तानाशाह, अयूब खान का शासन था जिसने सैन्य-तख्तापलट कर राष्ट्रपति पद पर कब्जा किया था। अयूब खान अंग्रेज-भारत सेना की ओर से दूसरे विश्व युद्ध में लड़े थे ओर वो देश तोड़ने का खेल अच्छी तरह से जानते थे। अयूब खान कश्मीर को भारत से अलग करने का सपना वर्षों से देखते चले आ रहे थे और इसे पूरा करने के लिये उसने कई सैन्य योजनाएँ भी बना रखी थीं। कश्मीर में आंदोलनों को बढ़ावा देकर भारत से अलग करने के उद्देश्य से 1965 की शुरुआत में उन्होंने 'कश्मीर सेल' का गठन किया था। जनरल अख्तार मलिक ने पाकिस्तान सेना की ओर से विशेष अगुवाई की और दो योजनाएँ तैयार की—ऑपरेशन जिब्राल्टर और ऑपरेशन ग्रैंड स्लैम। इन अभियानों के तहत, आदिवासी और आम लोगों के वेश में पाकिस्तानी सेना कश्मीर में घुसना चाहती थी। इनका उद्देश्य कश्मीर में पहले से चल रहे आंदोलनों को प्रोत्साहन देना और मजबूत करने का था। साथ ही वे वहाँ के बुनियादी ढाँचे को नष्ट

कर देना चाहते थे। योजना कई स्तरों पर बनाई गयी थी। सबसे पहले घुसपैठिये स्थानीय आबादी के साथ घुल-मिल कर उनको विद्रोह के लिये उकसाएँगे। साथ ही पुलों को, सुरंगों को और राज्यमार्गों को नष्ट कर दुश्मन की संचार प्रणाली को भी खत्म कर देंगे ताकि वे सैन्य-मुख्यालय से संपर्क न कर सकें। अंत में आपूर्ति प्रबंधन और हवाई अड्डों को भी तबाह कर दिया जायेगा। इन घुसपैठियों को सलाहुद्दीन, गजनवी, तारिक, बाबर, कासिम, खालिद, नुसरत, सिकंदर, खिलजी जैसे नाम दिये गये थे जिन नामों वाले मुस्लिम शासकों ने पहले भारत पर हमले किये थे।

अगर यह लक्ष्य हासिल कर लिया गया तो ऑपरेशन ग्रैंड स्लैम के तहत पाकिस्तानी सेना पूरी ताकत के साथ हमला कर देगी। 1965 में अयूब खान ने इस योजना में हल्के-फुल्के फेरबदल कर अपनी स्वीकृति दे दी। उनकी योजना के अनुसार पाकिस्तानी सेना सीधे जम्मू-कश्मीर के शहर 'अखनूर' पर कब्जा करेगी जिससे पूरा का पूरा जम्मू-कश्मीर भारत के दूसरे हिस्सों से अलग हो जायेगा और किसी भी तरह का कोई भी सामान कश्मीरी सैन्य बलों तक नहीं पहुँचाया जा सकेगा। इस योजना के पीछे का उद्देश्य कश्मीर में भारत के खिलाफ सार्वजानिक विद्रोह को भड़काना था ताकि कश्मीर को भारत से अलग कर दिया जाये। आपूर्ति की कमी के कारण विद्रोह आसानी से भड़काया जा सकता था।

1 सितंबर 1965, पाकिस्तान ने ऑपरेशन ग्रैंड स्लैम को प्रभावी कर पूरी ताकत के साथ अखनूर पर हमला बोल दिया। जनरल जे.एन. चौधरी द्वारा दिया गया ब्यौरा सुनने के बाद शास्त्री इस निष्कर्ष पर पहुचे कि वायु सेना की सहायता लिये बगैर पाकिस्तानी सेना को जम्मू-कश्मीर पर आक्रमण करने से नहीं रोका जा सकता। उन्हें, पहले घुसने से फायदा मिल चुका था। वे यह भी जानते थे कि जैसे ही हवाई हमले शुरू होंगे वैसे ही

इसे पूर्ण–युद्ध घोषित कर दिया जायेगा। वह रात बड़ी दुविधा भरी निकली। भोजन की कमी को नियंत्रित करने के उनके महान प्रयासों के बावजूद, हरित क्रांति और श्वेत क्रांति के बीज बोने के बावजूद, भारत के परमाणु कार्यक्रम को दिशा देने के बावजूद, उन्हें 'निर्णय लेने में असक्षम' करार दिया जाता था। शास्त्री के जीवन में यह परीक्षा की घड़ी थी।

संकट का समय मनुष्य के परिक्षण की सबसे उत्तम घड़ी होती है। नेहरू की तरह शास्त्री संकट के इस समय को पार लगाने में नाकाम नहीं रहे, बल्कि वे पूर्ण सफलता के साथ उभरे। उनके फैसले समझदारी भरे रहे जिन्हें लेने में उन्होंने देरी भी न की। कश्मीर पर पाकिस्तान के आक्रमण को रोकने के लिये उन्होंने लाहौर पर हमले के निर्देश दिये। उन्होंने भारतीय वायु सेना को पाकिस्तान पर हमला करने की भी स्वीकृति दी। अम्बाला, पठानकोट, और आदमपुर से लगभग 22 लड़ाकू विमान कश्मीर घाटी के ऊपर मडराने लगे ताकि पाकिस्तानी रडार को भ्रमित कर उन विमानों को कवर प्रदान कर सकें जिन्होंने पाकिस्तान के सभी प्रमुख हवाई ठिकानों पर हमला कर दिया था। इधर भारतीय वायु सेना ने पाकिस्तान को पहले ही बहुत नुकसान पहुँचा दिया था और उधर जमीनी कार्यवाही करते हुए भारतीय सेना ने पाकिस्तानी सेना को पीछे खदेड़ कर हाजी–पीर, तिथवाल और कारगिल की ऊँचाइयों तक कब्जा कर लिया था। शास्त्री के लाहौर पर हमले के आदेश के बाद सेना अमृतसर से अंतर्राष्ट्रीय सीमा पार करते हुए लाहौर की तरफ तेजी से बढ़ रही थी। जनरल अयूब ने अपनी सेना को अब किसी भी कीमत पर लाहौर को बचाने के निर्देश दिये और जैसे कि योजना बनायी गयी थी पाकिस्तानी सेना चंब सेक्टर से लाहौर की ओर स्थानांतरित की जाने लगी। इस तरह 22 दिन चली इस लम्बी लड़ाई पर 22 सितम्बर 1965 के दिन

दोनों ओर से युद्धविराम की घोषणा की गयी। जिस तरह शास्त्री ने अपनी राजनैतिक समझ और त्वरित फैसले लेने का साहस दिखा कर, इस जंग को संभाला था, हर कोई अचंभित था। भारतीय वायु सेना के एयर मार्शल, अर्जन सिंह जिन्होंने भारत को कई जीत दिलायीं, उन्होंने शास्त्री को, 'सेना का सर्वश्रेष्ठ प्रधानमंत्री' माना ।

अपनी मृत्यु से कुछ समय पहले, अर्जन सिंह ने एक साक्षात्कार में कहा था, 'शास्त्री कहीं से भी कमजोर नहीं थे। वह एक शांतिप्रिय नेता थे और वे यह नहीं चाहते थे कि किसी भी देश की आम जनता युद्ध की वजह से पीड़ित हो। युद्ध के दौरान उन्होंने हमें आगाह किया था–कि आम जनता की जान न जाये... उनका नेतृत्व इतना निर्णायक था कि पाकिस्तान भी उनकी दृढ़ता देखकर हैरान था।'

यह शीत युद्ध का समय था और संयुक्त राष्ट्र बहुत सक्रिय हो गया था। संयुक्त राष्ट्र, अमरीका और रूस के बढ़ते दबाव के कारण, भारत और पाकिस्तान ने युद्धविराम की घोषणा की। अगर लड़ाई जारी रहती तो भारत को इससे भी बड़ी जीत हासिल होती और कहीं अधिक लाभ मिलता। तो सवाल यह उठता है कि भारत ने लड़ाई रोकने पर सहमति क्यों जतायी? आखिर रक्षामंत्री, यशवंतराव चह्वाण और शास्त्री कैसे मान गये? इसका मुख्य कारण थे–सेना प्रमुख जयंतो नाथ चौधरी।

चौधरी को यह शीर्ष पद उनके धनी और संपन्न पारिवारिक संबंधों के चलते मिला था। एस.डी. प्रधान, भारत की संयुक्त खुफिया समिति के भूतपूर्व अध्यक्ष और उप-सलाहकार राष्ट्रीय सुरक्षा परिषद, लिखते हैं–'चह्वाण अक्सर सोचते थे कि जब वे कागजी रिकार्डों में इतने अच्छे हैं तो युद्ध में कितने अच्छे होंगे।' इसका जवाब भी रक्षामंत्री चह्वाण की डायरी में पाया जा सकता

है, जहाँ उन्होंने उल्लेख किया है कि जब भी भारतीय सेना को झटका लगता, चौधरी अवसाद और उदासी (डिप्रेशन) में डूब जाते और फिर चह्वाण को उनके अंदर जोश और प्रोत्साहन भरना पड़ता था। चह्वाण के अनुसार, 20 सितंबर को, जब प्रधानमंत्री ने चौधरी से पूछा कि क्या युद्ध को कुछ दिन और जारी रखने पर भारत फायदे की उम्मीद कर सकता है? तब उन्होंने प्रधानमंत्री को दिये अपने जवाब में कहा कि सेना के पास अब इतना गोला-बारूद नहीं बचा है कि ज्यादा समय तक लड़ाई लड़ी जा सके। चौधरी ने युद्धविराम प्रस्ताव को स्वीकार करने की सलाह दी। बाद में यह पता चला कि भारतीय सेना ने सम्पूर्ण गोला-बारूद का सिर्फ 20 प्रतिशत हिस्सा ही इस्तेमाल किया था और दरअसल सेना उस समय सबसे बड़े लाभ, भारी बढ़त और अनुकूल परिस्थिति में थी। सेना-प्रमुख की गोला बारूद रसद (Ammunition Logistics) की पेचीदगियों को न समझ पाने के कारण हम एक बहुत बड़ी निर्णायक जीत से वंचित रह गये।

एक समाचार साइट *रशिया बियॉन्ड* के अनुसार, 'पाकिस्तान अपना 80 प्रतिशत गोला-बारूद खर्च कर चुका था। वह अमरीका द्वारा भेजे गये 250 टैंकों को भी खो चुका था। चौधरी की आलोचना उनकी "हिम्मत में कमी" के लिये भी की गयी थी। जब भारतीय सैनिकों द्वारा दिखाये गये युद्ध-पराक्रम के बाद सियालकोट और लाहौर जैसे शहरों पर आसानी से कब्जा किया जा सकता था, तब चौधरी ने शास्त्री से कहा, "हमें सावधानी और समझदारी दिखानी चाहिये और अच्छे समय की प्रतीक्षा करना चाहिये"।'

जब पंजाब के खेमकरण क्षेत्र में पाकिस्तानी सेना ने हमला किया था तब भी चौधरी ने पीछे हटने को कहा था पर कमांडर हरबक्श सिंह ने यह मानने से इंकार कर दिया था। कुर्स्क

युद्ध-1943 के बाद यहाँ पर पहला इतना भयंकर टैंक युद्ध हुआ। 10 सितम्बर की रात भारतीय सेना द्वारा किया गया हमला इतना ज्यादा उग्र था कि सुबह तक पाकिस्तानी सेना के 70 टैंक ध्वस्त किये जा चुके थे। पर आसल उत्ताड़ का यह युद्ध इसलिये भी याद रखा जाता है कि दुश्मन इतने भयभीत हो गये थे कि वे अपने 25 टैंक जिनके इंजन भी चालू थे और यहाँ तक कि अपने वायरलेस सेट भी छोड़ कर भाग खड़े हुए थे। पाकिस्तान की यह हालत युद्ध में उनकी सेना की कायरता दर्शाती है। अगर यह लड़ाई थोड़े समय और जारी रहती तो हमारे पास जश्न मनाने के लिये और बहुत कुछ होता।

सैन्य युद्ध के अलावा एक युद्ध कूटनीतिक स्तर पर भी चल रहा था; अमरीका और सोवियत संघ दोनों ही युद्ध की प्रगति और आने वाले परिणामों पर गहरी नजरें गड़ाये हुए थे। अमरीका गुटनिरपेक्ष आंदोलन में भारत की भूमिका को लेकर बेहद सक्रिय था और वह चाहता था कि भारत अपना प्रभाव एशियाई क्षेत्र तक ही सीमित रखे। वह यह भी चाहता था कि इस क्षेत्र में किसी भी तरह पाकिस्तान अपना वर्चस्व स्थापित कर ले। इस कारण पाकिस्तान को उसने जेट फाइटर्स F-86 सेब्रेस, F-104 इन्टरसेप्टर्स, और सैंकड़ों टैंक दिये थे।

शीत-युद्ध के चलते सोवियत संघ के लिये भारत बहुत महत्त्व रखता था क्योंकि भारत और सोवियत संघ, दोनों ही ने चीन का विरोध करते हुए तिब्बत का समर्थन किया था। इस कारण चीन और सोवियत संघ के रिश्तों में दरार पड़ गयी थी जिसका फायदा उठाते हुए अमरीका ने चीन से अपने सम्बन्ध अच्छे कर लिये थे।

अमरीका, पाकिस्तान का समर्थन इसलिये कर रहा था ताकि वह सोवियत संघ के प्रति अपना विरोध जता सके और चीन,

पाकिस्तान का समर्थन इसलिये कर रहा था ताकि वह भारत के प्रति अपना विरोध जता सके। यहाँ गौर करने वाली बात यह है कि सोवियत संघ, चीन और पाकिस्तान को करीब नहीं आने देना चाहता था इसलिये उसने 1965 में अयूब खान को आमंत्रित कर, पाकिस्तान के साथ विभिन्न आर्थिक सौदे और सांस्कृतिक समझौतों पर दस्तखत किये। ऐसे में अयूब खान को इस बात पर भरोसा हो गया था कि युद्ध होने की स्थिति में पाकिस्तान को अमरीका, सोवियत संघ और चीन, तीनों का समर्थन प्राप्त होगा और इस विश्वास के बल पर उन्होंने भारत पर हमला कर दिया।

संयुक्त राष्ट्र महासचिव यू. थान्ट ने संघर्ष को समाप्त करने के लिये भरसक प्रयत्न किये। उन्होंने 3 सितम्बर को संयुक्त राष्ट्र सुरक्षा परिषद (UNGC) को सौंपी गयी अपनी रिपोर्ट में लिखा था कि उन्होंने पाकिस्तान से मिलकर उन्हें उस चिंताजनक स्थिति से अवगत कराया था जो कि पाकिस्तानी सैनिकों द्वारा युद्धविराम रेखा का उल्लंघन कर भारत के सैन्य ठिकानों पर हमला करने से उत्पन्न हुई थी। भारत से उन्होंने जवाबी हमला करने पर संयम बरतने की अपील की थी। उन्होंने अपनी रिपोर्ट में लिखा था कि पाकिस्तान से वे किसी भी प्रकार का आश्वासन प्राप्त करने में विफल रहे, जबकि भारतीय पक्ष से उन्हें आश्वासन प्राप्त हुआ। थांट के कथन से यह साफ है कि वे इस बात से सहमत थे कि परेशानी 'पाकिस्तान की पहल' की वजह से उत्पन्न हुई थी।

प्रधान के अनुसार, 'पाकिस्तान को इस बात की उम्मीद थी कि अमरीका, भारत को जवाबी हमला करने से रोक कर युद्ध में पाकिस्तान का साथ देगा। लेकिन अमेरिका ने एक तटस्थ रुख अपनाया। इस पर पाकिस्तान हताश हो गया। पर चीन ने सिक्किम सीमा पर भारत को दोषी ठहराते हुए सीमा उल्लंघन और 59 चीनी याक का अपहरण करने के लिये परिणामों को भुगतने की चेतावनी

दी। यह धमकी पाकिस्तान के पक्ष में काम कर गयी किन्तु इस पर अमेरिका ने हस्तक्षेप किया और चीन को संघर्ष से बाहर रहने की सलाह दी। सोवियत संघ ने भी यह स्वीकार किया कि संघर्ष के लिये पाकिस्तान जिम्मेदार है और उसने संयुक्त राष्ट्र सुरक्षा परिषद (UNSC) में भारत का समर्थन करते हुए इस बात पर जोर दिया कि कश्मीर का मुद्दा युद्ध द्वारा नहीं सुलझाया जा सकता। सोवियत संघ ने भारत को यह आश्वासन भी दिया कि अगर चीन की तरफ से हमला होता है तो वह भारत का समर्थन करेगा।'

एस.डी. प्रधान ने लिखा था कि माओ जेदोंग ने बाद में अयूब खान से कहा था कि 'परमाणु युद्ध की स्थिति में लक्ष्य पेकिंग (बीजिंग का पुराना नाम) होता न कि रावलपिंडी' चीन के साथ-साथ पूरी दुनिया को संदेश मिल चुका था।

मई 1964 में भारतीय रक्षामंत्री यशवंत राव चह्वाण ने अमरीकी रक्षा विभाग के मुख्यालय 'पेंटागन' का दौरा किया। चह्वाण भारतीय सेना का आधुनिकीकरण करने के प्रयास में जुटे हुए थे और इसके चलते उन्होंने अमरीका से उस युग के सबसे उत्तम जेट फाइटर F-104 खरीदने का निवेदन किया। भारत के निवेदन को सिरे से ठुकराते हुए अमरीका ने पाकिस्तान को F-104 और F-86 साब्रेस लगभग मुफ्त में उपलब्ध करवाये।

अपनी किताब, *1965 War: The Inside Story* में महाराष्ट्र के भूतपूर्व मुख्य सचिव आर.डी. प्रधान का कहना है कि रॉबर्ट मेकनमारा–अमरीका के रक्षा सचिव ने चह्वाण से कहा था कि भारतीय वायु सेना के सभी विमान 'केवल संग्रहालय में रखने योग्य हैं'। वे आगे लिखते हैं, 'वह पल कितना हर्ष और उल्हास भरा होगा जब इस तरह के तर्क सुनने के बाद हमारे यह जंग लगे मिस्टीयर, हंटर और वैम्पायर जैसे विमान पाकिस्तान के नवीनतम

और जटिल F-86 जैसे विमानों को जंग के मैदान में पानी पिला रहे थे। न जाने कितने F-86 तो Gnat ने गिराये जो कि देश में निर्मित किये हुए हल्के लड़ाकू विमान थे।

रोज रात सोने से पहले पापा की डायरी से कुछ पढ़ना एक आदत सी बन गयी थी। डायरी पढ़कर मुझे केवल उत्साह ही नहीं मिलता था बल्कि इस बात की जानकारी भी मिलती थी कि एक आम आदमी 50 साल पहले बीती घटनाओं के बारे में क्या अनुभव करता होगा। हालांकि, यह सोचकर दुख भी होता है कि इन 50 वर्षों में कुछ खास नहीं बदला और हमारा देश जहाँ-का-तहाँ खड़ा है। डायरी मेरे लिये जैसे गूगल का काम करती थी। एक तरफ डायरी में किये गये गहन-अध्यन और दूसरी ओर डॉक्साब के मासूम और उत्सुकता भरे प्रश्नो के बीच मैं कुछ सीख ही रहा था... जबकि इन्हें भी यह नहीं पता था कि 'समारा कहाँ है?'

शास्त्री के दमदार नेतृत्व और कूटनीति ने एशिया में समीकरण बदल दिये थे। अमेरिका, सोवियत संघ और चीन इन तीनों शक्तियों को यह आभास हो गया था कि शास्त्री कोई नौसिखिये और कमजोर नेता नहीं हैं जिन्हें उकसाया जा सकता है या फिर उनके साथ कोई छद्म खेल खेला जा सकता है। वह ऐसे नेता नहीं थे जो अपनी सेना का ध्यान न रखते हों। यह तीनों शक्तियाँ यह भी जान गयी थी कि स्वतंत्रता के बाद पहली बार, भारतीय नेतृत्व का ध्यान आंतरिक मुद्दों और सुधारों पर केंद्रित था, बजाय इसके कि दुनिया के सामने उसकी छवि क्या हो। एक ऐसे नेता या नायक को मात देना लगभग असंभव होता है जिसे अपनी सत्ता के खोने का डर नहीं होता है। यही निडरता उसकी शक्ति होती है। यहाँ तक अच्छे-से-अच्छा अल्सेशियन (जर्मन शेफर्ड) भी सड़क के

आवारा कुत्ते का सामना होने पर पीछे हट जाता है क्योंकि वह जानता है कि अगर भिड़ंत हुई तो उसका क्या हश्र होगा। संदेश एकदम स्पष्ट था – 1965 का भारत 1962 वाला भारत नहीं था।

9

ताशकंद समझौता

रात के खाने के कुछ समय बाद प्रधानमंत्री-आवास पर ताशकंद से एक ट्रंक कॉल आया। 'पी.एम. साहब बात करेंगे'–फोन ऑपरेटर ने परिवार को सूचित किया।

यह सुनकर पूरा परिवार फोन के पास जमा हो गया। शास्त्री की धर्म-पत्नी ललिताजी, संयुक्त परिवार की परंपरा निभाती चली आ रहीं थीं। उनके परिवार में 39 सदस्य थे जिसमें उन की 2 पुत्री, दामाद और उन के बच्चे भी शामिल थे। इतने बड़े परिवार में केवल एक रसोई थी जिसमें ललिता जी की देखरेख में परिवार की महिलाएँ सबके के लिये भोजन बनाने और परोसने में लगी रहतीं। संयुक्त परिवार में रहने के मजे सिर्फ वही जान सकते हैं जो कभी संयुक्त परिवार में रहें हों। अगर कभी एक ट्रंक-कॉल भी आ जाता तो पूरा परिवार इकट्ठा हो जाता था और फिर उस पर ढेरों चर्चाएँ होतीं और वह और भी महत्वपूर्ण हो जाता अगर वह कॉल परिवार के मुखिया 'बाबूजी' का हो। यह कॉल भी बाबूजी का ही था।

बैठक और भोजन कक्ष के बीच की खाली जगह पर रखे हुए फोन के पास सबसे पहले ललिताजी पहुँचीं। पहले के समय में 'हेलो' बोलने में और यह सुनिश्चित करने में कि 'आवाज ठीक से आ रही है', बहुत समय लग जाता था। 'हेलो... आवाज सही नहीं आ रही... अब सुनाई पड़ा?' उस दिन भी यह सब हो रहा था।

'ठीक से सुनाई नहीं दे रहा' ललिता जी बोलीं। तब तक शास्त्री के ज्येष्ठ पुत्र हरी; उनकी पुत्रियाँ कुसुम और सुमन, कुसुम के पति विजय नाथ सिंह और उनके ज्येष्ठ और 'प्रिय' नाती संजय नाथ सिंह; सभी फोन के पास जमा हो गये। ललिताजी के बाद परिवार में सबसे बड़े होने के नाते विजय ने फोन अपने हाथ में ले लिया। विजय से कुछ राजनितिक विषयों पर बात करने के पश्चात शास्त्री ने सुमन से बात करने को कहा। सुमन भी शास्त्री से बात करने के लिये आतुर हो रहीं थीं जो कि कुछ राजनीतिक घटनाक्रमों को लेकर विचलित थीं।

'बाबूजी, हाजी पीर के वापस किये जाने पर यहाँ लोग आपसे बहुत नाराज हैं।'

'मैंने सुना... पर यह विपक्षी दल है जो हमें शांति से नहीं देखना चाहते।'

'तो अब आप क्या करेंगे?'

'तुम जरा भी चिंता मत करो। मैं अपने साथ एक बहुत बड़ी और गोपनीय खबर लेकर आ रहा हूँ। वापस आकर जब यह बढ़िया खबर देश के लोगों को बताऊँगा तो उसे सुनकर वे सब भूल जायेंगे।'

'कौन सी बड़ी खबर बाबूजी?'

'मैं अभी नहीं बता सकता तभी तो यह गोपनीय है।'

ललिता जी ने उनके स्वास्थ्य के बारे में पूछने को कहा।

'बाबूजी अम्मा पूछ रहीं हैं, आपकी तबियत वगैरह तो ठीक है?'

'उनसे कहो हमेशा से भी अच्छी।'

जब उनके नाती संजय नाथ सिंह और पुत्र अनिल शास्त्री और सुनील शास्त्री ने मुझे यह बताया तो मैं इस सोच में पड़ गया कि वह क्या खबर थी जो शास्त्री सबको सुनाने वाले थे? क्या

वो पाकिस्तान के बारे में थी? या सोवियत संघ को लेकर? या इंदिरा गाँधी? या फिर वे सुभाष चंद्र बोस को लेकर कुछ खुलासा करने वाले थे?

'सर, यह रहस्य हमारी कहानी का आधार बन सकता है... यह एक बहुत बड़ा सुराग है'–डॉक्साब कुछ उत्तेजित होते हुए बोले!

'वो कैसे?'

'शास्त्री कहते हैं "गोपनीय" और उसके ठीक आधे घंटे के अंदर उनकी मृत्यु हो जाती है।'

'तो...'

'वे अपने परिवार को फोन पर बताते हैं कि उनके पास एक "गोपनीय खबर" है... सर, उन दिनों ट्रंक कॉल को ऑपरेटरों द्वारा संचालित किया जाता था... वे ऑपरेटर आप की बात सुन सकते थे... क्या पता कोई ऑपरेटर किसी के लिये काम करता हो... और वह ऑपरेटर "किसी" को बता दे उस "बड़ी गोपनीय खबर" के बारे में... ऐसे "किसी" को जो यह खबर दबा देना चाहता हो...'

'हमारे पास पहले से ही षड़यन्त्र की इतनी सारी कहानियाँ है... अब आप एक और नयी कहानी मत जोड़िये, प्लीज... हमें सिर्फ उन बातों पर भरोसा करना चाहिये जो कि सार्वजनिक रूप से मान्य हों'–मैंने कहा!

'सर, आप यह पढ़िये'–डॉक्साब मुझे एक पुरानी 'सोवियत-लैंड' मैगजीन देते हुए बोले!

मैं तुरंत पहचान गया। 'सोवियत यूनियन', 'सोवियत लाइफ', और 'मिशा' की तरह यह भी प्रोपेगेंडा फैलाने वाली पत्रिका थी जो कि उस जमाने में, जब इंटरनेट नहीं होता था, सोवियत संघ के प्रचार-प्रसार के लिये जगह-जगह उपलब्ध करायी जाती थी। ऐसी पत्रिकाओं को पढ़कर पहले आपकी पढ़ने की आदतों में परिवर्तन

आता था और फिर इनका प्रभाव आपके विचारों पर भी पड़ता था विशेषकर भारत के छात्रों पर। मैं भी इन्हें खूब इकट्ठा किया करता था क्योंकि इनके चिकने मोटे और चमकदार पन्ने जिनमें रूसी लोक-कथाएँ, पहेलियाँ, और अति-सुन्दर रंगीन चित्र बने होते थे, मन को एकदम लुभा लेते थे। हमें लगता था कि ऐसी विदेशी पत्रिकाओं के माध्यम से हमें दुनिया देखने को मिलेगी पर असल में उन के अंदर एक रूसी विचारधारा छुपी होती थी जो हमारे दरवाजे पर रखकर हम पर थोपी जाती थी। ऐसी पत्रिकाओं को पढ़कर आप पार्ट टाइम कम्युनिस्ट बनने से नहीं बच सकते थे। इस में कोई अचरज की बात नहीं कि केरल में जहाँ पर ऐसी किताबें थोक में उपलब्ध करायी जातीं थीं जो लोगों पर इतना गहरा प्रभाव छोड़ जातीं थीं कि वहाँ पर लेनिन, स्टेलिन, और निकिता जैसे नाम रखे जाने लगे।

1991 में, मिखाइल गोर्बाचेव की उदारीकरण नीतियों के तुरंत बाद, 'सोवियत लैंड' पत्रिका में के.जी.बी. के एक भूतपूर्व-अधिकारी द्वारा लिखित एक लेख प्रकाशित किया गया था। भूतपूर्व खुफिया एजेंट के अनुसार, के.जी.बी. भारतीय और पाकिस्तानी दोनों ही प्रतिनिधि मंडलों पर तेज नजर रखे हुआ था, जब शास्त्री को दिल का दौरा पड़ा तब के.जी.बी. यह जानता था, लेकिन उसने किसी को सचेत नहीं करने का फैसला लिया क्योंकि वे किसी के बनाये हुए खेल में दखलंदाजी करना नहीं चाहता था जिससे भारत के साथ कूटनीतिक मतभेद उभर सकें।

'यह तो बहुत बड़ा खुलासा है, यह कभी खबरों में क्यों नहीं आया?'-मैंने डॉक्साब से पूछा।

'मैं भी यही सोच रहा था'-डॉक्साब का जवाब आया।

'क्या हमारी पत्रिकारिता मर गयी है?'

'कोई भी उस सच को उजागर करने की कोशिश नहीं करता जिस सच को उजागर करने से उसे कोई फायदा न मिले।'

'भारत के इतिहास के कई रहस्य उस समय के शीत-युद्ध की अंतर्राष्ट्रीय राजनीति में दबे पड़े हैं। मुझे यकीन है कि हमें वहाँ से बहुत सारी बाते पता चल सकेंगीं। चलिये हम वो काम करते हैं जो देश के आलसी पत्रकारों ने नहीं किया।'

जब भारतीय सेना ने लाहौर की दहलीज पर कदम जमा लिये थे तो भारत आगे क्यों नहीं बढ़ा? मैंने बड़े-बड़े अक्षरों में यह सवाल अपने उस बोर्ड पर लिखा जिस पर पहले लिखे हुए प्रश्न ठीक से मिट भी न पाये थे।

एस.डी. प्रधान लिखते हैं: 'भारतीय नेतृत्व मेज पर बैठकर उस जमीन के बारे में बातचीत करने जा रहा था जो जमीन सेना ने जंग में लड़कर हासिल की थी। एक तरह से भारतीय नेतृत्व संयम, समझदारी और पड़ोसी राज्य के साथ शांति और सद्भाव के रिश्ते बनाने के अभिप्राय से समस्या को हल करने का अवसर खोना नहीं चाहता था। 22 दिन चले इस युद्ध की समाप्ति पर, भारत ने पाकिस्तान के 1920 किलोमीटर लम्बे इलाके पर कब्जा कर लिया था जबकि पाकिस्तान केवल 550 किलोमीटर भारतीय भूमि पर कब्जा कर पाया था। 'हाजी पीर पास' पर कब्जा होने के बावजूद भारत ने जनवरी 1966 में ताशकंद में सबकुछ वापस कर दिया।'

अमरीका खुद वियतनाम के साथ एक संघर्ष में उलझा हुआ था और अपनी ज्यादातर बात संयुक्त राष्ट्र के माध्यम से रखता था। पश्चिमी राज्य भी यह चाहते थे कि किसी तरह बिना नुकसान के पाकिस्तान युद्ध से बच कर बाहर निकल सके। रक्षामंत्री वाई.बी. चह्वाण ने अपनी डायरी में यह लिखा था कि ब्रिटेन के प्रधानमंत्री हेरोल्ड विल्सन ने युद्धविराम प्रस्ताव उस समय दिया था जब युद्ध

में भारत का पलड़ा भारी था। 'मैंने सेना को वैसी मजबूत स्थिति ही बनाये रखने को कहा। मुझे यू.के. द्वारा भेजा गया प्रस्ताव एक चाल लग रही थी।' जब भारतीय सेना पाकिस्तानी सेना को चीरती हुई लाहौर पर गरज रही थी, विल्सन ने प्रधानमंत्री लाल बहादुर शास्त्री और अयूब खान को यह सन्देश भिजवाया कि 'दोनों ही सरकारें बढ़ते हुए तनाव के लिये समान रूप से जिम्मेदार हैं, और आज लाहौर पर हमला करने से तनाव की एक नयी स्थिति पैदा हो गयी है।' इस संदेश का अर्थ यह था कि भारत भी इस के लिये उतना ही दोषी था जितना कि पाकिस्तान। शास्त्री ने इस सन्देश पर ध्यान ही नहीं दिया।

के. विजयकृष्णन ने अपनी किताब 'The Soviet Union and the India-Pakistan War, 1965' में लिखा है, 'भारत द्वारा जो विशेष दलीलें रखीं गयीं और आपत्तियाँ उठाई गयी, उन पर भारत को समर्थन प्राप्त था। सोवियत संघ ने भारत का समर्थन करते हुए सुरक्षा परिषद से सिर्फ वही प्रश्न पूछने पर जोर दिया था जो कि लड़ाई को सुलझाने से सम्बन्ध रखते हों और कश्मीर मुद्दे को इससे दूर रखने की सलाह दी।'

जब अमेरिका इसमें कोई दिलचस्पी नहीं ले रहा था और यू.के. अपनी असलियत दिखाते हुए भारत के विरोध में और पाकिस्तान के समर्थन में बोलने लगा था तब ऐसे में सिर्फ सोवियत संघ पर ही सब कुछ निर्भर करता था। कुछ शुरुआती हिचक के बाद भारत और पाकिस्तान, दोनों रूसी प्रस्ताव को मानने के लिये तैयार हो गये। अयूब खान ने बाद में कहा था कि पाकिस्तान रूस को अनदेखा कर वीटो पर कोई जोखिम नहीं उठाना चाहता था इसलिये वह ताशकंद गया। वार्ता के लिये पाकिस्तान की उत्सुकता का एक कारण और भी था। प्रधान लिखते हैं, 'इच्छोगिल नहर की पूर्व दिशा में और लाहौर के बिलकुल सामने भारतीय सैनिकों

की मौजूदगी पाकिस्तान के गौरव को निरंतर ठेस पहुँचा रही थी। इसकी गर्मी इस्लामाबाद तक पहुँच गयी थी।'

अपने निबंध 'The Indo-Pak War 1965 and the Tashkent Agreement: Role of External Powers' में एस.डी. प्रधान ने उन चर्चाओं का जिक्र किया है जो भारत के प्रधानमंत्री लाल बहादुर शास्त्री और पाकिस्तान के प्रेजिडेंट आयूब खान के बीच ताशकंद में की गयीं। शास्त्री ने पाकिस्तान द्वारा भेजे गये सारे घुसपैठियों को वापस बुलाने को कहा और पाकिस्तान से यह आश्वासन माँगा कि भविष्य में वह कभी ऐसी कार्यवाही नहीं करेगा। दूसरी तरफ अयूब खान चाहते थे कि कश्मीर में जनमत संग्रह हो। पर 'कोसिगिन' ने अपनी कूटनीतिक कौशल का इस्तेमाल कर दोनों को अपनी सेना वापस बुलाने के लिये मना लिया।

प्रधान आगे लिखते हैं, 'समझौते में यह भी शामिल किया गया था कि दोनों पक्ष यू.एन. घोषणापत्र का पालन करते हुए अच्छे पड़ोसी संबंध बनाने के लिये सभी प्रयास करेंगे और अपने विवादों को शांतिपूर्ण तरीकों से निपटाने के प्रयास भी करेंगे। उस समझौते में यह भी माना गया था कि वे एक-दूसरे के खिलाफ दुष्प्रचार नहीं करेंगे। सवाल यह उठता है कि आखिर शास्त्री उस जमीन को वापस देने के लिये क्यों तैयार हो गये थे जो कि भारतीय सेना के कब्जे में थी? इसका कारण पता कर सकने के लिये अब केवल अनुमान ही लगाये जा सकते थे और इसका सही उत्तर पता कर पाना असंभव था क्योंकि हस्ताक्षर करने के कुछ घंटों के बाद शास्त्री की मृत्यु हो गई थी। हो सकता है सोवियत संघ द्वारा शास्त्री को यह आश्वासन दिया गया हो कि पाकिस्तान भारत के खिलाफ भविष्य में कभी भी सेना का उपयोग नहीं करेगा और शास्त्री एक अच्छा पड़ोस और स्थायी शांति की कामना के साथ, दया भाव दिखाते हुए यह शर्त मान गये हों... पर यह जल्द साफ हो गया

कि भारत के साथ छल किया गया था। भुट्टो ने कहा कि यू.एन. घोषणापत्र किसी भी राज्य को आत्मरक्षा के लिये बल प्रयोग करने से नहीं रोकता। अयूब ने भी कहा कि ताशकंद समझौते कर लेने से कश्मीर के प्रति पाकिस्तान का रवैया नहीं बदला है। यह दर्शाता है कि भारतीय नेतृत्व पाक नेतृत्व के वास्तविक इरादों को समझने में विफल रहा और सभी मुद्दों के समाधान हो जाने तक पाकिस्तान को दबाव में बनाये रखने के अवसर से चूक गया।'

'सर, कुछ रिपोर्ट कहतीं हैं हमने युद्ध जीता, कुछ कहती हैं हमने नहीं जीता। इसमें आपका क्या मानना है?'

'जीत और हार का मूल्यांकन उसके उद्देश्य के संदर्भ में किया जाता है। पाकिस्तान का पहला उद्देश्य तो यह था कि वह कश्मीर में गड़बड़ी फैलाकर उसे भारत से अलग कर दे। इसमें पाकिस्तान विफल रहा और भारत की जीत हुई। उसका दूसरा उद्देश्य अपनी सीमा की सुरक्षा को लेकर था और उसमें भी वे पूरी तरह से विफल हुआ क्योंकि भारत की सेना लाहौर से कुछ मील पीछे तक पहुँच चुकी थी।'

'मैंने इसको कभी इस तरह से नहीं देखा'–डॉक्साब बोर्ड पर लिखते हुए बोले।

'इससे उनका सामाजिक और राजनीतिक माहौल अस्त-व्यस्त हो गया, सरकार का जनता पर नियंत्रण कम होने लगा, आंतरिक संघर्ष बढ़ गये, अशांति फैलने लगी, अर्थव्यवस्था में भारी गिरावट आ गयी... और अगले पाँच साल तक इन सब के चलते वह पूरी तरह से टूट गया।'

'एक बार फिर पाकिस्तान की हार और भारत की जीत हुई'–डॉक्साब बोर्ड पर लिखते हुए बोले।

'भारत की प्रतिक्रिया इस तरह की थी कि कश्मीर पर कब्जे को लेकर चलाया गया उनका अभियान विफल हो गया और पाकिस्तान को यह अच्छे से समझ में आ गया कि वह दोबारा भारत पर हमला करने की हिम्मत नहीं कर सकता था। इसलिये यह भारत की जीत थी।'

एस.डी. प्रधान का मानना है कि यह युद्ध भारत के लिये कई मायनों में फायदेमंद रहा। वह लिखते हैं, 'यह पहला सफल ऑपरेशन था जिसने न केवल कश्मीर को हथियाने की पाक की कोशिश को नाकाम किया बल्कि रणनीतिक रूप से महत्वपूर्ण इलाके पर भी कब्जा कर लिया जिसने पाकिस्तान पर खासा दबाव बनाया। पाकिस्तान जम्मू कश्मीर में स्थिति को बदलने के अपने खेल में विफल हो गया था। दूसरी बात, 1962 के चीन-भारत युद्ध की पराजय के बाद, भारत की प्रतिष्ठा में अंतरराष्ट्रीय स्तर पर सुधार हो गया था। *टाइम्स पत्रिका* के संपादकीय में यह छपा था कि भारत एशिया की प्रमुख शक्ति बनने जा रहा है। तीसरी बात, इससे सोवियत संघ के साथ संबंधों में काफी सुधार आया जिसका फायदा 1971 के युद्ध के दौरान देखा गया। चौथी बात, भारत ने चीन से खतरे को भाँपते हुए परमाणु कार्यक्रम पर ध्यान देना शुरू कर दिया। पाँचवी बात, भारत ने अपनी रक्षा अधिग्रहण प्रक्रिया को तेज कर अपनी क्षमताओं का विस्तार किया। छठी बात कि भारतीय सेना ने अपनी उन कमियों को दूर किया जो कि युद्ध में अनुभव की गयीं थीं। भारत में मंत्रिमंडल सचिवालय (Cabinet Secretariat) के आधीन खुफिया एजेंसी (External Intelligence Agency) और सयुंक्त खुफिया (Joint Intelligence Committee) विभाग की स्थापना की गयी जो कि सभी आयामों को ध्यान में रखते हुए देश में आने वाली

परिस्थितियों का अवलोकन करेंगी। इन फैसलों के कारण आगे चलकर हमें बहुत फायदे मिले।

कब्जे में ली गयी भूमि को पाकिस्तान को वापस कर देने की सहमति के बाद भारत में लोगों ने शास्त्री की जमकर आलोचना की। पर शास्त्री ने ऐसा क्यों किया? ताशकंद जाने से पहले तो उन्होंने अपने विजयी सैनिकों को यह वचन दिया था कि इतने बलिदानों के बाद जीती गयी जमीन को वे वापस नहीं करेंगे तो सिर्फ छह दिन में सब कुछ कैसे बदल गया? क्या शास्त्री अंतरराष्ट्रीय समुदाय के दबाव में आ गये थे? इस बात की सम्भावना 'न' के बराबर थी पर शायद... उन्होंने भी वैसा ही सोचा होगा जैसा कि उनसे पहले नेहरू ने पाकिस्तान के PoK के अवैध कब्जे पर नरमी वाला रुख अपनाया था और जैसा कि उनके बाद 1971 की लड़ाई के उपरांत इंदिरा गाँधी ने नरमी वाला रुख अपनाया था, यह सोचकर कि 'पाकिस्तान के प्रति उदारता दिखाने से हमारी साख बढ़ेगी।'

या फिर एक और रहस्य था जिसके लिए शास्त्रीजी को अपनी जान गंवानी पड़ी?

10

11 जनवरी 1966

युद्ध के उपरांत शास्त्री की राजनैतिक प्रतिष्ठा अपनी श्रेष्ठता को छू रही थी। 1962 की पराजय के बाद देश ने अपना खोया हुआ सम्मान दोबारा पा लिया था। सेना, उत्साह और उमंग से भर गयी थी। अर्थव्यवस्था ने सही राह पकड़ ली थी। अमेरिका और सोवियत संघ, दोनों ही के साथ अनुकूल समझौते कर भारतीय कूटनीति अपने सर्वश्रेष्ठ स्तर पर थी। ऐसा लग रहा था कि जैसे संघर्ष के दिनों को पीछे छोड़ भारत प्रगति और शांति के मार्ग पर आगे निकल पड़ा हो। राजनीति में एक अनाड़ी व्यक्ति भी यह जान गया था कि अब शास्त्री को एक लम्बे समय तक चुनौती नहीं दी जा सकती। अब कोई भी उन्हे कठपुतली की तरह नहीं नचा सकता था। अब कामराज और इंदिरा गाँधी के पास अपनी राजनीतिक महत्वाकांक्षाओं को पूरा करने के लिये कोई स्थान न बचा था।

यद्यपि ताशकंद समझौते के खिलाफ एक मजबूत राजनीतिक वातावरण था पर ज्यादातर लोग शास्त्री के साथ ही खड़े थे। मात्र अधिग्रहण की गयी भूमि का पाकिस्तान को वापस किया जाना विवाद का कारण बना हुआ था। एक तरफ वे लोग थे जो इसे राष्ट्र के अहम् को ठेस लगना बता रहे थे और दूसरी ओर वे, जो

सामूहिक रूप से शास्त्री पर विश्वास रखते थे–शास्त्री, जो खुद त्याग और तपस्या को सर्वोच्च मानते थे।

हर राष्ट्र का अपना एक अहम् होता है। राष्ट्र की अवधारणा उसके अहम् पर ही आधारित होती है। पर इस अहम् को प्रभावहीन बनाने के लिये राष्ट्र के प्रति सहानुभूति रखने वाले नेता की आवश्यकता होती है। पहले और दूसरे विश्व युद्ध के रक्तपात के बाद, दुनिया एक शीत युद्ध में उलझ कर रह गयी थी जो कि अमेरिका और सोवियत संघ के अहंकार के अलावा और कुछ भी न था। अमरीका और सोवियत संघ, दोनों ही अपने अहंकार की प्यास कमजोर राज्यों पर पूँजीवाद या समाजवाद का वर्चस्व थोपकर बुझा रहे थे। शीत-युद्ध में अशक्त राज्यों की आर्थिक लाचारी और वैचारिक मतभेदों को या तो धमकाकर या फिर सशस्त्र हमला कर बदला जा रहा था और यह उस समय की राजनैतिक संस्कृति बन गयी थी।

युद्धविराम के उपरांत भारत अधिग्रहण की गयी भूमि अपने पास रख सकता था और यह सभी को स्वीकार्य भी होता। लेकिन शास्त्री जानते थे कि दीर्घकालिक शांति कभी भी धमकाकर या सैन्य अधिग्रहण द्वारा प्राप्त नहीं की जा सकती, अगर की जा सकती है तो केवल त्याग से। नेहरू ने 1962 के युद्ध में अपने अहंकार को महत्त्व दिया और भारत बुरी तरह से हार गया पर 1965 में शास्त्री ने जनता की भावनाओं के विपरीत त्याग का रास्ता अपनाया; उन्होंने भारत को युद्ध में विजय दिलायी और राष्ट्र को अपनी खोई गरिमा और आत्मविश्वास लौटाया। इसने मेरे विश्वास को और भी दृढ़ कर दिया

जैसा कि बापू मुझ से कहा करते थे, 'भारत त्याग के मार्ग पर चलकर पूरे विश्व का मार्ग-दर्शन कर सकता है।' सब लोग शास्त्री को एक सच्चा नेहरूवादी समझते थे पर असल में वे एक सच्चे गाँधीवादी थे। शास्त्री के समय भारत में अहंकार-आधारित नेतृत्व से विनम्रता-आधारित नेतृत्व का सहज परिवर्तन देखा गया था। विनम्रता-आधारित नेतृत्व में हर किसी को अपनी भागीदारी लगने लगी थी पर यह अधिक समय तक टिक न सका। शास्त्री की मृत्यु हो गयी और इंदिरा के नेतृत्व में भारत फिर अहंकार-आधारित नेतृत्व में पहुँचा दिया गया।

पापा की डायरी ने मेरे लिये वह दीप जला दिया था जिसके उजाले ने प्राचीन पुस्तकों के विशाल पुस्तकालय से, अंधरे को दूर कर दिया था। 2019 में पुस्तकालयों में कोई भी 'त्याग' पर किताबें खोजने नहीं जाता था। हर कोई आधुनिक विषयों पर पुस्तकें चाहता जिसे पढ़कर आसानी से निष्कर्ष निकाला जा सके। जो लोग त्याग पर किताबें पढ़ते, उन्हें भोग और विलास पर महत्त्व देने वाले इस संसार में रूमानी, अप्रगतिशील और अयोग्य समझा जाता। अगर कोई मेरे बेटे को शास्त्री के बारे में नहीं बतायेगा तो इसमें मुझे कोई आश्चर्य नहीं होगा। हमारी शिक्षा प्रणाली में शास्त्री जैसे नेताओं को भुला दिया गया है। यह फिल्म मेरे लिये इसलिये बहुत महत्त्व रखती है क्योंकि मैं सदियों से दबे 'हिन्दू मूल्यों' को राष्ट्र की चेतना में दोबारा जागृत करना चाहता था। यह फिल्म मेरे जीवन का लक्ष्य बनती जा रही थी।

हमने शास्त्री द्वारा किये गये हर उल्लेखनीय कार्य पर, उनकी मृत्यु पर, शीत-युद्ध में चल रही गतिविधियों पर गहन अध्ययन किया

था। मैं शास्त्री के परिवार के सदस्यों से मिला, उन लोगों से मिला जिन्होंने शास्त्री के साथ काम किया था और तीन दर्जन से भी ज्यादा ऐसे लोगों से मिला जो 1960 और 1970 के दशक की राजनीति से भली-भाँति परिचित थे। अब 10-11 जनवरी 1966 की रात बीती घटनाओं को क्रम में रखकर उन्हें समझने का समय आ गया था। हम पिछले तीन महीनों से दिन-रात एक ही बात के पीछे लगे थे पर अब समय आ गया था कि हम यह फैसला करें कि इस विषय पर हमें फिल्म बनानी है या नहीं। मैंने डॉक्साब को प्रजेंटेशन बनाने के लिये कहा। मैंने अपनी पत्नी, पल्लवी और करीबी दोस्त तृप्ति शर्मा को भी आने के लिये कहा। तृप्ति स्वेच्छा से निष्पक्ष दृष्टिकोण अपनाते हुए मेरी कहानियों में कमियाँ ढूंढने में मेरी सहायता करतीं थीं। यह अलग बात है कि पल्लवी और तृप्ति मेरी कहानियों में कमियाँ ढूंढ़ने के लिये हमेशा तत्पर रहतीं।

'सर यह बिलकुल एक "थ्रिलर" का स्क्रीनप्ले लग रहा है...'-डॉक्साब ने उत्सुकता के साथ कहा।

'बेशक, आखिर भारत के प्रधानमंत्री की मृत्यु हुई थी... यह एक थ्रिलर ही लगना चाहिये'-मैंने भी एक ठेठ फिल्म निर्माता की तरह जवाब में कहा।

'नहीं सर, उनकी मृत्यु नहीं पर उनकी मृत्यु के रहस्य का पता लगाना, थ्रिलर जैसा लग रहा है।'

'अब क्या हुआ।'

'हर पुस्तक, हर लेख, विशेषज्ञ, मित्र और परिवार के सदस्यों के पास से कुछ अलग ही बात पता चलती है... जानकारी और तथ्यों की यह एक ऐसी भूल-भुलैया बन गयी है कि अब इसे थ्रिलर का हीरो ही सुलझा सकता है।'

'फिर ऐसे में, हमें सब कुछ पढ़ना चाहिये, सबको सुनना भी चाहिये लेकिन उनकी सच्चाई का मूल्यांकन करने का आधार केवल प्रमाणित आधिकारिक दस्तावेज होना चाहिये।'

'पर आधिकारिक दस्तावेज तो हैं ही नहीं।'

'ऐसा कैसे हो सकता है? विदेश मंत्रालय के पास उनका स्वास्थ्य-रिकॉर्ड, उनकी मुलाकातों का विवरण, उनके दिन-प्रतिदिन के कार्यक्रमों का ब्यौरा आदि सब उपलब्ध होगा।'

'मैंने बहुत खोजा... पर कहीं कुछ नहीं है सर।'

डॉक्साब 15 दिन तक राष्ट्रीय अभिलेखागार (National Archives of India) में इन ही सब आधिकारिक दस्तावेजों की खोज कर दिल्ली से पूरी तरह खाली हाथ लौटे थे।'

फिर भी, विश्वसनीय सूत्र और तथ्यों के आधार पर मैंने इसका इस प्रकार अवलोकन किया।

1.20 पूर्वाह्न, 11 जनवरी 1966 ताशकंद, सोवियत संघ

ठक... ठक... ठक।

'इतनी रात को कौन हो सकता है?' अगली सुबह काबुल जाने की फ्लाइट पकड़ने की तैयारी करते हुए रामनाथ ने सहाय *साहब* से पूछा। हर किसी की तरह उस रात रामनाथ ने भी रशियन वोदका के मजे लिये थे। वह दिन था ही जश्न मनाने वाला, जब छह दिनों के तनाव भरे वार्तालाप के बाद ताशकंद समझौते पर हस्ताक्षर कर दिये गये थे। इतनी भयंकर सर्दी में वे अगली सुबह वहाँ से प्रस्थान करने वाले थे।

'हो सकता है कार्यक्रम में फिर कुछ परिवर्तन आ गया हो और इस सर्दी में हमें यहाँ कुछ दिन और ठहरना पड़े'-रामनाथ सोच रहे थे। रामनाथ और भारत के दूसरे प्रधानमंत्री के दल के अन्य सदस्यों का इस तरह सोचना कुछ गलत भी नहीं था क्योंकि पिछले एक हफ्ते से वे ताशकंद के बर्फीले शहर में ऐसी ही अस्थिर परिस्थितियों से जूझ रहे थे। पहले यहाँ पर कुछ दिनों का ही कार्यक्रम था पर जैसे-जैसे नये-नये मुद्दे, चुनौतियाँ, असहमतियाँ

और समाधानों पर चर्चाएँ बढ़ती गयीं, वैसे-वैसे दिन भी बढ़ते गये। पर छह दिनों के नाटकीय घटनाक्रमों के बाद अब वे कुछ समय काबुल रुकते हुए वापस भारत लौटने की तैयारी कर रहे थे। तनाव, संघर्ष, उक्साहट और पहेलियों से भरे इन अविस्मरणीय पलों के चलते रामनाथ और उनके साथियों ने आज थोड़ी ज्यादा ही पी ली थी। और जब वे इतने दिनों तक चले तनाव से राहत भरे इन क्षणों का आनंद ले रहे थे, तभी हर दिन की तरह आज फिर किसी ने दरवाजे पर दस्तक दी।

अंगड़ाई लेते हुए रामनाथ जैसे ही दरवाजे की ओर बढ़े उन्होंने किसी के खाँसने की आवाज सुनी। भले ही रामनाथ पिये हुए थे पर वह यह भाँप गये कि यह खाँसी असाधारण थी। रामनाथ ने जैसे ही दरवाजा खोला, सामने भारत के दूसरे प्रधानमंत्री लाल बहादुर शास्त्री, इतनी बुरी तरह से खाँस रहे थे कि उनकी साँस भी ठीक से नहीं आ रही थी और उनका चेहरा पीला पड़ता जा रहा था जैसे कि अंदर से उनका दम घुट रहा हो।

'डॉक्टर साहब कहाँ हैं?' शास्त्री ने खाँसते हुए पूछा।

तीस सालों से शास्त्री की सेवा करते आये रामनाथ को क्षण भर में यह अहसास हो गया कि शास्त्री की तबियत कुछ ज्यादा बिगड़ रही है। 'अरे उठो... उठो... बाबूजी की तबियत खराब हो गयी है... डॉक्साब को बुलाओ जल्दी से...' सहाय डॉक्टर चुग को बुलाने ऊपर की ओर भागे और रामनाथ शास्त्री को सहारा देते हुए गलियारे और बैठक कक्ष पार कर उनके कमरे की तरफ बढ़ने लगे।

उनके निजी सहायक एम.एम.एन. शर्मा ने शास्त्री का सर अपनी गोद में रख लिया। शास्त्री खाली थर्मस की ओर इशारा कर रहे थे।

'बाबूजी वो खाली है, पानी लाओ'–सहाय चिल्लाये।

मगर जब शास्त्री लगातार थर्मस की तरफ इशारा करते ही जा रहे थे, तब सहाय को कुछ संदेह हुआ जैसे वो कुछ कहना चाहते थे।

'बाबूजी क्या कहना चाहते हैं...'

'बीस मिनिट पहले जब उन्होंने दिल्ली में अपने परिवार से बात की थी, वे अच्छे भले और खुश थे। फिर उन्होंने थर्मस में से दूध निकाला और इसबगोल मिलाकर पिया।' दोष मेरा भी है... उनको दूध मुझे अपने हाथों से देना चाहिये था... मैंने इस बात का विरोध क्यों नहीं किया जब उस रशियन बटलर और उसके रसोइयों से बाबूजी के लिये खाना बनाने को कहा गया'—यह सोचते हुए रामनाथ अपने दिमाग में शास्त्री की बीमारी का कारण समझने की कोशिश कर रहे थे।

रामनाथ को पूरा भरोसा था कि यह फूड पॉइजनिंग का मामला है और एक-दो उल्टियों में दूध बाहर निकल जायेगा और बाबूजी पूरी तरह ठीक हो जायेंगे। भारत और पाकिस्तान (जिन्होंने अभी एक भयंकर युद्ध लड़ा था, जहाँ भारत ने पाकिस्तान को बुरी तरह से हराया था) के बीच ताशकंद संधि की सफलता के लिए रूस के प्रधानमंत्री कोसिगिन ने एक दावत आयोजित की थी जिसमें शास्त्री ने केवल कुछ नट्स (काजू, बादाम, किसमिस, आदि) और फल ही खाये थे क्योंकि वह अपने निजी रसोइये रामनाथ द्वारा पकाया गया खाना ही पसंद करते थे। केवल उस रात रामनाथ ने उनके लिये खाना नहीं बनाया।

डॉक्टर चुग ने शास्त्री की नब्ज की जाँच की—जो ठहर गई थी! फिर उन्होंने दिल की धड़कन जाँची—जो रुक गई थी! फिर उन्होंने अपने काँपते हुए हाथों से उनकी साँसें टटोली—जो थम गई थीं! फिर उन्होंने एक इंट्रा मस्क्युलर इंजेक्शन लगाया—शास्त्री फिर भी नहीं उठे।

'बाबूजी आपने मुझे एक मौका भी नहीं दिया।'

डॉक्टर चुग रो पड़े।

रात 1.32 बजे, शास्त्री के प्रेस सेक्रेटरी, कुलदीप नैयर ने दिल्ली प्रेस ब्यूरो को ट्रंक कॉल कर घोषित किया, 'दिल का दौरा पड़ने के कारण प्रधानमंत्री लाल बहादुर शास्त्री की मृत्यु हो गयी।'

भारत में उस वक्त रात के 2.00 बज रहे थे।

11 जनवरी 1966 की सुबह के 3.00 बजे: 9वें चीफ डायरेक्टरेट, के.जी.बी. ताशकंद, सोवियत संघ।

उसी रात तीन बजे केजीबी के सबसे शक्तिशाली नौवें चीफ डायरेक्टरेट की पुलिस ने तीन सहायकों सहित चीफ बटलर अहमद सत्तारोव और भारतीय राजदूत टीएन कौल के रसोईये जान मोहम्मद को जगाया और उन्हें गिरफ्तार करके किसी अज्ञात स्थान पर ले गयी।

उन पर शास्त्री को खाने में जहर दिये जाने का संदेह था जिसके आधार पर उन्हें गिरफ्तार किया गया था।

11 जनवरी 1966, सुबह के 11.00 बजे: पालम हवाई अड्डा, नई दिल्ली।

एयर इंडिया के जहाज से शास्त्री का पार्थिव शरीर दिल्ली के पालम अंतरराष्ट्रीय हवाई अड्डे पर लाया गया। कड़कड़ाती ठंड होने के बावजूद शास्त्री के अंतिम दर्शन के लिये अभूतपूर्व लोगों का ताँता लगा हुआ था। यह स्वाभाविक था, क्योंकि शास्त्री पाकिस्तान को हराने के बाद एक जन नेता के रूप में उभरे थे। उन्होंने एक ऐसे राष्ट्र को भी उभारा था जो कि चीन-भारत युद्ध में भारत की अपमानजनक हार से पूरी तरह से टूट चुका था।

जय जवान जय किसान और *भारत के लाल अमर* रहे जैसे नारों की गर्जना के बीच शास्त्री का पार्थिव शरीर विमान से बाहर निकाला गया और उनके सरकारी आवास पर ले जाने के लिये आर्मी ट्रक में रखा गया। धीरे-धीरे नारों की आवाज कम होने लगी और लोग आपस में काना-फूसी करने लगे। इसमें कुछ प्रेस वाले भी शामिल थे और एकदम से पूरे पालम हवाई अड्डे पर हड़कंप सा मच गया, इनके शरीर पर सूजन क्यों है? इनका शरीर नीला क्यों पड़ रहा है? शरीर पर जगह-जगह काटने के निशान क्यों बने हैं और इनमें से खून क्यों रिस रहा है?

11 जनवरी 1966, दोपहर का समयः 10 जनपथ रोड, नई दिल्ली।

शास्त्री की पत्नी, ललिता जी हमेशा उनके विदेश दौरे पर उनके साथ जाया करती थी पर इस बार शास्त्री ने उन्हें साथ आने से मना कर दिया था। वह उनके साथ न जाने के अपने फैसले पर मन ही मन खुद को कोस रही थी।

अभी कुछ ही घंटों पहले रात के लगभग 1 बजे शास्त्री ने अपने परिवार के साथ बात की थी, जब उनकी पुत्री कुसुम ने उन्हें बताया था कि लोग कब्जा की हुई भूमि पाकिस्तान को वापस देने वाले फैसले को लेकर उनसे नाराज हैं। तब शास्त्री ने कहा था कि वे अपने साथ इतनी बड़ी खबर लेकर आ रहें हैं जिसे सुनकर लोग खुश हो जायेंगे। उन्होंने इस बात को गुप्त रखने को कहा था।

शास्त्री का पार्थिव शरीर उनके आवास पर पहुँचाया गया और फिर घर के अंदर ले जाया गया। हिंदू रीति-रिवाजों के अनुसार जब ललिता जी, शास्त्री की माँ और परिवार के अन्य सदस्यों ने शरीर को स्नान कराने और नये कपड़े पहनाने का अनुष्ठान प्रारम्भ किया तो उन्होंने देखा कि उनके पेट और गर्दन पर कई घाव थे जहाँ से अभी भी खून रिस रहा था। उन्होंने तुरंत परिवार के सभी

सदस्यों को सतर्क किया और उनके अभिन्न मित्र टी.एन. सिंह को भी अवगत करवाया।

'अगर उन्हें दिल का दौरा पड़ा था तो उनके शरीर पर घाव के निशान कैसे थे... उनमें से खून क्यों रिस रहा था... उनके शरीर पर सूजन क्यों थी... उनका शरीर काला-नीला क्यों हो गया था... उनके चेहरे पर काले धब्बे क्यों पड़ गये थे... क्या रूस में उनका पोस्ट-मॉर्टम किया गया था... आखिर वे क्या छिपा रहे थे? ललिता शास्त्री के पास शास्त्री के प्रेस-सचिव कुलदीप नैयर से पूछने के लिये सवालों की एक लंबी सूची थी। 'मुझ से कहा गया है कि अगर शव पर लेप लगाया जाता है तो वह नीला पड़ जाता है'–कुलदीप नैयर ने जवाब दिया।

'तो फिर शरीर पर इतने घाव होने के क्या कारण हैं?' उन्होंने पूछा।

'मैं नहीं जानता।'

'पर मैं यह अच्छी तरह से जानती हूँ कि ताशकंद में उनका गुप्त पोस्ट-मॉर्टम किया गया है।' ललिता जी ने पूरे विश्वास के साथ कहा।

कुलदीप नैयर पहले तो चौंक पड़े फिर धीरे से बोले, 'यह बड़ी विचित्र बात है।'

'ललिता जी और परिवार के अन्य सदस्यों को लगता है कि कुछ गड़बड़ है'–नैयर का मानना है। शास्त्री जी के बचपन के मित्र टी. एन. सिंह, उनके करीबी अनुयायी जगदीश कुदेसिया, पुत्र अनिल एवं दामाद हरी, सभी ने कार्यवाहक प्रधानमंत्री गुलजारीलाल नंदा से मुलाकात कर शास्त्री का पोस्ट-मॉर्टम करवाने का निवेदन किया। उन्होंने आधिकारिक रूप से कैबिनेट-सचिव और गृह-सचिव से पोस्ट-मार्टम कराने का अनुरोध भी किया।

12 जनवरी 1966, शाम के 4:00 बजेः विजय घाट, नई दिल्ली।

कोहरे और सर्दी से भरी उस शाम, हिन्दू रीति-रिवाजों के अनुसार लाल बहादुर शास्त्री का अंतिम संस्कार कर दिया गया। 17 साल के उनके पुत्र अनिल शास्त्री ने उन्हें मुखाग्नि दी।

उनका पोस्ट-मॉर्टम नहीं किया गया।

'यह कैसे संभव हो सकता है कि हमारे प्रधानमंत्री का कोई पोस्ट-मार्टम भी नहीं किया गया हो?'–तृप्ति ने हैरानी जताई।

'वह भी तब, जब उनकी मृत्यु युद्ध के तुरंत बाद हो गयी हो?'–पल्लवी ने उसमें एक और बात जोड़ते हुए कहा।

'वो भी विदेश में'–डॉक्साब ने एक और तथ्य जोड़ दिया।

'वह भी उनके परिवार द्वारा प्रधानमंत्री को पोस्ट-मार्टम करवाने के लिये लिखित अनुरोध देने के बावजूद'–तृप्ति ने आगे कहा।

'मुझे यकीन है कि सरकार के पास वो कागज होना चाहिये'–पल्लवी और गहराई में जा रहीं थीं।

'क्यों न हम मंत्रालय में एक आर.टी.आई. दायर कर दें?'–मैंने पूछा।

'आर.टी.आई.?'–डॉक्साब उलझन में पड़ गये।

'जी, आर.टी.आई–राइट टू इन्फर्मेशन'–मैंने स्पष्ट किया।

'उसके लिये हमें एक व्हिसल-ब्लोअर की जरूरत पड़ेगी'–डॉक्साब ने आंकलन करना भी शुरू कर दिया था।

'मैं आपकी व्हिसल-ब्लोअर बन सकती हूँ'–पल्लवी ने अचानक से कहा।

'जो कि आप सदा से हैं... मेरे जीवन में क्या चल रहा है यह जानने की आपके पास राइट टू इन्फर्मेशन सदा से प्राप्त है'–मैंने हँसकर कहा।

जब से हमने इस पर काम करना शुरू किया था, पल्लवी जो मर्डर-मिस्ट्रीज में बहुत रुचि रखती हैं, शास्त्री की मृत्यु के रहस्य का सत्य जानने में बेहद इच्छुक थीं।

'नहीं सीरियसली, मैं यह काम आप लोगों के लिये कर सकती हूँ।'

'पर आपने यह पहले कभी नहीं किया।'

'भला यह भी कोई बात हुई?'–यह कहते हुए जिस तरह पल्लवी ने मुझे देखा, मुझे लगा जैसे मैंने कोई ढोंग करने वाली बात कही।

हमारे घर और ऑफिस में, हम हमेशा सब लोगों को वह कार्य करने के लिये प्रोत्साहित करते हैं जो उन्होंने पहले कभी न किया हो। मैं और पल्लवी मिलकर 'आई एम बुद्धा फाउंडेशन' चलाते हैं और इसमें हम वंचित युवाओं को जीवन के अज्ञात रहस्यों को खोजने और अपने अंदर छिपी रचनात्मक और नव निर्माण कार्य करने की कला को पहचानने में परामर्श देते हैं और प्रेरित भी करते हैं।

'क्या आपको यकीन है?'–मैंने पूछा।

'जी, पर यह कार्य मैं आपकी पत्नी के रूप में नहीं बल्कि एक निर्माता के रूप में करूँगी। जब आप लोग इसके अनुसंधान में व्यस्त रहेंगे, मैं आर.टी.आई. दायर करती रहूँगी। इसके अलावा, मुझे यह सीखने को भी मिलेगा कि भारत में व्हिसल-ब्लोअर होने का क्या मतलब है।'

'इसमें मैं भी आपके साथ हूँ', तृप्ति ने कहा।

मैं इस प्रक्रिया में पल्लवी को शामिल करना नहीं चाहता था क्योंकि मैं इस फिल्म के साथ आने वाले उन खतरों और ट्रोलिंग का अनुमान लगा सकता था। पर मैं यह भी जानता था कि सत्य

का पता लगाने की ठान लेने वाले एक आत्म-प्रेरित व्यक्ति को न तो रोका जा सकता और न पैसा देकर खरीदा जा सकता। उस शाम हमें सिर्फ एक निर्माता और व्हिसल-ब्लोअर ही नहीं बल्कि एक ऐसा मार्गदर्शक मिल गया था जो इस फिल्म की गुणवत्ता पर भी नियत्रण करेगा और साथ ही इसका नैतिक परिचालन भी करेगा। हम दो की टीम से बढ़कर तीन हो गये थे। हिंदी फिल्मों में किसी का फिल्म से जुड़ना फिल्म का स्वागत किया जाना जैसा माना जाता है। एक स्टार्ट-अप का जन्म हो चुका था।

आधी रात को मैं अपना लैपटॉप खोले यह सोच रहा था कि इस फिल्म का नाम क्या होना चाहिये? कुछ समझ ही नहीं आ रहा था। जब कभी ऐसी परिस्थिति बन जाती है कि दिमाग में कुछ सूझ ही न रहा हो तो मैं उसको वही नाम दे देता हूँ जिस विषय कि परिकल्पना के आधार पर हम वह कार्य कर रहें हों। इस तरह मैंने यह नाम दिया–हू किल्ड शास्त्री?

दूसरा दृश्य

11

आर.टी.आई. - एक डरावना सपना

गृह मंत्रालय, विदेश मंत्रालय, प्रधानमंत्री कार्यालय, रक्षा मंत्रालय, संसद और संसद पुलिस स्टेशन सहित विभिन्न सरकारी विभाग जहाँ जाँच की गई थी, में तीन दर्जन से अधिक आरटीआई आवेदन दाखिल करने के बाद हमारी टीम हताश होने लगी थी। यह पहला मौका था जब हमारा पाला सीधे सरकार के साथ पड़ा था। फिल्मकार के रूप में हम उत्साह से भरे हुए थे लेकिन नागरिक होने के नाते हम निराश और आक्रोशित महसूस कर रहे थे।

हम समझते थे कि आर.टी.आई. एक ऐसा साधन है जो सरकार द्वारा किसी भी प्रकार के सत्य का पता लगाने के लिये हर आम आदमी को उपलब्ध कराया गया है। पर हमें जल्द ही यह समझ आ गया था कि यहाँ तो इसकी प्रक्रिया को शुरू करने के साधन भी काम नहीं करते। हालांकि आर.टी.आई. दाखिल करने के लिये एक आधिकारिक वेबसाइट बनायी गयी है–(http://rtionline.gov.in/) पर यह शायद ही कभी चलती है।

'मैंने उनकी साइट पर कम-से-कम सौ से भी ज्यादा बार आवेदन जमा करने की कोशिश की पर वह कभी चलती ही नहीं'–पल्लवी ने मुझको बताया।

'ऐसा कैसे हो सकता है... आपके वाई-फाई या इंटरनेट में कुछ प्रॉब्लम होगी'–मैंने उनकी बात पर भरोसा न करते हुए कहा।

'तुम खुद कोशिश कर के देखो।'

फिर मैंने खुद आर.टी.आई. की आधिकारिक साइट पर जाकर फॉर्म जमा कराने के लिये घंटों संघर्ष किया पर कुछ नहीं हुआ।

'क्या यह ओवरलोडेड है?'

'हो सकता है हमारे जैसे सैकड़ों लोग आर.टी.आई. फॉर्म जमा कराने में लगें हों।'

'क्या सच जानना हमारे देश की राष्ट्रीय-रूचि बन गयी है?'

इस तरह के प्रश्न मेरे दिमाग में घूम रहे थे।

'हमारे इस तरह यहाँ यूँ बैठे रहने और परेशान होने से तो बात नहीं बनने वाली। एक बार आप दिल्ली क्यों नहीं चले जाते?'–मैंने सौरभ की तरफ देखते हुए कहा।

'हर छोटी समस्या पर हम इस तरह पैसे बर्बाद नहीं कर सकते'–पल्लवी ने मुझे याद दिलाया।

'कोई न कोई रास्ता तो होगा... क्या हम यह डाक द्वारा नहीं भेज सकते'–मैंने व्याकुल होते हुए पूछा।

'यह कोशिश भी की थी।'

'तो फिर इसमें क्या समस्या है?'

'समस्या यह है कि पोस्टमास्टर कहता है कि उनको आर.टी. आई. की प्रक्रिया के बारे में कुछ पता नहीं।'

'यह कैसे हो सकता है? उनसे बोलो हम उनकी शिकायत ऊपर के अधिकारियों से करेंगे।'

'सर मैं यह सब कर चुका... उनको कोई परवाह नहीं... एक ने तो मुझ से बहुत गन्दा बर्ताव किया... एक बहुत अजीब-सा सिस्टम बना रखा है'–डॉक्साब ने बताया।

'मैं नहीं मानता। हो सकता है आप ठीक से समझा न पायें हों। पोस्टमास्टर तो बहुत विनम्र और मददगार होते हैं।

एक बार मैंने हमारे डाकिये पर गुस्सा किया था क्योंकि मुझे लगा कि उसने मेरे कॉलेज का एडमिशन लैटर लाने में देरी की तब पापा ने मुझ से कहा था–'डाकिये के प्रति हमेशा कृतज्ञता का भाव रखना क्योंकि वही एक साधन है जो हमें दुनिया से जोड़े रखता है।' उसके बाद मैं हमेशा के लिये डाकिये के प्रति आदर का भाव रखना सीख गया।

डाकघर मुझ जैसे आम आदमियों के लिये ठीक वैसा ही था जैसे आज लाखों के लिये इंटरनेट है और डाकिया जैसे आज का वाई-फाई या 4जी कनेक्शन। अच्छे से अच्छा कम्प्यूटर भी अच्छे इंटनेट कनेक्शन के बगैर किसी काम का नहीं।

डाकघर केवल देशीय और अंतर्देशीय पत्रों और पोस्टकार्डों के लिये ही नहीं बने थे बल्कि वे सरकार के शासन तंत्र भी थे। मनीऑर्डर द्वारा पैसे भेजे जाते थे। डाकघरों में बचत और भविष्य निधि योजना के अंतर्गत पैसे जमा भी किये जाते थे। अच्छा-बुरा हर समाचार डाकघर के माध्यम से ही आता था। पासपोर्ट से लेकर पार्सल तक, सब डाक-सेवा के माध्यम से ही आते थे। एक आम आदमी के लिये संचार का माध्यम केवल डाक-सेवा ही होती थी और डाकिया यह सन्देश उनके घर तक लेकर आता। डाकिया केवल डाकिया ही नहीं पर वह घर के एक सदस्य की तरह बन जाता था। वह पत्र बाँटते समय कुछ देर गप-शप कर लेता। अगर आप कुछ दिनों के लिये बाहर हैं तो वह आपकी डाक अपने पास संभाल कर रखता। अगर आपके घर पर कोई नहीं है और मनीआर्डर आ जाये तो वह पैसे पड़ोसी को दे देता। आपके कहने पर वह पुराने पते पर आयी डाक नये पते पर भेज देता। आज

की तकनीक से विपरीत पहले की संचार प्रणाली में एक मानवीय स्पर्श था इसलिये उसमें सुधार की संभावनाएँ भी थीं।

जब मैं छोटा था तो हमारा डाकिया मुझे कई बार अपनी साइकल पर घुमाने ले जाता। मैं साइकल के सामने लगे डंडे पर बैठ जाता और टाँगें हवा में झूल रही होतीं। इस तरह डाकिये के साथ घर-घर जाकर मैंने कई बार चिट्ठियाँ बाँटी हैं। मैंने देखा है, लोग उसका स्वागत करते थे। सर्दियों में गरम चाय तो गर्मियों में ठंडा शरबत और त्योहारों पर तो आदर के साथ मिठाई भी दी जाती थी। मैं जब डाकियों को बहुत फुर्ती से पत्रों को छाँटते देखता तो बड़ा आकर्षित होता था। आपको याद होगा 1990 के दशक तक डाकिया हमारे साहित्य और बॉलीवुड में एक महत्वपूर्ण किरदार के रूप में भी दिखाया जाता था। डाकिया केवल हमारे जीवन का प्रमुख हिस्सा ही नहीं बल्कि वो एक आदत भी बन गया था। जब डाकिये के आने का समय होता था तब मैंने लोगों को गेट पर या बालकनी से उसका इंतजार करते हुए देखा है। संचार का माध्यम केवल पत्र ही थे जिनका आना जीवन भर लगा रहता और चूँकि वे डाकिया ही हम तक पहुँचाता था इसलिये वह हमें एक निरंतरता की भावना से भी जोड़े रखता था। यही कारण है कि डाकघर और एक आम आदमी के बीच के संबंध विश्वास, मदद, शिष्टाचार और निरंतरता पर आधारित थे।

मेरे लिये यह मान लेना कि डाकिया असभ्य हो, थोड़ा मुश्किल था। मुझे लगा डॉक्साब इंटरनेट के जमाने वाले लोगों में से एक हैं और वे डाकिये को उस तरह से अपनी बात न समझा सके होंगे।

'मैं आप के साथ चलता हूँ और बताता हूँ यह काम कैसे किया जाता है'-मैंने डॉक्साब की तरफ देखते हुए कहा।

जब हम वर्सोवा की भीड़-भाड़ वाली गलियों को पार कर डाकघर की ओर बढ़ रहे थे तब एक तरफ तो मुझे डाकघर जाते हुए अपने पुराने दिन याद आ रहे थे पर दूसरी तरफ मेरे दिमाग में यह चल रहा था कि आज, आखिर डाकघर तक पहुँचना इतना कठिन क्यों हो गया है? थोड़ा और आगे धूल और कबूतर की गन्दगी से भरा एक छोटा सा टीन का साइनबोर्ड (तख्ता) लगा हुआ था और उसे देखकर ऐसा लग रहा था जैसे वो हमें चुनौती दे रहा हो 'खोज सको तो खोज लो'। शायद उन्होंने ऐसा मान लिया था कि 'डाकघर अब भला कोई क्यों आयेगा?' और जिसे आना ही पड़ गया तो वो तो फिर किसी तरह खोज ही लेगा। मुझे एक पुरानी कहावत याद आ गयी–अगर आप वह नहीं खोज सकते, तो फिर आप वहाँ पहुँचने के योग्य भी नहीं।

डाकघर देखकर ऐसा महसूस हो रहा था जैसे कोई पुराना फोटो एल्बम खोल लिया हो। कई बरसात झेल चुकी ईमारत से नमी की गंध आ रही थी, दीवारों पर धब्बे, फटे हुए कागजों का ढेर, काँच पर चिपकायी गयी टेढ़ी-मेढ़ी सार्वजनिक सूचनाएँ, पुराने-पुराने फोटो जिनके रंग पूरी तरह से उतर चुके थे, ऐसा लग रहा था जैसे इस डाकघर का अस्तित्व बहुत पहले समाप्त हो चुका था पर इसकी पुरानी पहचान बनाये रखने के लिये इसे आज भी जीवित रखा गया हो। डाकघर एक वृद्ध और बीमार इंसान की तरह लग रहा था जिसका महत्त्व बहुत पहले समाप्त हो चुका था। भारत में ऐसे कई संस्थान हैं जिन पर भारी खर्च कर उनकी पुरानी पहचान को बनाये रखने के लिये जीवित रखा गया है जिनका आज कोई महत्त्व नहीं क्योंकि तेजी से बदलती इस दुनिया में किसी को यह सोचने की फुर्सत ही नहीं कि इनके साथ करना क्या है। लोकतंत्र के रहते सरकार ऐसी संस्थाएँ बंद नहीं कर सकती और आर्थिक

मजबूरियों के रहते उनमें इतना निवेश नहीं किया जा सकता ताकि वे आज के युग की आधुनिक तकनीक वाली कंपनियों को चुनौती दे सकें।

वहाँ पर एक अजीब-सी नकारात्मकता महसूस हो रही थी और जैसे हर डाकिये के चेहरे की झुर्रियों पर लिखा हो 'अब, हम भला किस काम के?' दीवारों पर दरारें पड़ गयी थीं जिनको ढकने के लिये उन पर सरकारी योजनाएँ चिपका दी गयीं थीं जिन्हें समझना किसी केमेस्ट्री के फॉर्मूले से कम नहीं था। सहसा मेरा ध्यान उस खिड़की पर गया जिस पर लिखा था 'प्रथम दिवस आवरण' मुझे याद आया जब में छोटा था तब मैं यह सोचता था कि काश कभी ऐसा हो कि मैं अपनी पासपोर्ट साइज फोटो डाकघर में दूँ और वे मुझे मेरी तस्वीर वाला डाक-टिकट बनाकर दे दें। मुझे याद है नया डाक-टिकट जारी होने पर हम किस तरह 'प्रथम दिवस आवरण' वाले काउंटर पर कतार में खड़े होते थे। इन डाक-टिकटों पर या तो किसी महान चरित्र का फोटो होता था या कला के द्वारा जीवन-शैली, संस्कृति, भारतीय त्यौहार या कोई प्रतिस्पर्धा जैसे कि एशियन गेम्स को दर्शाया जाता था। यह कला वास्तव में विविध और सेकुलेरिज़्म का पालन करती थी।

यह कला तो आज भी जीवित है पर अब कोई 'स्टेम्प-कलेक्शन' नहीं करता। मुझे इस बात पर आश्चर्य होता है कि 'सुपर-हीरोज' की तरह हमने इस तरह की रूचि को, कभी 'कूल' बनाने के बारे में क्यों नहीं सोचा। जबकि असल में सुपर-हीरोज यही हैं। डाक-टिकट मात्र कला दर्शाने के लिये ही नहीं थे बल्कि इनके द्वारा आसानी से टैक्स भी इकट्ठा किया जाता था।

'जी, बोलिये मैं आप के लिये क्या कर सकता हूँ?'–कुछ देर बाद पोस्ट-मास्टर ने मुझ से कहा!

'हम लोगों को कुछ आर.टी.आई. दाखिल करनी हैं... मेरे असिस्टेंट यहाँ पर आये थे... पर उन्हें वापस भेज दिया गया। वापस आकर उन्होंने जब मुझे बताया कि आप लोगों को आर. टी.आई. के बारे में कुछ जानकारी नहीं... तो मुझे यकीन ही नहीं हुआ इसलिये मैं खुद चला आया।'–मैंने उसे भरोसे में लेने की कोशिश करते हुए कहा।

'यह सच है। हमें इसके बारे में ज्यादा नहीं पता।'

'क्या... सच... फिर... मेरा मतलब... हमें आर.टी.आई. दाखिल करनी है... उधर सरकारी वेबसाइट नहीं चलती... इधर आप यह कह रहें हैं...'

'मैं यह नहीं कह रहा कि यह नहीं की जा सकती... हमने पहले की हैं... काफी पहले... पर यहाँ अब कोई आर.टी.आई. दाखिल करने नहीं आता... बल्कि यहाँ कोई किसी काम के लिये नहीं आता... क्योंकि पोस्ट-ऑफिस तो सब हाथ में लिये घूम रहे हैं'–आँख मटकाकर उसने मेरे मोबाइल की ओर इशारा करते हुए कहा।

'यह कोई साधारण आर.टी.आई. नहीं है। इसमें लाल बहादुर शास्त्री की रहस्यमयी मृत्यु से संबंधित कुछ प्रश्न पूछे गये हैं...'

'ताशकंद में हुई थी'–उसने मेरी बात पूरी भी न होने दी और फिर आगे बोला–'वे बहुत महान थे... मेरे पास आज तक उनका "जय जवान जय किसान" वाला डाक-टिकट रखा है... अब ऐसे लोग कहाँ देखने को मिलते हैं... ताशकंद में उनकी मृत्यु पर मुझे बहुत दुःख हुआ था।'

'हमें आज तक ये नहीं पता कि वे मरे या मारे गये... इसलिये मैं यह आर.टी.आई. दाखिल करना चाहता हूँ।'

'सब जानते हैं... मैं भी और शायद आप भी... पर हर किसी की तरह सब चुप रहते हैं।'

'सच बताऊँ तो मैं अभी कुछ नहीं जानता... पर हाँ, सब कुछ जानना चाहता हूँ।'

'कैसे?'

'शोध और आर.टी.आई. के सहारे।'

उसने मुझे एक अजीब सी नजरों से देखा और बोला– 'आर.टी.आई. के सहारे? सच में?'

'जी, आप बताईये, इसे कैसे करें?'

'ऐसा नहीं कि किसी को आता ही नहीं, मेरा एक स्टॉफ है जो अभी छुट्टी पर गया है। आप अगले हफ्ते आ जाईये तब तक वो भी वापस आ जायेगा और आपका काम भी हो जायेगा।'

'यदि किसी को इमर्जेंसी हो तो।'

'इमर्जेंसी... वो भी आर.टी.आई. के लिये'–वह बहुत जोर से हँसने लगा और बोला–'जो बात आपको पिछले पचास सालों से नहीं पता उसके लिये आप 5 दिन और इंतजार कर लेंगे तो क्या फर्क पड़ जायेगा? इस देश में जिंदा रहना मात्र एक इमर्जेंसी है... आर.टी.आई. नहीं।'

जैसे ही हम डाकघर से बाहर निकले, वहाँ कोई धार्मिक जुलूस निकल रहा था जिसके कारण छोटी सी गली में जाम लग गया। ढोल–नगाड़ों के जबरदस्त शोर के बीच लोग अपने दरवाजे, खिड़की और बालकनी से टकटकी लगाये उस जलसे की ओर देख रहे थे असल में जिसका उनकी जिंदगी से कुछ लेना–देना ही न था। मुझे समझ में आया कि भारत में हर व्यक्ति हमारे इस पोस्टमास्टर जैसा दार्शनिक क्यों है? पर दिन–रात जब आप इस सड़े और गंदे सिस्टम में अपने आपको जिन्दा रखने के लिये लड़ते रहते हैं और आपके मन में आशा की किरण भी मर चुकी होती है, तब इस तरह के जुलूस और त्यौहार थोड़ी देर के लिये

ध्यान बाँटने का अच्छा अवसर प्रदान करते हैं। मुझे समझ आया पोस्टमास्टर क्यों कह रहे थे–जिंदा रहना मात्र एक इमर्जेंसी है... आर.टी.आई. नहीं।'

'पोस्टमास्टर ने कहा कि आर.टी.आई. उनकी प्राथमिकता नहीं पर यह कितनी अजीब बात है कि लोकतंत्र में सत्य का पता लगाने के साधन जो सरकार ने उपलब्ध करवाये हैं, उनको प्राथमिकता नहीं दी जाती।'

'प्राथमिकता इसलिये नहीं दी जाती क्योंकि आर.टी.आई. पर किसी का ध्यान ही नहीं'–डॉक्साब ने मुझे बताया।

'यह दर्शाता है कि जनता को सरकारी काम-काजों पर नजर रखने में कोई दिलचस्पी नहीं। हम कितना समय सरकार की अच्छाई या बुराई करने में लगा देते हैं पर सरकार काम क्या करती है, इससे हमें कोई मतलब नहीं'–मैंने थोड़ा चिढ़चिड़ाते हुए कहा।

'आर.टी.आई. लोगों के भले के लिये बनाई गयी है, फिर भी लोग उस पर भरोसा क्यों नहीं करते?'

'क्योंकि सदियों से चली आ रही गुलामी जो हमारे खून में शामिल हो गयी और हमें अंदर से विश्वास दिला गयी कि कभी कुछ नहीं बदल सकता। हम मुगल शासन से ब्रिटिश शासन में चले गए और फिर उधार के संवैधानिक लोकतंत्र में। शासक बदले पर शासन की क्रिया और व्यवहार नहीं। शासन पर अधिकार रखने वालों ने इस बात को हम से छुपाये रखा और जो हम मान भी बैठे कि इस पर हमारा कोई अधिकार नहीं। जब कुछ लोगों ने अपना जीवन इससे लड़ने के लिये समर्पित किया तो या तो उनकी लाशें रेल की पटरियों पर पड़ी मिली या पंखे से लटकी हुई।'

'सर, आजादी के बाद हम पारदर्शिता वाली संस्कृति क्यों नहीं विकसित कर पाये? बल्कि कई सौ वर्षों की गुलामी के बाद तो

सबसे पहले हमें यह सुनिश्चित करना था कि सरकार पूरी तरह से जवाबदेह और पारदर्शी हो, पर हमारे नेतृत्व ने कभी इसे महत्वपूर्ण ही नहीं समझा।'

'अंग्रेज अगर चीजों को छुपाते थे तो एक बार समझ भी आता था पर नेहरू क्यों पारदर्शिता नहीं ला पाये'–मैंने पूछा।

'क्योंकि नेहरू एक मूल-विचारक नहीं थे और उनकी कोई भी सोच उनकी खुद की नहीं होती थी। वह दूसरों से प्रभावित होते और दूसरों के विचारों को अपने विचार बना लेते।'

अपनी बात की पुष्टि करने के लिये डॉक्साब ने उद्योगपति, लेखक, कॉन्फेडरेशन ऑफ इंडियन इंडस्ट्री (सी.आई.आई.) के पूर्व मुख्य संरक्षक और पद्मभूषण–तरुण दास द्वारा कही गयी यह बात रखी।

'नेहरू को प्रधानमंत्री बनाये जाने के कारण हम पर इतने सारे नियम और इतनी तरह के अंकुश और सरकार (ब्यूरोक्रेसी) का इतना दबदबा लाद दिया गया क्योंकि अनुभवहीन नेहरू के ऊपर इस जटिल और विशाल देश को सँभालने का दायित्त्व सौंप दिया गया था। "देश कैसे चलाया जाय"–यह सीखने के लिये नेहरू इधर-उधर भटकने लगे। अमरीका यूरोप के साथ व्यस्त था और जापान में मार्शल प्लान चल रहा था। तब नेहरू ने उत्तर की ओर, हिमालय के पार देखा और अर्थशास्त्रियों की अपनी टीम को मॉस्को भेजा। वहाँ से वापस आकर उस टीम ने सोवियत संघ की बहुत प्रशंसा की। उन्होंने बताया कि किस तरह वे संसाधनों का आवंटन करते हैं और लाइसेंस देते हैं। उनके यहाँ एक योजना आयोग है जो हर बात तय करता है और इसी तरह वे देश चलाते हैं। नेहरू को यह अच्छा लगा पर नेहरू इस मॉडल को अपनाते समय यह पूरी तरह से भूल गये कि यहाँ पर एक प्राइवेट सेक्टर (गैर-सरकारी क्षेत्रक) भी है। इस प्राइवेट सेक्टर को नियमों की

दीवारों के तले और केंद्र के अविश्वास के घेरों में घुमाकर रख दिया गया। सरकार ने आधारिक-संरचना (Infrastructure) का स्वामित्व अपने पास रखने का फैसला लिया जिसके कारण अर्थव्यवस्था में कंगाली आ गयी... हम अपने कर्ज चुकाने में असमर्थ रहे और... चारों ओर अविश्वास और संदेह फैलता चला गया।'

अगर नेहरू ने सोवियत मॉडल न अपनाया होता तो क्या आज भारत एक अलग तरह का राष्ट्र होता? अगर हमने बंद अर्थव्यवस्था या शासन नियंत्रित अर्थव्यवस्था की नीति न अपनायी होती तो क्या आज भारत एक अलग तरह का राष्ट्र होता? मेरे ख्याल से हमें स्वदेशी निति अपनाते हुए *पंचायती* राज और गाँधी की *स्वदेशी* वाली योजना को अर्थव्यवस्था में लागू करना चाहिये था। भारत के इतिहास और उसकी मिट्टी में सदा से स्वतंत्रता, उदारता और विविधताओं का मिश्रण रहा है पर नेहरू ने बंद अर्थव्यवस्था और शोषक कम्युनिस्ट विचारधारा की नीति अपनाकर इसका गला घोट दिया। शास्त्री को इस बात का अहसास था तभी उन्होंने अर्थव्यवस्था में सुधार लाना और नये कदम उठाना शुरू कर दिये थे। उनके द्वारा किये गये कुछ अभूतपूर्व कार्य जैसे, किसानो को सशक्त करना; सेना को एक मजबूत स्थिति में खड़ा करना; हरित क्रांति और श्वेत क्रांति से कृषि और दूध का उत्पादन बढ़ाना; परमाणु कार्यक्रमों को गति प्रदान करना; सदा अविस्मरणीय रहेंगे। शास्त्री रूसी सोच पर आधारित पंच-वर्षीय योजना को समाप्त कर वार्षिक योजना प्रारम्भ करने की कगार पर थे। नेहरू के समय किये गये कार्यों के विपरीत शास्त्री स्वदेशी उद्योग को बढ़ाना चाहते थे। बाद में नेहरू द्वारा बोये गये बीजों को उनकी पुत्री इंदिरा गाँधी ने नये जोश और जुनून के साथ और प्रबल बनाया। 'लाल फीताशाही-दफ्तरशाही-रेड टेपिज्म' का यह सबसे गन्दा

समय था जहाँ लायसेंस-राज, कंट्रोल, और परमिट जैसे उपकरणों का इस्तेमाल कर खुलेआम कालाबाजारी, भ्रष्टाचार और शोषण के नये दरवाजे खोल दिये गये। ऐसी कोई जगह नहीं बची थी जहाँ सरकार ने अपने तम्बू न गाड़े हों। ऐसा कोई भी न था जो सरकार के भ्रष्टाचार और शोषण से पीड़ित न हो। योजनाएँ और अधिकार केवल कागजों में दिये जाते थे। बिलकुल रूसी नीतियों की तरह आम आदमी तक इनके लाभ पहुँचने के बीच इतनी बाधाएँ थीं जो कभी पार ही नहीं की जा सकती थीं; जो भारत के पुराने और उपेक्षित संस्थानों में आज भी देखी जा सकती हैं।

आर.टी.आई. भी इन्हीं संस्थानों में से एक है।

कुछ दिनों के बाद डॉक्साब फिर डाकघर पहुँच गये—आर.टी.आई. दाखिल करने। इस बार वहाँ पर 'वे जिन्हें यह काम आता था' मौजूद थे और साथ में मौजूद थी एक नयी समस्या। आर.टी.आई. का आवेदन दाखिल करने की लिये ₹10 का डाक टिकट लगाना पड़ता है और उनके पास अगले तीन महीनों तक ₹50 से कम का डाक टिकट नहीं था। हमें 30 से भी अधिक आर.टी.आई. दाखिल करनी थी। ऐसे में हमने सरकार को पाँच गुना अधिक भुगतान किया क्योंकि उनके पास आवश्यक डाक टिकट उपलब्ध नहीं था। सरकार की अक्षमता के कारण एक नागरिक को पाँच गुना अधिक कीमत देना पड़ी। सरकार को यह अक्षमता और नागरिकों के प्रति अनदेखी नेहरू द्वारा विरासत में मिली थी जिसको उनकी पुत्री इंदिरा ने और मजबूत किया था।

अंतत: आर.टी.आई. दाखिल कर दी गयी और प्रतीक्षा की घड़ी चल पड़ी... और चलती ही रही... चलती ही रही... बस चलती रही।

आखिरकार, जवाब आ गया। लिफाफे के चारों ओर हम सब ऐसे खड़े हो गये जैसे लोग जन्मदिन पर केक की टेबल के चारों ओर जमा हो जाते हैं। यह, वह क्षण था जिसके लिये हमने बहुत परिश्रम और संघर्ष किये थे और जिसकी प्रतीक्षा हम लम्बे समय से कर रहे थे। पहला जवाब विदेश-मंत्रालय के प्रोटोकॉल विभाग से आया था जहाँ पर हमने उस 'प्रोटोकॉल के बारे में पूछताछ की थी जब प्रधानमंत्री की विदेश में मृत्यु हो जाती है? शास्त्री के ताशकंद में कार्यक्रमों की रूपरेखा क्या थी? पोस्ट-मॉर्टम रिपोर्ट कहाँ है? और अगर पोस्ट-मॉर्टम नहीं कराया गया तो उसका आधिकारिक स्पष्टीकरण क्या है? प्रधानमंत्री के स्वास्थ्य रिकॉर्ड जो कि हर दिन लॉग-बुक में दर्ज किये जाते हैं, वे कहाँ हैं? क्या शास्त्री की मौत के बाद किसी को शक के आधार पर गिरफ्तार किया गया था?'

हम जानते थे कि केवल एक जवाब भी कई अनसुलझे प्रश्नों के पर्वत खड़े कर देगा।

पल्लवी ने एक खाकी रंग का लिफाफा उठाया। सभी के चेहरों पर संतोष से भरी एक मुस्कान छिपी थी जिसे सब सही समय के लिये रोक कर बैठे थे ठीक वैसे जिस तरह केक कटने तक बर्थडे सॉन्ग को रोक कर रखा जाता है।

पल्लवी ने जवाब पढ़ा और धीरे-धीरे उनके चेहरे के भाव बदलने लगे।

'वे लिखते हैं उनके पास कोई जानकारी नहीं-कुछ भी नहीं।'

कुछ देर के लिये वहाँ सन्नाटा छा गया।

'ऐसा कैसे हो सकता है कि विदेश मंत्रालय के प्रोटोकॉल विभाग के पास इस बात की जानकारी नहीं कि प्रधानमंत्री की विदेश में मृत्यु हो जाने पर मंत्रालय का क्या प्रोटोकॉल होता है?'-मैंने पूछा।

'ये किस तरह का मजाक है', पल्लवी पूरी हताशा के साथ चिल्लाई।

'उनके पास कुछ तो होगा... जैसे उनका जहाज ताशकंद में कब उतरा... वो किससे मिले... कहाँ रुके... किस समय उनके पार्थिव शरीर को वहाँ से भेजा गया... किस समय वे पालम पर लाया गया... आखिर वे भारत के प्रधानमंत्री थे... आपने आवेदन तो ठीक से भरा था?'–मैंने निराशा के साथ डॉक्साब से पूछा।

'जी-सर, बिलकुल ठीक से भरा था।'

एक पल के लिये तो ऐसा लगा कि मैं बेहोश हो जाऊँगा। फिर मैंने वह पत्र अपने हाथ में उठाया... और जब उसकी तरफ देखा... तो मुझे कुछ भी दिखाई नहीं दिया... कुछ भी नहीं... सिवाय तीन शब्दों के–'नो डॉक्युमेंट्स व्हाटसोएवर' उनमें एक आवाज भी थी और वे तीन शब्द चीख-चीख कर हँस भी रहे थे... हमारी महीनों की मेहनत और कठिन परिश्रम पर... सच में... वो हँस रहे थे... 'नो डॉक्युमेंट्स व्हाटसोएवर'।

12

सत्य का अधिकार

हमारी टीम इतनी निराश हो गयी थी कि वो अब हार मान लेना चाहती थी। इस देश की जनता आलसी तो नहीं, करोड़ों लोग इस सिस्टम को बदलने की कोशिश करते हैं, निरंतर करते हैं, प्रतिदिन करते हैं मगर वही गैर जिम्मेदार और भ्रष्ट तंत्र इनके लिये परेशानियों के इतने बड़े-बड़े पहाड़ खड़े कर देता है कि एक दिन यह थककर हार मान लेती है। यही कारण है कि आपको भारत में क्रांति, धरने और प्रदर्शन रोज देखने को मिलेंगे। ऐसा लगता है हर कोई बदलाव चाहता पर किसी को यह नहीं पता कि सदियों से चली आ रही इस सड़ी-गली व्यवस्था को बदला कैसे जा सकता है। जितना ज्यादा आप इसे सुधारने की कोशिश करते हैं, उतनी ज्यादा यह और बिगड़ती जाती है। जो लोग इस व्यवस्था के खिलाफ आवाज उठाते हैं वे वही होते हैं जिनकी आत्मा तक इसका शिकार बन चुकी होती है। पर हार कर जब इन्हें भी घुटने टेक देने पड़ते हैं तो इनकी आत्मा की आवाज भी मर जाती है। फिर ये किसी से भी मतलब रखना छोड़ देते हैं, चाहे वो व्यवस्था सुधारने वाली बात हो या फिर देश को सुधारने वाली बात हो और यह लोकतंत्र के लिये खतरे के संकेत हैं। लोकतंत्र अपने नागरिकों को सशक्त करने के लिये होता है पर यहाँ पर नागरिकों को सिर्फ वोटिंग मशीन समझा जाता है। आज भारत में दो प्रकार के लोग हैं—एक जो अभी भी अंतर-आत्मा की आवाज को जिंदा

रखें हैं और दूसरे वे जिनकी अंतर-आत्मा की आवाज मर चुकी है। सौ करोड़ से भी अधिक आबादी वाले इस राष्ट्र में आपको ज्यादातर लोग वही मिलेंगे जिनकी अंतर-आत्मा की आवाज मर चुकी है। यह देश इतनी सारी मरी हुई अंतर-आत्मा की आवाजों का कब्रिस्तान सा बन कर रह गया है जिस को मारने वाला कोई और नहीं, यह व्यवस्था ही है।

जैसे कि भारत की सड़कों पर आपको अकारण ही अनेकों गतिरोधक देखने को मिलते हैं जिनसे वे यह सुनिश्चित कर लेना चाहते हैं कि आप कभी भी शांति से गाड़ी न चला सकें ठीक वैसे ही इस तरह के गतिरोधक हमारी व्यवस्था प्रणाली में स्थापित कर दिये गये हैं जिसके रहते हम कभी तीव्र गति से प्रगति न कर सकें। व्यवस्था प्रणाली में यह गतिरोधक इतनी सूक्ष्मता से और इतनी भारी संख्या में पिरोये गये हैं कि न तो ये पहचाने जा सकते हैं और न ये गिने जा सकते हैं। बस इनसे लड़ते-लड़ते या तो आप हार मान लेते हैं या फिर इनसे समझौता कर घूस देकर अपना काम चला लेते हैं। क्या यह दिन देखने के लिये हमने स्वतंत्रता की लड़ाई लड़ी थी और जेल गये? अंग्रेजों के बाद क्या हम इस व्यवस्था-प्रणाली के गुलाम बनकर रह गये? हम एक उलझन में पड़ गये। 1950 में हमने संविधान की रचना की परन्तु निष्पादन की तारीख आज तक नहीं आयी। यह हमारे समाज की परीक्षा की घड़ी है। चाहे हम अपने जीवन में कुछ भी कर रहे हों, किसी भी व्यवसाय में हों पर हमें शांति का मार्ग अपनाते हुए कभी भी सत्य का पीछा करने से नहीं रुकना चाहिये। और जब तक भ्रष्टाचार, अनावश्यक सरकारी नियंत्रण,

प्रशासन में जवाबदेही का न होना और अवांछित शोषण से पूर्ण स्वतंत्रता नहीं मिल जाती तब तक यह लड़ाई चलती रहनी चाहिये। अगर अपने लक्ष्य के लिये आप प्रतिबद्ध हैं तो कोई गतिरोध आपको रोक नहीं सकते। थोड़ा-थोड़ा करके, सत्य के लिये हमारे निरंतर प्रयास एक दिन हमें पूर्ण स्वतंत्रता दिलवायेंगें।

पापा 'जीवन में सत्य के मूल्यों का महत्त्व' पर बहुत लिखते थे। वे अपने राष्ट्र को बहुत चाहते थे। वे उस भारत पर सदा गौरवान्वित रहते जो हर कठिनाइयों से उभर कर दोबारा खड़ा हो जाता। मेरे अंदर उनके जैसी आशावादी और सकारात्मकता बनाये रखने वाली सोच तो आयी पर अब तक मैंने उनकी तरह कभी सत्य और धर्म की रक्षा के लिये संघर्ष नहीं किया था।

जीवन में कम-से-कम एक बार तो ईश्वर सभी को धर्म और सत्य के लिये लड़ने का अवसर प्रदान करता है। हम इस अवसर को अक्सर खो देते हैं क्योंकि इसके लिये हम तैयार नहीं होते। 'जिस तरह सेना का एक सच्चा सिपाही देश की रक्षा के अपने धर्म के प्रति सजग रहकर अपने प्राणों की आहुति देने को तैयार रहता है, ठीक उसी तरह अवसर मिलने पर तुम भी धर्म और सत्य के लिये लड़ने को तैयार रहना।'—पापा ने मुझसे मेरे जन्मदिन पर कहा था जो मेरे लिये जन्मदिन का उपहार था। हम इस तरह से जन्मदिन मनाते थे।

हमें प्रधानमंत्री कार्यालय और गृह मंत्रालय से जो जवाब प्राप्त हुए उनमें यह भी लिखा गया था कि अगर हम जवाब से सहमत नहीं, तो हम अपीलीय प्राधिकारी के पास अपील दायर कर सकते हैं और कुछ जवाबों में हमें राष्ट्रीय-अभिलेखागार जाने की सलाह

भी दी गयी थी। जब मैं एडवर्टाइजिंग में था तब मैंने कुछ हफ्ते राष्ट्रीय अभिलेखागार में गुजारे थे। यह जगह कमजोर दिल रखने वालों के लिये नहीं बनायी गयी और न ही यह जगह उन लोगों के लिये बनायी गयी जो समय सीमा में बँधकर काम करते हों। यहाँ का काम कुछ उस तरह का काम है जैसे कोई वृद्ध व्यक्ति जिसकी कुछ ही समय में मृत्यु होना तय है और जिसकी ठीक तरह से आवाज भी न निकलती हो, आपको अपने जीवन की कथा सुना रहा हो और आपको कई दिनों तक उसके साथ ऐसे ही बैठना पड़े भले ही आपको एक शब्द भी समझ न आ रहा हो। ऐसा करना केवल समय की बर्बादी है।

पर डॉक्साब इस निश्चय के साथ दिल्ली के लिये रवाना हो गये कि जब तक राष्ट्रीय अभिलेखागार से कागजात हासिल नहीं कर लेते, वापस नहीं लौटेंगे। पहला सप्ताह तो उन्हें यह समझने में लग गया कि फाइलों के विशाल अम्बार में वो अपनी खोज किस तरह करें। शोधकर्ताओं को सुविधा उपलब्ध कराने के बजाय यहाँ पर उन्हें चुनौती का सामना करना पड़ता था। यहाँ के कर्मचारियों से सवाल पूछने पर वे चिढ़ जाते हैं। वो सोचते हैं कि आपको यह पता होना चाहीये कि यहाँ पर किस तरह से काम किया जाता है और अगर आप यह नहीं जानते तो पहले आपको इसे समझना पड़ेगा। पहले आपको मंत्रालय वाले खंड में देखना होगा फिर आपको उसे सूची में खोजना होगा और फिर आपको उस फाइल को पढ़ने के लिये एक निवेदन जमा करना होगा जिसके अगले दिन आप वह फाइल पढ़ सकते हैं अगर आपको वही फाइल दी गयी है जो आपने माँगी थी। ज्यादातर करके आपको गलत फाइल थमा दी जाती है। डॉक्साब को सौ में से नब्बे बार गलत फाइल दी गयीं जिसके कारण उन्हें पूरी प्रक्रिया दोहरानी पड़ी।

डॉक्साब वहाँ की महिला संचालक के पास इस की शिकायत लेकर पहुँचे पर जब उन्हें यह पता चला कि डॉक्साब आर.टी.आई. की सलाह पर राष्ट्रीय अभिलेखागार आये हैं, तो वह बोलीं–'अगर आपको आर.टी.आई. में कुछ नहीं मिला तो यहाँ कुछ मिल पाना संभव नहीं।' डॉक्साब ने शास्त्री की मेडिकल रिपोर्ट की प्रति चाही तो उन्होंने कहा कि वहाँ इस तरह की कोई रिपोर्ट नहीं है। यह बड़ी अजीब बात है कि बाद में हमने यही रिपोर्ट राष्ट्रीय अभिलेखागार से आर.टी.आई. द्वारा प्राप्त की। क्या हमें वहाँ की संचालिका की बात पर भी भरोसा नहीं करना चाहिये था? क्या उन्होंने आलस के कारण ऐसा कहा था या कुछ और कारण था? कारण चाहे जो भी हो पर इसमें हमने कई सप्ताह गवाएँ और हम जिस अधिकारी से पूछते, एक ही जवाब मिलता–इस विषय पर हमारे पास कोई दस्तावेज उपलब्ध नहीं।

'सर मैं वापस आ रहा हूँ, *यहाँ कुछ नहीं होने वाला*'–उस रात लाचार और परेशान से लग रहे डॉक्साब का फोन आया।

कहानी के इस अध्याय के समाप्त होने तक हमारे पास कोई भी सूचना या एक भी दस्तावेज नहीं था।

'सर, यह किस तरह का सिस्टम है? पहले तो ये हमें सच नहीं बताते और अगर हम खुद से सच को तलाशने निकलते हैं, तो ये अपनी पूरी ताकत लगाकर सच को छिपाते हैं। एक तरफ तो ये हमें सच का पता लगाने के लिये आर.टी.आई. जैसे साधन उपलब्ध कराते हैं और दूसरी ओर इसकी प्रक्रिया में इतनी बाधाएँ डाल देते हैं कि इंसान अपनी हार मान लेता है। अगर कोई यह बाधा पार कर उनसे सवाल करता है तो पहले तो यह आपको टाल देते है मगर आप फिर भी इनका पीछा नहीं छोड़ते तो ये आपको सरकारी भाषा में ऐसा तकनीकी जवाब देते हैं जिसका

आपके के पास कोई तर्क नहीं रहा जाता। ये नियमों के ताने-बाने में उलझकर आपको सही जानकारी तक कभी नहीं पहुँचने देते। सह सिस्टम पूरी तरह से सड़ चुका है।'-डॉक्साब अपनी हताशा को बाहर निकालते हुए बोले।

'मैं मानती हूँ कि सिस्टम पूरी तरह से सड़ चुका है। मैं यह भी मानती हूँ कि इसमें बदलाव की जरूरत है पर इसके लिये डूरासेल बैटरी की तरह निरंतर बिना रुके लड़ते रहना पड़ेगा। हड़ताल, बंद और विरोध-प्रदर्शन से बदलाव नहीं आयेगा... आयेगा तो सिर्फ ऐसे ही लगे रहने से... और सच को खोदकर बाहर निकालने से... और अगर हमें फिर भी सच का पता नहीं चलता तो कम-से-कम लोगों को यह तो पता चल जयेगा कि आज सच सामने लाये जाने की आवश्यकता है'-आशावाद और सकारात्मकता की बात कर पल्लवी ने सबको शांत किया।

> *आज भारत के पुनर्निर्माण की आवश्यकता है। हम छात्रों को ज्ञान तो दे देते हैं पर बल नहीं, जैसे किसी को तलवार तो दे दी जाये पर युद्ध के मैदान में उसको चलाने की कला न सिखाई जाये। उच्च नैतिक आधार और आध्यात्मिक शक्ति के बिना भारत का पुनर्निर्माण नहीं किया जा सकता। इसके पुनर्निर्माण के लिये पहले तो हमें सकारात्मक विचारों का सागर चाहिये और फिर नैतिकता के आधार पर उसके पालन किये जाने की शक्ति। हम सब की शक्ति-समस्त भारतवासियों की शक्ति, और इसके लिये हमें निष्क्रियता और नकारात्मकता का त्याग करना होगा। हजारों वर्षों की गुलामी के बाद हमने खुद से हार मानकर प्रभुत्व के सामने घुटने टेकने की आदत बना ली है। केवल दुर्बल लोग ही आत्म-प्रचार में लिप्त*

होते हैं और अनैतिक रूप से भ्रष्ट अधिकारियों के सामने झुक जाते हैं। यह भारत की आत्मा नहीं, भारत की आत्मा तो सिर्फ सत्य के सामने झुकना जानती है और सत्य की तलाश ही हमारा धर्म है और यही हमारी शक्ति।

अनंतकाल तक बैठकर हम उस क्षण की प्रतीक्षा नहीं कर सकते जब सारे के सारे भारतवासी मिलकर एक साथ इस शक्ति का प्रदर्शन करेंगे। इसकी शुरुआत मात्र एक जन से भी की जा सकती है जिसकी शक्ति से दूसरों में भी यह आग फैलने लगेगी। जब तक हम स्वयं सच्चाई के मार्ग पर नहीं चलते हमें शिकायत करने का कोई अधिकार नहीं। यह युग अविष्कारों का युग है। जैसे मनुष्य ने अग्नि का आविष्कार किया उसी तरह आज मनुष्य को सत्य उजागर करने की अग्नि का आविष्कार अपने अंदर करना होगा। प्रत्येक व्यक्ति जो सत्य की चाह रखता है उसका विस्तार ज्वालामुखी की तरह होगा। जब वह बिना किसी भय या पक्षपात के सत्य उजागर करने का प्रयास करेगा तब भारत का पुनर्जन्म होगा।

पल्लवी की बात सुनकर पापा की डायरी में पढ़ी यह बात मेरी आँखों के सामने घूमने लगी और पहले तो मैं बेचैन हो उठा पर सहसा मैंने अपने अंदर एक दिव्य शक्ति का प्रवेश अनुभव किया। यह अनुभूति शायद आत्मबोध होने जैसे ही थी।

'आखिर हम लोग यह फिल्म क्यों बना रहे हैं?' मैंने पूछा।

'तुम्हारा इससे क्या मतलब है–क्यों बना रहे हैं'–पल्लवी परेशानी में पड़ गयी।

'हमारी मंजिल क्या है... हमारा लक्ष्य?'

'शास्त्री की मृत्यु के पीछे का सच।'

'बिलकुल ठीक... सच का पता लगाना... पर आखिर हम इस सच का पता लगाना क्यों चाहते हैं? ...क्योंकि हमें इसका पता नहीं... यह हमें बताया नहीं गया।'

'आप कहना क्या चाहते हैं?' पल्लवी ने पूछा।

'हमारे यहाँ लोकतंत्र है और हर नागरिक को स्वतंत्रता और न्याय का मौलिक अधिकार प्राप्त है। पर स्वतंत्रता और न्याय क्या सच के बिना मिल सकते हैं?'

'कमरे में सन्नाटा छा गया।'

'लोकतंत्र में, क्या हमारा पहला मौलिक अधिकार "सत्य का अधिकार" नहीं होना चाहिये?'–मैंने अत्यन्त महत्वपूर्ण प्रश्न पूछा।

'होना तो चाहिये, पर यह है नहीं... सर, भारत के दूसरे प्रधानमंत्री की मृत्यु विदेश में हो जाती है और यहाँ एक जाँच-दल का गठन तक नहीं किया गया'–जैसे डॉक्साब अपनी हताशा को दूर करने के लिये एक अवसर की तलाश में थे।

'नहीं, एक आयोग बनाया गया था जिसे राज नारायण समिति कहा जाता हैं'–पल्लवी ने हस्तक्षेप किया।

'मैडम, कुछ इंटरनेट ब्लॉगर्स ने भी ऐसा लिखा है, लेकिन कहीं एक भी दस्तावेज उपलब्ध नहीं है जो इस बात की पुष्टि करता हो।'

'क्योंकि हमारे पास सच जानने का अधिकार नहीं, हम सैकड़ों घोटालों, रिश्वतकांडों, राजनैतिक हत्याओं, भ्रष्टाचार के मामलों, सरकारी परियोजनाओं में विलम्ब के बारे में कुछ नहीं जानते हैं। आयोग और समितियों के गठन किये जाते हैं पर सच कभी सामने नहीं आता। इसलिये यहाँ पर कोई जवाबदेही ही नहीं और कोई भी कुछ भी कर सकता है'–मैंने कहा।

'यह सब तो ठीक है पर इन सब बातों से हमारी फिल्म का क्या लेना-देना?'–पल्लवी ने मुझे टोका।

'बिलकुल लेना-देना है, हमारी कहानी इस पर आधारित है।'

मैंने एक नीले रंग का मारकर पेन उठाकर बोर्ड पर मोटे-मोटे अक्षरों में लिखा–'सत्य का अधिकार'।

'"सत्य का अधिकार" यही हमारी कहानी का आधार है'–अपने पूरे विश्वास के साथ मैंने यह घोषणा की।

मैं इस बात से चिंतित नहीं था कि मेरे पास क्या उपलब्ध है, मेरी बेचैनी थी कि जो हमारे पास नहीं है।

'अगर सरकार ने सत्य का पता लगाने के लिये समिति नहीं बनायी तो यह काम हम करेंगे, हमें कौन रोक रहा है?'–मैंने कहा।

'हम? समिति बनायेंगे? सच?–पल्लवी हँसने लगी।

'क्यों न हम सब शास्त्री की मृत्यु के सभी संभावित रहस्यों पर खोज-बीन करें... हम सब... और फिर हम जाँच समिति के सदस्यों की तरह उस पर चर्चा करें?'

'क्यों न हम ऐसे ही रोज मिलें और जो भी विवादास्पद बातें शास्त्री की मृत्यु से जुड़ीं हैं... उन पर हर कोने से चर्चा करें? षड़्यन्त्र की हर कहानी पर विस्तार से चर्चा करें, बहस करें और उसे तर्क से जोड़कर देखें कि क्या वाकई उसमें कुछ रहस्य दबे हैं? कुछ दिनों के लिये हम सब यह मान लें कि सरकार ने हम लोगों को उस समिति के सदस्यों के रूप में चुना है जो समिति शास्त्री की मृत्यु का रहस्य पता लगाने के लिये गठित की गयी है... अगर ऐसा करें तो?'

'पर इसमें तो हमारी व्यक्तिगत सोच भी सामने आ सकती है।'

'तो आने दीजिये। असली समितियों में भी ऐसा ही होता है और समितियों का गठन किया ही इसलिये जाता है ताकि सभी

के विचारों को सुनकर तथ्यों के आधार पर सत्य तक पहुँचा जा सके।'

'सर मैं तो इसमें प्रोसिक्यूटर का किरदार निभाना चाहूँगा क्योंकि मेरा मानना है कि उनकी हत्या की गयी थी'–डॉक्साब उत्साहित थे।

'मुझे इस बात की परवाह नहीं कि आप क्या मानते हैं... मैं सिर्फ तथ्यों को ही अपना आधार बनाऊँगा, आपके विश्वास या भावनाओं को नहीं।'

इस प्रकार यह निर्णय ले लिया गया कि हम हर दिन समिति की बैठक करेंगे। डॉक्साब, पल्लवी, तृप्ति और मैं, हम चारों प्रधानमंत्री की मृत्यु पर समिति के सदस्य के किरदार में संदिग्ध लगने वाले हर पहलू पर विस्तार से बात-चीत करेंगे। अब हमारी कहानी में संदेह थे, शंका थी और संशय भी थे पर सबूत नहीं थे और हमारे अंदर सच्चाई थी, उत्साह था और उमंग थी पर पैसे नहीं थे। शोध करने के लिये पैसों की आवश्यकता होती है पर हमारे पास बस थोड़े-बहुत अपनी बचत के पैसे ही थे। अगर पैसा आपको पंख फैलाने की स्वतंत्रता देता है तो पैसे का अभाव आपको ज्ञान के ऐसे अज्ञात मार्गों पर ले जाने की शक्ति देता है जहाँ पहले कभी कोई न गया हो। पल्लवी और मैं इसमें पूरी तरह से संलग्न हो गये और इसके सिवाय कोई और काम नहीं कर पाते थे। इस उत्साह को हम कितने दिनों तक जिंदा रख पायेंगे? इस वास्तविकता को सोच मुझे डर लगता था।

जब सब मेरी बात मान गये तो मुझे खुद पर ही संदेह होने लगा।

'मैंने यह सब शुरू तो कर दिया पर हम यह सब करेंगे कैसे... यह तो कभी भी न खत्म होने जैसा है'–मैंने पल्लवी से पूछा।

'ये सब मत सोचिये... हम इतनी दूर तक इसलिये नहीं आये कि अब मुड़कर वापस लौट जायें... हम इतनी दूर तक इसलिये आये हैं कि अब हम इससे आगे बढ़ें'–पल्लवी ने कहा।

'पर हमारे पास इतने पैसे भी नहीं... क्या हम टिक पायेंगे?'–फिर से खुद पर संदेह करते हुए मैंने पूछा।

जिस तरह बच्चे के डर को दूर करने के लिये माँ उसका हाथ थाम लेती है ठीक उसी तरह पल्लवी ने मेरा हाथ पकड़ा और मीटिंग वाले कमरे में गयीं और उस बोर्ड की ओर जो प्रश्नों से भर चुका था, इशारा करते हुए बोलीं–'इसकी वजह से हम टिक पायेंगे।'

कमरे में सम्पूर्ण शांति थी और हम दोनों आँखें गड़ाए बोर्ड पर मेरे द्वारा लिखी गयी बात को ध्यान से देख रहे थे–'सत्य का अधिकार'।

'क्या तुम तैयार हो?' पापा की आवाज़ मेरे कानों में गूँज रही थी।

13

दिल का दौरा?

हम शास्त्री जी की मौत, उनके जीवन, उनकी राजनीति पर लिखी अनेकों किताबों से घिरे हुए थे। सार्वजनिक रूप से उपलब्ध सूचनाओं पर हमारे पास हजारों नोट थे। हमारे पास शास्त्री जी के परिवार और शास्त्री जी के साथ दूर से भी जुड़े अन्य अनेकों लोगों के साक्षात्कारों के टेप भी थे। हमने शास्त्री जी से जुड़ी हर चीज जैसे पेपर कटिंग, फोटो, डॉक्यूमेंट्री, उस समय की फॉरेन प्रेस में छपी खबरें, इंटरव्यू आदि पाने की भरपूर कोशिश की थी। हमारे पास शास्त्री जी के बारे में शायद दिल्ली में सरकार द्वारा वित्त पोषित लाल बहादुर शास्त्री मेमोरियल से अधिक जानकारी इकट्ठा हो गयी थी क्योंकि सरकार ने स्मारक उनके परिवार और प्रशंसकों को खुश करने के लिए स्थापित किया गया था, जो टोकनवाद से प्रेरित है, जबकि हमारे काम में एक जुनून था।

हमने शास्त्री की मौत के पीछे का रहस्य पता लगाने के लिये जो 'जाँच समिति' गठित की थी, इसके पहले दिन मैं, डॉक्साब के साथ बाकी लोगों के आने का इंतजार कर रहा था पर डॉक्साब बहुत बेचैन थे।

'आप रात अच्छे से सोये?'—मैंने पूछा।

'नहीं सर, पूरी रात जागता रहा, सो न सका'—डॉक्साब अपने कागजों को व्यवस्थित करते हुए बोले।

'आपके साथ सब ठीक तो है?'–मैंने पूछा।

'मैं बिलकुल ठीक हूँ सर पर मैं यह सोच रहा था कि क्या वाकई में हमें यह सब करने की जरूरत है?'

'बिलकुल, अगर हमें शास्त्री के ऊपर फिल्म बनानी है तो हर दृष्टिकोण से जाँच-पड़ताल तो करनी ही पड़ेगी।'

'सर उसमें बहुत समय लग जायेगा।'

'पैसे भले ही न हों पर समय की हमारे पास कोई कमी नहीं।'

'सर, फिर भी आप एक बार सोचियेगा... इस सब की क्या जरूरत है? जब फिल्म में हमें हत्या ही दिखाना है?'

'हत्या हुई है, ऐसा अभी साबित नहीं हुआ।'

'तो इस फिल्म में हमें यह साबित करना पड़ेगा नहीं तो इस फिल्म को कोई पसंद नहीं करेगा।'

'हमें इस फिल्म में कुछ साबित नहीं करना। बस उस समय जो कुछ हुआ, उसको दिखाना है–हर नजरिये से।'

'सर वो तो डॉक्यूमेंट्री जैसी लगेगी, कोई पैसे भी नहीं लगायेगा।'

'तो फिर हम लोगों से पैसा इकट्ठा करेंगे।'

'पर डॉक्यूमेंट्री देखने कौन आयेगा?'

'ये डॉक्यूमेंट्री नहीं।'

'अगर अंत में हमने एक निष्कर्ष नहीं दिखाया तो लोग पसंद नहीं करेंगे। हमने सवाल उठाया–हू किल्ड शास्त्री? लोगों को लगेगा यह एक मर्डर-मिस्ट्री है। अब अगर उन्हें जवाब नहीं मिलेगा तो कैसा लगेगा?'

'मैंने कब कहा कि जवाब नहीं मिलेगा... पर हो सकता है, जो वे सुनना चाहते हों वह जवाब न हो। मूलत: लोग अपने विश्वासों की पुष्टि चाहते हैं पर अगर इस फिल्म में हम उन्हें उन बातों की जानकारी दें जो उन्होंने पहले कभी सोची ही न हो, अगर हम

उनको एक ऐसा सच दिखायें जिससे एक बहुत बड़ा पर्दाफाश हो जाये और उनकी सोच में बदलाव आ जाये... वो कुछ नये तथ्य जान सकें... तब कैसा लगेगा?'

'आपको लगता है कि लोग अपनी सोच में बदलाव लाना चाहते हैं'–डॉक्साब ने उत्सुकता के साथ पूछा।

'मैं नहीं जानता'–कुछ देर सोचकर मैंने कहा।

'सर क्या यह फिल्म एक प्रयोग है?'

'मैं नहीं जानता।'

'हमारी फिल्म की शैली क्या है? मर्डर मिस्ट्री–ठीक?'

'मैं नहीं जानता।'

'पर हमने इसे नाम तो "हू किल्ड शास्त्री" दिया है–ठीक?'

'फिलहाल।'

'तो हमें यह बताना पड़ेगा कि शास्त्री की हत्या किसने की?'

'मैं नहीं जानता।'

'पर कोई ऐसी फिल्म क्यों देखना चाहेगा जिसने प्रश्न तो उठाया पर उत्तर नहीं दिया।'

'मैं नहीं जानता।'

'सर हम आखिर यह फिल्म बना ही क्यों रहे हैं?'–डॉक्साब की हताशा बढ़ती जा रही थी।

डॉक्साब का स्वर बदला-बदला सा लग रहा था। दर्शकों की पसंद के उत्तर देने की उनकी चाहत और अज्ञात मार्गों पर चलकर सत्य को खोजने वाले फैसले के बीच वे असुरक्षित महसूस कर रहे थे। नींद की कमी और मोबाइल स्क्रीन में घुसे रहने के कारण उनकी आँखें सूजी-सूजी सी रहती थीं जैसे वे किसी से गुस्सा हों पर आज उनके चेहरे पर यह भाव आत्म-संदेह के कारण उभर रहे थे ठीक वैसे, जैसे पूरी तैयारी करने के बाद भी परीक्षा-हॉल में घुसने के पहले किसी के चेहरे पर आत्म-संदेह के भाव उभर

आते हैं। कभी-कभी शोध करते-करते हम उसमें बहुत अंदर घुस जाते हैं जिसके कारण स्वयं पर विश्वास करना भी कठिन हो जाता है। इस तरह यथार्थ और बौद्धिक मत के बीच जो असमानता की दूरियाँ बढ़ती हैं उसमें आत्म-संदेह अपनी जगह बना लेता है।

'सर हम आखिर यह फिल्म बना ही क्यों रहे हैं'—डॉक्साब ने अपना प्रश्न दोहराया!

'मैं नहीं जानता'—मैंने पूरी सच्चाई के साथ कहा।

मुझे सच में नहीं पता था कि मैं यह फिल्म क्यों बना रहा हूँ? इसमें पैसा कौन लगायेगा? यह कब बनेगी? और इसमें आगे क्या है? मैं नहीं जानता था। पर मेरे मन में कहीं न कहीं यह विश्वास हो गया था कि इसके पीछे कुछ तो ऐसा सच है जो हमें बताया नहीं गया, नहीं तो वर्षों से यह संदेह हमारे दिलों में इतनी दृढ़ता के साथ जमा न रहता।

आप भारत के किसी भी कोने में चले जायें आपको एक भी व्यक्ति ऐसा नहीं मिलेगा जो यह न मानता हो कि शास्त्री की मृत्यु में कुछ तो गड़बड़ी हुई थी, कुछ रहस्य तो था। कम-से-कम मुझे तो ऐसा कोई नहीं मिला। आप शास्त्री का नाम भर ले दो और फिर लोगों की जो प्रतिक्रिया देखने को मिलती है वह चौंका देने वाली होती है। 'यह सच है—उनकी हत्या की गयी थी, उनको तो मारा गया था।' कई विद्वान, इतिहासकार, राजनेता और पत्रकार हैं, जिनका यह मानना है कि सब कुछ ठीक नहीं था और उनकी मौत जहर की वजह से हुई और आज तक यह बात कोई दावे के साथ न कह सका कि उनकी मृत्यु दिल का दौरा पड़ने से हुई थी। इसके अलावा सरकार और काँग्रेस, दोनों ने यह बात कभी दावे के साथ नहीं कही कि शास्त्री की मृत्यु बिलकुल सामान्य थी और उसमें गड़बड़ी जैसी कोई बात नहीं थी। इस मामले में सरकार की चुप्पी, काँग्रेस की चुप्पी, सोवियत संघ की चुप्पी, और बहुत

सारे वाजिब दस्तावेजों का गायब होना इस बात को दर्शाता है कि कहीं-न-कहीं कुछ तो गड़बड़ है और मेरा यह विश्वास मुझे इस ओर कुछ करने को प्रेरित कर रहा था।

विश्वास कोई बौद्धिक प्रक्रिया नहीं है, यह एक ऐसी पूँजी है जिसके तर्कों पर सवाल नहीं किये जाते, जिसके कारण नहीं पूछे जाते, विश्वास एक ऐसी चीज है जो हमारे अंदर, हमारे मन में होता है और हमें उस पर विश्वास करना भी चाहिये क्योंकि आपका विश्वास ही आपका सच होता है। जो हमारी आस्था होती है, दरअसल वह हमारा विश्वास ही होता है। जिस तरह तूफान के पहले बादलों में बिजली कड़कती है ठीक वैसे ही मेरे अंदर भी एक ऐसी गर्जना हुई और वह अंदर की आवाज जिस को मैं सदा से सुनता आया हूँ, मुझे यह विश्वास दिला गयी। मेरा विश्वास ही मेरा कारण था कि इतनी विपरीत परिस्थितियों के बावजूद मैंने यह निर्णय लिया, जहाँ हमें न रास्ते का पता था और न हमारे पास सच जानने के औजार थे। प्रतिरोध और बाधाएँ, दोनों मजबूत और संगठित थे। जिस तरह डॉक्साब का सोचना था, अगर हम इसकी विवेचना तर्क के आधार पर करते तो यह बहुत मुश्किल होता। मेरे पास केवल प्रश्न थे, उत्तर नहीं। क्या हमें इन प्रश्नो के उत्तर मिलेंगे? क्या मैं इसे किसी अंजाम तक पहुँचा पाऊँगा? जिस अंदर की आवाज को सुनकर, मैंने इस गहरी खाई में छलाँग लगा दी थी, क्या वही अंदर की आवाज मुझे क्षितिज तक ले जा पायेगी?

'मैं नहीं जानता था।'

'यह कितना अजीब है कि हम शास्त्री के बारे में कितना कम जानते हैं'–पल्लवी ने समिति की पहली बैठक के पहले दिन के पहले पल में कहा।

'केवल शास्त्री ही क्यों? हम किसी भी बारे में बहुत कम ही जानते हैं'–मैंने जवाब में कहा।

'तो फिर शुरू करते हैं'–पल्लवी ने बोर्ड पर 'Meeting #1' लिख दिया।

पल्लवी, डॉक्साब–जो हमारी स्क्रिप्ट के डॉक्टर और एक उत्कृष्ट शोधकर्ता भी थे, तृप्ति शर्मा और मैं अपनी-अपनी चाय लेकर बैठ गये।

'हम लोग पहले वोट कर लेते हैं। कौन यह सोचता है कि शास्त्री की हत्या की गयी थी और कौन यह मानता है कि उनकी मृत्यु दिल का दौरा पड़ने की वजह से हुई थी।'–मैंने प्रस्ताव रखा।

'संभवतः दिल का दौरा था'–पल्लवी मेरी बात समाप्त होने से भी पहले बोल पड़ीं।

'यह आप कैसे कह सकतीं हैं?'–मैंने पूछा।

'उनको पहले भी दिल के दौरे पड़ चुके थे'–पल्लवी का जवाब आया।

'अभी इस बात को माना नहीं गया है'–तृप्ति ने अपनी बात रखी।

'उनको पहले दो बार दिल के दौरे पड़ चुके थे'–पल्लवी जोर देते हुए बोली।

'फिर इस समिति को खत्म करो। अगर हम पहले से यह जानते हैं कि उनकी मौत का कारण "दिल का दौरा" था तो फिर तो कोई बात ही नहीं बची'–तृप्ति ने तंज कसते हुए कहा।

'मैं सिर्फ यह कहना चाहती हूँ कि उनको पहले दो बार दिल के दौरे पड़ चुके थे तो इस बात की बहुत अधिक संभावनाएँ हैं कि उनको फिर से दिल का दौरा पड़ा हो। अब इस बात की कितनी संभावनाएँ हैं कि उस रात उनको दिल का दौरा नहीं

पड़ा था इस बात को समझने के लिये हम सब यहाँ इकट्ठा हुए हैं।'–पल्लवी ने शांति से सफाई देते हुए कहा।

'तो चलिये एक बात तो मान लेते हैं कि उनको पहले दो बार दिल के दौरे पड़ चुके थे'–मैंने बात को आगे बढ़ाते हुए कहा।

'हो सकता है, यह सच हो या हो सकता है यह अफवाह हो क्योंकि इसको लेकर अलग-अलग खबरें हैं लेकिन उन दिनों भारतीय समाचार-पत्रों में उनके स्वास्थ्य को लेकर बहुत कुछ नहीं छपा था। अगर दिल का दौरा पड़ने वाली बात इतनी सच होती तो यह बात समाचार पत्रों में भी छपना चाहिये थी', डॉक्साब का कहना था।

'यह अफवाह ही है। अगर कोई मशहूर इंसान बीमार पड़ जाता है तो लोगों के लिये वह बहुत बड़ी खबर बन जाती है। फिर इसके पीछे एक मनगढंत कहानी बनाकर इसे फैलाया जाता है और फिर उस कहानी को और भी बढ़ा-चढ़ा कर इस तरह सुनाया जाता है कि यह कहानी ही सच बन जाती है और कोई सबूतों की परवाह नहीं करता'–तृप्ति ने कहा।

'लेकिन कुछ बड़े लोगों ने भी यह लिखा है कि उन्हें दो बार दिल के दौरे पड़े थे'–डॉक्साब ने नयी बात जोड़ दी।

'जैसे'–मैंने पूछा।

'कुलदीप नैयर जो उस समय शास्त्री के प्रेस सेक्रेटरी थे। पर उन्होंने यह बात बस ऐसे ही कह दी थी। कभी अन्य बातें स्पष्ट नहीं की, जैसे कब और कहाँ'–डॉक्साब ने जवाब दिया।

'इसलिये यह बात पुष्टि के साथ नहीं कही जा सकती कि उन्हें पहले भी दो बार दिल के दौरे पड़े थे'–तृप्ति का मानना था।

'सर *न्यूयॉर्क टाइम्स* में लेखों की एक श्रृंखला छपी थी जिसमें यह बताया गया था कि शास्त्री दिल के मरीज थे'–डॉक्साब अपने बैग से कुछ कागज निकालते हुए बोले।

'*न्यूयॉर्क टाइम्स*? अब हमें अपने प्रधानमंत्री के स्वास्थ्य रिकॉर्ड जानने के लिये विदेश में छपी खबरों का सहारा लेना पड़ेगा'–तृप्ति का तर्क था।

'हाँ! अगर आपको अपने देश के मिडिया में कुछ भी न मिले, तो'–डॉक्साब ने अपना तर्क रखा।

'अगर जानकारी सही है तो हमें इस बात से क्या फर्क पड़ता है कि वो कहाँ से आ रही है?'–मैं कुछ नियम बना देना चाहता था।

'पर अगर उस सूचना के स्रोत में ही पक्षपात हो?'–तृप्ति ने पूछा।

'ऐसा कोई तर्क नहीं जिसमें पक्षपात नहीं होता। पर हमें इन पक्षपाती कहानियों और अलग-अलग दिये तर्कों में से अपनी बुद्धि के बल पर उचित और तर्कसंगत बातें समझनी होंगी जो कि अक्सर आधे बताये सच में खो कर रह जाती हैं। हम अपनी हर बात और हर तर्क पर तब तक बहस और चर्चा जारी रखेंगे जब तक हम सब उनसे सर्वसम्मति से राजी नहीं हो जाते।'–मेरा मत था।

डॉक्साब, 29 जून 1964, नेहरू की मृत्यु के लगभग एक महीने बाद *न्यूयॉर्क टाइम्स* में छपे लेख के कुछ अंश पढ़कर सुनाना चाहते थे–'*न्यूयॉर्क टाइम्स* में एक महीने के अंतराल में उनके स्वास्थ्य के बारे में दो लेख छपे थे।

'एक आधिकारिक प्रवक्ता ने आज रात बताया कि प्रधानमंत्री लाल बहादुर शास्त्री की हालत में आशाजनक सुधार हुआ है। काँग्रेस कार्यसमिति के अध्यक्ष, कुमारस्वामी कामराज नादर और अन्य केबिनेट मंत्री लाल बहादुर शास्त्री से मिलने पहुँचे। प्रवक्ता ने यह भी बताया कि शुक्रवार को शास्त्री की तबियत बिगड़ने के बाद

उनका बुखार पूरी तरह से नहीं उतरा। 1959 में, शास्त्री को दिल का दौरा पड़ा था और अनाधिकारिक सूत्रों के अनुसार उनकी वर्तमान तबियत बिगड़ने का कारण भी हल्का दिल का दौरा पड़ना बताया जा रहा है।'

'पर उसमें यह भी छपा था कि जल्द ही शास्त्री अपना सरकारी कार्यभार संभालेंगे और यदि कोई अन्य निर्णय नहीं लिया गया, तो पूर्व निर्धारित कार्यक्रम के अनुसार उनका कॉमनवेल्थ की प्रधानमंत्री बैठक में लन्दन जाना तय है'–पल्लवी ने वह लेख अपने मोबाईल पर खोल लिया था।

'अगर उनको सच में दिल का दौरा पड़ा होता तो फिर वो इतनी जल्दी लन्दन कैसे जा सकते थे?'–पल्लवी का सवाल वाजिब था।

डॉक्साब ने उसके एक महीने बाद छपे एक और लेख को निकालते हुए कहा।

'यह सुनिये, नेहरू की मृत्यु के बाद जब लाल बहादुर शास्त्री प्रधानमंत्री बने उसके 17 दिनों के बाद ही वे बीमार पड़ गये थे और शारीरिक थकान और मानसिक तनाव के कारण उनको आराम करने की सलाह दी गयी थी। ऐसा माना जा रहा है कि उस समय उनको दिल का दौरा पड़ा था। 59 वर्ष के शास्त्री का बिगड़ता स्वास्थ्य भारत की एक गंभीर समस्या बन गयी थी। अगर शास्त्री का स्वास्थ्य ठीक रहता तो उनकी सरकार और भी बेहतर प्रदर्शन कर सकती थी जबकि पहले ही सरकार का प्रशासन नेहरू के समय से कहीं ज्यादा अच्छा माना जा रहा था। नेहरू की तुलना में शास्त्री कहीं अधिक व्यावहारिक और यथार्थ पर चलने वाले नेता माने जाते हैं। वे अपनी कमियाँ पहचानते हैं और उनके अंदर एक सच्चे राजनेता की झलक दिखती है। उन्होंने अपने मंत्रिमंडल

में कई ऐसे लोगों को शामिल किया है जो समस्याओं से निपटना जानते हैं और जिनको जिम्मेदारी भी सौंपीं जा सकती है।'

डॉक्साब ऐसे पढ़ रहे थे जैसे यह लेख उन्होंने ही लिखा हो।

'और एक दिलचस्प तथ्य जो दर्शाता है कि वे बीमार रहते थे। उन्होंने सरदार स्वर्ण सिंह को विदेशमंत्री बनाया। क्यों?'–पल्लवी ने नया दृष्टिकोण रखा।

'इसका क्या मतलब?'–मैंने पूछा।

'यह कि शास्त्री के खराब स्वास्थ्य के कारण इतना महत्वपूर्ण विभाग अन्य को सौंपा। ध्यान देने वाली बात यह है कि आजाद भारत में यह पहली बार हुआ था कि प्रधानमंत्री ने विदेश मंत्रालय दूसरे को दिया। उन्होंने ऐसा क्यों किया, जो नेहरू बिना वाजिब कारणों के कभी नहीं करते। इसका कारण क्या हो सकता है? उनका स्वास्थ्य?'

'ये भी कोई बात हुई, वो नेहरू की शासन शैली से बिलकुल अलग ढंग से काम करते थे। वे सत्ता की समस्त शक्ति अपने पास न रखते हुए विकेंद्रीकरण की नीति अपनाते थे।'

'अगर यह बात विकेंद्रीकरण की होती तो *न्यूयॉर्क टाइम्स* में क्यों नहीं छपती?'–यह कहकर पल्लवी *न्यूयॉर्क टाइम्स* में छपी एक और खबर पढ़ने लगीं–'शास्त्री का समर्थन करने वाले शक्तिशाली नेता अपने स्वयं के राजनीतिक भविष्य को देखते हुए अब या तो खुद को आगे करेंगे या एक नये नेता की तलाश करेंगे। और अगर शास्त्री अपनी हाल की बीमारी से उबर आते हैं और वापस ठोस निर्णय लेने की स्थिति में लौट आते हैं तो ऐसा लगता है कि वे ही भारत के प्रथम राजनेता बने रहेंगे और वे देश की समस्याओं को सुलझाने की दिशा में प्रगति करेंगे।'

'"शक्तिशाली नेता अपने स्वयं के राजनीतिक भविष्य को देखते हुए"–हो सकता है कि कुछ नेताओं ने इस अफवाह का

फायदा उठाया और उनकी हत्या को दिल का दौरा पड़ना बताया हो'–मैंने कहा।

'यह बहुत दूर की कल्पना है'–पल्लवी ने व्यंग्य करते हुए कहा।

'पर यह हो सकता है।'

'हो तो कुछ भी सकता है।'

'तो यहाँ पर शक की गुंजाइश है'–तृप्ति बोली।

'और वो बात जो उनको दो बार दिल का दौरा पड़ा...' –पल्लवी ने पूछा।

'एक बार पड़ा–यह तो पक्का है... पर दूसरी बार वाली बात गप्प है'–मैंने जवाब दिया।

'पर उनके साथ यह समस्या तो थी।'

'पर इसका यह मतलब तो नहीं कि जो कुछ भी ताशकंद में हुआ, उसके पीछे उनकी बीमारी ही हो।'

'पता नहीं पर मुझे तो यही लगता है कि उनको दिल का दौरा ही पड़ा था।'

'किसी को कुछ लगना रहस्यों का हल नहीं।'

'ठीक है तो हम यह मान लेते हैं कि उनको एक बार गंभीर रूप से दिल का दौरा पड़ा और एक बार दिल का दौरा पड़ने के करीब थे इस प्रकार यह दावे के साथ कहा जा सकता है कि वे एक दिल के मरीज थे। अब पूरी स्थिति को इस तरह से देखें।'

'किस तरह?' मैंने पूछा।

'उनके ऊपर पहले से बहुत दबाव था क्योंकि नेहरू की जगह लेना कोई आसान काम न था... ऊपर से ऐसे कई नेता थे, जो उनकी जगह लेना चाहते थे और उनका मर जाना भी पसंद करते थे... एक बार संसद में उनके खिलाफ अविश्वास प्रस्ताव भी लाया गया था... उनको एक कमजोर प्रधानमंत्री कहा जाता था... उनके

सामने अर्थव्यवस्था की एक अपनी परेशानी थी... पाकिस्तान से लड़ी जंग का अलग तनाव था... पाकिस्तान को जमीन वापस करने का भी दबाव था... यहाँ तक कि जमीन वापस करने वाले निर्णय पर उनके परिवार वाले भी उनसे नाराज थे... वे बहुत ज्यादा तनाव और दबाव में थे... ऊपर से वृद्ध थे... इसलिये ऐसा मानना कि उनको दिल का दौरा पड़ा था... सही निष्कर्ष निकाला गया है'–पल्लवी ने पूरी बात को अपने ढंग से समझाया।

'पर वे वृद्ध नहीं थे–केवल 61 वर्ष के थे'–तृप्ति ने टोका।

'लोग 58 वर्ष की आयु में रिटायर हो जाते हैं'–पल्लवी ने तर्क दिया।

'और लोग अस्सी वर्ष की उम्र में माउंट एवरेस्ट भी चढ़ जाते हैं'–मैंने कहा।

'रीगन 69 वर्ष की आयु में प्रेजिडेंट बने थे'–तृप्ति ने याद दिलाया।

'मुरारजी देसाई 81 वर्ष की आयु में प्रधानमंत्री बने, चरण सिंह 76, नरसिम्हा राव 70, वाजपेयी 71, देवेगौडा 63, गुजराल 77, मनमोहन सिंह 71'–डॉक्साब ने एक साँस में सब पढ़ डाला।

क्या आप लोग ये साबित करने की कोशिश कर रहें हैं कि शास्त्री एक युवा प्रधानमंत्री थे?–जैसे पल्लवी को हमारी बात पर विश्वास नहीं हो रहा था।

'उनकी आयु भारत की औसत आयु से काफी कम थी जो कि 70 साल है'–तृप्ति का जवाब आया।

'पुरुषों के लिये 67 साल और महिलाओं के लिये 73 साल है'–डॉक्साब ने सटीक जानकारी दी।

'फिर 61 साल कहाँ से मरने वाली उम्र है?'–तृप्ति का कहना था।

'पर 1966 में यह 35-40 साल हुआ करती थी'–मैंने नई जानकारी दी।

'सर 1966 में पुरुषों के लिये 46.98 साल और महिलाओं के लिये 44.7 साल थी, तो उस हिसाब से पल्लवी मैम सही हैं और उस जमाने में आज की तरह इतने अच्छे उपचार भी उपलब्ध नहीं थे।'

सन्नाटा छा गया।

'इस तरह से तो हम कभी, कहीं नहीं पहुँच सकते और औसत आयु का मतलब यह नहीं कि सब उस आयु में आकर मर जाते हैं। मोरारजी देसाई भी उस युग के थे पर वे 99 वर्ष तक जिये हम लोग इस तरह बच्चों जैसा बर्ताव नहीं कर सकते। कुछ चीजें हमें अपने आप समझ लेना चाहिये। क्या हम यह तय कर सकते हैं कि आगे से हम इस तरह की बच्चों जैसी बातें नहीं करेंगे?'–मैं थोड़ा चिढ़ गया था।

'मुझे तो लगता है कि हमें यह चर्चा छोटे बच्चों की तरह ही करना चाहिये तभी हम इसकी छोटी से छोटी बात जान पायेंगे और फिर तभी यह कहानी बच्चों को सुना पायेंगे। हमारा काम पहले से पढ़े लिखों को और शिक्षित करना नहीं है बल्कि हमें यह बात उनको बताना है जो पहले से कुछ नहीं जानते। इसलिये हमें कोई नियम नहीं बनाना चाहिये'–पल्लवी ने सलाह दी।

पल्लवी सही कह रहीं थीं। मैं थोड़ा उतावलापन दिखा रहा था क्योंकि एक बार मुझे जब कुछ समझ आ जाता है तो मैं उस पर आगे बढ़ जाना चाहता हूँ और यह भूल जाता हूँ कि कोई और, एक अलग ढंग से भी सोच सकता है। हर किसी की एक अपनी सोच होती है पर चार लोगों के बीच आप सिर्फ अपनी बात ही रखना और मनवाना चाहते हैं। उस दिन मैं सिर्फ अपनी बात मनवा

रहा था और दूसरों की सोच को बेवकूफी भरी सोच करार दे रहा था। क्या पता सच कहीं ऐसी बात में ही छुपा हो जिसे मैं बेवकूफी समझ रहा था।

पल्लवी के सुझाव के बाद, मुझे यह एहसास हुआ कि मुझे इस आदत को एक ओर रखना होगा और मैंने फैसला लिया कि नियम बनाने के बजाय मैं समस्याओं का हल उत्सुक मन से खोजूँगा।

'देखिये हम जानते हैं कि शास्त्री भारत के सबसे महत्वपूर्ण व्यक्ति थे, वे भारत के प्रधानमंत्री थे, उनके पास चिकित्सा की देखभाल करने वाले सबसे योग्य लोग थे, डाक्टरों को उनके आस-पास ही रहना चाहिये था। तो फिर यह असंभव है कि दौरा पड़ने पर अपने डॉक्टर को कॉल करने के बजाय वे चलकर अपने सचिव के पास गये। कोई मुझे यह बतायेगा कि उन्होंने डॉक्टर को फोन क्यों नहीं लगाया?'–तृप्ति ने एक बार फिर कमरे में छाए सन्नाटे को तोड़ते हुए कहा।

'क्योंकि उस कमरे में न तो फोन था, न इंटरकॉम था न ही बजर (घंटी) था'–डॉक्साब ने चेहरे पर बिना भाव लाये कहा।

'यह आप क्या कह रहे हैं? फोन नहीं था... बजर नहीं था... होटल के हर कमरे में फोन होता है।'

'वे होटल में रुके ही नहीं थे। उनको डाचा में रुकवाया गया था।

'ये डाचा क्या होता है?'

'रशिया में बंगले को डाचा कहते हैं।'

'क्या उनको बंगले में रुकवाया गया था... सरकारी अतिथिगृह में भी नहीं?'–पल्लवी बहुत उत्सुक थीं।

'पहले वो होटल में ही रुकने वाले थे पर अंतिम पल में उनके निवास का स्थान बदला गया'–डॉक्साब का जवाब आया।

'किसने बदला?'

'यह एक अलग कहानी है... और यहाँ से रहस्य गहरा जायेंगे... कहानी बहुत दिलचस्प हो जायेगी'–कहते हुए डॉक्साब ने एक नयी फाइल निकाली जिस पर लिखा था, 'डाचा/फोन/बजर'।

सब जा चुके थे। कुछ सोचते हुए मैंने, जैसे ही खिड़की खोली, ठंडी हवा का एक झोंका मेरे चेहरे से टकराया। उस दिन बहुत तेज हवाएँ चल रहीं थीं और ऐसा लग रहा था जैसे इन तेज हवाओं के साथ नारियल के पेड़ झूला झूलने का मजा ले रहे हों। पूरा अम्बर नीला हो गया था और पंछी अपने घरों को वापस लौट रहे थे। संध्या के इस मौन में समुद्र का नाद और पेड़ों के हिलने की ध्वनि सबको शांति दे रहे थे और पूरा वातावरण लयबद्ध था।

सिवाय मेरे।

मेरे भीतर कई प्रश्न उमड़ रहे थे।

अगर हर चीज के पीछे कुछ है, और उस कुछ के पीछे कुछ और... अगर सत्य के पीछे का कुछ, उसके पीछे के कुछ से, विपरीत है... तो दृष्टिकोण भी भिन्न होंगे... ऐसे में आप किस निष्कर्ष तक पहुँच सकते हैं?

मैं नहीं जानता।

क्या मैंने खुद पर संदेह करना शुरू कर दिया था?

मैं नहीं जानता।

14

पूर्वाभासों की रात

खुद पर संदेह करना हमेशा बुरा नहीं होता बल्कि यह हमें वास्तविकता देखने का अवसर भी प्रदान करता है। जब मैंने स्वतंत्रता आंदोलन में हिस्सा लेने का निर्णय लिया था, तब मैं यह जानता था कि इसके कारण मेरे जीवन में कई कठिनाइयां आयेंगी। मैंने यह फैसला भारत के प्रति अपने अटूट प्रेम के कारण और हम सब को गुलामी से मुक्त कराने के उद्देश्य से लिया था। पर शादी के सिर्फ तीन महीने बाद जब, मुझे और मेरी पत्नी को बंदी बनाकर अलग-अलग कारागृहों में डाल दिया गया, तब मुझे लगा जैसे मैं एक नहीं बल्कि दो जगह बंदी बनाया गया हूँ। एक तो वर्धा के उस घुटन भरे कारागृह में दूसरे अपने अंदर चल रहे आत्म-संदेह के घेरे में। जेलर मुझे दया-याचिका भरने का प्रलोभन दे रहे थे और मैं संशय में पड़ गया था। पर जब मैंने खुद को स्वतंत्रता के उद्देश्य से देश के प्रति समर्पित करने का निर्णय लिया था, तब मेरे मन में कोई संशय नहीं था। स्वतंत्रता के लिये वह केवल सरल आँखों द्वारा देखा गया एक सपना था। पर जैसे-जैसे मैं इसे पूरा करने के लिये आगे बढ़ता गया वैसे-वैसे मेरे दिमाग में अन्य कई जानकारियाँ एकत्रित होने लगीं। मेरा सामना जीवन की व्यावहारिक सच्चाईयों

से–जैसे विरोधाभासी–दलीलें, निराशावाद, समझौते और हार से भरी दुनिया से होने लगा। यह मेरी असल परीक्षा का पल था। यह कलह मेरे अंदर के विश्वास और अहंकार के बीच की थी, यह कलह मेरे अंदर पल रहे स्वप्न और प्रलोभन के बीच की थी। जिस दुविधा का सामना मैं कर रहा था वह हर उस इंसान को करना पड़ता है जो सत्य और धर्म के मार्ग पर चलता है। इसके आगे की यात्रा सरल नहीं थी इसमें अन्धकार भरा पड़ा था, पर जो लोग अपने विश्वास पर अडिग रहते हैं अंत में उन्हें प्रकाश अवश्य मिलता है। वह मेरे जैसे लोगों का विश्वास ही था जिसने हमें स्वतंत्रता दिलवायी। अगर यह विश्वास हमारे युवाओं को ऊर्जा और उत्साह नहीं दे सकता तो फिर कुछ नहीं हो सकता।

पापा की डायरी का यह पेज मैं पूरा भी न पढ़ पाया, और मेरा दिमाग असंख्य प्रश्नों से भर गया था।

हाँ, हमें लगता है हम आज स्वतंत्र हैं पर एक बार सोच कर देखिये क्या वाकई हम स्वतंत्र हैं? और यदि यही हमारी स्वतंत्रता है, तो हमने सत्य का गला घोटकर इसे दूषित क्यों कर दिया? हमने इस स्वतंत्रता में भ्रष्टाचार और झूठ की मिलावट क्यों होने दी? और जो लोग इस स्वतंत्रता को दूषित करने के जिम्मेदार हैं, क्या उन्हें दंड नहीं मिलना चाहिये? आखिर शास्त्री की मृत्यु पर इतने सारे संदेहास्पद प्रश्नों के उत्तर क्यों नहीं दिये गये? उस इंसान ने, जिसने हमारी आजादी के लिये लड़ते हुए अपने विश्वास को कभी टूटने नहीं दिया, उसकी मृत्यु इतने रहस्यों से भरी हुई क्यों? किसी भी बात का जवाब क्यों नहीं दिया जाता? इसके लिये कौन जिम्मेदार है? क्या सरकार और सिस्टम दोनों ही इसके जिम्मेदार

नहीं? या वो लोग इसके जिम्मेदार हैं जिन्होंने इस बात को लेकर सरकार पर कभी दबाव नहीं बनाया? या हमारे बुद्धिजीवी, पत्रकार, शिक्षाविद और बड़े-बड़े इतिहासकार जिन्होंने कभी इस ओर ध्यान ही नहीं दिया? लोकतंत्र का चौथा स्तम्भ–मिडिया जिसका काम ही प्रश्न पूछना है पर उसने भी यह नहीं किया? किसी फिल्म निर्माता ने भी इस कहानी में दिलचस्पी नहीं दिखायी। क्या इसके लिये हम सभी सामूहिक रूप से जिम्मेदार नहीं हैं? और 50 सालों के बाद सबूतों के अभाव में कोई कैसे साबित कर सकता है, जब न कहीं कोई कागज बचे हों और न ही कोई दस्तावेज छोड़े गये हों। दस्तावेजों के गायब हो जाने के लिये कौन जिम्मेदार है? क्या उन्हें सजा नहीं मिलनी चाहिये?

मेरा सिर सवालों के घेरे में घूम रहा था पर मुझे यह भी समझ आ गया था कि अब मेरे सारे संदेह समाप्त हो गये। मुझे अचानक यह अहसास हुआ कि मैं किसी हत्यारे का पता लगाने वाला पुलिस इन्स्पेक्टर नहीं और न ही मैं कहीं का पत्रकार हूँ और न ही एक इतिहासकार। मैं तो सिर्फ कहानी कहने वाला हूँ और यह भी तो एक कहानी ही थी, इतनी अभूतपर्व कहानी जिसमें प्रश्न ही प्रश्न थे–उत्तर एक भी नहीं, इतनी अभूतपूर्व कहानी जिसमें पूरे समाज को सत्य से वंचित कर रखा गया था। हर एक चीज के पीछे का कुछ, और दिखाये गए सत्य के पीछे का छुपा हुआ कुछ, मैंने सबके सामने उजागर करने का फैसला कर लिया था।

मैंने फिर से सभी को विचार-मंथन के लिये बुलाया। हमारे मन में 11 जनवरी 1966 की रात पर कई सवाल थे–वही रात जिसके अँधेरे में कई सच छुपा दिये गये थे।

अनुभवी पत्रकार और ANI के अध्यक्ष, प्रेम प्रकाश, जो उस समय ताशकंद में मौजूद थे और शास्त्री के पार्थिव शरीर के साथ दिल्ली

आये थे। उन्होंने, 11 जनवरी 2018 को लिखा था, 'स्वतंत्रता के बाद अब तक के सबसे विनम्र प्रधानमंत्री, जो आवश्यकता पड़ने पर अत्यंत सख्त भी हो जाते थे, जो इस देश की दिशा और दशा बदल कर, इसका भाग्योदय करने की क्षमता रखते थे, जिनकी मृत्यु 11 जनवरी 1966 के दिन ताशकंद समझौते पर हस्ताक्षर करने के कुछ समय पश्चात हो गयी थी, आज लगभग पूरी तरह से भुला दिये गये। आज के दिन मैं लाल बहादुर शास्त्री की मृत्यु को याद कर अकेले में बहुत दुखी हो जाता हूँ। मुझे याद है, जब उस भयावह रात मेरे होटल के कमरे में टेलीफोन की घंटी बजी और दूसरी तरफ से फोन करने वाले व्यक्ति की आवाज मेरे कानों में पड़ी–"आपके प्रधानमंत्री की मृत्यु हो चुकी है, जितना शीघ्र हो सके नीचे आइये" मैं स्तब्ध हो गया था और मैं नहीं जानता क्यों पर मेरे मुँह से निकले उन शब्दों पर, "उन्होंने मार डाला" मुझे आज भी विश्वास ही नहीं होता। "उन्होंने" से मेरा मतलब क्या था और मेरे मुँह से ऐसे शब्द क्यों निकले, मैं आज भी यह सोचता हूँ।'

यह उन तीन लेखों में से एक लेख है जो कि विश्वसनीय प्रत्यक्ष-दर्शी द्वारा लिखे गये हैं। 11 जनवरी की उस रात जब समझौते पर हस्ताक्षर करने के कुछ घंटे बाद शास्त्री की मृत्यु हो गयी थी, प्रेम प्रकाश वहाँ मौजूद थे।

प्रेम प्रकाश को ऐसा क्यों लगा कि शास्त्री को 'मारा गया'? मृत्यु की खबर सुनते साथ ही उनके मुँह से 'उन्होंने मार डाला' वाली बात क्यों निकली? सहज क्रिया अचानक हुए किसी बाहरी परिवर्तन के कारण हमारे अचेतन मन से निकली स्वाभाविक प्रतिक्रिया होती है। शायद कभी आपने भी अनुभव किया होगा, जैसे किसी घटना का पूर्वाभास होना या कभी ऐसा सपना आना जो किसी ओर इशारा कर रहा हो या किसी परिवर्तन पर आपकी

सहज क्रिया, यह सब ऐसे ही कहीं से निकल कर नहीं आ जाते, इनका एक गहरा स्त्रोत्र होता है। क्या ऐसा माना जा सकता है कि प्रेम प्रकाश के अचेतन मन में इस बात का आभास पहले से ही था कि शास्त्री की हत्या की जा सकती है? और ऐसा आभास होने का कारण क्या था? क्या इस तरह का आभास उस माहौल में ही था?

लाल बहादुर शास्त्री के प्रेस सेक्रेटरी कुलदीप नैयर जो कि बाद में ब्रिटेन के उच्चायुक्त बना दिये गये, अपनी किताब, 'India: The Critical Years' और 'Beyond the Lines' में लिखते हैं–'उस रात मुझे पहले से आभास हो गया था कि शास्त्री मरने वाले हैं। मुझे उनके मरने का सपना आया था। जैसे ही मेरे दरवाजे पर दस्तक हुई मैं घबराकर उठ बैठा–एक महिला ने मुझे बताया, "आपके प्रधानमंत्री की हालत बेहद खराब है।" मैं फटाफट तैयार हुआ और एक अधिकारी के साथ डाचा के लिये रवाना हो गया–जहाँ शास्त्री रुके हुए थे।'

अब नैयर को पूर्वाभास क्यों हो गया था? नैयर बहुत सोच समझकर बोलने वाले इंसान थे। जीवन भर वह यह कहते रहे कि शास्त्री की मृत्यु में कोई गड़बड़ी नहीं हुई, उसके बाद भी उन्होंने साफ–साफ यह लिखा है कि उनको पहले से आभास हो गया था और उन्होंने सपने में शास्त्री को मरते हुए देखा। क्या वे जानते थे कि शास्त्री की जान को खतरा है? क्या, वहाँ पर इस तरह का एक ऐसा माहौल ही बना हुआ था कि उनके अचेतन मन में ऐसी बात बैठ गयी थी? उनको ऐसा आभास होने का कारण क्या था? क्या इसका संबंध प्रकाश के आभास से जुड़ा था?

यह बात कोई नहीं जानता कि हमें पूर्वाभास क्यों होते हैं पर यह कहा जा सकता है कि यह खतरों को भाँप लेते हैं। ऐसा माना

जाता है कि हमारी सोचने की शक्ति द्वारा, पूर्वाभास हमें, अपने ऊपर और हमारे आस-पास आने वाले खतरों से सचेत करा देते हैं। ऐसी कई कहानियाँ हैं जिनमें पूर्वाभास से सचेत होकर लोग खुद बच गये या दूसरों को बचा लिया।

डॉक्टर लैरी डोजी एक लेखक, वैज्ञानिक, और पूर्वाभास पर प्रसिद्ध विशेषज्ञ रहे हैं। वे वियतनाम युद्ध में एक सर्जन भी थे, डलास अस्पताल के चीफ ऑफ स्टाफ, नेशनल इंस्टिट्यूट ऑफ हेल्थ के सलाहकार, एक सुप्रसिद्ध पियर रिव्युड मेडिकल जर्नल के पूर्व कार्यकारी संपादक और बेस्टसेलर पुस्तक *The Science of Premonitions* के लेखक के साथ-साथ पूर्वाभास और पूर्वानुमान के विषयों पर एक अत्याधुनिक विचारक भी हैं, उनका कहना है कि मृत्यु के बारे में होने वाले पूर्वाभास को नजरअंदाज नहीं किया जाना चाहिए। डोसी कहते हैं, 'अगर आप मौत के बारे में सपने देखते हैं, तो इसे गंभीरता से लें, क्योंकि हो सकता है कि आपको दूसरा मौका न मिले।'

प्रेम प्रकाश और कुलदीप नैयर दोनों ही पत्रकार, शास्त्री के साथ बहुत करीब से जुड़े थे। क्या उनके पास एक सी जानकारियाँ थी? क्या वहाँ के माहौल में कुछ खतरे वाली बात थी जिसे वे समझ तो नहीं पाये पर वह बात उनके मस्तिष्क और अचेतन मन में बैठ गयी?

एक बार *न्यूयॉर्क टाइम्स* में यह खबर छपी थी कि वर्ल्ड ट्रेड सेंटर में कार्यरत अग्नि-सुरक्षा निदेशक, लॉरेंज बॉयज्यू को सपना आया था कि वर्ल्ड ट्रेड सेंटर गिर रहे हैं। यह बहुत आश्चर्य की बात है कि इससे मिलता-जुलता सपना उनकी पत्नी को भी आया था। पर वे तर्कों पर चलने वाले लोग थे और उन्होंने बस इतना ही कहा, 'क्या यह एक अजीब संयोग नहीं?' और इसे नजरअंदाज

कर दिया। 9/11 के दिन चाइल्ड–केयर–सेंटर से बच्चों की जान बचाते हुए बॉयज्यू ने अपनी जान गवाँ दी।

केवल इसलिये कि कई बार पूर्वाभासों का असल जिन्दगी पर कोई असर नहीं पड़ता, हमें यह नहीं मान लेना चाहिये कि इनका अस्तित्व ही नहीं। अमेरिका में पूर्व–ज्ञान पर चल रहे अनुसंधान के अन्वेषक डीन रेडिन ने लगभग दो दशक पहले इन अनुभवों की वैधता की पुष्टि की थी। डोजी लिखते हैं, 'अगर आप पूर्वाभासों पर विश्वास नहीं करते तो आप यह सुनिश्चित कर लें कि आपको कभी पूर्वाभास ही न हों।'

शायद आपने यह पढ़ा हो–'अफ्रीका में एक बचाव कर्मी ने अपना पूरा जीवन हाथियों को बचाने और उनकी रक्षा करने के लिये समर्पित कर दिया था। जब उस बचाव कर्मी की मृत्यु हुई, तो कई मील की दूरी तय कर हाथियों का एक झुंड उनके घर आ पहुँचा, जहाँ अंतिम संस्कार की तैयारी की जा रही थी, हाथियों का झुंड ठीक उसी समय वहाँ पहुँचा जब अंतिम संस्कार शुरू किया जाना था।'

नोबेल पुरस्कार विजेता भौतिक–विज्ञानी एर्विन श्रोडिंगर ने कहा था कि 'मस्तिष्क की बहुलता केवल एक भ्रम है, असल में मस्तिष्क केवल एक चेतना है।' 20वीं सदी के सबसे महान बुद्धिमानों में से एक एर्विन श्रोडिंगर द्वारा कही यह बात शायद कोई रहस्य वाली बात नहीं है। एक अन्य भौतिक विज्ञानी डेविड बोह्म का भी यही मानना था कि मस्तिष्क केवल एक चेतना है। यह दो विशेषज्ञ मनुष्य द्वारा पहले से जाने गये 'चेतना के ज्ञान' के सबसे समीप पहुँच गये थे जिसे यह क्वांटम भौतिकी से समझ रहे थे। पर यह चेतना के बोध तक नहीं पहुँच पाये। यह विचार कि हम सभी के तार एक–दूसरे के साथ जुड़े हुए हैं, केवल आध्यात्मिक अवधारणा या कुछ हिप्पी लोगों द्वारा कही बात नहीं है।

सुरक्षा विशेषज्ञ गेविन डे बेकर अपनी पुस्तक–*The Gift of Fear* में लिखते हैं कि 'जब आपको वास्तविक खतरा महसूस होता है तब आपको अंदर एक ज्ञान का आभास होता है जो आपको निर्देशित करता है और आपका तंत्रिका तंत्र इसके संकेत देता है जैसे रोंगटे खड़े हो जाना, अंदर से थरथरी निकल जाना, कम्पन का होना, पूर्वाभास होना, स्वप्न... आप हर तरह से चौकन्नें हो जाते हैं... आपको लगता है जैसे खतरे से बचाने में कोई आपकी मदद कर रहा है।'

सवाल यह नहीं कि कोई पूर्वाभासों पर विश्वास करता है या नहीं, असली सवाल यह है कि क्या हमें इन संभावनाओं को परखना नहीं चाहिये?

तीसरे चश्मदीद गवाह सुरिंदर मोहन सिंह चड्ढा, जो शास्त्री के साथ जनवरी 1966 में ताशकंद में मौजूद थे। जैसा rediff.com में प्रकाशित किया गया, '31 दिसंबर 1965 के दिन मुझे शास्त्री जी के सहायक के रूप में और इंडो-पाक कॉन्फ्रेंस की सभी व्यवस्थाएँ सुनिश्चित करने के लिये ताशकंद भेजा गया। मैं उनसे पहले वहाँ पहुँच गया था। शास्त्री को एक बंगले में रखा गया था जिसे वे डाचा कहते हैं... डाचा के ठीक बगल में एक आधुनिक होटल था जिसमें कौल, केवल सिंह (पाकिस्तान में भारत के तत्कालीन राजदूत), स्वर्ण सिंह (तत्कालीन विदेशमंत्री) और आई. जे. बहादुर सिंह (तत्कालीन अतिरिक्त सचिव-विदेश मंत्रालय) को रुकवाया गया था। हम सभी के कमरे एक ही लाइन में थे। बाकी कुलदीप नैयर समेत, करीब 40 अन्य पत्रकारों को एक-दूसरे होटल में रुकवाया गया था जो वहाँ से थोड़ा दूर था। अलेक्सी कोसिगिन चाहते थे कि भारत पाकिस्तान को हाजी-पीर वापस लौटा दे और इस बात को लेकर, शास्त्री को मनाने के लिये उन्होंने

डाचा के कई चक्कर काटे। हाजी-पीर को हासिल करने के लिये भारत के 1,000 से भी ज्यादा जवान शहीद हुए थे पर अंत में शांति का भाव दिखाते हुए शास्त्री, उन की यह बात मान गये। उस दिन रात करीब 10 बजे तक पार्टी चली और फिर मैं अपने होटल के कमरे में वापस लौट आया। रात को करीब 1:30 बजे मुझे जगाया गया और एक अधिकारी ने मुझे बताया कि शास्त्री की मृत्यु हो गयी। हम सभी तुरंत शास्त्री को देखने डाचा पहुँच गये और आधे घंटे के अंदर हम सभी को आगे के काम-काज की रूप-रेखा स्पष्ट कर दी गयी। मुझे अधिकारियों द्वारा बताया गया कि शास्त्री के पार्थिव शरीर को भारत ले जाने के लिये एक विशेष विमान की व्यवस्था की गयी है और मुझे इसका प्रभारी बनाया गया है।'

क्या इसका मतलब यह है कि सिर्फ 'आधे घंटे के भीतर' सब इस निष्कर्ष पर पहुँच गये थे कि उनको दिल का दौरा पड़ा है। क्या किसी ने भी यह नहीं सोचा कि उनका पोस्ट-मॉर्टम होना चाहिये?

चड्ढा ने आगे बताया किस तरह उन्होंने प्रोटोकॉल के प्रमुख, जे.एन. धमीजा को सारी जानकारी भिजवायी ताकि वे हवाई अड्डे पर शास्त्री के पार्थिव शरीर को उतारने का प्रोटोकॉल सुनिश्चित कर सकें और समुचित व्यवस्था का अवलोकन कर सकें। चड्ढा ने यह भी बताया कि जब उनकी बात सीधे धमीजा से नहीं हो पा रही थी तो उन्होंने उनके सहयोगी द्वारा यह बात धमीजा के घर तक पहुँचवायी ताकि सारी व्यवस्था समय से की जा सके।

धमीजा को क्यों लगा कि यह शरारत थी? अगर शास्त्री के दिल का दौरा पड़ने वाली बात इतनी प्रचलित थी तो उन्हें तो यह बात आसानी से मान लेनी चाहिये थी, लेकिन धमीजा नहीं माने।

जब चड्ढा से यह पूछा गया कि उनका पोस्ट-मॉर्टम क्यों नहीं किया गया तो वो बोले कि वे एक युवा-अफसर थे इसलिये वे इसका कारण नहीं जानते। बाद में उन्होंने यह बात भी जोड़ दी कि शायद वरिष्ठ अधिकारियों ने पोस्ट-मॉर्टम न करने का निर्णय लिया होगा क्योंकि उनकी मृत्यु के बारे में कोई संदेह नहीं था।

मैं समझ सकता हूँ कि उस समय वे एक अनुभवहीन और युवा अफसर थे पर बाद में भी उन्होंने कभी उन 'वरिष्ठ अधिकारियों' से यह बात साफ क्यों नहीं की कि जब रूस के रसोइये और उनके साथियों को खाने में जहर मिलाने के शक के आधार पर गिरफ्तार किया गया था, तब भी उनको शास्त्री की मौत पर कोई संदेह क्यों नहीं हुआ? क्या तब भी उन्हें यह लगता रहा कि इसमें कोई गड़बड़ नहीं? सबसे महत्वपूर्ण बात की अनदेखी करने के लिये उन अधिकारियों को निलंबित क्यों नहीं किया गया? क्या वो पढ़े-लिखे और समझदार अधिकारियों की टीम थी या नौसिखियों की?

नैयर, अपनी पुस्तक 'Beyond the Lines' में शास्त्री की मृत्यु की घटनाओं को एकत्र कर कुछ इस तरह लिखते हैं-'प्रधानमंत्री रात 10 बजे के आस-पास समारोह में शामिल होने के उपरांत, डाचा पहुँचे और कुछ देर अपने निजी कर्मचारियों के साथ बात-चीत की, फिर उन्होंने अपने रसोइए रामनाथ से कहा कि वह भोजन ले आयें जो कि रूसी लोगों द्वारा डाचा में तैयार किया गया था। रसोई में रूसी रसोइये के अलावा रूसी खुफिया विभाग की दो महिला अफसर भी मौजूद थीं जिन्होंने खाना और पानी, दोनों को चख कर उसका परीक्षण किया, जिसके बाद वो शास्त्री को परोसा गया।'

हमें यह नहीं भूलना चाहिये कि वह समय शीत-युद्ध और भारत-पाकिस्तान की शत्रुता का चरम था और इसलिये सुरक्षा को लेकर बहुत कड़ी नजर रखी जा रही थी। राजनेताओं की षड्यंत्र कर हत्या की आशंकाएँ बहुत अधिक बढ़ गयीं थीं। पत्रकारिता की दुनिया में नैयर कोई नौसिखिया नहीं थे तो यह तो हो नहीं सकता था कि उनको के.जी.बी. के 9वें मुख्य निदेशालय द्वारा रसोइयों को जहर दिये जाने के शक के आधार पर गिरफ्तार किये जाने वाली खबर का पता न हो।

मेरा प्रश्न यह है कि यदि के.जी.बी. को गड़बड़ी का अंदेशा था और उन्हें यह लग रहा था कि शास्त्री को जहर दिया गया है तो आखिर भारतीय प्रतिनिधिमंडल ने यह क्यों मान लिया कि वह दिल का दौरा था? और जब, के.जी.बी. ने जहर देने के संशय के आधार पर गिरफ्तारियां कीं थीं, तो उन्होंने इस संशय की पुष्टि या खंडन करने के लिये पोस्ट-मॉर्टम क्यों नहीं किया? जहर दिया गया या न दिया गया, इस पर संशय तो था, तो फिर भारतीय सरकार ने तत्काल पोस्ट-मार्टम के बारे में क्यों नहीं सोचा।

नैयर आगे लिखते हैं–'जैसे-जैसे दिन बीतते गये, शास्त्री के परिवार को यकीन होता चला गया कि उन्हें जहर दिया गया था। 2 अक्टूबर 1970 (शास्त्री के जन्मदिन) को ललिता शास्त्री ने अपने पति की मौत की जाँच कराने की माँग रखी। परिवार को शंका थी कि उस दिन खाना टी.एन. कॉल के रसोइये, जान मोहम्मद ने बनाया था और शास्त्री के रसोइये रामनाथ ने नहीं।'

हत्या के रहस्य को अनसुलझे प्रश्नो के तारों को जोड़कर हल किया जा सकता है। नैयर ने इन सवालों को कभी सार्वजनिक रूप से क्यों नहीं उठाया? कोई भी, यह बात, पूरे निश्चय के साथ तो

नहीं कह सकता था, पर कम-से-कम इसमें जाँच-पड़ताल की तो आवश्यकता थी।

नैयर आगे लिखते हैं, 'जब मैं ताशकंद से वापस लौटा था, तब ललिता शास्त्री ने मुझसे यह पूछा कि शास्त्री का शरीर नीला क्यों पड़ गया था तब मैंने उनसे कहा था, "मुझे बताया गया है कि अगर शरीर पर लेप लगाया जाता है तो वह नीला पड़ जाता है" फिर उन्होंने मुझसे शरीर पर चीरा लगाने के निशानों के बारे में पूछा था। लेकिन मैंने उनका पार्थिव शरीर देखा ही नहीं था इसलिये मैं कुछ नहीं कह सकता था। फिर भी, उनका यह कहना कि ताशकंद में या दिल्ली में कोई पोस्ट-मार्टम नहीं करवाया गया, मुझे चौंका गया। यह वास्तव में असामान्य था। जाहिर है, उनको और परिवार के अन्य सदस्यों को इसमें कुछ गड़बड़ी लगती थी।'

अगर उनको पोस्ट-मॉर्टम वाली बात चौंका गयी थी तो उन्होंने इस पर लेख क्यों नहीं लिखे? कठिन सवाल क्यों नहीं खड़े किये? वह जीवनभर इस मामले को लेकर चुप्पी साधे क्यों बैठे रहे? बाद में वे ब्रिटेन के उच्चायुक्त बना दिये गये। यदि उस समय भारतीय प्रधानमंत्री ने लन्दन की यात्रा की होती और वो भी ठीक इसी अंदाज में वहाँ मर जाते, तो नैयर ने एक उच्चायुक्त के रूप में क्या किया होता? क्या पोस्ट-मॉर्टम कराने के आदेश नहीं दिये होते?

प्रेम प्रकाश ने *आउटलुक* पत्रिका के अपने लेख, 'Come Down Your Prime Minister is Dead' में लिखा है-'रूसियों द्वारा आयोजित, शाम के समारोह में फिल्म डिवीजन के, एन.एस. थापा ने शास्त्री जी से अनुरोध किया था कि क्या वे बाद में डाचा पर आकर उनकी कुछ तस्वीरें ले सकते हैं? रात के करीब दस बजे

या कुछ और देर से हम शास्त्री जी के पास डाचा पहुँच गये और फिर हमने कुछ अन्य तस्वीरें लेने के अतिरिक्त, शास्त्री जी का डाचा के अंदर घूमते हुए, वह "प्रसिद्ध वीडियो" फिल्माया। रात को होटल वापस आने के बाद जब रात के उस घनघोर अँधेरे में उनकी मृत्यु की खबर सुनी तो ऐसा लगा कि ये कहीं बहुत दूर की बात है। इस बात की निरंतर पूछताछ करने पर कि जब शास्त्री जी की दुखद मृत्यु हुई उस वक्त क्या हुआ था और उनके पास कौन था, यह सुनने को मिला कि उस वक्त डाचा में न तो उनका सुरक्षा अधिकारी मौजूद था और न डॉक्टर और इस तरह भारत के दूसरे प्रधानमंत्री ने अपना दम रूसी गार्ड के सामने अकेले तोड़ा जो उनके दरवाजे के बाहर तैनात था।'

अगर शास्त्री की रहस्यमयी मृत्यु के केवल कुछ घंटों पहले वे इतने स्वस्थ थे कि वे फोटो-शूट भी करा सकते थे तो आखिर अचानक ऐसा क्या हो गया था? यदि हमें उनके स्वास्थ्य से संबंधित रिकॉर्ड देखने को मिल जायें तो निश्चित रूप से इसकी पुष्टि की जा सकती है।

और मैं, यह यकीन के साथ कह सकता हूँ कि एक प्रधानमंत्री की बी.पी. और हार्ट-रेट की जाँच दैनिक आधार पर की जाती है और रीडिंग आधिकारिक लॉग-बुक में दर्ज की जाती है।

वो कहाँ है?

कहीं नहीं...

यह कैसे हो सकता है? और हमारे मिडिया को क्या हो गया? उन्होंने सवाल क्यों नहीं किये? क्या यह संभव है कि नैयर और प्रकाश ने इस बारे में आपस में कोई बातचीत न की हो? उनकी पत्रकारिता की निष्ठा को क्या हो गया था?

प्रकाश ने सही सवाल पूछे–'भारत के प्रधानमंत्री पर ऐसे कौन-से दबाव बनाये गये थे, जिनके कारण उन्हें जीवन से ही हाथ धोना पड़ गया? शीत-युद्ध में क्या यह पाकिस्तान को अमेरिका से दूर करने के लिये सोवियत संघ का कोई नया हथकंडा था जिसने शास्त्री की जान ले ली? विदेश-कार्यालय में ऐसे कौन से दिग्गज बैठे थे, जिन्होंने सोवियत संघ की इच्छाओं को पूरा करने के लिये प्रधानमंत्री पर हस्ताक्षर करने का दबाव बनाया? आज तक यह रहस्य केवल रहस्य ही बना हुआ है क्योंकि आज तक किसी ने ताशकंद में हुई भारतीय प्रतिनिधिमंडल की आंतरिक वार्ता का कोई अभिलेख या दस्तावेज नहीं देखा। क्या उन अभिलेखों और दस्तावेजों को नष्ट कर दिया गया है? कोई कुछ नहीं बताता... और आज भी यह रहस्य ही बना हुआ है।'

यह रहस्य इसलिये बना हुआ है क्योंकि समझदार लोगों ने सवाल नहीं उठाये। क्या यह अजीब बात नहीं, कि ताशकंद समझौते से संबंधित 'गायब दस्तावेजों' के बारे में मीडिया में कोई विश्वसनीय लेख तक नहीं है? और किसी को कोई परवाह भी नहीं?

उनके शरीर पर सूजन, जगह-जगह चीरा लगाये जाने और खून के निशान से शास्त्री के परिवार को शंका हो गयी थी कि कुछ गड़बड़ है। उनके दामाद और दो पुत्रों ने कार्यवाहक प्रधानमंत्री गुलजारीलाल नंदा और गृह-सचिव से पोस्ट-मॉर्टम करवाने के लिये, औपचारिक अनुरोध भी किया था पर कुछ भी नहीं किया गया।

शास्त्री के नाती-संजय नाथ सिंह ने मुझे बताया कि 'हमें अनाधिकारिक तौर से बताया गया कि यदि उस समय पोस्ट-मॉर्टम किया जाता तो लोगों में भ्रम और संदेह की स्थिति पैदा हो सकती थी।'

अगर इसे मान भी लिया जाये तो ऐसा कौन था जिसने यह सोचा था कि पोस्ट-मॉर्टम से भ्रम और संदेह की स्थिति पैदा होगी? पोस्ट-मॉर्टम तो भ्रम और संदेह को मिटाने के लिये ही किया जाता है। यह बात, कौन सी खुफिया जानकारी पर आधारित थी? क्या पोस्ट-मॉर्टम न कराने वाली बात की चर्चा संबंधित मंत्रियों से की गयी? इस बारे में क्या उनके परिवार से पूछा गया? वह कौन-सा अधिकारी था जिसने परिवार के अनुरोध और सार्वजनिक आक्रोश के बावजूद पोस्ट-मॉर्टम करवाने से इन्कार कर दिया?

भले ही हमें शास्त्री की मौत के पीछे का सच न पता हो पर, एक सच हम अच्छे से जान गये थे कि किसी ने भी सवाल खड़े नहीं किये थे और जो थोड़े-बहुत सवाल किये गये, उनका जवाब सत्ता में बैठे लोगों ने कभी नहीं दिया।

जब रूसी रसोइयों को गिरफ्तार किया गया तो आखिर भारतीय अधिकारियों ने इस बात को उठाया क्यों नहीं?

उन्होंने पोस्ट-मॉर्टम की माँग क्यों नहीं की?

जब रूसी अधिकारियों को यह संदेह था कि उन्हें जहर दिया गया है तो इसके बावजूद उन्होंने भी पोस्ट-मॉर्टम क्यों नहीं किया?

उनका शरीर नीला क्यों पड़ गया था? जबकि, मृत्यु के कुछ ही घंटों के अंदर उनके शरीर को ताशकंद से ले आया गया था और तब ताशकंद में शून्य से भी कम का तापमान था और दिल्ली में भी जनवरी के महीने में कड़कड़ाती ठंड थी, तो फिर शरीर नीला कैसे पड़ गया था?

उनके शरीर पर जगह-जगह चीरा लगाने के निशान क्यों थे?

पत्रकारों ने यह सवाल वरिष्ठ मंत्री सरदार स्वर्ण सिंह और यशवंत राव चह्वाण से क्यों नहीं किये?

शास्त्री के स्वास्थ्य के रिकॉर्डों को किसने गायब किया?

शास्त्री की मृत्यु के प्रति इतनी तटस्थता और अनदेखी क्यों थी?

'सर, एक बार सोच कर देखिये कि अगर शास्त्री की जगह इस समझौते पर हस्ताक्षर करने, नेहरू जाते और वहाँ पर उनकी मृत्यु, बिलकुल ऐसे ही हो जाती... क्या फिर भी ये लोग इस तरह से अनदेखी करते?'–डॉक्साब से पूछा।

मेरे पास कोई उत्तर न था पर एक बात मेरे दिमाग में अटक गयी थी–ऐसा लगता है कि हर कोई सरकार के साथ चला गया था और बस सरकार की 'हाँ में हाँ' मिलाये चले जा रहा था पर सवाल यह उठता है कि शास्त्री की मृत्यु के बाद आखिर सरकार कौन चला रहा था?

15

खोया हुआ धर्म

हमारी जाँच समिति के सभी सदस्य, शास्त्री की मृत्यु से संबंधित चल रही अन्य बातों पर गहनता से सोच-विचार और तर्कों के आधार पर उनकी समीक्षा करने के लिये बैठ गये।

मैंने नियम निर्धारित किया कि किसी भी विषय पर चर्चा करने से पहले, हम सरकार के सभी आधिकारिक कथनों को देखेंगे, पढेंगे और उन्हें ध्यान से समझेंगे।

'सर, शास्त्री की मृत्यु पर संसद में 5-6 बार चर्चा की जा चुकी है। पहली बार यह बयान उनकी मृत्यु के एक महीने बाद, 16 फरवरी 1966 के दिन तत्कालीन विदेशमंत्री सरदार स्वर्ण सिंह, जो शास्त्री के साथ ताशकंद गये थे, द्वारा दिया गया था। फिर उसके चार साल बाद 2 और 4 अप्रैल 1970 में इस बारे में चर्चा की गयी जब सरकार शास्त्री की मृत्यु पर श्वेत-पत्र जारी करने पर मजबूर हो गयी थी। श्वेत-पत्र तत्कालीन गृहमंत्री यशवंत राव चह्वाण द्वारा जारी किया गया था'—डॉक्साब से हमें बताया।

'यह सही तरीका है। हम इस श्वेत-पत्र को एक प्रमाणित सरकारी दस्तावेज मानकर इसका अध्ययन करते हैं और फिर देखते हैं कि इसके विपरीत की गयी बातों में क्या तर्क हैं?'

'पर अगर सरकार ने अपने श्वेत-पत्र में कई रहस्यों का जिक्र ही नहीं किया है, तब?'—तृप्ति ने पूछा।

'किसी भी बहस में, एक मुख्य कहानी होती है और कई कपोलकल्पित किस्से। मुख्य कहानी हमेशा केंद्र में होती है और दस्तावेजी तथ्यों पर आधारित होती है, तथ्य जैसे संसद की चर्चाएँ, जाँच आयोग, पुलिस रिकॉर्ड या प्रतिष्ठित मीडिया रिपोर्ट्स, केवल राय नहीं'–मैंने कहा।

'तो मनगढंत कहानियाँ क्या हैं?'–पल्लवी ने पूछा।

'ऐसा कुछ भी जो कि प्रमाणित नहीं हो पर लोग फिर भी उसके बारे में बातें करते रहते हों'–मैंने जवाब दिया।

'तो फिर हम मीडिया रिपोर्ट, इंटरनेट पर ब्लॉग और लेखों को क्या माने?'

'यहाँ पर हमें अपनी बुद्धि का इस्तेमाल करना होगा। यह जरूरी नहीं कि हर एक बात जो लिख दी जाती है या छाप दी जाती है, वह सच ही हो।'

लोग हर उस बात पर विश्वास कर लेते हैं, जो लिख दी जाती है और यह दुनिया की सबसे बड़ी समस्या बन गयी है। इस बात का फायदा उठाते हुए हर प्रकार के लोग अपनी बात को साबित करने के लिये कुछ न कुछ लिखते रहते हैं। हम मिडिया के बारे में चाहे जो सोचते हों, पर असल में यह एक खेल बन कर रह गया है। अखबार में एक खबर छपती है–सही या गलत इससे कुछ फर्क नहीं पड़ता पर लोग उस पर सोचना शुरू कर देते हैं। फिर वही खबर और उस खबर से जुड़ी कई अन्य कहानियाँ आपको इंटरनेट पर दिखने लगती हैं। फिर यह खबर और इससे जुड़ी कई बातें, लोगों की चर्चाओं का विषय बन जाती हैं और अगर, यह विषय एक बार जनसमूह में फैल जाये, तो फिर बड़े-बड़े अखबार और टी.वी. चैनल इसे दिखाना शुरू कर देते हैं, चाहे वह खबर सच हो या झूठ, इससे कुछ फर्क नहीं पड़ता पर अब यह हर

किसी की जुबान पर होती है। फिर पूर्व–धारणाओं और पक्षपातों से ग्रस्त, यह समाज इस पर फैसला देने लग जाता है, तो अब शासन भी इसकी सच्चाई की परवाह किये बगैर, केवल जनता की नजरों में ऊँचा बना रहने के लिये एक जाँच कमेटी बना देता है। मिडिया को तारीफ मिल जाती है जिससे उसकी टी.आर.पी. बढ़ जाती है और इस प्रकार उसे अपार पैसा भी मिल जाता है। पैसे से जाँच कमेटी खरीद ली जाती है। मिडिया और भी ज्यादा ताकतवर बन जाता है। इस बात की समझिये–'सबसे ताकतवर वह नहीं जो सत्ता में है, बल्कि वह है, जो सत्ता में बैठे हुए लोगों को अपनी उंगली पर नचाता है। आज मिडिया और दलालों से ज्यादा ताकतवर कोई नहीं।'

'अगर किसी मुद्दे को लेकर मिडिया एकदम चुप हो तो उसका क्या कारण हो सकता है?'–पल्लवी ने पूछा!

'चुप रहकर भी किसी का साथ दिया जा सकता है। चुप रहने का कारण यह नहीं कि उन्हें सत्य का पता न हो।'

मैं इसको इस तरह तब जान पाया था जब मैंने प्रश्नों को समझकर उनके उत्तर देना शुरू कर दिये थे। कभी–कभी जब आप टूट जाते हैं तो ऐसे ही विविध विचारों का मिश्रण, चर्चा का एक विषय बन जाता है। इसीलिये एक लोकतांत्रिक और उदारवादी व्यवस्था में, चर्चा और बहस इतनी महत्वपूर्ण है। एक अच्छा संवाद टूटे हुए विचारों को मजबूत कर सकता है।

'क्या हम सब इस बात से सहमत हैं कि अब से हम केवल प्रामाणिक दस्तावेजों पर ही ध्यान देंगे और कही–सुनी हुई बातों पर बहस नहीं करेंगे?' पल्लवी ने प्रस्ताव रखा।

'बिलकुल सही... तो सबसे पहले हम आधिकरिक रिकॉर्ड पर चर्चा शुरू करते हैं'–यह कहते हुए जैसे मैंने पल्लवी की बात पर मुहर लगा दी।

सब लोग मुड़कर डॉक्साब की तरफ देखने लगे। मैंने उनकी शारीरिक मुद्रा में बदलाव देखा... डॉक्साब एक कोने से बाहर निकलकर एकदम बीच में आ गये थे। पद अनुक्रम के हिसाब से देखा जाये तो डॉक्साब सबसे नीचे की श्रेणी में आते थे पर अभी वे हम सब के ऊपर थे। जिसके पास जानकारी होती है वही सबसे महत्वपूर्ण हो जाता है।

डॉक्साब ने शास्त्री की आधिकारिक मेडिकल-रिपोर्ट पढ़ना शुरू की–'16 फरवरी 1966 को विदेशमंत्री सरदार स्वर्ण सिंह ने संसद को संबोधित करते हुए कहा–"सोवियत सरकार ने स्वर्गीय प्रधानमंत्री लाल बहादुर शास्त्री के ठहरने का इंतजाम खासतौर से एक बंगले में करवाया था। बंगले में उनके साथ उनके कुछ निजी कर्मचारियों को भी रुकवाने की व्यवस्था की गयी थी, जिनके नाम इस प्रकार हैं:

1. डॉक्टर आर.एन. चुघ, चिकित्सा अधिकारी
2. श्री आर. कपूर, सुरक्षा अधिकारी
3. श्री जे.एन. सहाय, निजी-सचिव
4. श्री एम.एम.एन. शर्मा, निजी-सहायक
5. श्री रामनाथ, निजी सेवादार

यह बंगला इनटूरिस्ट होटल से लगभग 250 गज की दूरी पर था जहाँ भारतीय प्रतिनिधिमंडल के अन्य सदस्य ठहरे हुए थे। प्रधानमंत्री के कमरे से सटे हुए कमरे चिकित्सा-अधिकारी और सुरक्षा-अधिकारी को आवंटित किये गये थे। अन्य सदस्यों को बंगले में दूसरे कमरों में रुकवाया गया था।"'

'अगर चिकित्सा-अधिकारी को शास्त्री के कमरे से लगे हुए कमरे में रुकवाया गया था तो शास्त्री चिकित्सा-अधिकारी के कमरे में

जाने के बजाय बैठक कक्ष और भोजन कक्ष पार कर रामनाथ के पास क्यों गये? क्या चिकित्सा-अधिकारी वहाँ मौजूद नहीं थे या मंत्री कुछ तथ्य छिपा रहे थे?'–मैंने पूछा।

'सर, प्लीज थोड़ा रुकिये। अभी तो यह शुरुआत है'–डॉक्साब मुस्कुराते हुए बोले।

'क्या यह वही लड़का है जो कुछ दिन पहले प्रतापगढ़ से आया था, जिसके कंधे झुके-झुके से रहते थे और जिसके अंदर आत्म-विश्वास की कमी झलकती थी? ज्ञान, वह शक्ति है जो किसी भी आदमी को उसके अंदर के आत्मविश्वास की खोज करा सकती है।' मैं चुपचाप सोच रहा था।

डॉक्साब ने आगे पढ़ना शुरू किया–'10 जनवरी 1966 को, सोवियत संघ मंत्री-परिषद के अध्यक्ष श्री कोसिगिन द्वारा आयोजित, स्वागत समारोह में कुछ देर रुकने के उपरांत, रात लगभग 10 बजे के कुछ देर बाद, प्रधानमंत्री बंगले पर वापस पहुँचे। वे सीधे अपने कमरे में दाखिल हुए और रात करीब 10:30 बजे उनके रसोइये रामनाथ ने उन्हें खाना परोसा। कुछ देर बाद प्रधानमंत्री बाहर आये और उन्होंने भारतीय न्यूजरील के दो फोटोग्राफरों को खिड़की के बाहर से अपनी तस्वीरें लेने की अनुमति दी। फिर कुछ देर उन्होंने फोन पर अपने परिवार से बातचीत की। रात 12:30 बजे उन्होंने रामनाथ को जाकर खाना खा लेने को कहा। रामनाथ कमरे की बत्ती बुझाकर साथ वाले कमरे में चले गये जहाँ अन्य सदस्य सुबह, वहाँ से रवाना होने की तैयारी कर रहे थे। कुछ देर बाद, रात के लगभग 1:20 बजे जब प्रधानमंत्री के निजी कर्मचारी 11 जनवरी की सुबह वापस आने के लिये सामान बाँध रहे थे, तब उन्होने देखा कि प्रधानमंत्री उनके दरवाजे पर खड़े हुए हैं और डॉक्टर के बारे में पूछ रहे हैं। श्री कपूर और श्री शर्मा जल्दी से

आगे बढ़े और प्रधानमंत्री को उनके कमरे तक पहुँचाने में मदद करने लगे और श्री सहाय ने डॉक्टर चुघ को जगाया जो फुर्ती से प्रधानमंत्री कक्ष में पहुँचे।'

'डॉक्टर चुघ ने प्रधानमंत्री की जाँच करना शुरू कर दी और उन्होंने प्रधानमंत्री के निजी सचिव श्री सहाय से वहाँ के स्थानीय डॉक्टरों को भी बुलाने के लिये कहा जिसका प्रबंध वहाँ पर मौजूद सोवियत संघ के सुरक्षा अधिकारी ने तुरंत कर दिया। रात 1:32 तक प्रधानमंत्री को होश नहीं आया, उनकी नब्ज नहीं मिल रही थी, उनके दिल की धड़कने नहीं सुनी जा सकती थीं और उनकी साँसे भी थम चुकी थीं। इंट्रा-मस्क्युलर इंजेक्शन, आर्टफिशियल रेस्पिरेशन, और मालिश करने के डॉक्टर चुघ के प्रयास कोई काम न आ सके। कुछ ही मिनटों में कोसिगिन के व्यक्तिगत आदेश पर रूसी डॉक्टरों की एक टीम वहाँ पर पहुँच गयी पर उच्च स्वास्थ्य व्यवस्था होने के बाद भी उन्हें बचाया न जा सका।'

'ताशकंद में रहने के दौरान, प्रधानमंत्री का स्वास्थ्य बिलकुल ठीक प्रतीत होता था। मैं, मेरे सहयोगी, रक्षामंत्री और साथ ही प्रतिनिधिमंडल के अन्य सभी सदस्य, प्रतिदिन उनके साथ लम्बा समय व्यतीत करते थे। वह तनावमुक्त और प्रसन्न नजर आते थे। उनका दैनिक कार्यक्रम दिल्ली की तुलना में कम तनाव भरा होता था, और न तो उन्होंने कभी अस्वस्थ होने की शिकायत की और न उनमें थकान या तनाव के कोई लक्षण नजर आये।'

10 जनवरी 1966 को शास्त्री बिलकुल स्वस्थ और तनावमुक्त लग रहे थे और यह तो उन लोगों के लिये बहुत अच्छी खबर थी जो देश और शास्त्री के प्रति कामनाएँ करते थे। पर देश इस बात पर भरोसा कैसे कर सकता था? केवल इसलिये, कि यह बात एक

मंत्री कह रहे थे? और वो भी वह मंत्री जो उस खेमे से सम्बन्ध रखते थे जिनके ऊपर लापरवाही बरतने के आरोप थे।

'डॉक्साब, किसी तरह का कोई रिकॉर्ड... जैसे उनके स्वास्थ्य से संबंधित पर्चे आदि या विदेश-मंत्रालय की लॉग-बुक?'-मैंने पूछा!

'कुछ नहीं'-डॉक्साब ने बताया।

'कुछ भी नहीं'-तृप्ति ने व्यंग करते हुए कहा।

एक बहुत बड़ा सवाल तो यह था कि पोस्ट-मॉर्टम क्यों नहीं करवाया गया और अब दूसरा बड़ा सवाल यह बन गया था कि सारे रिकॉर्ड कहाँ गुम कर दिये गए थे, जिसके कारण हमारे लिये सच तक पहुँच पाना बहुत मुश्किल बनता जा रहा था। शास्त्री भारत के प्रधानमंत्री थे। प्रधानमंत्री के साथ कम-से-कम एक डॉक्टर तो हमेशा रहता है जिसका काम प्रधानमंत्री की पल्स, रक्तचाप और अन्य स्वास्थ्य संबंधी मामलों की जाँच कर एक लॉग-बुक में दैनिक आधार पर दर्ज करना होता है। यह लॉग-बुक राज्य की संपत्ति होती है। यह एक आधिकारिक दस्तावेज होता है। यह बहुत दु:ख की बात है कि शास्त्री के मामले में यह दस्तावेज गायब थे। यह कैसे हो सकता है? इतने महत्वपूर्ण दस्तावेज कैसे गुम हो सकते हैं? क्या मंत्री द्वारा कही गयी बात पर जाँच करवानी चाहिये थी?

इस तरह के प्रश्न लोकतंत्र में हर किसी जागरूक नागरिक के दिल में उठते हैं और ऐसा नहीं कि पहले इस तरह के सवाल संसद के अंदर या बाहर उठाये नहीं गये, पर जिस मिडिया को सबसे पहले यह सवाल खड़े करने चाहिये थे, सिर्फ उस मिडिया ने इस मुद्दे पर बात नहीं की-वह मिडिया जिसे लोकतंत्र का प्रहरी कहा जाता है।

टी.एन. सिंह, जो पहले सांसद थे और बाद में उत्तर प्रदेश के मुख्यमंत्री और फिर पश्चिम बंगाल के राज्यपाल भी रहे, ने सरकार के बयान पर वाजिब सवाल खड़े किये थे। उनका कहना था, 'मुझे लगता है कि डॉक्टर को उनके रक्तचाप, नाड़ी और स्वास्थ्य से जुड़ी अन्य सभी चीजों के बारे में चार्ट बनाना चाहिये था, वह कहाँ है? मेरा दावा है कि इसे कभी बनाया ही नहीं गया है इसलिये इसे कभी पेश भी नहीं किया जा सकता और अगर बनाया गया है तो मेरी माँग है कि उस चार्ट को जब्त किया जाये। हम यह कह कर नहीं बच सकते कि, वह गुम हो गया।'

उत्तर प्रदेश से एक और सम्मानित संसद सदस्य, एम.पी. भार्गव, जो शास्त्री को बहुत करीब से जानते थे, ने भी संसद द्वारा उपलब्ध कराये गये दस्तावेजों पर चिंता जतायी थी और यही सवाल उठाये थे–'...इस बात को समझा जाना बहुत जरूरी है कि शास्त्री की निजी डायरी कहाँ है, जो उन्हें रोज लिखने की आदत थी। और वह बजर वाला टेलीफोन कहाँ है? जिसे उनकी मृत्यु के समय उस कमरे में रखा होना चाहिये था और "जिसका इस्तेमाल भी किया जा सकता था।" वह सब कुछ गुम हो गया था जिनमें सबसे अहम सबूत थे... डॉक्टर की डायरी, शास्त्री की डायरी, वह थर्मस... सरकार को यह साफ करना होगा कि इस तरह जानबूझकर सदन को गुमराह क्यों किया जा रहा है।'

एम.एम.एस. सिद्धू ने भी कुछ सही सवाल किये, जो खुद एक डॉक्टर भी रहे हैं–'मैं माननीय मंत्री जी से पूछना चाहूँगा कि क्या यह सच है कि लाल बहादुर शास्त्री स्वस्थ और खुश लग रहे थे, क्या चिकित्सा प्रणाली के अनुसार इलेक्ट्रोकार्डियोग्राम का उपयोग कर उनकी जाँच की गयी थी, उनका रक्तचाप नापा गया था, मैं यह जानना चाहता हूँ कि जितने भी दिन वे वहाँ रहे, क्या दैनिक

आधार पर उनके स्वास्थ्य की जाँच की गयी या नहीं, और यदि की गयी तो सदन में उसकी रिपोर्ट प्रस्तुत की जाये।'

सदन में कभी कोई रिपोर्ट प्रस्तुत नहीं की गयी। यह हमारा दुर्भाग्य है कि हमारे देश के लोकतंत्र का नीति वाक्य 'सत्यमेव जयते' है।

जब हमने आर.टी.आई. फाइल की थी तब सरकार ने हमें यह जवाब दिया था कि सरकार के पास कोई दस्तावेज उपलब्ध नहीं और एक बार को मैं सरकार की यह बात मानने को तैयार भी था कि 53 वर्षों के बाद, इस बात की थोड़ी संभावना हो सकती है कि दस्तावेज खो गये हों क्योंकि सरकार के लिये यह सामान्य बात है कि सरकार जो दस्तावेज, मतदान देने वाले नागरिकों और मिडिया से छिपाना चाहती है वह या तो गुम हो जाते हैं, या पानी में बह जाते हैं या आग में जल जाते हैं। पर यह बात मेरी समझ के परे थी कि शास्त्री की मृत्यु के केवल एक महीने के बाद जब संसद के सम्मानित सदस्यों ने सरकार से शास्त्री की निजी डायरी और अन्य सामान, जैसे कि डॉक्टर का मेडिकल लॉग, विदेश मंत्रालय द्वारा की गयी मुलाकातों का लॉग, 7 दिनों तक चले ताशकंद समझौते में हुई मुलाकातों का विस्तार, आदि की माँग रखी तो सरकार, आखिर यह सब उपलब्ध क्यों नहीं करा पायी? क्या उन्हें एकत्र नहीं किया गया था? या वो सब उनके पास थे पर दिखाना नहीं चाहते थे? क्या वो गुम हो गये थे? क्या उन्हें उठाया नहीं गया था? आखिर ऐसी क्या बात थी कि इतने बड़े-बड़े लोगों के बवाल मचाने के बावजूद, विवाद की परिस्थिति में, सरकार एक चीज भी पेश नहीं कर पायी?

मेरे हिसाब से पूरी कहानी में यह सबसे बड़ा रहस्य था-भोली-भाली जनता से बहुत बड़ा विश्वासघात।

राजनीति में यह कहावत है कि अगर किसी विवाद को खत्म करना है तो उसके सारे सबूत जड़ से मिटा दो। ऐसा तो मुगल आक्रमणकारियों ने किया था जब उन्होंने भारतीय बौद्धिक संपदा और अभिलेखों को लूटा था। यह सच है कि मंदिरों में मूर्तियों को इसलिये नष्ट कर दिया गया था क्योंकि मुसलमान मूर्ति-पूजा में विश्वास नहीं करते थे लेकिन इसका असली कारण यह था कि भारत में मंदिरों में पारंपरिक प्रलेख रखे जाते थे जो कि ज्ञान के केंद्र भी माने जाते थे और वे इन्हें नष्ट कर देना चाहते थे। अभिलेखों को नष्ट करने की परंपरा उस समय से जारी है जब तुर्की के लुटेरे, मुहम्मद बिन बख्तियार खिलजी ने 12वीं शताब्दी में नालंदा के उस विश्वविद्यालय को जला दिया था जिसे इतिहास में दर्ज विश्व का पहला महान विश्वविद्यालय माना जाता था। कहा जाता है कि बुद्ध अपने जीवनकाल में नालंदा भी गये थे। यह भी कहा जाता है कि खिलजी ने जब यहाँ पर आग लगायी थी, तब यह संग्रह और उनके करोड़ों-अरबों संस्करण कई महीनों तक जलते रहे थे। यह अत्यंत दुर्भाग्यपूर्ण है कि नालंदा का पुस्तकालय इस तरह जला दिया गया जिसे *धर्म-गुंज* जिसका अर्थ होता है सत्य का पर्वत या *धर्म-गंज* जिसका अर्थ होता है सत्य का भंडार, के नाम से जाना जाता था और यहीं पर ज्ञान का सबसे विख्यात सागर था।

मेरे पापा, प्राच्य विद्या के विद्वान थे। मैं विद्वान तो नहीं पर यह जानता हूँ कि अंग्रेजों ने सत्य को नष्ट करने का एक अनूठा तरीका अपनाया था। उन्होंने दुनिया को हमारे इतिहास के बारे में बहुत सफाई से झुठलाकर बतलाया और इसकी शुरुआत की उन्होंने ऋषि मनु द्वारा लिखी मनुस्मृति से, जो धर्म पर लिखा गया पहला ग्रन्थ है। भारत पर अपने अनैतिक कब्जे को उचित ठहराने के लिये अंग्रेजों ने मनुस्मृति को विकृत कर भारत को प्रतिगामी,

कट्टरपंथी और असमानता में विश्वास रखने वाले समाज के रूप में दर्शाया। अंग्रेजों ने भारत के इतिहास और साहित्य को विकृत कर भारत के बारे में एक नयी और भद्दी धारणा बना दी जिसका उपयोग कर कम्युनिस्टों ने हिंदू सभ्यता के खिलाफ बौद्धिक और सांस्कृतिक युद्ध छेड़ दिया। अंग्रेजों ने आर्य आक्रमण के सिद्धांतों को बहुत ही बेतुके ढंग से दर्शाया जिन्हें अब पुरातत्ववेत्ताओं ने वैज्ञानिक सबूतों के आधार पर ध्वस्त कर दिया।

स्वतंत्रता के बाद सरकार ने भी वही पुराना रवैया अपनाया जैसे चीजों को छुपाना, कागजों से छेड़खानी करना या दस्तावेजों का आग में जल जाना। अगर कोई इसे अनुक्रम में लगाकर देखे तो आपको ऐसा कोई साल नहीं मिलेगा जहाँ आपको सरकार के महत्वपूर्ण दस्तावेजों का आग में जल जाने की खबर न मिले। ऐसी प्राकृतिक आपदा के लिये किसी को भी जिम्मेदार नहीं ठहराया जा सकता। आखिरकार, सच्चाई का अभाव कभी भी अपराध की श्रेणी में नहीं आता।

उस रात जब मैंने अपने ऑफिस की खिड़की के बाहर देखा तो समुद्र शांत था और उसमें एक स्थिरता प्रतीत हो रही थी। हवाएँ भी शांत थी और माहौल में सन्नाटा छाया हुआ था। सन्नाटा इतना गहरा था कि मैं खुद अपने विचारों की ध्वनि, अपने कानों में महसूस कर पा रहा था। खिड़की पर अकेला खड़ा, मैं टकटकी लगाकर, जुगनुओं को देख रहा था और मेरे कानों में धधकती आग की लपटों की आवाज गूँज रही थी–वह आग जिसने नालंदा को जलाकर भस्म कर दिया था–उस भस्म से जले हुए भिक्षुओं की पुकार भी मेरे कानों में गूँज रही थी–कोई *धर्म-गुंज* की रक्षा करो... कोई *धर्म-गंज* की रक्षा करो।

16

डाचा, घंटी और बजर

सुबह आँख खुलने और बिस्तर छोड़ने के बीच का समय सबसे सुन्दर समय होता है जब आप बस यूँ ही बिस्तर पर लेटे रहते हैं और आपको लगता है कि यह समय कभी समाप्त न हो–शायद ऐसा ही आनंद स्वर्ग में आता होगा। मुझे यह समय बहुत अच्छा लगता है और मैं इस समय को 'हेवेन्ली जोन' कहता हूँ।

सुबह, जब मैं बिस्तर पर लेटा था तभी मेरे कानों में पल्लवी की आवाज पड़ी। 'जब सारे रिकॉर्ड ही गायब हैं तो हम सच तक कैसे पहुँच सकते हैं?'–लगता है पल्लवी, रात-भर ढंग से सो भी न सकी।

सामान्य परिस्थिति में इस समय अगर कोई काम की बात कर देता, तो मैं चिढ़ जाता पर उस दिन मुझे बुरा नहीं लगा। बल्कि सच बताऊँ तो मुझे खुशी हुई क्योंकि मैं यह जान गया था कि अब यह लड़ाई सैद्धान्तिक न होकर व्यक्तिगत बन चुकी थी। अगर रात सोने से पहले और सुबह उठने के ठीक बाद आपके मन में एक ही सवाल चल रहा हो तो समझ लेना वह आपके जीवन में उतर चुका है और क्रिएटिव लोगों के लिये ऐसा जुनून अच्छा होता है।

'बताओ न, अब हम क्या करेंगे?'–पल्लवी इस सवाल से बाहर नहीं निकल पा रही थी।

'हमारा काम सवाल पूछना है... उनका जवाब ढूँढ़ना नहीं, और जैसा मैं देख पा रहा हूँ... हमारे पास सवाल ही सवाल हैं... और यह सवाल ही हमें सच तक ले जायेंगे।'

'कैसे ले जायेंगे?'

'यह मैं नहीं जानता।'

मैंने जल्दी से अपना बिस्तर छोड़ दिया और यह जानते हुए भी कि डॉक्साब देर से उठते हैं, उन्हें फोन लगाया और जल्दी पहुँचने को कहा। दूसरी तरफ पल्लवी ने तृप्ति को फोन लगा दिया था। अभी पूरी दुनिया की ढंग से सुबह भी नहीं हुई थी और हम सच खोजने निकल पड़े थे।

'जब शास्त्री के ताशकंद में ठहरने की व्यवस्था के बारे में सवाल किया गया था तब स्वर्ण सिंह ने संसद में कहा था, "प्रधानमंत्री के ताशकंद में ठहरने की व्यवस्था मास्को में हमारे राजदूत के परामर्श से और उनकी देख-रेख में की गयी थी। वह सब कुछ जो संभवतः दिवंगत प्रधानमंत्री की सहूलियत और सुविधा के लिये किया जा सकता था, सोवियत संघ की सरकार द्वारा किया गया था।"'–मैंने कहा।

'तो इसमें गलत क्या है?'–पल्लवी ने पूछा।

'यह आपको तब पता चलेगा जब आप एक बार संसद में की गयी बहस और विपक्ष और काँग्रेस के कुछ लोगों द्वारा लाये गये तथ्यों को सुन लेगी'–डॉक्साब का जवाब आया।

प्रधानमंत्री के ठहरने की व्यवस्था पर संसद में सबसे पहले सवाल एम.पी. भार्गव ने उठाया था। उन्होंने प्रधानमंत्री के रुकने के स्थान में आखिरी पल परिवर्तन किये जाने पर शंका जतायी थी जब वह इनटूरिस्ट होटल से एक डाचा में स्थानांतरित कर दिया गया था। संसदीय रिकॉर्ड के अनुसार, उन्होंने पूछा था–'क्या मैं

माननीय मंत्री से यह जान सकता हूँ, कि क्या यह सच है कि रूसी सरकार दिवंगत प्रधानमंत्री, लाल बहादुर शास्त्री को उसी भवन में अन्य सभी भारतीय प्रतिनिधिमंडल के साथ रुकवाना चाहती थी, जहाँ उन्होंने चौबीस घंटे हृदय विशेषज्ञों की व्यवस्था भी कर रखी थी। स्वर्गीय प्रधानमंत्री के लिये उन्होंने, वहाँ पर, एक कमरे की भी व्यवस्था कर रखी थी जो हर प्रकार की सुविधाओं से लैस था। मैं यह भी जानना चाहूँगा कि किन परिस्थितियों में प्रधानमंत्री के कार्यक्रम में भवन से डाचा में ठहरने का परिवर्तन किया गया जहाँ वे वास्तव में रुके थे।'

इस पर सरदार स्वर्ण सिंह ने अपना आधिकारिक जवाब दिया था जो संसदीय रिकार्डों में उपलब्ध है–'प्रधानमंत्री जिस बंगले में रुके थे वह शुरू से ही उनके लिये आरक्षित किया गया था। यह कहना गलत है कि उन्हें इसके अलावा किसी अन्य स्थान पर रुकवाने की कोई व्यवस्था की गयी थी। बिलकुल शुरुआत से ही, वहाँ पर रसोई, रसोइया और नौकरों सहित सभी व्यवस्थाएँ उपलब्ध करायी गयीं थीं... और यह एक अच्छा संकेत भी था, क्योंकि वह बंगला पूरी तरह से सुसज्जित था और हम सभी प्रतिनिधिमंडल के अन्य सदस्य, अलग जगह पर रुके थे। यह कहना बिलकुल गलत है कि पहले उनके रुकने का स्थान कहीं और तय किया गया था और फिर बाद में वह बदल दिया गया था।'

'किसी भी बात की एक हद होती है। किसी की मृत्यु पर अगर कोई थोड़ा-सा भी शक पैदा कर दे तो लोग बढ़ा-चढ़ा कर उसकी मनगढ़ंत कहानियाँ बना देते हैं... मैं भार्गव की बात नहीं मानती... कम-से-कम पी.एम. के ठहरने को लेकर आप इस तरह की कहानियाँ नहीं बना सकते।' पल्लवी, भार्गव की बात मानने को तैयार नहीं थी।

'मैडम, बात यहाँ खत्म नहीं हुई... चार साल बाद, इस बात ने संसद में तूफान खड़ा कर दिया था'–डॉक्साब ने जवाब में कहा।

यह सच है कि 4 साल बाद, जब इंदिरा गाँधी का शासन, यह बात, आम जनता को समझाने में विफल हो गया था और मीडिया मूक-दर्शक बना बैठा रहा, तब संसद के कुछ सदस्यों ने लोगों की चिंता का प्रतिनिधित्व किया और फिर 2 अप्रैल 1970 को एक लंबी बहस शुरू हुई जो 4 दिन तक चली। इस बार जवाब देने की जिम्मेदारी यशवंत राव चह्वाण की थी जो तत्कालीन गृहमंत्री थे।

सबसे भयावह हमला, समाजवादी नेता राज नारायण द्वारा किया गया था, जिन्होंने बाद में इंदिरा गाँधी को सत्ता के दुरुपयोग करने के लिये इलाहाबाद उच्च न्यायालय में चुनौती भी दी थी। न्यायालय ने उन्हें दोषी ठहराया था और उच्च न्यायालय के फैसले को रद्द करने के लिये, इंदिरा ने आपातकाल लागू कर दिया था–वह आपातकाल जो भारतीय लोकतंत्र का सबसे काला अध्याय है।

राज नारायण ने बहस शुरू की–'क्या यह सच नहीं है कि शास्त्री पहले कहीं और ठहरने वाले थे, लेकिन श्री टी.एन. कौल की सलाह पर, जो मॉस्को में हमारे राजदूत हैं, उनके ठहरने का स्थान बदल दिया गया था? अगर यह सच है, तो ऐसा क्यों किया गया? माननीय टी.एन. सिंह ने यह साबित किया है कि कमरा छोटा था इसलिये रामनाथ को शास्त्री के कमरे से दूर, एक कमरे में ठहराया गया। जिस प्रधानमंत्री की सुरक्षा को लेकर सवाल थे, जिनके स्वास्थ्य को लेकर चिंताएँ थीं उनके सेवक का कमरा उनके बगल वाले कमरे में क्यों नहीं रखा गया? क्या राष्ट्र को ऐसे सवाल नहीं पूछने चाहिये?'

एम.पी. भार्गव ने कुछ और सवाल किये–'क्या यह सच है या नहीं कि भारत-सरकार द्वारा एक टेलीग्राम प्राप्त किया गया था जिसमे, रूस में पदस्थ राजदूत का अनुरोध था कि अन्य प्रतिनिधियों को शास्त्री के साथ नहीं रखा जाना चाहिये और होटल के पास "विशेष बंगले" में सारी व्यवस्था की जानी चाहिये? वह टेलीग्राम कहाँ है जो भारत सरकार द्वारा भेजा गया था और जिसमें शास्त्री को उनके प्रतिनिधिमंडल से अलग ठहराने वाली बात मान ली गयी थी?'

4 अप्रैल 1970 को, यशवंत राव चह्वाण द्वारा, भार्गव और नारायण के प्रश्नों का उत्तर दिया गया था, जिन्होंने अपना बचाव करते हुए विपक्ष द्वारा लगाये सभी आरोपों का खंडन किया था। उनका कहना था–'बंगले में बैठक करने के लिये एक कक्ष अलग से भी दिया गया था जहाँ पर शास्त्री अपनी बैठकें कर सकते थे जबकि गेस्ट हॉउस में पूरे प्रतिनिधि-मंडल के लिये केवल एक भोजन कक्ष ही था... श्री भार्गव ने एक प्रश्न 11 अगस्त 1967 के दिन भी किया था और उन्होंने पूछा था कि क्या उक्त व्यवस्था हमारे सुरक्षा अधिकारियों द्वारा अस्वीकृत की गयी थी, लेकिन हम इस बात से इंकार करते हैं। उन्होंने यह भी पूछा था कि क्या हमें कोई टेलीग्राम मिला था ...तो मैं यह दोहराता हूँ कि हमारे पास ऐसा कोई टेलीग्राम नहीं आया था।'

तमिलनाडु के एक सांसद आर.टी. पार्थसारथी ने कुछ महत्वपूर्ण सवाल उठाये थे जो अब तक किसी भी अन्य सदस्य द्वारा नहीं उठाये गये थे–'मैं यह बताना चाहूँगा कि जैसे ही पी.एम. के ताशकंद में रुकने की योजना पर काम शुरू किया गया, केंद्र सरकार से एक डी.आई.जी. ताशकंद गये और उन्होंने होटल को

परखा और इसे मंजूरी दी। मंजूरी देने का विशेष कारण यह था कि वहाँ भू-तल पर ऑक्सीजन और अन्य व्यवस्थाओं से लैस ऑपरेशन-थियेटर के लिये प्रावधान था जहाँ घुमावदार सीढ़ियों के बिना पहुँचा जा सकता था। पर उनकी स्वीकृती के ठीक 2 दिन बाद मॉस्को से एक "विशेष-व्यक्ति" द्वारा हस्तक्षेप किया गया–जिस व्यक्ति की साख बहुत ऊँची थी और उनका लिया गया निर्णय रद्द कर दिया गया। किसके निर्देश पर यह निर्णय रद्द कर दिया गया था? उनके रुकने की व्यवस्था का स्थान बदला गया और उस बंगले में कर दिया गया जहाँ ऑक्सीजन और ऑपरेशन थियेटर के लिये कोई प्रावधान नहीं था। और पहले स्थान के मुकाबले यह स्थान शास्त्री के लिये अनुकूल भी नहीं था क्योंकि यहाँ पर शास्त्री के कमरे तक पहुँचने के लिये 30 फिट ऊँची, घुमावदार सीढ़ियां पार करनी पड़ती थीं। ऐसा क्यों किया गया? इस तथ्य के बावजूद कि डी.आई.जी. की ओर से एक टेलीग्राम भेजा गया था जिसमें कहा गया था कि वे पूरी बात को स्वीकार नहीं करते... तब ऐसा क्या था कि अधिकारियों ने उन्हें बंगले में रुकवाने का फैसला किया... और उस जगह नहीं जो पूर्व-निर्धारित की गयी थी... जहाँ ऑपरेशन थियेटर भी था और घुमावदार सीढ़ियां भी न थीं। उन्होंने रूसी सरकार द्वारा पहले से निर्धारित स्थान को आखिर क्यों बदला?'

'मंत्रियों ने इन सवालों का कोई जवाब नहीं दिया और आज तक इस पर कोई आधिकारिक स्पष्टीकरण भी नहीं आया'–डॉक्साब ने हमें बताया।

'मेरा मानना है कि संसद में अगर कोई सवाल, या संदेह, यहाँ तक कि कोई थोड़ी सी चिंता भी जाहिर करता है तो उसका जवाब

दिया जाना चाहिये और उसे एक निष्कर्ष तक पहुँचाना चाहिये। संसद और है किसलिये?'–पल्लवी ने कहा।

'बिलकुल ठीक। वे जन-प्रतिनिधि हैं। आखिर सरकार लोगों की सेवा करने के लिये बनी है और यदि भारत के लोग ही सरकार पर संदेह करना शुरू कर देते हैं तो किसी एजेंसी की मदद द्वारा उस संदेह को दूर किया जाना चाहिये। तर्क के आधार पर उठाये गये प्रश्नों का जवाब न देकर, लोकतांत्रिक कर्तव्य का पालन नहीं किया गया'–मैंने पल्लवी की बात का समर्थन करते हुए कहा।

'क्या पता पार्थसारथी मनगढ़ंत बात कर रहे हों... खुद ही अपने मन से कोई कहानी बना ली हो... अपने किसी एजेंडा को पूरा करने के लिये...'–तृप्ति ने अपनी शंका जाहिर की।

'उस स्थिति में सरकार के लिये यह स्पष्ट करना और भी अधिक महत्वपूर्ण हो जाता है, अन्यथा एक झूठी कथा कल का सच बन जायेगी'–मैंने जवाब दिया।

'अगर आज की कही झूठी कथा को शुरू से ही उजागर न किया गया और उसे रोका न गया तो वह कल का सच बन जायेगी। लेकिन समस्या यह थी कि बिना सबूतों के एक ऐसी बहस में जहाँ दोनों ही पक्ष ठीक लगें, आपको कैसे पता चलेगा कि दोनों में से सच कौन बोल रहा है?'–मैंने जोर देते हुए पूछा।

'अगर सरकार द्वारा बतायी बात हम मान लें तब भी एक बात जो मुझे परेशान कर रही थी वह यह है कि आखिर प्रधानमंत्री को चलकर रामनाथ के कमरे तक क्यों जाना पड़ा जब डॉक्टर बगल वाले कमरे में ही मौजूद थे?'–पल्लवी ने मेरी बात को सुनकर कहा।

'हो सकता है वे पहले वहाँ गये हों पर डॉक्टर वहाँ मौजूद ही न हों'–तृप्ति ने कहा।

'पर सवाल यह उठता है कि आखिर उन्हें चलकर जाना ही क्यों पड़ा? उन्होंने इंटरकॉम, बजर या घंटी का इस्तेमाल क्यों नहीं किया?'–पल्लवी ने फिर से प्रश्न पूछा।

क्या कोई व्यक्ति जिसे दिल का दौरा पड़ा हो, वह इतनी दूर पैदल चलकर, डॉक्टर का कमरा पार कर, अपने सहायक को बुलाने जायेगा या वह सिर्फ बजर दबायेगा जिसकी आवाज हर किसी को सचेत कर सकती है?–मैंने पूछा।

हमने सरकार द्वारा जारी किये गये श्वेत-पत्र को पुनः गहनता के साथ अध्ययन करने का फैसला लिया। सरदार स्वर्ण सिंह ने उस रात घटी घटनाओं का ज्यों का त्यों वर्णन किया था। 'प्रधानमंत्री के कमरे में आंतरिक और अंतर्राष्ट्रीय कॉल करने के लिये दो टेलीफोन के अलावा, एक तीसरा टेलीफोन भी था, जिसमें बजर लगा था जिसे केवल रिसीवर उठाकर सक्रिय किया जा सकता था। यह टेलीफोन जरूरत पड़ने पर प्रधानमंत्री को अपने किसी भी निजी कर्मचारी या डॉक्टर को बुलाने के लिये उपलब्ध करवाया गया था। जैसा कि पहले भी उल्लेख किया गया है, 10 जनवरी 1966 को दिवंगत प्रधानमंत्री सोवियत संघ मंत्रि-परिषद के अध्यक्ष द्वारा दिये गये स्वागत समारोह में कुछ देर रुकने के बाद, रात 10 बजे अपने बंगले पर वापस लौट आये। वह सीधे अपने कक्ष में दाखिल हुए जहाँ रात लगभग 10:30 बजे उन्हें खाना परोसा गया। कुछ समय बाद उन्होंने एक फोटोशूट करवाया; फिर कुछ देर उन्होंने टेलीफोन पर अपने परिवार से बातचीत की। रात लगभग 1:20 पर वह अपने निजी-सहायक के कमरे पर डॉक्टर के बारे

में पूछते हुए पाये गये। उनको वापस उनके कमरे तक पहुँचाया गया और डॉक्टर चुघ को बुलवाया गया।'

'उन्होंने फोन क्यों नहीं किया? बजर क्यों नहीं दबाया?

'सर जो सवाल आपके और मेरे जहन में आ रहे हैं वह संसद में भी उठाये जा चुके हैं'–इससे पहले कोई और सवाल करता, डॉक्साब ने जवाब दिया।

भार्गव शायद पहले व्यक्ति थे जिन्होंने संदेह जाहिर किया था–'मंत्री जी का कहना था कि शास्त्री अपने सहायक के कमरे तक चलकर गये "प्रधानमंत्री के कमरे में आंतरिक और अंतर्राष्ट्रीय कॉल करने के लिये दो टेलीफोन के अलावा, एक तीसरा टेलीफोन भी था, जिसमें बजर लगा था जिसे केवल रिसीवर उठाकर सक्रिय किया जा सकता था। यह टेलीफोन जरूरत पड़ने पर प्रधानमंत्री को अपने किसी भी निजी कर्मचारी या डॉक्टर को बुलाने के लिये उपलब्ध करवाया गया था..." तो बजर वाला टेलीफोन कहाँ था? मेरी जानकारी के अनुसार उनके कमरे में कोई बजर वाला टेलीफोन नहीं था... बजर वाला टेलीफोन उनके कमरे के बाहर बने हॉल में था... और हॉल में रखी गयी वस्तुओं का इस्तेमाल कमरे से नहीं किया जा सकता था।'

मध्य प्रदेश के एक अन्य सांसद, के.एस. खांडेकर का कहना था, 'सुने गये बयानों से ऐसा प्रतीत होता है कि दिवंगत प्रधानमंत्री अपने कमरे में अकेले थे। क्या मैं यह जान सकता हूँ कि उनके नौकर या उनके डॉक्टरों की क्या व्यवस्था की गयी थी क्योंकि ऐसा प्रतीत होता है कि उनकी व्यवस्था बगल वाले कमरे में नहीं की गयी थी। उनके पास कोई नौकर-चाकर क्यों नहीं थे जो तुरंत डॉक्टर को बुला कर ला सकते थे? इसमें क्या परेशानी थी?'

स्वर्ण सिंह ने जवाब दिया–'इस तरह के हालातों में, मैं यह कहना चाहूँगा कि हम देश के प्रधानमंत्री की इच्छाओं के बारे में क्या बहस कर सकते हैं और उनकी इच्छाओं के प्रति, चाहे मैं हूँ या आप, क्या व्यवस्थाएँ कर सकते हैं? इसका जवाब तो वे खुद ही दे सकते हैं। उस बंगले में डॉक्टर भी मौजूद थे और उनके सहायक भी। कमरे में बजर भी रखा हुआ था जिसे उठाने पर सहायक और डॉक्टर के कमरे में घंटी बजने लगती और उसे सुनकर वो फौरन उनके कमरे तक पहुँच सकते थे। अब यह उनकी मर्जी पर था कि वे उस बजर का इस्तेमाल करना चाहते थे या नहीं।'

इस पर एक अन्य सांसद राम सहाय ने एक सही सवाल उठाया, जो पाँचवी कक्षा में पढ़ने वाला एक बच्चा भी जरूर पूछता। उनका कहना था–'वे अपने बिस्तर से उठे और अपने सहायक के कमरे तक चलकर गये जो कि चिकित्सा अधिकारी के कमरे को पार करने के बाद आता था। क्यों? अगर मंत्री महोदय के अनुसार उस कमरे में बजर सहित तीन टेलीफोन मौजूद थे तो फिर उन्हें चलने की जरुरत क्यों पड़ी?'

अप्रैल 1970 में यह मुद्दा दोबारा उठाया गया जब टी.एन. सिंह ने यह बयान दिया, 'यह एक सफेद झूठ है कि वहाँ पर एक फोन या एक इंटरकॉम था। मुझे मंत्री महोदय द्वारा दिये गये बयान को पढ़ते हुए दुःख होता है। मुझे स्पष्ट करें, मंत्री जी ने कहा, "प्रधानमंत्री के कमरे में आंतरिक और अंतर्राष्ट्रीय कॉल करने के लिये दो टेलीफोन के अलावा, एक तीसरा टेलीफोन भी था, जिसमें बजर लगा था जिसे केवल रिसीवर उठाकर सक्रिय किया जा सकता था। यह टेलीफोन जरूरत पड़ने पर प्रधानमंत्री को अपने किसी भी निजी कर्मचारी या डॉक्टर को बुलाने के लिये उपलब्ध

करवाया गया था।" जब राम-मनोहर लोहिया ने बताया कि कमरे में कोई फोन नहीं था, यहाँ तक कि कमरे की, किसी फोटो में भी, कहीं फोन नजर नहीं आता तब स्वर्ण सिंह ने जवाब में कहा कि कमरे से उनका मतलब प्रधानमंत्री कक्ष का था जिसमें एक नहीं कई कमरे थे और फोन उनके बिस्तर के बगल में नहीं रखा था... तो यह बात श्वेत-पत्र में क्यों नहीं लिखी गयी... क्या लोगों को गुमराह करने के लिये ऐसा किया गया... एक बात होती है जिसमें सच कहा जाता है पर सच को इस प्रकार भ्रामक तरीके से पेश किया जाता है कि सुनने वालों को यह प्रतीत हो कि फोन उनके बगल में रखा था जबकि फोन या बजर शास्त्री के कमरे में नहीं थे बल्कि हॉल में थे। अजातशत्रु-शास्त्री जैसे प्रधानमंत्री के ऊपर किया गया यह महापाप है। मैं जानता हूँ कि शास्त्री को जानबूझकर... एक ऐसी जगह रुकवाया गया था जो डॉक्टरों से दूर थी... बाद में फोन की बात आ जाती है... पर वहाँ पर एक घंटी तक नहीं थी... अगर किसी को एक गिलास पानी चाहिये होगा तो वह क्या करेगा? चल कर जायेगा? और आप कहते हैं कि अच्छी व्यवस्था की गयी थी। क्या इसे अच्छी व्यवस्था कहेंगे?'

दो दिन बाद 4 अप्रैल 1970 के दिन, एक बार फिर टी.एन. सिंह ने सरकार पर तीखा प्रहार करते हुए कुछ बहुत ही वैध सवाल उठाये-'मंत्री महोदय का वाक्य अत्यंत भ्रमित करता है। लेकिन जितने चतुर गृहमंत्री हैं शायद उतना ही चतुर मैं भी हूँ जो इसका आशय या निहितार्थ समझ सकता हूँ। मैं वास्तव में इस बात पर आश्चर्य-चकित हूँ। इसको इस तरह कहा गया, "प्रधानमंत्री के कमरे में आंतरिक और अंतर्राष्ट्रीय कॉल करने के लिये दो टेलीफोन के अलावा, एक तीसरा टेलीफोन भी था, जिसमें बजर लगा था जिसे केवल रिसीवर उठाकर सक्रिय किया जा सकता

था।" फिर दूसरा वाक्य इस तरह कहा गया, "यह टेलीफोन जरूरत पड़ने पर प्रधानमंत्री को अपने किसी भी निजी कर्मचारी या डॉक्टर को बुलाने के लिये उपलब्ध करवाया गया था।" यह सुनकर हर किसी को यह लगता है कि वहाँ पर बजर था। मैं सबको यह बता देना चाहता हूँ और साथ में यह आरोप भी लगाता हूँ कि जब डॉक्टर लोहिया के कमरे की फोटो प्रस्तुत की गयीं तो गृहमंत्री के पास यह बात स्वीकार करने के अलावा और कोई रास्ता नहीं बचा था कि कमरे में कोई टेलीफोन नहीं था। मैं यह बात निर्भीकता से कहता हूँ कि पहला कथन इस तरह कहा गया जिससे लोगों में यह धारणा बन जाये कि कमरे में टेलीफोन था। मैं यह सब इसलिये कह रहा हूँ क्योंकि मुझे इसके बारे में कुछ निजी जानकारी भी है। यह बात मुझे एक महीने पहले ही पता चली। मैं गृहमंत्री को इसके बारे में बताऊँगां कि किन परिस्थितियों में मुझे इसके बारे में पता चला।'

जब टी.एन. सिंह ने इतने गंभीर सवाल खड़े कर दिये थे तो गृहमंत्री यशवंत राव चह्वाण ने संसद में इस बात को स्वीकार किया कि–'16 फरवरी 1966 के दिन विदेशमंत्री ने अपने बयान में यह कहा था कि प्रधानमंत्री के कमरे में आंतरिक और अंतर्राष्ट्रीय कॉल करने के लिये दो टेलीफोन के अलावा, एक तीसरा टेलीफोन भी था, जिसमें बजर लगा था जिसे केवल रिसीवर उठाकर सक्रिय किया जा सकता था। यह टेलीफोन जरूरत पड़ने पर प्रधानमंत्री को अपने किसी भी निजी कर्मचारी या डॉक्टर को बुलाने के लिये उपलब्ध करवाया गया था। स्वर्गीय डॉक्टर राम मनोहर लोहिया का कहना था कि *बजर वाला टेलीफोन उनके बिस्तर के पास नहीं रखा था जिसका जवाब देते हुए राज्य सभा में स्पष्ट रूप से यह कहा गया था कि बजर वाला टेलीफोन प्रधानमंत्री कक्ष में रखा गया था। उस कक्ष में उनके सोने वाले कमरे के अलावा एक*

बैठक भी थी जिसका दरवाजा उनके सोने वाले कमरे में खुलता था। सारे टेलीफोन उस बैठक में ही रखे गये थे जो उनके बिस्तर से बस कुछ ही कदम पर थी।'

'वाह, ये तो बहुत दिलचस्प बात है। यह कोई नहीं जानता कि कुछ कदम का मतलब आखिर क्या होता है और ये कुछ कदम आखिर कितने कदम होते हैं'–पल्लवी चकित थी।

'सर, क्या ये बच्चों वाली बात नहीं कि अगर वह कुछ कदम दूर था तो वे कुछ कदम चलने के बजाय इतनी दूर अपने सहायक के कमरे तक चल कर क्यों गये?'

'मुझे पहली बार यह संदेह हुआ कि सरकार वास्तव में कुछ तो छुपाने की कोशिश कर रही है'–मेरे अंदर से आवाज निकली।

'सर अभी और भी बाकी है। आप एक बार संसद में स्वर्ण सिंह द्वारा दिये गये "मजेदार" बयान को सुनिये।' डॉक्साब ने वह तथ्य खोज निकाला था जो हम सब देखने से चूक गये थे।

जब सांसद इस निष्कर्ष पर पहुँचे कि 'शास्त्री के बंगले में एक बजर तक नहीं लगी थी और इसलिये मरने वाले इंसान को, अपने सहायक को बुलाने, उसके कमरे तक चल कर जाना पड़ा' तब सरदार स्वर्ण सिंह ने सबसे अकल्पनीय जवाब दिया। उन्होंने कहा, 'अब इसका जवाब मैं कैसे दे सकता हूँ? वो बजर का इस्तेमाल भी कर सकते थे... और इंटरकॉम का भी... पर उन्होंने ऐसा नहीं किया... उन्होंने चल कर जाना बेहतर समझा... शायद उनके मन में यह हो कि मैं क्यों किसी को तकलीफ दूँ... जा के ही कह देता हूँ।'

'क्या सच में उन्होंने ऐसा कहा था? आप इतना बड़ा मजाक नहीं कर सकते।'

'जी मैम। उनके यही शब्द थे, "शायद उनके मन में यह हो कि मैं क्यों किसी को तकलीफ दूँ... जाकर ही कह देता हूँ।"'

पल्लवी और तृप्ति बहुत जोर-जोर से हँसने लगी। लंबे समय के बाद हमारा कमरा हँसी की आवाजों से भर गया।

'सर क्या देश को इस तरह चलाया जाता है?'–उनकी हँसी के बीच ही डॉक्साब ने मुझसे पूछा।

डॉक्साब एक सतयुगी हैं जो कंप्यूटर युग में बड़े हुए हैं और ऐसी बातों पर लोगों को माफ करना नहीं जानते। इनको साफ-साफ उत्तर चाहिये। यह बहुत दु:ख की बात है कि इंदिरा गाँधी की सरकार ने इन प्रश्नों के उत्तर नहीं छोड़े थे और अपने घमंड में चूर, उस समय की सरकार ने सारी बातों पर पर्दा डाल दिया। यही कारण है कि लोगों का व्यवस्था पर से विश्वास ही उठ गया।

कभी भी राजनेताओं के बयानों पर विश्वास मत करना जो गंदे-झूठ को सुंदर-सत्य और राजनीतिक-अपराधों को सामाजिक-सेवा दिखा सकते हैं। जॉर्ज ऑरवेल की कही बात हमेशा याद रखना कि राजनीतिक भाषा शुद्ध हवा को भी ठोस द्रव्य बनाकर दिखा सकती है।

दशकों पहले, मेरे पापा ने जो महसूस किया था, वही सच मिलेनियल्स के इस युग में आज भी जिंदा है।

17

विवादित मेडिकल-रिपोर्ट

हमारी स्वतंत्रता विकट कठिनाइयों से भरी है। हम गरीब और कमजोर हैं–निरुत्साहित और आत्मविश्वास के अभाव में हैं। संदेह, हतोत्साह, भ्रष्टाचार और शोषण इन कठिनाइयों के मूल कारण हैं। हर तरफ निराशावाद फैला हुआ है और किसी को किसी पर विश्वास ही नहीं बचा। छल और कपट के इस घेरे में, दुर्बलता की कीमत देकर, त्याग करने के बजाय स्वयं की वृद्धि के आनंद की लत पड़ जाना अविश्वसनीय सा लगता था। आप जहाँ भी जाते, जिस किसी से मिलते, या जो भी सुनते, हर किसी को इससे भी बुरा होने का भय सताता है। पराजय और निराशावाद का वातावरण बन गया है। जिन लोगों ने स्वतंत्रता की लड़ाई लड़ी थी, अब उनकी ऊर्जा भी समाप्त हो गयी और उन्होंने सत्ता, चाटुकारिता और समझौता करने वालों के सामने घुटने टेक दिये थे और सरकार मासूम जनता को धोखा देने के कारोबार में लिप्त हो गयी। पर कहीं न कहीं, मेरे दिल में यह विश्वास था कि इतने घोर अँधेरे के बाद, सूर्योदय होना निश्चित है। और यह सूर्योदय तब होगा जब हमारे बच्चे बड़े हो जायेंगे। जब यह सदियों से चला आ रहा सत्ता का अत्याचार नष्ट हो जायेगा और एक नये भारत का उदय होगा।

जब कभी बैठकर, मैं पापा की डायरी पढ़ता हूँ, मुझे लगता है, जैसे मैं, अपने जीवन में इतनी देर बाद, पापा को फिर से समझ पा रहा हूँ और उनके साथ-साथ उस भारत को भी जिसे मैं पहले कभी न जान पाया था।

'इतने सालों बाद, क्या हमारा देश वाकई बदल गया? जो बच्चे आज बड़े हो चुके थे, क्या उन्होंने सत्ता के अत्याचार को उखाड़ फेंका था? क्या भारत में सूर्योदय हो चुका था?'

इस तरह के प्रश्न, मेरे विचारों में चल रहे थे और जो इंसान, मेरे सामने बैठा था वह एक ऐसी घटना की खोज का नेतृत्व कर रहा था जो 50 साल बाद भी एक रहस्य बनी हुई थी। उसके मन में क्या होगा? घोर-अँधेरा या सूर्योदय की आस? जब हमने यह कार्य शुरू किया था तब उसने एक ही सवाल किया था, '50 साल बाद भी आखिर प्रधानमंत्री की मृत्यु, एक रहस्य, कैसे बनी रह सकती है?' अब एक साल बाद, इस पर इतना काम और मेहनत करने के बाद वह कहता है, 'मुझे नहीं लगता कि पचास साल बाद भी हम यह रहस्य सुलझा पायेंगे।'

'सर, मुझे नहीं लगता कि अब, हम कभी सच तक पहुँच पायेंगे। मुझे लगता था कि यह सिस्टम हमारी मदद करने के लिये बनाया गया है पर अब मुझे समझ में आ गया कि यहाँ पर ऐसा कुछ भी नहीं जिससे हमें कुछ मदद मिल सके और आप उजाले की तलाश में इस काली अँधेरी सुरंग में बैठे, उस दिन का इंतजार करते रहेंगे जो दिन कभी आयेगा ही नहीं'-डॉक्साब ने इस तरह से अपने अनुभव को व्यक्त किया।

'आपको क्या लगता है? असल समस्या क्या है?'-मैंने पूछा।

'असल समस्या यह है कि यह सिस्टम ईमानदारी, पारदर्शिता और जवाबदेही की कब्र पर बना है'-उनका जवाब आया।

अगर यह कोई सामान्य दिन होता, तो मैं इस तरह की निराशावादी सोच पर पक्का टोकता, लेकिन जो बात मुझे ठेस पंहुचा रही थी, वह यह थी कि जिन कारणों से स्वतंत्रता-सेनानी रहे मेरे पापा को चोट पहुँची थी, उसी चोट का सामना आज डॉक्साब भी कर रहे हैं जो इस नये युग में पैदा हुए हैं। इतने सालों में कुछ भी नहीं बदला। यह सिस्टम अपने ही नागरिकों के आशावाद को परास्त कर देता है।

जैसे-जैसे हम आगे बढ़ते गये, हमारे मन में इस तरह के विचारों का आना भी बढ़ता गया। जो मेडिकल-रिपोर्ट संसद में पढ़ी गयी थी वही मेडिकल रिपोर्ट डॉक्साब ने भी पढ़ना शुरू की। 'ताशकंद में रुकने के सभी दिनों के दौरान, 10 जनवरी 1966 की शाम को भी, भारत के प्रधानमंत्री, लाल बहादुर शास्त्री स्वस्थ महसूस कर रहे थे। उन्होंने अपनी तबियत को लेकर कोई शिकायत नहीं की थी। 10 जनवरी 1966 की उस शाम को सोवियत संघ मंत्री-परिषद के अध्यक्ष ऐ.एन. कोसिगिन द्वारा आयोजित किये गये स्वागत समारोह में भारत के प्रधानमंत्री, लाल बहादुर शास्त्री, स्वस्थ और प्रसन्न लग रहे थे। डॉक्टर आर.एन. चुघ प्रधानमंत्री के चिकित्सक-परिचारक थे और हमेशा उनके साथ उपस्थित रहते थे और इसलिये वे स्वागत समारोह में भी उनके साथ गये थे। उनके अनुसार, स्वागत समारोह से लौटने के बाद, लाल बहादुर शास्त्री का स्वास्थ्य सामान्य था और वे अच्छे मूड में लग रहे थे और उन्होंने फोन पर दिल्ली में अपने रिश्तेदारों से बात भी की। वह रात लगभग 12.30 बजे अपने बिस्तर पर गये। उसी रात करीब 1.20 पर सहाय, कपूर और शर्मा उनके डॉक्टर के कमरे में पहुँचे जो प्रधानमंत्री के कमरे के बगल में ही था और उन्हें बताया कि प्रधानमंत्री अस्वस्थ महसूस कर रहे हैं। जब डॉक्टर

आर.एन. चुघ, प्रधानमंत्री के पास पहुँचे तो उन्होंने पाया कि प्रधानमंत्री अपने बिस्तर पर बैठे थे, खाँस रहे थे और साँस की कमी की शिकायत कर रहे थे। वह अपने सीने पर हाथ लगाये हुए थे और उनका रंग पीला पड़ता जा रहा था। उनकी नब्ज बहुत तेज थी और कमजोर पड़ती जा रही थी। रक्तचाप नापा नहीं जा रहा था। दिल की धड़कन बहुत मुश्किल से सुनाई देती थी। वहाँ पर उपस्थित अन्य लोगों की मदद से, डॉक्टर ने प्रधानमंत्री को उल्टा कर लिटाया और उन्हें (MEPTHENTIH SULPHATE) एक m.l. (15 मिलीग्राम) और (MICORENA) [sic] के 1 m.l. का इंट्रा-मस्क्युलर इंजेक्शन लगाया। अगले 3 मिनट के भीतर, प्रधानमंत्री एल.बी. शास्त्री बेहोश हो गये, नाड़ी गायब हो गयी, साँसें थम गयी और हृदय की धड़कन सुनायी देना बंद हो गयी। 11 जनवरी 1966, 1.32 पर उनकी मौत हो गयी। डॉक्टर आर.एन. चुघ ने पहले ही वायु-नली द्वारा मुँह के माध्यम से हृदय की परोक्ष-मालिश और कृत्रिम-श्वसन के तरीकों से उपचार शुरू कर दिया था। सोवियत चिकित्सक ई.जी. येरेमेन्को, डॉक्टर आर. एन. चुघ के बुलावे पर वहाँ तुरंत पहुँच गयीं थीं, पर जब वे वहाँ पहुँची, तब तक, एल.बी. शास्त्री की मृत्यु हो चुकी थी। उन्होंने भी रिवाइवल ट्रीटमेंट द्वारा उपचार में भाग लिया। पर तब तक नाड़ी बंद हो चुकी थी, दिल की धड़कन समाप्त हो चुकी थी, साँसें भी नहीं बची थी और कोई कॉर्नियल रिफ्लेक्सिस भी नहीं था। रिवाइवल ट्रीटमेंट को डॉक्टरों के एंटी-शॉक ग्रुप की मदद से आगे जारी रखा गया था, जो तुरंत डॉक्टर बुलाने पर वहाँ पहुँच गये थे। दिल की परोक्ष-मालिश की गयी थी; 15 मिनट के अंतराल पर दिल के नीचे बायें गुहा में दो बार एड्रेनालिन और ग्लूकोज के साथ पोटेशियम क्लोराइड का मिश्रण दिया गया था। "इंट्रयूबेशन ट्यूब" की मदद से मशीन के माध्यम से कृत्रिम-श्वसन का

भी प्रयास किया गया था। हालांकि, इन उपायों से कोई परिणाम नहीं मिला। निम्नलिखित प्रोफेसरों ने भी पूरे उपचार में भाग लियाः यू.ए. अरिपोव, वाय.वाय. गॉर्डन, ओ.एन. पावलोवा, ए.आर. राखेमनाजोव, एम.एस. तुर्सुम-खोजेवा, जेड.ई. उम्मेदोवा, ने इस तथ्य को ध्यान में रखते हुए कि प्रधानमंत्री एल.बी. शास्त्री को पिछले दिनों भी [INFARKT MIOCARDA] का सामना करना पड़ा था तो 10 से 11 जनवरी, 1966 की रात भी वही बीमारी का तीव्र हमला हुआ होगा, तो ऐसा माना जा सकता है उनकी मौत का कारण (INFARKT MIOCARDA) दिल का दौरा ही रहा होगा।'

इस मेडिकल-रिपोर्ट ने विरोधाभासों और भ्रमों का तूफान खड़ा कर दिया।

सरकार पर सबसे उग्र हमला टी.एन. सिंह द्वारा किया गया था जिन्होंने एक-एक कर के मेडिकल रिपोर्ट पर सवाल उठाये थे। उन्होंने सरकार से सबसे पहला सवाल तो यह किया कि सरकारी रिकार्डों के अनुसार, जब शास्त्री इतने स्वस्थ और प्रसन्न थे तो अचानक उनकी मृत्यु कैसे हो गयी?

अटल बिहारी बाजपेयी एक नया तथ्य सामने लाये। प्रेस रिपोर्ट के अनुसार, 'उस रात सोने जाने से पहले शास्त्री ने एक गिलास दूध पिया था। मुझे आश्चर्य है कि सरकारी बयान में इस तथ्य का कोई उल्लेख क्यों नहीं किया गया। ताशकंद से भारतीय संवाददाताओं द्वारा यह बताया गया था कि उन्होंने जो अंतिम चीज ली थी वह दूध था। मैं यह जानना चाहता हूँ कि उन्हें आखिरी बार दूध किसने दिया था।'

कुलदीप नैयर ने भी शास्त्री की मृत्यु वाले दिन की घटनाओं को क्रम में जोड़कर, विस्तार से लिखा है–'विदाई समारोह में शामिल होने के बाद, शास्त्री लगभग 10 बजे डाचा पहुँचे थे। शास्त्री ने अपने निजी–सेवक रामनाथ से कहा कि वह उनके लिये भोजन ले आयें जो राजदूत कौल के घर से बनकर आया था, जिसे कौल के रसोइए, जान मुहम्मद ने तैयार किया था। उन्होंने बहुत कम खाया... रामनाथ ने शास्त्री को दूध दिया... जो वह रात को सोने से पहले पीते थे। फिर कुछ देर टहलने के बाद उन्होंने पानी माँगा जो रामनाथ ने ड्रेसिंग टेबल पर रखे थर्मस में से निकाल कर दिया। (उसने मुझे बताया था कि थर्मस उसने बंद कर दिया था) आधी रात के कुछ देर बाद शास्त्री ने रामनाथ को जाकर सो जाने के लिये कहा क्योंकि अगले दिन सुबह उन्हें काबुल के लिये रवाना होना था। रामनाथ ने शास्त्री के कमरे में ही फर्श पर सोने की पेशकश की लेकिन शास्त्री ने उन्हें अपने ही कमरे में ऊपर जाने के लिये कहा। जगन नाथ याद करते हुए बताते हैं कि रात लगभग 1:20 पर जब सहायक अपना सामान बाँध रहे थे, उन्होंने अचानक दरवाजे पर शास्त्री को देखा। बड़ी मुश्किल से उन्होंने पूछा, "डॉक्टर साहब कहाँ हैं।" खाँसी की तकलीफ से जूझते शास्त्री को उनके निजी सहायकों की मदद से किसी तरह बिस्तर पर लिटाया और जगन नाथ ने उन्हें पानी देते हुए कहा, "बाबूजी अब आप ठीक हो जायेंगे।" शास्त्री ने अपने सीने को हाथ लगाया और बेहोश हो गये।'

यहाँ तक कि शास्त्री के करीबी दोस्त और सहकर्मी, सी.पी. श्रीवास्तव, ने भी अपनी पुस्तक *Lal Bahadur Shastri: A Life of Truth in Politics* में घटनाओं के इस क्रम की पुष्टि की है। अगर यह सच है तो इसका जिक्र श्वेत–पत्र में क्यों नहीं किया गया?

जब श्वेत-पत्र और मेडिकल-रिपोर्ट में इन तथ्यों का जिक्र न होने का कारण पूछा गया, तो स्वर्ण सिंह ने एक गैर-जिम्मेदाराना जवाब दिया जो कि एक विदेशमंत्री द्वारा दिया बयान नहीं लगता था। उनका कहना था, 'मैं इस बारे में कुछ नहीं कह सकता क्योंकि उनके सभी कार्य रामनाथ ही करते थे, जो उनके सेवक भी थे। मुझे नहीं पता कि उन्होंने आखिरी बार दूध लिया या नहीं और मुझे यह भी नहीं पता कि इसकी व्यवस्था किसने की। मेरे द्वारा दिये बयान से इस बात का कोई संबंध नहीं।'

मुझे यह जवाब एक राजनीतिक हाराकीरी (आत्महत्या) करने जैसा लगा। ऐसा लग रहा था, मानो वे किसी तरह इस प्रश्न से बचना चाहते थे। शास्त्री के अन्य शुभचिंतकों की तरह उन्होंने भी रामनाथ को बुलाकर उससे सच जानने का प्रयत्न क्यों नहीं किया? वो भी तो वहाँ एक विदेशमंत्री की हैसियत से उपस्थित थे या वो कोई पर्यटक बनकर गये थे? उनके लिये यह कौन सी बड़ी बात थी कि वो अधिकारियों की एक टीम का गठन करते और उन्हें रामनाथ को बुलाकर सच का पता लगाने का कार्य सौंप देते? पर वो वाजपेयी जो आगे चलकर भारत के प्रधानमंत्री बने, का राजनीतिक कौशल भाँप नहीं पाये थे।

वाजपेयी ने स्वर्ण सिंह को अस्पष्ट नहीं रहने दिया। उन्होंने कहा- '...इसमें कुछ तो बात है। मंत्री जी को यह पता करना होगा कि क्या सोने से पहले, शास्त्री को एक गिलास दूध दिया गया था या नहीं। और मुझे यह जानकारी चाहिये। मैं इस जानकारी में कोई कटौती नहीं करुँगा। माननीय मंत्री को या तो इसकी पुष्टि करनी होगी या इस बात का उन्हें इसका खंडन करना होगा।'

स्वर्ण सिंह ने जवाब दिया, 'मैं इस का खंडन या पुष्टि दोनों ही नहीं कर सकता। क्योंकि मेरे पास इस बारे में कोई जानकारी

नहीं है कि आखिरी बार उन्होंने कुछ लिया था या उनको किसी ने कुछ दिया था?'

गुजरात से डायाभाई वी. पटेल संदेह का एक अन्य तत्व सामने लाये और एक सीधा सवाल उठाया, 'मैं यह जानना चाहता हूँ कि क्या वहाँ पर ऑक्सीजन की व्यवस्था थी क्योंकि ऐसे मामलों में खासकर दिल के मरीजों के लिये ऑक्सीजन बहुत आराम देता है। क्या उनको ऑक्सीजन दिया गया था? या क्या वहाँ पर ऑक्सीजन की व्यवस्था तो थी पर उनको दिया नहीं गया?'

'मुझे सूचित किया गया है कि डॉक्टर चुघ ने ऑक्सीजन की व्यवस्था कर रखी थी और स्वास्थ्यमंत्री ने भी इसकी पुष्टि की है कि उनके पास ऑक्सीजन और अन्य आवश्यक चीजों की सारी व्यवस्था थी। और रिपोर्ट में भी, यह उल्लेख है कि ट्यूब के माध्यम से उन्हें "कुछ" दिया गया था'–स्वर्ण सिंह ने जवाब दिया। उनकी बात सुनकर ऐसा लगा जैसे वे इसका उत्तर देने की तैयारी कर नहीं आये थे पर इसका तुरंत जवाब दे देना चाहते थे ताकि कल को कुछ लिखित में न देना पड़े।

'एक मंत्री भला ऐसी बात कैसे कर सकता है कि उन्हें "कुछ" दिया गया था?'–मैंने पूछा।

'पर उस "कुछ" से उनका मतलब क्या था?'–पल्लवी ने पूछा।

'अब यह कह पाना तो बहुत मुश्किल है कि "कुछ" का मतलब ऑक्सीजन है या नहीं?'–डॉक्साब ने कहा।

अटल बिहारी वाजपेयी ने कहा, 'हम फिर से दुविधा में पड़ गये। प्रेस रिपोर्ट ने इसका खंडन किया है।' जिसका जवाब स्वर्ण सिंह ने बेबाकी से दिया, 'अब मैं खुद कोई डॉक्टर तो नहीं इसलिये

मेरे पास जो कुछ भी उपलब्ध था, मैंने सभा के पटल पर रख दिया, इसलिये अब इस पर कोई नया विवाद न खड़ा किया जाये। अगर किसी सदस्य के मन में कोई शंका है तो वह मुझे बतायें और मुझे खुशी होगी क्योंकि ऐसा कोई विषय नहीं जिस पर मैं बहस के लिये तैयार नहीं।'

कोई भी स्वर्ण सिंह से बहस करने के लिये नहीं कह रहा था। सदस्य केवल वे तथ्य जानना चाहते थे जो या तो सरकार के पास थे ही नहीं या सरकार उनको छिपा कर रखना चाहती थी। और यह दोनों ही बातें गलत थीं। वाजपेयी ने भी अपने जवाब में यही कहा, 'सवाल यह नहीं, और न ही हम कोई विवाद खड़ा करना चाहते। लेकिन अगर प्रेस द्वारा बताये गये तथ्य और सरकार द्वारा कही बातें, एक-दूसरे से मेल नहीं खाती, तो हम सवाल पूछने के लिये बाध्य हैं। माननीय मंत्री के कथन के अनुसार, वहाँ पर ऑक्सीजन की सुविधा उपलब्ध थी और शास्त्री को वह दिया भी गया था। परन्तु प्रेस के अनुसार शास्त्री को केवल मौखिक-श्वसन दिया गया था और ऑक्सीजन नहीं, क्योंकि ऑक्सीजन वहाँ पर उपलब्ध ही नहीं थी।'

'अब मैं इस पर और रोशनी नहीं डाल सकता क्योंकि मैं कोई विशेषज्ञ नहीं'-स्वर्ण सिंह ने जवाब में कहा। किसी ने उनसे चिकित्सा-विशेषज्ञ होने की उम्मीद नहीं की थी, पर वह एक मंत्री थे, जिन्हें विशेषज्ञों से परामर्श करना चाहये था और संसद में तथ्यों को प्रस्तुत करना चाहये था। यहाँ तक कि सभा के अध्यक्ष ने भी इस उत्तर को अधूरा पाया और हस्तक्षेप करते हुए बोले, -'वे (वाजपेयी) केवल यह जानना चाहते हैं कि क्या वहाँ पर ऑक्सीजन की सुविधा थी' पर स्वर्ण सिंह कोई भी जवाब न दे पाये।

डॉक्टर एम.एम.एस. चुघ, जो खुद एक डॉक्टर रहे हैं, ने मंत्री से पूछा, 'दूसरी बात यह है कि क्या घटनाओं के अनुक्रम में, जैसा कि मेडिकल-रिपोर्ट में बताया गया है, उनके ऊपर ऑक्सीजिनेशन और इंट्रयूबेशन की क्रिया की गयी थी। जैसे कि उनकी मेडिकल-रिपोर्ट में बताया गया है कि जब रूसी डॉक्टर वहाँ पहुँचे, तब तक शास्त्री को ऑक्सीजन इंट्यूबेशन देने के बाद उनकी क्लिनिकल मृत्यु की घोषणा की जा चुकी थी। उसके पहले डॉक्टर चुघ ने उन्हें इंजेक्शन भी लगाया था। पर उसमें कहीं भी इस बात का जिक्र नहीं है कि उन्हें तब ऑक्सीजन दी गयी जब वह बैठे थे या उन्हें लिटा दिया गया था। इसलिये इन दो बिंदुओं के ऊपर, मैं पूरी जानकारी एकत्रित करने को कहूँगा। यह बिलकुल मुमकिन है कि वहाँ पर कुछ ऐसी चीजें भी की गयी हो जिनका उल्लेख रिपोर्ट में नहीं है।'

'माननीय मंत्री खुद एक डॉक्टर हैं पर मैं वास्तव में उनके सभी तर्कों या सुझावों को पूरा नहीं कर सकता। मैं एक डॉक्टर नहीं हूँ, इसलिये मैं चिकित्सा से जुड़े इन प्रश्नों का उत्तर भी नहीं दे सकता। मैं तो दोनों के बीच का अंतर भी नहीं जानता'–स्वर्ण सिंह ने जवाब दिया।

'क्या प्रधानमंत्री की रहस्यमयी मृत्यु पर भारत के विदेशमंत्री के इस तरह का जवाब दिया जाना स्वीकार किया जा सकता था?'–मुझे बहुत आश्चर्य हुआ।

टी.एन. सिंह ने स्वर्ण सिंह के अस्पष्ट जवाब स्वीकार नहीं किये और आगे हमला करते हुए बोले, 'डॉक्टर चुघ ने अपनी रिपोर्ट में कहा है कि शास्त्री ने उनसे साँस लेने में परेशानी की शिकायत की थी... मैं खुद एक दिल का मरीज हूँ और मैं जानता

हूँ कार्डियक-अस्थमा क्या होता है... आदमी खड़ा भी नहीं हो सकता... चलने की बात तो भूल ही जाइये... दूसरी बात, जैसा कि मेडिकल-रिपोर्ट में बताया गया है कि उनको mephitine sulphate का एक इंट्रा-मस्क्युलर इंजेक्शन दिया गया जबकि उनकी हृदय गति लगभग समाप्त हो गयी थी और रक्तचाप भी बिलकुल समाप्त हो गया था। मेरे भाई की मृत्यु भी ठीक इसी प्रकार हुई थी... और जहाँ तक मेरी जानकारी है... ऐसी स्थिति में intravenous यानी नस में इंजेक्शन दिया जाता है ताकि दवाई खून में जल्द से जल्द मिल सके... पर शास्त्री को इंट्रा-मस्क्युलर इंजेक्शन दिया गया जिसके कारण दवाई उनकी माँसपेशियों (muscles) में रहे और नसों तक देर से पहुँचे... मैं पूछता हूँ ऐसा क्यों किया गया... रिपोर्ट में साफ-साफ लिखा है "इंट्रा-मस्क्युलर इंजेक्शन"... मेरे दोनों भाइयों की मृत्यु, दिल का दौरा पड़ने से हुई... दोनों बार डॉक्टरों ने उनके सिर को नीचे कर दोनों पैरों को ऊपर उठा दिया ताकि खून का प्रभाव हृदय की ओर जाये... पर शास्त्री को उल्टा लिटा दिया गया... और इस स्थिति में खून का प्रभाव हृदय की ओर जाना संभव नहीं... कोई भी प्रशिक्षित डॉक्टर ऐसा नहीं करेगा... इसलिये मैं यह आरोप लगता हूँ कि इंजेक्शन लगाने से पहले ही उनकी मृत्यु हो चुकी थी।'

भले ही हम डॉक्टर न हों, पर वो जो कह रहे थे, वह समझ में आता है। क्या यह साजिश थी या लापरवाही? क्या यह अक्षमता थी या जान-बूझकर किया गया कृत्य?

टी.एन. सिंह ने आगे कहा, 'मैं एक और बात उजागर करता हूँ... वहाँ पर जो रूसी डॉक्टर पहुँचे थे... जिन्होंने शास्त्री को देखा था... उनमें से एक डॉक्टर येरेमेन्को थीं... उन्होंने मेडिकल-रिपोर्ट

पर हस्ताक्षर करने से मना कर दिया था। उन्होंने मेडिकल-रिपोर्ट पर हस्ताक्षर करने से क्यों मना कर दिया था? अब सरकार को यह बताना चाहिये कि यदि उपस्थित चिकित्सक, मेडिकल-रिपोर्ट पर हस्ताक्षर नहीं करतीं हैं, तो अन्य चिकित्सकों के हस्ताक्षर पर कितना भरोसा किया जा सकता है? यह कुछ ऐसा है जिसे समझने और पता लगाने की जरूरत है। मैं कुछ भी नहीं पर शास्त्री मेरे मित्र थे... 12 साल की उम्र से... आज वे नहीं रहे... और मुझे ये पंक्तियाँ (Antony's lines from Julius Caeser) याद आती हैं कि... कोई इतना दरिद्र भी नहीं जो उनके प्रति श्रद्धा का भाव भी न रख सके।

टी.एन. सिंह ने जो खुलासा आगे किया वह हैरान कर देने वाला था और जानकारी में हेर-फेर करने के सरकार के इरादे की पुष्टि भी करता है। श्वेत-पत्र दिखाते हुए टी.एन. सिंह ने पूछा, 'ये स्वर्ण सिंह का जवाब है... यह सरकार द्वारा जारी किया श्वेत-पत्र है... इसमें स्वर्ण सिंह का बयान तो है पर इसमें मेडिकल रिपोर्ट नहीं लगायी गयी... बाद में स्वर्ण सिंह ने कहा कि डॉक्टर की रिपोर्ट निकाल ली गयी ...क्यों?... क्योंकि अगर आप बहुत ध्यान से डॉक्टर के प्रमाण पत्र को और (मंत्री के) बयान को पढ़ते हैं, तो दोनों में भिन्नता स्पष्ट दिखायी पड़ेगी।'

ऐसा लग रहा था, जैसे मेरे पापा का अवलोकन, 'सरकार मासूम जनता को धोखा देने के कारोबार में लिप्त हो गयी' और डॉक्साब की हताशा, 'यह सिस्टम ईमानदारी, पारदर्शिता और जवाबदेही की कब्र पर बना है' के बीच के पचास साल का समय भाप बन कर उड़ गया और पिछले 70 वर्षों से हमारी लोकतांत्रिक यात्रा केवल *असत्य से असत्य का सफर* तय कर पायी है।

18

दो मेडिकल रिपोर्ट

अपने कॉलेज के दिनों में, मैं छात्र राजनीति में शामिल हो गया था। आदर्शवाद के सिद्धांत पर, मैंने इसकी शुरुआत एक क्रांतिकारी की तरह की। पर जल्द ही मेरे सीनियर्स ने समझाया और मुझे यह विश्वास दिलाया कि चुनावी राजनीति में, आदर्शवाद काम नहीं आता। चुनाव जीतने के लिये, कई तरह के हथकंडे अपनाने पड़ते हैं जिनमें अनैतिक और अनुचित कार्य भी शामिल होते हैं। सबसे पहली रणनीति, सत्य के सामने, भ्रम पैदा करने वाली होती है। यह लोगों को विभाजित कर देती है क्योंकि ज्यादातर लोगों को सच में नहीं बल्कि सच की कहानियों में दिलचस्पी होती है। लोग अपनी मान्यताओं और सिद्धांतों के आधार पर अलग-अलग कहानियाँ सुनकर उन पर विश्वास कर लेते हैं और इस तरह भ्रमित कर लोगों को विभाजित कर दिया जाता है। राजनीति में अक्सर, सच से अधिक ताकतवर 'दिखाये-गये सच' बन जाते हैं। आज के इस आधुनिक समय में जहाँ उपभोक्ता तक का निर्माण किया जाता है, तो, सच को भुलाकर जो कहानी बिक सकती है, उसी को सच बना कर दिखाया जाता है।

यह संसद, न्यायपालिका और मीडिया का काम है कि सच की झूठी कहानियों को ध्वस्त करें ताकि केवल असली सच को सामने लाया जा सके। पर क्या हमारे लोकतंत्र में सत्य की विजय हुई है? अगर आप केवल, शास्त्री की रहस्यमयी और अनसुलझी

मृत्यु पर संसद में हुई बहसों को और उस पर मीडिया का रुख देखेंगें, तो इसका जवाब 'नहीं' और सिर्फ 'नहीं' है।

लगभग हर तरफ से इसकी माँग आने के बावजूद भी सरकार ने कभी इस पर जाँच-आयोग बनाना आवश्यक नहीं समझा। तत्कालीन प्रधानमंत्री इंदिरा गाँधी, जो कि तमाम जाँच आयोगों का गठन करने के लिये जानी जाती थीं और खुद जिन्होंने उच्च न्यायालय के आदेशों की अवहेलना करने में कोई कसर न छोड़ी थी, पर उन्होंने शास्त्री की मौत पर जाँच करवाना उचित नहीं समझा। क्यों?—यह किसी को नहीं पता।

महाकाव्य महाभारत में केवल संजय को एक दृष्टिहीन श्रोता के लिये कुरुक्षेत्र में चल रहे युद्ध का वर्णन करने का अधिकार प्राप्त था पर शास्त्री की मृत्यु के बाद हमारे लोकतंत्र के कुरुक्षेत्र के संजय ने अपने आपको, सच्चाई को तोड़ने, मरोड़ने, गढ़ने, और उसमें हेर-फेर करने के अधिकार दे दिये थे। जैसे-जैसे हमने इस सन्दर्भ में आगे जानना शुरू किया वैसे-वैसे हमें अपने लोकतंत्र की भद्दी सच्चाइयों का पता लगने लगा।

डॉक्टर राम मनोहर लोहिया जो कि एक आदर्शवादी सामाजिक नेता थे, उन्होंने शास्त्री की मृत्यु पर संसद के अंदर और संसद के बाहर कुछ सख्त सवाल उठाये थे और लोहिया के आरोपों का जवाब देने के लिये, सरकार पर दबाव बनाने के काम में उनके शिष्य राज नारायण ने कोई कसर नहीं छोड़ी थी। राज नारायण ने विस्तार से अपनी बात रखी, 'जब डॉक्टर राम मनोहर लोहिया ने अपनी सभी जनसभाओं में यह कहा कि शास्त्री की मृत्यु नहीं हुई, उन्हें मारा गया है और इसकी जाँच होनी चाहिये, तो ऐसा क्यों नहीं किया गया? क्या यह सच नहीं है कि मैंने और कई

दिग्गज नेताओं ने इस सभा में लगातार जाँच की माँग की है? मैं यह जानना चाहता हूँ कि रूसी डॉक्टर ई.जी. येरेमेन्को, जो कि रूसी डॉक्टरों में सबसे पहले वहाँ पहुँची थी और प्रधानमंत्री को देखा भी था, तो उन्होंने, मेडिकल-रिपोर्ट पर हस्ताक्षर क्यों नहीं किये? हमें इस बात की पूरी जानकारी है जो हमने मॉस्को से प्राप्त की है कि उन्होंने हस्ताक्षर करने से इन्कार कर दिया था। जब तक येरेमेन्को से व्यक्तिगत रूप से यह नहीं पूछा जाता कि उन्होंने हस्ताक्षर करने से इन्कार क्यों कर दिया था... और अन्य डॉक्टरों को क्यों बुलवाया गया था... मैं चुप नहीं बैठूँगा... मुझे इसका विस्तृत उत्तर चाहिये... इस बिंदु पर... कि येरेमेन्को ने हस्ताक्षर करने से इन्कार क्यों कर दिया था? वे शास्त्री की मौत का असल कारण जानती थीं और उन्होंने अपनी मेडिकल-शपथ और नैतिकता से समझौता नहीं किया।'

'यह एक बहुत ही गंभीर आरोप है'–पल्लवी ने कहा।

'मैं भी यह जानना चाहती हूँ कि उन्होंने रिपोर्ट पर हस्ताक्षर क्यों नहीं किये?'–तृप्ति ने भी यही कहा।

'क्या सरकार ने स्पष्ट किया?'–पल्लवी ने पूछा।

'संसद में तो नहीं, जैसा प्रतीत होता है'–मैंने जवाब दिया।

'सर, आर.टी.आई. में भी नहीं'–डॉक्साब ने एक लाइन और जोड़ दी।

एम.पी. भार्गव ने सरकार से पूछा, 'डॉक्टर चुघ द्वारा जारी किया गया मृत्यु प्रमाण-पत्र कहाँ है? क्योंकि मेरी जानकारी के अनुसार रूसी डॉक्टरों ने मृत्यु प्रमाणपत्र देने से इन्कार कर दिया था। मेरा आरोप यह है, कि मूल प्रमाणपत्र रूसियों के पास है जिसके आधार पर "रूसी डॉक्टरों ने मृत्यु प्रमाणपत्र पर हस्ताक्षर किये".

मेरा दूसरा आरोप यह है कि दिल के मरीजों के लिये ऑक्सीजन की व्यवस्था हमेशा रखी जाती है तो फिर शास्त्री तो हमारे प्रधानमंत्री थे। साँस उखड़ने पर ऑक्सीजन अत्यंत उपयोगी मानी जाती है। फरवरी 1966 में एक बयान दिया गया था जिसमें कहा गया था, "शास्त्री जी के शरीर पर हर तरह की चीजें आजमाई गईं" लेकिन उसमें कहीं भी यह नहीं बताया गया कि उनको ऑक्सीजन दी गयी थी।'

सुन्दर सिंह भंडारी ने पूछा, 'अब यह साफ हो गया कि दो मेडिकल रिपोर्ट बनायी गयीं थीं। एक रूसी भाषा में थी और दूसरी अंग्रेजी में। अब मैं यहाँ जानना चाहता हूँ कि अगर दोनों रिपोर्ट एक जैसी थीं तो फिर उस पर हस्ताक्षर करने वाले लोगों की संख्या में फर्क क्यों है? सरकार ने चार साल तक हम से यह बात छुपा कर क्यों रखी जिसकी जानकारी हमें अब मिली? यह साफ है कि हस्ताक्षर करने वाले लोगों की संख्या में फर्क है, तो यह बात, देश के लोगों को क्यों नहीं बतायी गयी? अब तक सरकार, लोगों के मन में व्याप्त शंकाओं को दूर नहीं कर पायी है, और इसलिये, जाँच की माँग प्रबल है और मैं जानना चाहता हूँ कि क्या सरकार शास्त्री की विवादास्पद मौत पर जाँच आयोग गठित करने पर विचार कर रही है?' भंडारी ने आगे पूछा, 'दो डॉक्टरों ने अंग्रेजी वाली रिपोर्ट में हस्ताक्षर क्यों नहीं किये थे?'

सरकार की तरफ से मंत्री, राम निवास मिर्धा के पास कोई जवाब नहीं था।

ओडिशा से लोकनाथ मिश्रा ने एक बहुत सही सवाल उठाया–'डॉक्टर चुघ के अलावा रूसी डॉक्टर, येरेमेन्को ने भी शास्त्री को देखा था और जाँच की थी तो फिर उनके हस्ताक्षर दोनों मेडिकल-रिपोर्ट पर क्यों नहीं है? यह अपने आप में एक रहस्य है।'

सच में, यह अपने आप में एक रहस्य ही है और फिर दस्तावेजों की गैरमौजूदगी में, लगता है कि अब यह रहस्य ही बना रहेगा। यह पहला मौका नहीं था, जब संसद में, डॉक्टर येरेमेन्को का मेडिकल-रिपोर्ट पर हस्ताक्षर न किये जाने वाला मुद्दा उठाया गया था। पहली बार यह मुद्दा 1966 में उठाया गया था पर चार साल बाद भी सरकार इस पर कोई संतोषजनक जवाब देने में असमर्थ थी।

मिर्धा ने अस्पष्ट उत्तर देने का प्रयास किया जिससे कोई भी संतुष्ट नहीं हुआ। उन्होंने कहा, 'मेडिकल-रिपोर्ट रूसी भाषा में तैयार की गयी थी और उसकी फोटोस्टेट कॉपी पर डॉक्टर चुघ और आठ रूसी डॉक्टरों ने हस्ताक्षर किये थे, जिसमें सोवियत संघ के उप-स्वास्थ्यमंत्री और डॉक्टर येरेमेन्को के हस्ताक्षर भी शामिल थे। इस रिपोर्ट का अनुवाद अंग्रेजी में भारतीय व्याख्याकार द्वारा किया गया था जिस पर डॉक्टर चुघ समेत छह रूसी डॉक्टरों ने हस्ताक्षर किये थे। अंग्रेजी वाली रिपोर्ट वहाँ पर भारतीय अधिकारियों को सौंप दी गयी थी जो कि अब, गृह मंत्रालय के अधिकार में है।

राज नारायण, जिन्होंने इंदिरा गाँधी सरकार पर राजनीतिक हमला करने का कभी कोई मौका नहीं छोड़ा था; आग बबूला होते हुए एक बार फिर, कुछ बड़े सवाल उठाते हुए बोले, 'पिछले चार साल से लेकर, आज तक, सरकार ने कभी यह नहीं कहा कि येरेमेन्को ने रिपोर्ट पर हस्ताक्षर किये हैं। अब मिर्धा जी कह रहें कि उन्होंने हस्ताक्षर किये हैं। हाल ही में प्रधानमंत्री ने कोसिगिन से मुलाकात की है, और देश में इतने हंगामे और विवाद के चलते, हो सकता है, अब, उन्होंने हस्ताक्षर करवाने की साजिश रची हो। क्यों न मैं मिर्धा के खिलाफ सभा की अवमानना करने का सवाल उठाऊँ क्योंकि वाई.बी. चह्वाण ने पहले यह जवाब

दिया था कि जब बड़े डॉक्टरों ने हस्ताक्षर कर दिये हैं, तो इससे क्या फर्क पड़ता है कि येरेमेन्को ने हस्ताक्षर किये या नहीं। इसका मतलब उन्होंने इस बात को माना था कि येरेमेन्को ने हस्ताक्षर नहीं किये, अब मिर्धा का कहना है कि येरेमेन्को ने हस्ताक्षर किये हैं। चह्वाण और मिर्धा के बयान एक-दूसरे के विपरीत हैं और यह विरोधाभास संसद के दस्तावेजों में दर्ज है तो अब सरकार का यह फर्ज बनता है कि वह स्पष्ट करे कि दोनों में से कौन झूठ बोल रहा है–चह्वाण या मिर्धा?'

हमने लाख कोशिश की पर हम यह पता न लगा पाये कि सरकार ने इसका क्या जवाब दिया... शायद कुछ नहीं।

पिताम्बर दास ने कहा, 'मेरा केवल एक सवाल है... कृपया ध्यान दें... अनुच्छेद 2... 9वीं पंक्ति, इसमें साफ लिखा है, "रिपोर्ट पहले रूसी भाषा में तैयार की गयी थी और डॉक्टर चुघ के अलावा 8 सोवियत डॉक्टरों ने भी इस पर हस्ताक्षर किये। फिर इस रिपोर्ट का अंग्रेजी में अनुवाद किया गया और इस पर केवल 6 सोवियत डॉक्टरों ने हस्ताक्षर किये।" इससे यह पता चलता है कि अंग्रेजी वाली रिपोर्ट पर 2 डॉक्टरों ने हस्ताक्षर नहीं किये। इस रिपोर्ट की भाषा यह बताती है कि डॉक्टर चुघ और 8 डॉक्टरों ने रूसी मेडिकल-रिपोर्ट पर हस्ताक्षर किये और डॉक्टर चुघ और केवल 6 डॉक्टरों ने अंग्रेजी वाली मेडिकल-रिपोर्ट पर हस्ताक्षर किये।'

सुंदर सिंह भंडारी ने इस पेचीदे रहस्य में एक बहुत ही महत्वपूर्ण अंश जोड़ दिया। उनका कहना था, 'अंग्रेजी वाली रिपोर्ट में प्रोफेसर वाय.वाय. गॉर्डन के हस्ताक्षर हैं पर रूसी रिपोर्ट में नहीं। क्यों?'

हमारा सिर चकरा रहा था। यदि हस्ताक्षर रूसी रिपोर्ट में किया होता जो पहले बनी थी और जो मूल रिपोर्ट थी पर अंग्रेजी रिपोर्ट में नहीं, जिसे बनाने में कुछ समय लग गया था, तो कोई यह तर्क भी दे सकता था कि डॉक्टर उस समय तक रुक नहीं पाये होंगें जब तक अंग्रेजी वाली रिपोर्ट तैयार की जा रही थी। लेकिन यह कैसे हो सकता है कि उस डॉक्टर का हस्ताक्षर मूल रिपोर्ट में नहीं था जो कि पहले, रूसी भाषा में बनायी गयी थी लेकिन अंग्रेजी भाषा में बनी रिपोर्ट में था जो पहली रिपोर्ट के आधार पर, बाद में बनायी गयी थी...। क्या वह हस्ताक्षर, जाली था? इसका क्या मतलब हो सकता है? आठ में से छह हस्ताक्षर तो समान होने चाहिये। लेकिन अंग्रेजी रिपोर्ट में एक नये डॉक्टर के हस्ताक्षर थे। गह कैसे संभव हो सकता है? संसद में इतनी सारी बहस में केवल सवाल ही सवाल थे जवाब एक भी नहीं। ठीक वैसे, जैसा अनुभव हमें आर.टी.आई. में हुआ था।

भारत प्रश्नों से भरा एक ऐसा देश बन चुका है, जहाँ उत्तर देने के लिये, भगवान श्रीकृष्ण ने अभी तक दोबारा अवतार नहीं लिया।

एक और अंतर जो कई सदस्यों द्वारा बताया गया कि, रूसी मेडिकल-रिपोर्ट में कहा गया था कि एंटी-शॉक के डॉक्टरों के दल ने शास्त्री के शरीर में 'कैल्शियम-क्लोराइड' और एड्रेनालिन-ग्लूकोज का मिश्रण इंजेक्ट किया पर अंग्रेजी वाली रिपोर्ट में 'पोटेशियम-क्लोराइड' और एड्रेनालिन-ग्लूकोज का मिश्रण इंजेक्ट किया जाना लिखा गया है। सदस्यों ने उन रिपोर्टों को भी दिखाया जहाँ इस अंतर को सोवियत अधिकारियों द्वारा सत्यापित किया गया था।

इन सभी बातों को ध्यान में रखते हुए, कम-से-कम एक जाँच-आयोग की उचित माँग को तो पूरा किया जाना चाहिये था

और सदस्यों का भी यही मानना था कि इतने संदेह और शंकाओं के बीच, षड़यन्त्र की संभावनाओं को नकारा नहीं जा सकता इसलिये इसकी तत्काल जाँच होनी चाहिये।

लालकृष्ण अडवाणी एक तर्कसंगत और ज्ञानी सांसद के रूप में जाने जाते हैं। इन्होंने बहुत विस्तृत बात कही थी, 'आज के दिये गये बयान में मैंने स्पष्ट देखा है कि यह मान लिया गया है कि दोनों मेडिकल-रिपोर्टों के बीच अंतर है जिसके बारे में श्री पीताम्बर दास ने भी सवाल उठाया जो कि आवश्यक भी है। यह उन्हें दी गयी दवाओं के बारे में है। यह भी मान लिया गया है कि बतायी गयी दोनों दवाओं में भी अंतर है। संसद में दर्ज बयान के पृष्ठ क्रमांक 10 पर कहा गया है कि "यह सोवियत-अधिकारियों द्वारा सत्यापित किया गया है कि इस्तेमाल किया गया मिश्रण कैल्शियम क्लोराइड और एड्रलिन ग्लूकोज का था"। सोवियत-अधिकारियों द्वारा दिये गये स्पष्टीकरण में दोनों रिपोर्टों में अंतर का कारण अनुवाद में गलती हो जाना बताया गया है। रूसी भाषा में कैल्शियम और पोटेशियम शब्द बहुत मिलते-जुलते हैं। रूसी भाषा में पोटेशियम को काली और कैल्शियम को कालत्सि कहा जाता है। ऐसा लगता है कि भारतीय अनुवादक ने गलती से कैल्शियम की जगह पोटेशियम (कालत्सि) लिख दिया होगा जब रूसी डॉक्टरों द्वारा एंटी शॉक थेरेपी से उपचार किया जा रहा था। रिपोर्ट पर हस्ताक्षर करते समय, डॉक्टर चुघ इस गलती को पकड़ने की स्थिति में नहीं थे। इस तरह के मामले में, जब एक दिवंगत प्रधानमंत्री की मृत्यु पर सवाल हो, सरकार इस तरह की रिपोर्ट लेकर आयी है और हर चीज को सही ठहरा रही है या लीपा-पोती करने की कोशिश कर रही है। और भी कई कारण हैं। अगर लोगों के मन में यह शंका है कि निष्पक्षता और न्याय का पालन नहीं किया गया, तो यह बिलकुल उचित है।'

'महोदय, सरकार यह कहती आ रही है कि जो लोग यह दावा करते हैं कि नेताजी सुभाष चंद्र बोस जीवित हैं, वे बिलकुल गलत हैं। पर सरकार यह भी मानती है कि यदि लोगों के मन में शंका हो तो उसे दूर किया जाना चाहिये और इसलिये सरकार इस पर एक आयोग गठित करने पर सहमत हो जाती है। मेरी समझ से यह एक अच्छी बात है। लेकिन मुझे इस बात पर आश्चर्य होता है कि शास्त्री के मामले में, जिसमें न केवल विभिन्न राजनीतिक दल, बल्कि छागला जैसे प्रख्यात न्यायाधीश और डॉक्टर कुंजरू जैसे राजनेता ने भी संदेह व्यक्त कियें हैं, उस पर सरकार द्वारा कुछ भी नहीं किया गया। और तो और, शास्त्री जी की विधवा पत्नी श्रीमती ललिता शास्त्री ने भी स्वयं संदेह व्यक्त किये हैं।'

'गृहमंत्री ने कहा है कि सरकार के पास छिपाने के लिए कोई कंकाल नहीं है। हो सकता है, वह सही हों। यदि उनके पास छिपाने के लिए कोई कंकाल तक नहीं है, तो उन्हें इस पूरे प्रकरण में सभी सवालों के जवाब देने के लिये जाँच आयोग नियुक्त करने में कोई हिचक भी नहीं होनी चाहिये।'–अडवाणी ने अपनी बात समाप्त की।

कुछ प्रमुख समाचारपत्रों के विभिन्न लेखों को पढ़कर और संसद की कार्यवाही के विवरण को देखने के बाद, हमारे लिये कुछ चीजें स्पष्ट हो गईं थी।

1. दो मेडिकल-रिपोर्ट बनायी गयी थी।
2. सरकार ने इस तथ्य को चार वर्षों तक छिपाये रखा।
3. दोनों रिपोर्ट एक-समान होनी चाहिये थीं, पर वे नहीं थीं।
4. दोनों रिपोर्ट में गंभीर अंतर थे।
5. इस अंतर के लिए कोई व्यापक स्पष्टीकरण नहीं दिया गया।

6. उन्हें कोई ऑक्सीजन नहीं दी गयी।
7. ऑक्सीजन थी या नहीं? अगर नहीं, तो क्यों नहीं? और यदि हाँ, तो उसे दिया क्यों नहीं गया?
8. शास्त्री जी का पोस्ट–मार्टम क्यों नहीं किया गया?
9. सरकार ने यह सब, कभी बताया क्यों नहीं?

'आप लोगों के हिसाब से इस कहानी में सबसे बड़ा रहस्य और सबसे बड़ा सवाल क्या है?'–मैंने पूछा।

'मेरे हिसाब से दो मेडिकल-रिपोर्ट'–पल्लवी ने कहा।

'मेरे हिसाब से वहाँ पर ऑक्सीजन का न होना'–तृप्ति ने अपनी बात रखी।

'आपको क्या लगता है सर?'–डॉक्साब ने मुझसे पूछा।

'पोस्ट–मॉर्टम। मेरे हिसाब से प्रधानमंत्री का पोस्ट–मॉर्टम नहीं किया जाना सरकार की सबसे बड़ी गलती थी।'–मैंने जवाब दिया।

'गलती? सर, यह एक बहुत बड़ी भूल है। यह तो एक दंडनीय अपराध जैसा है। एक अच्छे लोकतंत्र में इतनी बड़ी भूल करने पर सरकार को बर्ख़ास्त कर दिया जाता... मुझे तो यही लगता है सर'–डॉक्साब ने अपनी बात बड़े प्रभाव के साथ कही।

आज के युग के लोग हमसे बहुत अलग हैं। हम एक ऐसे समझौते करने वाले समाज में पले–बढ़े हैं, जहाँ आप ऐसी गलतियों को आसानी से भुला देते हैं। जो मुझे गलती लग रही थी, वह डॉक्साब को एक दंडनीय–अपराध लगता था। यही फर्क है हम लोगों में, एक तरफ हम जैसे लोग, जो समझौता करने वाली पीढ़ी से आते हैं और दूसरी तरफ, आज के युग के नौजवान जो समझौता करना नहीं जानते।

19

शरीर का बदरंग हो जाना

जब मुगलों ने भारत पर हमला किया, तब समझदार लोग दर्शक बनकर देखते रहे। जब अंग्रेजों ने हमें गुलाम बनाया, तब समझदार लोग दर्शक बनकर देखते रहे। जब भारत का बँटवारा हुआ, तब समझदार लोग दर्शक बनकर देखते रहे। जब बँटवारे के फौरन बाद पाकिस्तान ने कश्मीर पर हमला कर दिया था और भारतीय सेना पाकिस्तानी फौज को पीछे धकेल आगे बढ़ती जा रही थी पर नेहरू, युद्धविराम की घोषणा कर, मामले को संयुक्त राष्ट्र में ले गये, तब समझदार लोग दर्शक बनकर देखते रहे। जब चीन ने तिब्बत पर हमला किया, तब समझदार लोग दर्शक बनकर देखते रहे। जब शास्त्री की मृत्यु रहस्यपूर्ण अवस्था में हो गयी और उनका पोस्ट-मॉर्टम भी नहीं किया गया, तब समझदार लोग दर्शक बनकर देखते रहे। जब आपातकाल लागू किया गया तब, समझदार लोग दर्शक बनकर देखते रहे। जब भारत के लोकतंत्र से हर कदम पर समझौता किया गया, तब समझदार लोग दर्शक बनकर देखते रहे।

कड़कती हुई सर्दी की उस दोपहर जब शास्त्री के पार्थिव शरीर को पालम हवाई अड्डे पर उतारा गया तो हजारों की संख्या में खड़े लोग, उनके अंतिम दर्शन करने की प्रतीक्षा कर रहे

थे। किसी को विश्वास ही नहीं हो रहा था। इनमें ज्यादातर लोगों का राजनीति से कुछ भी लेना-देना नहीं था। ये भारत के सभी वर्गों से आये थे और ऐसे इंतजार कर रहे थे जैसे उनके अपने ही परिवार के किसी सदस्य का शव आने वाला हो।

लोग शास्त्री से प्यार करते थे जिन्होंने छोटी सी अवधि में, अपनी ईमानदारी, लगन और पूर्ण निष्ठा से किये गये कार्यों से उन लोगों का दिल जीत लिया था जिन्हें पहले कभी पूछा भी न गया था। उन्होंने युद्ध जीतकर न केवल राष्ट्र को खोया हुआ गौरव प्राप्त करवाया था, बल्कि 'भूले गये लोगों', को विशेषकर किसानों के गौरव को फिर से जागृत किया था। लोग यह अच्छे से जानते थे कि उनके पास, अपने लिये एक कार खरीदने तक के पैसे न थे और उसे खरीदने के लिये उनको बैंक से ऋण लेना पड़ा था। जबकि नेहरू-युग भ्रष्टाचार से घिरा हुआ था, शास्त्री ने लोगों को त्याग पर आधारित जीवन जीने का एक विनम्र आचरण सिखाया।

न्यूयॉर्क टाइम्स में छपी खबर, 'लाल बहादुर शास्त्री की मृत्यु, ऐसे समय पर हुई थी जब उनकी प्रसिद्धि अपने शिखर को छू रही थी। जब केवल उन्नीस महीने पहले, उन्होंने स्वर्गीय जवाहर लाल नेहरू का स्थान लिया था, तब भारत में किसी ने इस बात की कल्पना भी नहीं की थी।'

ऐसा कहा जाता था कि 'नेहरू की मृत्यु विलम्ब से हुई और शास्त्री की अतिशीघ्र।' यह माना जाता है कि उनकी लोकप्रियता केवल पाकिस्तान के साथ युद्ध में उनकी निर्णायक नीतियों के कारण ही नहीं बढ़ी थी बल्कि उनके द्वारा अर्थव्यवस्था में किये गये अभूतपूर्व सुधार भी इसका एक बड़ा कारण थे। यह कहना गलत नहीं होगा कि शास्त्री भारत के पहले आर्थिक-सुधारक थे। हालांकि उनसे अपेक्षा की गयी थी कि वे कीमतों के बजाय

भौतिक-नियंत्रण पर जोर देने वाली नेहरू की अर्थनीति का पालन करेंगे, कृषि के बजाय उद्योग पर ध्यान केंद्रित करेंगे, पर उन्हें यह ज्ञात हो गया था कि नियंत्रणों के जाल से दबाने वाली नीतियाँ, राष्ट्रीय-विकास के लिये प्रतिकूल साबित हो रहीं थीं और बहुत ही कम समय में, शास्त्री ने एक-एक करके ऐसी नीतियाँ जड़ से निरस्त कर दीं थीं। उन्होंने भारत के विकास की रणनीति में नयी सोच पैदा कर दी थी। लोग यह जान गये थे कि शास्त्री ने अपनी आँखों पर कोई वैचारिक पट्टी नहीं बाँध रखी थी और वे समस्याओं की जड़ में जाकर उनका वास्तविक समाधान कर दबे और कुचले हुए लोगों की मदद करते थे। नेहरू के विपरीत, वे इसका दिखावा और विज्ञापन किये बगैर, चुपचाप अपना कार्य करते थे।

खाद्य सामग्री में आयी भारी कमी और भोजन संकट की समस्या का सामना करते हुए, उन्होंने अपना ध्यान बुनियादी उद्योगों से हटाकर, कृषि पर केंद्रित कर दिया था। काला-बाजारी की बढ़ती समस्याओं को रोकने के लिये, उन्होंने कंट्रोल और परमिट राज को और सशक्त और नियंत्रित करने के बजाय उसे प्रोत्साहन से जोड़ दिया था और सार्वजनिक-क्षेत्र की अक्षमताओं को दूर करने के लिये, उन्होंने धीरे-धीरे निजी-क्षेत्र और विदेशी-निवेश के लिये अनुमति दे दी थी। उन्होंने योजना-आयोग की आर्थिक-निर्णय लेने की क्षमताओं को कम कर राज्यों को ज्यादा अधिकार प्राप्त करवा दिये थे। उन्होंने योजना-आयोग के प्रभाव को उल्लेखनीय ढंग से कम कर दिया था जो आर्थिक नीतियों पर अपने रवैये को लेकर बहुत तटस्थ रहता था। आर्थिक सुधार की दिशा में उठाये गये इन कदमों के अलावा, उन्होंने आयात प्रतिस्थापन के बजाय निर्यात प्रोत्साहन की नीति भी लागू कर दी थी। यह एक दिलचस्प बात है

कि 1964 में दक्षिण कोरिया और भारत की औसत आय लगभग समान स्तर पर थी लेकिन शास्त्री द्वारा अपनायी गयी नीतियों का पालन कर उन्होंने भी अपनी अर्थव्यवस्था में सुधार किया। इसलिये, यह अनुमान लगाने के वैध कारण हैं कि यदि शास्त्री लंबे समय तक जीवित रहे होते तो भारत की अर्थव्यवस्था कैसे विकसित हुई होती। भारत ने पच्चीस साल बाद भी इस तरह की नीतियों को ही अपनाया जिससे अर्थव्यवस्था को अधिक विकास और उन्नति प्राप्त हुई। अमित कपूर ने अपनी किताब 'The Awakening of India' में लिखा है, 'एक छोटे कद का इंसान जो अपने समय से बहुत आगे की सोच रखता था।'

गाँधी के बाद, वह सबसे विश्वसनीय नेता माने जाते थे। लोगों के मन में गाँधी के प्रति आदर के साथ कहीं न कहीं एक भय भी था पर शास्त्री को वे अपने परिवार के किसी सदस्य की तरह ही मानते थे। उनकी आकस्मिक मृत्यु पर लोग बिलकुल वैसे ही आहत थे जैसे वे अपने परिवार के किसी सदस्य की मृत्यु पर हो जाते और यही कारण था कि इतना विशालकाय समूह पालम में इकट्ठा हो गया था।

रूसी जहाज CCCP–75586 द्वारा उनके पार्थिव शरीर को ताशकंद से दिल्ली लाया गया था। उनको पुष्पों से सजाया गया था और यहाँ तक सब ठीक चल रहा था। लोग नारे लगा रहे थे... शास्त्री जी अमर रहे... अजातशत्रु अमर रहे। कुछ देर बाद जब उनका शरीर जनता के बीच लाया गया तो नारों की आवाज कम होती चली गयीं और लोग आपस में धीरे-धीरे बातें करने लगे। जैसे-जैसे भीड़ उन्हें समीप से देखती जा रही थी वैसे-वैसे लोगों के भाव भी बदलते जा रहे थे। देखते ही देखते आपस में धीरे-धीरे बातें करने वाली आवाजें नारों में बदल गयीं... और जो

लोग पहले शास्त्री जी अमर रहें के नारे लगा रहे थे वो लोग जोर-जोर चिल्लाने लगे... शास्त्री जी को मार डाला... शास्त्री जी को जहर दे दिया...

यह कोई सपना नहीं चल रहा था, बल्कि दिन के साफ उजाले में लोगों ने देखा था कि शास्त्री जी का शरीर नीला पड़ चुका था, उनके चेहेरे पर सूजन थी और उनकी गर्दन के आस-पास खून के निशान लगे हुए थे। उनका शक वैध भी था। अगर किसी की मृत्यु जहर की वजह से होती है तो शरीर नीला पड़ जाता है और जिस तरह से उनके शरीर से खून रिस रहा था तो शक करना बिलकुल वाजिब था।

उनका पार्थिव शरीर उनके आधिकारिक निवास 10 जनपथ पहुँचाया गया और हिन्दू मान्यताओं के अनुसार उन्हें नहलाने और नये कपड़े पहनाने के लिये उनके परिवार को सौंप दिया गया। जैसे ही उनकी माँ ने उनके शरीर को देखा तो वो चिल्ला पड़ीं 'बबुआ को मार डाला'। उनकी गर्दन और पेट पर चीरा लगाने के निशान बने हुए थे जिनसे रिस रहे खून को देख ललिता जी को भी यकीन हो गया था कि कुछ गड़बड़ है। उनकी खाकी टोपी भी खून से लाल हो गयी थी। नीला शरीर, सूजा हुआ चेहरा और घाव से रिस रहे खून को देखकर ललिता जी भयभीत हो गयीं थीं। परिवार ने पोस्ट-मॉर्टम करवाने की माँग रखी पर उनके पुत्रों के अनुसार उनकी माँग ठुकरा दी गयी।

कुलदीप नैयर ने भी अपनी आत्मकथा में यह लिखा है कि ललिता शास्त्री ने उन्हें शरीर के नीले पड़ जाने के बारे में बताया था।

शरीर का नीला पड़ जाना और घाव के निशानों की खबर ने आग पकड़ ली थी। जनता को, उनके परिवार के लोगों को, उनके चाहने वालों को, मीडिया को और यहाँ तक कि कानून के

जानकारों को भी यह लगता था कि कुछ तो गड़बड़ है पर सरकार ने न तो पोस्ट-मॉर्टम करवाया और न ही इस बारे में कोई जाँच करवायी। इंदिरा गाँधी की सरकार के इस अहंकार ने न केवल आम लोगों को बल्कि कई सांसदों को भी क्रोधित कर दिया था और यह मुद्दा संसद में सबसे तीखी बहस में तब्दील हो गया।

अनुभवी टी.एन सिंह का कहना था–'शास्त्री जी की मृत्यु के बाद जब उनका शरीर लाया गया तो वह फूलों से ढका हुआ था पर अंतिम दर्शन के लिये जब मैं पास गया तो मैंने देखा कि उनका चेहरा नीला पड़ गया था और सूजा भी हुआ था। मैं डॉक्टर नहीं लेकिन इतना जानता हूँ कि पाकिस्तान हमारा कोई मित्र देश नहीं। यह भी जानता हूँ कि पाकिस्तान की लड़ाई के बाद रूस के साथ जो हमारे मैत्री संबंध थे, वह कुछ हल्के पड़ गये थे। यह कोई साधारण समय न था जब शीत युद्ध जारी था। मुझे शंका होती है की कहीं कुछ गड़बड़ हुई है।'

बिहार से बृज किशोर प्रसाद सिंह ने राज्य सभा में कहा था–'मैं उनके शव के निकट काफी देर तक खड़ा रहा और मैंने भी शास्त्री जी के शव को देखा था जब वह ताशकंद से लाये गये थे। उनके शव को देखने से यह बिलकुल साफ था कि उनकी चमड़ी में और चेहरे पर बड़ी स्याही सी आ गयी है। आम तौर से जब किसी की मृत्यु होती है तो एक तरह का पीलापन आता है जिसको कहते हैं–*पुर्दनी आ गयी*, लेकिन यह पीला न होकर नीला हो गया था जैसा कि जहर के मामले में होता है। तो क्या माननीय मंत्री इस बात को साफ कर सकते हैं कि यदि हृदय के अवरुद्ध हो जाने से कोई व्यक्ति मरता है तो ऐसी हालत में मेडिकल साइन्स क्या कहती है। यदि यदा कदा कहीं चमड़ी पर नीले धब्बे आ जाते तो मुझे संदेह न होता, पर यहाँ तो पूरा शरीर ही नीला था। इसलिये मुझे भी थोड़ा-थोड़ा संदेह हो रहा है।'

एम.पी. भार्गव ने कहा–'सरकार द्वारा स्पष्ट किया जाने वाला बिंदु यह है कि उनका शरीर नीला या काला क्यों पड़ गया था? यदि उनकी मृत्यु एक सामान्य दिल का दौरा पड़ने से हुई थी तो शरीर में किसी भी प्रकार के बदलाव नहीं आना चाहिये थे। इसे दो तरह से समझाया जा सकता है। या तो यह किसी प्रकार के इंजेक्शन का असर था जिसके लगाये जाने पर वह रासायनिक रूप से शरीर में कुछ ऐसी प्रतिक्रिया करेगा जिससे शरीर नीला या काला पड़ जायेगा और इस तरह असली सच को छुपाया जा सकेगा। दूसरी बात यह हो सकती थी कि वह एक प्राकृतिक मौत ही थी। तो जनता से इन सभी चीजों को छिपाने की आवश्यकता कहाँ थी। तुरंत एक बयान जारी किया जाना चाहिए था कि यह यह है, यह यह है, और यह घटनाओं का कालानुक्रमिक क्रम है। फिर अगला बिंदु, जिसे समझाया जाना है, वह बहुत ही गंभीर है, जिसे एक तरफ रख दिया गया है। मैं जिक्र कर रहा हूँ कि जब रूस ने श्री चह्वाण और श्री स्वर्ण सिंह, दोनों से, शास्त्री जी के शरीर पर पोस्ट–मार्टम की अनुमति देने के लिये अनुरोध किया था तो क्या हमारे दोनों मंत्रियों द्वारा पोस्ट–मार्टम के अनुरोध को अस्वीकार कर दिया था?'

राज नारायण ने भी यह मुद्दा उठाया और कुछ तार्किक प्रश्न किये, 'मैं यह जानना चाहता हूँ कि ताशकंद से दिल्ली तक की उड़ान (शास्त्री के पार्थिव शरीर के साथ) कितने समय में पूरी की गयी थी? लाल बहादुर शास्त्री के शरीर पर दो प्रमुख घाव थे... एक गर्दन पर और दूसरा उनके पेट पर। जब उनके परिवार और विशेष रूप से उनकी पत्नी श्रीमति शास्त्री ने इसका कारण पूछा, तो उन्हें बताया गया कि शरीर को खराब होने से बचाये रखना था पर क्या कोई डॉक्टर मुझे यह समझा सकता है कि जब मृत्यु के तुरंत बाद इतनी तेज सर्दी में उनका शरीर यहाँ लाने के

लिये रवाना कर दिया गया तो शरीर के खराब होने का सवाल कहाँ से पैदा होता है? और शरीर खराब न हो, इसके लिये बहुत सारे इंजेक्शन भी उपलब्ध हैं... यह कोई मृत्यु न थी... यह एक ऐतिहासिक त्रासदी थी... सरकार से पोस्ट-मॉर्टम के बारे में पूछो तो सरकार कहती इस मुद्दे पर बात मत करो... आखिर क्यों नहीं? आज आपको मैं बताता हूँ पोस्ट-मॉर्टम क्यों नहीं करवाया गया... जिससे किसी को जहर वाली बात का पता न लग सके (जिसके कारण शरीर नीला पड़ गया था)... ताकि किसी को सरकार की ठगी का पता न चल सके... अब यह सरकार का दायित्व है कि वह यह बताये कि शास्त्री को किसने मारा... शास्त्री, जो एक बहुत गरीब तबके से उठकर आये थे और भारत के प्रधानमंत्री बन गये थे... क्या यही कारण था कि इंदिरा के परिवार और उनके चमचों ने उन्हें अपनी साजिश का शिकार बनाया? मुझे बताया जाये उनके शरीर पर चीरा लगाने के निशान क्यों थे... जब जनवरी की कड़कती सर्दी में उनका शरीर कुछ ही घंटों में ताशकंद से दिल्ली आ गया था?'

श्री लोकनाथ मिश्रा ने अपना संदेह व्यक्त किया कि जब शास्त्री का शरीर भारत में लाया गया था, तो वह असामान्य रूप से बदरंग हो गया था, और दिल का दौरा पड़ने के कारण अगर किसी की मृत्यु होती है तो शरीर इस तरह नीला या काला नहीं पड़ता। जिसके जवाब में राम निवास मिर्धा ने बहुत ही बेरुखी से कहा था–'अगर माननीय सदस्य किसी की नीयत पर आरोप लगाना चाहते हैं, तो इसका मेरे पास कोई जवाब नहीं है।' यह सुनकर सदस्य उत्तेजित हो उठे और कहा, 'इधर भारत के प्रधानमंत्री की रहस्यमय तरीके से मृत्यु हो गयी और आप नीयत पर आरोप लगाने की बात कर रहे हैं?'

राम निवास मिर्धा ने एक गैर जिम्मेदाराना और अस्पष्ट जवाब देकर एक बार फिर से सरकार का बचाव किया, 'जैसे कि मिश्राजी ने कई सवाल उठाये कि पेट पर चीरा क्यों लगाया गया था या बजर का या किसी प्रकार का इंजेक्शन दिया गया था या हृदय की मांसपेशी पर कोई इंजेक्शन क्यों नहीं दिया गया था, सभी तथ्य इस श्वेत-पत्र में निहित हैं। इसमें उपचार के हर चरण का उल्लेख किया गया है। दवा के नाम का उल्लेख है। इंजेक्ट की गयी दवा की मात्रा बतायी गयी है। यदि माननीय सदस्य इसे पढ़ लें, तो इनमें से अधिकांश प्रश्न स्पष्ट हो जायेंगे।'

कोई भी यह पूछ सकता है कि आखिर इस उत्तर में क्या समस्या थी। समस्या यह थी कि पूरी बहस ही इस अधूरे श्वेत-पत्र पर आधारित थी जिसमें लिखी बातें आपस में मेल नहीं खाती थीं और जो विरोधाभासों और संदेहों से भरा था। इस पर एल.के. अडवाणी ने अपनी लम्बी दलील में बहुत अच्छे तर्क रखे, 'यह अपने आप में बहुत गंभीर बात है। इस प्रकार के मामले में, जहाँ दिवंगत प्रधानमंत्री की मृत्यु पर बात हो रही है, सरकार इस तरह की संवेदनाहीन रिपोर्ट लेकर आयी है और हर चीज को सही ठहराने की लीपा-पोती करने की कोशिश की जा रही है। इसके अन्य कई कारण हैं। हालांकि इस सभा में 1965 में शास्त्री की मृत्यु के बाद इस मुद्दे को तीन या चार बार उठाया जा चुका है, लेकिन यह पहली बार है कि जब सरकार ने यह कहते हुए बयान दिया है कि श्री शास्त्री की मृत्यु के बाद उनके शरीर पर चीरा लगाया गया था। यह दिया गया स्पष्टीकरण है: "पुनः चेतना में लाने के उपचार के बाद, डॉक्टर आर.एन. चुघ की उपस्थिति में, सोवियत-डॉक्टरों द्वारा, विघटन की जाँच करने के लिये, शास्त्री के शरीर पर लेप लगाया गया था।" इस बात को इस सदन में

या अन्य सभा में पहले क्यों नहीं बताया गया? 1966 में, जब अखबारों में और बंबई की *धर्मयुग* पत्रिका में ऐसी खबरें छपने लगीं, केवल तब जाकर सरकार ने यह बात उजागर की। लोगों का शक, कि कुछ गड़बड़ तो जरूर है और न्याय नहीं हुआ है, पूरी तरह से उचित है पर सरकार सब कुछ ढ़क देना चाहती है और लीपा-पोती करने में लगी रहती है।'

इन प्रश्नों को न कभी समझा गया और न ही इनके उत्तर दिये गये। क्यों?

अगर कोई भी राष्ट्र प्रमुख विदेश जाता है तो यह सुनिश्चित किया जाता है सारी आपातकाल सेवाएँ जैसे कि ऑक्सीजन, खून और अन्य व्यवस्थाएँ वहाँ पर हों जहाँ उन्हें ठहराया जा रहा है। उनके चिकित्सकों की टीम को उनके बगल वाले कमरे में रुकवाया जाता है। उनके रुकने वाले स्थान को हर तरह से जाँचा परखा जाता है। और वो केवल राष्ट्र प्रमुख नहीं थे, वे देश के प्रधानमंत्री थे और उनके स्वास्थ्य की अनदेखी पूरे देश की सुरक्षा को खतरे में डाल सकती थी। यह सब बुनियादी बातें तो विदेश मंत्रालय के नौसिखिये भी जानते हैं। पर इन बातों पर (प्रोटोकॉल) अमल नहीं किया गया।

और आज तक, किसी ने यह भी नहीं बताया, कि इन बातों पर अमल, क्यों नहीं किया गया?

'अगर प्रधानमंत्री की मृत्यु विदेश में हो जाती है तो इसका क्या प्रोटोकॉल होता है?'–मैंने डॉक्साब से पूछा।

'ठीक यही सवाल हमने अपनी आर.टी.आई. में विदेश मंत्रालय से किया था पर वो कहते हैं उन्हें इस बात की कोई जानकारी नहीं'–डॉक्साब ने व्यंग्यात्मक ढंग से जवाब दिया।

पश्चिम और सोवियत संघ के बीच शीत-युद्ध उस समय अपने चरम पर था। राजनीतिक हत्याएँ आम हो गयी थीं। उसके बाद भी पोस्ट-मॉर्टम नहीं करवाया गया। अगर कोई और इसकी माँग न भी करता तो क्या स्वयं भारत सरकार का यह फर्ज नहीं बनता था?

शास्त्री के नाती सिद्धार्थ नाथ सिंह ने मुझसे कहा था, 'हमारे परिवार के लिये सच जानना महत्वपूर्ण है पर आज तक सच सामने नहीं आया। हम केवल इतना चाहते हैं कि जब कभी शास्त्री जी की कहानी लिखी जाये तो उसके आखिरी पन्ने पर उनकी मृत्यु का सच होना चाहिये।'

'शास्त्री की मृत्यु से संबंधित जो भी दस्तावेज सरकार के अधिकार में हैं, आखिर सरकार उन्हें गुप्त सूची से हटाने (declassify) का निर्णय क्यों नहीं ले पा रही? इससे हमारे विदेशी संबंधों पर क्या असर पड़ेगा? और कौन से विदेशी संबंध?'-मैंने अपनी टीम से पूछा।

'क्या शास्त्री के परिवार और इस देश की जनता को सच्चाई जानने का कोई अधिकार नहीं?'-पल्लवी ने सहानुभूति के भाव से कहा।

'क्या सच सब के सामने नहीं आना चाहिये ताकि इस विवाद पर से पर्दा उठ सके?'-तृप्ति ने कहा।

'इस सच को छुपाने से सबसे ज्यादा फायदा किसको हो रहा था?'-मैंने पूछा।

'क्या यह सच नहीं कि जब शास्त्री की मृत्यु हुई थी तब उनको जहर दिये जाने की शंका के आधार पर कुछ लोगों को गिरफ्तार किया गया था?'-तृप्ति ने पूछा।

'जी'-डॉक्साब ने जवाब दिया।

'इसका मतलब उनको संदेह था कि उनको जहर दिया गया या जहर के कारण उनकी मृत्यु हुई थी'-पल्लवी ने कहा।

'जी'-डॉक्साब ने जवाब दिया।

'इस बात की खबर भारत के राजदूत और मंत्रियों को थी?'–पल्लवी ने पूछा।

'ऐसा कैसे हो सकता है कि उन्हें इस बात की खबर न हो'–मैं बीच में बोल पड़ा।

'क्या रूसी सरकार को भी इस बात की खबर थी?'–पल्लवी ने पूछा।

'जब रूसी सरकार ने ही उनकी गिरफ्तारी की थी तो यह कैसे हो सकता है कि उन्हें यह खबर न हो'–डॉक्साब ने जवाब दिया।

'फिर यह कैसे हो सकता है कि शक की वजह से गिरफ्तारी तो की गयी पर पोस्ट-मॉर्टम नहीं किया गया? कोई जाँच नहीं करवाई गयी?'–पल्लवी ने पूछा।

इस तरह पल्लवी ने हमें एक नयी बात सोचने पर मजबूर कर दिया था जिसमें एक नयी साजिश नजर आती थी।

हमें और जानकारियाँ एकत्रित करनी थी, कई और सुरागों का पता लगाना था। अगर सरकार इन बातों के रिकॉर्ड उपलब्ध कराने में विफल हो गयी तो इसका यह मतलब नहीं कि जानकारी थी ही नहीं। 50 वर्षों में लोगों के हाथ बहुत सारी जानकारियाँ लगी होंगी।

'मेरे पास और जानकारियाँ होनी चाहिये... चाहे वह किसी भी दिशा से आये... पर 50 साल से चले आ रहे इस पुराने रहस्य को मैं निष्कर्ष तक पहुँचा कर रहूँगा'–मन-ही-मन में, मैंने यह संकल्प ले लिया था।

मैं यह जान चुका था कि शास्त्री की मृत्यु पर बहुत सारे रहस्य गड़े हुए हैं और मैं, कुछ-कुछ समझ भी पा रहा था। यह समय, कुछ करने का था... मैं एक दर्शक बनकर बैठा नहीं रह सकता था।

20

भारत के प्रधानमंत्री को जहर देने वाले... और गुमशुदा थर्मस

प्रायः मैं सुबह जल्दी उठ जाता हूँ—पाँच-साढ़े पाँच बजे और फिर या तो मैं कुछ लिखने बैठ जाता हूँ या किसी रचनात्मक कार्य करने में जुट जाता हूं। यही मेरे लिये 'ध्यान' है और यही मेरी आदत भी।

लेकिन, उस सुबह मेरी आँख नहीं खुली, क्योंकि उस पूरी रात, मेरी आँख नहीं लगी थी। अक्सर हम तनाव या एसिडिटी के कारण, सो नहीं पाते पर उस रात, मैं, मेरी सहज-प्रवृति (instinct) के कारण न सो पाया था। मेरे अंदर की आवाज मुझसे यह कह रही थी कि यह समय कुछ कर गुजरने का है... कुछ हटकर... अन्यथा मैं, इन अनसुलझी बहसों का हिस्सा बनकर रह जाऊँगा और कभी यह नहीं जान पाऊँगा कि आखिर इन्हें सुलझाया क्यों न जा सका।

मैं यह फिल्म क्यों बना रहा था? क्या मैं मात्र एक फिल्म निर्माता हूँ? मेरा लक्ष्य क्या है? क्या इसमें कुछ और भी है... एक नया दृष्टिकोण... एक नया आयाम? ऐसा क्या था कि जहाँ सवाल तो उठाये गये पर उत्तर नहीं दिये गये? यह किस तरह का लोकतंत्र है? क्या हमारा लोकतंत्र सच्चा है? लोकतंत्र क्या है? लोगों के द्वारा,

लोगों का, लोगों के लिए... मैंने तो स्कूल में यही सीखा था पर इस लोकतंत्र में लोग कहाँ हैं?

मैं अपने अपार्टमेंट से जोर से चिल्लाकर दूध-वाले से यह पूछना चाहता था कि क्या उसकी बात को सुना जाता है? क्या उसको अपनी बात का कभी उत्तर मिलता है? क्या उसे सच पता है? शायद उसे पता भी हो पर उसकी बात कौन सुनता है?

ऐसा क्यों माना जाता है कि केवल सरकार ही सत्य प्रदान करती है या सत्य बता सकती है? ऐसा क्यों है कि सरकार हमेशा देने वाली या बताने वाली होती है और हम, आम लोग, केवल लेने वाले या सुनने वाले? लोकतंत्र में तो सड़क पर दूध बेचने वाला, या झाड़ू लगाने वाला या अखबार वाला या स्वयं प्रधानमंत्री, सब बराबर हैं। हम सब केवल अलग-अलग भूमिका निभा रहे हैं। आखिर सड़क पर चलने वाला वह इंसान कौन है... क्या वह मात्र एक संख्या है... एक आँकड़ा...? उसकी लोकतंत्र में क्या भूमिका है? हो सकता है, वह शिक्षित न हो, हो सकता है उसे दुनिया के बारे में ज्यादा पता न हो पर उसकी जड़ में एक चेतना है, विचार हैं, जानकारियाँ हैं, उपमाएँ हैं, स्वप्न हैं, सदमे हैं, रहस्य हैं। चट्टान का सबसे छोटा कण हिमालय के सामने कुछ भी नहीं पर इन कणों का सामूहिक बल, वह बल है, जिससे हिमालय बनता है। इन कणो के बिना, हिमालय अपने-आप में कुछ भी नहीं। सबसे छोटा खंड ही सबसे शक्तिशाली खंड होता है।

अगर मैं भी एक कण हूँ तो मुझे अपने बल का अहसास हो गया था। ऐसी अनुभूति हो रहे थी जैसे मुझे ज्ञान प्राप्त हो गया हो।

अगर कोई विचार, आपके मन में लम्बे समय के लिये ठहर जाये, सुलझे चाहे न सुलझे, बस वह विचार आपके मन में टिक जाए, तो आप मान लीजियेगा कि वह विचार सामूहिक चेतना का एक

अंश है। पचास सालों से शास्त्री के रहस्य को किसी राजनीतिक दल या फिर किसी व्यक्ति-विशेष ने जीवित नहीं रखा था बल्कि यह बात भारत के लोगों के दिलों में ठहर गयी थी। सामूहिक चेतना एक जादुई तंत्र से चलती है—यह उत्कृष्ट को आश्रय देती है, अनमोल उत्पन्न करती है और हानि को निष्कासित कर देती है। अगर यह रहस्य इतने सालों से जीवित है तो निश्चित ही, यह देश के लोगों के दिलों में पल रहा है और वे इसका सच जानना चाहते हैं।

अगर लोकतंत्र में हमेशा दो तरह के विचार होते हैं तो इसका मतलब यह है कि हर चीज का एक उल्टा पक्ष भी है और उस उल्टे पक्ष का एक और उल्टा पक्ष... जैसे सच के पीछे के, सच का, एक और सच...। उस दूध-वाले का सच, उस अखबार वाले का सच, मेरे पापा का सच, डॉक्साब का सच... इन छोटे-छोटे सत्यों को मिलाकर बन जाता है एक बड़ा सच। फिर इस बड़े सत्य से सार्वजनीन सत्य बन जातें हैं जो अंत में हमें परम सत्य की ओर ले जातें हैं। यही कारण है कि सरकार या बहुत बड़े-बड़े संस्थान, सब पर नियंत्रण करना चाहते हैं... विद्या पर... उस दूध-वाले पर... और मुझ पर। महान दर्शनशास्त्री और सामाजिक सिद्धांतों के ज्ञाता, माइकल फोकॉल्ट मानते हैं कि सत्ताधारी जिसे वैज्ञानिक-ज्ञान कहते हैं दरअसल वह सामाजिक-नियंत्रण है। जैसे कि 18वीं शताब्दी में 'पागल' शब्द का उपयोग केवल मानसिक रूप से बीमार लोगों के लिये ही नहीं किया जाता था बल्कि गरीब, बीमार या बेघर लोगों के लिये भी किया जाता था। वास्तव में इसका उपयोग ऐसे किसी भी व्यक्ति के लिये किया जाता था जिसके व्यक्तित्व की अभिव्यक्ति उन से मेल नहीं खाती थी। फोकॉल्ट को इस बात की चिंता थी कि केवल कुछ लोगों का समूह इस बात का फैसला करता है कि ज्ञान और सत्य क्या है।

जबकि उनका मानना था कि किसी एक व्यक्ति का सत्य सबका सत्य नहीं हो सकता। किसी वस्तु का सत्य या ज्ञान सम्पूर्ण रूप से तार्किक कथनों में इस हद तक छिपा रहता है जिसे व्यक्ति या व्यक्तियों के समूह उसे किसी विशेष परिपेक्ष्य में ही उद्घाटित करते हैं।

मेरे मन में विचारों का मंथन चल रहा था और यह मंथन मुझे कहीं खींचे चले जा रहा था। मैंने अपने मोबाइल का कैमरा खोला और एक वीडियो रिकॉर्ड किया।

'प्रिय मित्रों, जैसा कि आप जानते हैं कि मैं, हमारे दूसरे प्रधानमंत्री लाल बहादुर शास्त्री की मृत्यु पर फिल्म बनाने की कोशिश कर रहा हूँ। इसमें हम एक जगह पर आकर अटक गयें हैं क्योंकि हमारे पास जानकारियों का अभाव है। हमें जानकारियाँ चाहिये–सरकार के पास हैं नहीं, इसलिये मैं आपके पास आया हूँ। कृपया मेरी मदद कीजिये। अगर आप शास्त्री के संबंध में कुछ भी जानते हों या आप के पास उनसे संबंधित कुछ भी हो–कोई विवरण, तथ्य, तस्वीर, लेख, ऐसा कुछ भी जिसका शास्त्री की जिन्दगी या मृत्यु से कुछ लेना-देना हो तो कृपया मुझे बताईये। अगर आप के पास नहीं भी है पर आप किसी ऐसे व्यक्ति को जानते हों जिसके पास ऐसी जानकारी मिल सकती हो, तो आप मुझ को उन से जोड़ दीजिये... अगर आप किसी किताब, उल्लेख या किसी भी प्रकार की जानकारी, चाहे उसका, इससे सीधा संबंध हो या न हो, मगर आपको लगता है कि उससे हमें मदद मिल सकती है तो हमें बताईये। जिस तरह शास्त्री आम लोगों के नेता थे उसी तरह यह फिल्म भी आम लोगों की है। यह आपके सहयोग से ही बन सकती है और इसमें आप हमारी मदद कीजिये। सत्य का पता

लगाने में आप हमारी सहायता कीजिये क्योंकि सच जानना हमारा अधिकार है। धन्यवाद।'

अगर आपका दिल जानता है कि आप जो कुछ कर रहे हैं, वह सही है तो उसके लिये आपको किसी से पूछने की आवश्यकता नहीं पड़ती। किसी से भी पूछे बगैर, मैंने यह पोस्ट सोशल मीडिया के मेरे सारे अकाउंट्स पर डाल दी। मुझे इस बात का बिलकुल भी अंदाजा नहीं था कि दिल से निकली आवाज को सुनकर जो पोस्ट मैंने डाली थी, उस पर लोगों द्वारा इतने जवाब आयेंगे। 'लोगों द्वारा की गयी शोध' पर यह दुनिया की पहली फिल्म बनने जा रही थी।

जो लोग उस रात आखिरी बार शास्त्री से मिले थे उनसे संबंधित सभी कागजात, डॉक्साब ने क्रम से लगा दिये जिसमें भारतीय सरकार के श्वेत-पत्र से लेकर पत्रकारों, सरकारी अधिकारियों, शास्त्री के सहयोगियों यहाँ तक उनके परिवार के सदस्यों के जवाब तक शामिल थे।

इन कागजों में, हमने कई अलग-अलग लोगों की बातों में समानता पायी थी। सबसे अधिक समान बातों के आधार पर मैं उस रात घटी घटनाओं का सार प्रस्तुत करता हूँ:

सी.पी. श्रीवास्तव ने अपनी किताब, 'Lal Bahadur Shastri: A Life of Truth in Politics', में उल्लेख किया है कि 10 जनवरी 1966 को रात 9:45 बजे, 'शास्त्री वहाँ से निकलने की तैयारी में थे... उनकी गाड़ी भी लग चुकी थी... जिसमें वे जा बैठे और मैं भी उनके साथ वापस आ गया। रास्ते में उन्होंने अपने कार्य के सफल समापन पर संतोष व्यक्त किया। मुझे हर्ष के वे पल बहुत अच्छे से याद हैं जब ताशकंद की सड़कों पर लोग

"शास्त्री, शास्त्री" के नारे लगा रहे थे और प्रधानमंत्री ने हाथ हिलाते हुए उनका स्वागत भी किया था। हम लगभग 10:15 बजे विला पहुँच गये थे और अध्ययन कक्ष में ही बैठ गये। वह दोपहर के भोजन के समय अयूब खान से की गयी चर्चाओं को याद कर रहे थे जहाँ वे दोनों एक नया रिश्ता आरम्भ करने वाली बात पर सहमत हो गये थे। हमने करीब 10 मिनिट और बातें की और फिर शास्त्री मेरी ओर देखते हुए बोले, "...चलो आज थोड़ा जल्दी सो जाते हैं। कल सुबह हमें काबुल के लिये निकलना है।" मैंने कहा, "मैं ख्याल रखूँगा पर अभी मुझे किसी और से भी मिलना है। भारतीय प्रतिनिधिमंडल के कुछ आधिकारिक लोगों से मिलने के लिये कुछ प्रेस के लोग होटल में, मेरा इंतजार कर रहे हैं जो यहाँ से कुछ ही मील दूर है।"'

जैसा कि मैंने पहले भी उल्लेख किया है कि कुलदीप नैयर ने भी अपनी पुस्तक, 'Beyond the Lines' में शास्त्री जी की मृत्यु की घटनाओं का विवरण दिया है। उन्होंने उसमें लिखा है कि भोजन के बाद उन्होंने टेलीफोन पर अपने परिवार से बात की और अपनी ज्येष्ठ पुत्री से शांति प्रस्ताव को मानने पर उनके विचार जानना चाहे। उनकी पुत्री ने जब उनसे कहा कि परिवार में कोई भी इस फैसले से खुश नहीं तो उसके बाद शास्त्री को हैरानी हुई कि इस पर बाकी लोगों की क्या प्रतिक्रिया होगी। 'उसके बाद वे कमरे में इधर से उधर टहलने लगे... जिसको पहले दो बार दिल का दौरा पड़ चुका हो, उसके लिये टेलीफोन पर बात करना और कमरे में इस तरह टहलना शायद तनाव पैदा कर सकता था।'

उनके सहायक ने थर्मस में उन्हें दूध और कुछ पानी दिया था। रात लगभग 1:30 बजे के आसपास, उन्हें उनके निजी सहायक के दरवाजे पर देखा गया जहाँ वे एक डॉक्टर के लिये पूछ रहे थे। स्टाफ के अन्य कर्मचारियों ने डॉक्टर चुग को जगाया, जबकि

उनके सहायकों ने शास्त्री को उनके कमरे में वापस जाने में मदद की। नैयर लिखते हैं, 'अगर यह दिल का दौरा था जैसा की रूसी डॉक्टरों द्वारा बाद में कहा गया तो इतना चलना जानलेवा हो सकता है।'

नैयर ने इसमें आगे लिखा है कि शास्त्री खाँसने लगे और अपने सीने पर हाथ रखकर बेहोश हो गये। डॉक्टर चुघ जब वहाँ पहुँचे तो उन्होंने उनके हार्ट में इंजेक्शन लगाया और सी.पी.आर. देने की भी कोशिश की पर कुछ काम न आया। कुछ अन्य डॉक्टर भी वहाँ पहुँच गये; उन्होंने रात 1:32 बजे मृत्यु का समय बताया। इसके बाद वह यह बताते हैं कि कैसे उन्हें शास्त्री की मृत्यु के बारे में जानकारी मिली और रामनाथ ने उनसे उल्लेख किया कि उसने शास्त्री को थर्मस फ्लास्क से पानी दिया था जो ड्रेसिंग टेबल पर रखा था। रामनाथ ने बताया था कि उसने फ्लास्क का ढक्कन बंद कर दिया था।

कुछ अन्य सूत्रों से ज्ञात हुआ कि थर्मस वहाँ गिरा हुआ था और उसका ढक्कन भी खुला हुआ था जिसे जानकर ऐसे संकेत मिलते हैं कि शास्त्री ने थर्मस से दूध या पानी पिया होगा।

नैयर के अनुसार, उस दिन शास्त्री का खाना टी.एन. कौल के रसोइये जान मोहम्मद ने बनाया था रामनाथ ने नहीं जो शास्त्री के निजी सेवक थे। इसमें अटपटा क्या है क्योंकि जब 1965 में शास्त्री मॉस्को गये थे तब भी खाना, जान मोहम्मद ने ही बनाया था।

एक और कहानी जो शास्त्री के परिवार द्वारा बतायी गई; शास्त्री, जो अपनी ज्येष्ट पुत्री को बेहद चाहते थे और परिवार में इन्हीं से शास्त्री की आखिरी बार बात भी हुई थी। उनके पति वी.एन. सिंह जो स्टेट ट्रेडिंग कार्पोरेशन में कार्यरत थे, काम के सिलसिले से

कायरो जा रहे थे, जहाँ शास्त्री को भी पहुँचना था, तब फोन पर बात करते वक्त शास्त्री ने उनकी पुत्री से उनके पति के साथ भारतीय अखबार रख देने को कहा था। उनके अंतिम शब्द थे, 'अब मैं एक गिलास दूध पीकर सोने जाऊँगा।' उसके बाद लाइन कट गयी पर सुमन ने दोबारा कोशिश की। 15 मिनट बाद जब लाइन मिली तो उन्हें बताया गया कि उनके पिता की मृत्यु हो चुकी है।

ढाई घंटे बाद, सुबह के 4 बजे, अहमद सत्तारोव को के.जी. बी. के 9जी चीफ डायरेक्टोरेट के एक अधिकारी द्वारा जगाया गया। अहमद सत्तारोव वही रूसी रसोइये हैं जिनको शास्त्री के साथ तैनात किया गया था। के.जी.बी. के 9जी चीफ डायरेक्टोरेट का दायित्व वी.आई.पी. लोगों की रक्षा करना है। के.जी.बी. के अधिकारी ने उन्हें बताया कि उन्हें भारत के प्रधानमंत्री को जहर दिये जाने के शक के आधार पर गिरफ्तार किया जाता है। सत्तारोव और उसके तीन सह-कर्मियों को हथकड़ी पहनायी गयी और 30 किलोमीटर दूर बुलमैन ले जाकर काल-कोठरी में बंद कर दिया गया।

अपने संस्मरणों में, हेड-बटलर सत्तारोव लिखते हैं-'प्रातः काल मुझे के.जी.बी. के 9जी चीफ डायरेक्टोरेट के एक अधिकारी ने जगाया, जिनसे मुझे लाल बहादुर शास्त्री की मृत्यु के बारे में पता चला। अधिकारी ने बताया कि उन्हें शक है कि भारत के प्रधानमंत्री को जहर दिया गया है। उन्होंने मुझे और मेरे तीन सहकर्मियों को हथकड़ी लगायी और "चाइका" गाड़ी में बिठा दिया। हम चारों ने कई वरिष्ठ अधिकारियों की सेवा की थी, इसलिये, हम तुरंत शक के घेरे में आ गये। वह हमें बुलमैन नाम के एक छोटे से शहर में ले गये जो वहाँ से लगभग तीस किलोमीटर की दूरी पर था और वहाँ ले जाकर हमें एक तीन

मंजिला हवेली के तलघर में बंद कर दिया और बाहर पहरा बिठा दिया गया। कुछ देर बाद, वे वहाँ भारतीय रसोइये को लेकर आये जिसने उत्सव के लिए भारतीय व्यंजन तैयार किये थे। हम लोगों को लगा कि यही वह आदमी होगा जिसने शास्त्री को जहर दिया होगा। हम इतने ज्यादा घबराये हुए थे कि मेरे एक साथी की कनपटी के बाल खड़े हो गये थे और तब से ही मैं हकलाने लगा।'

भारतीय मीडिया ने इस बारे में कभी कुछ नहीं लिखा जबकि विदेशी प्रेस में इस पर ऐसा लिखा गया था–'भारत के प्रधानमंत्री को जहर देने वाले'।

'भारत के प्रधानमंत्री को जहर देने वाले? इसके बाद भी हमारे मंत्रियों ने पोस्ट-मॉर्टम करवाना ठीक नहीं समझा? क्या बात है! आखिर हो क्या रहा है यहाँ पर?'–तृप्ति ने कहा।

'उस रात शास्त्री ने टी.एन. कौल के कुक, जान मोहम्मद द्वारा बनाया हुआ खाना खाया था'–डॉक्साब बोले।

'लेकिन वह तो उन्होंने शास्त्री के लिये पहले भी बनाया था–1965 में, जब शास्त्री काबुल गये थे'–पल्लवी ने नयी जानकारी दी।

'वह रिहर्सल रही होगी'–तृप्ति ने कहा।

'तो आप सोचती हैं कि उनकी हत्या हुई है?'–मैंने पूछा।

'अभी तक यह साबित तो नहीं हुआ'–तृप्ति ने कहा।

'थर्मस क्यों गिरा हुआ था... इसका मतलब उन्होंने पानी पीने की कोशिश की होगी पर वह गिर गया'–पल्लवी ने कहा।

अब हमारे सामने कई ठोस प्रश्न खड़े हो गये थे।

उसमे दूध था या पानी?

उनके सहायक ने बताया था कि जब उन्हें कमरे में ले जाया गया था तो वो थर्मस की तरफ इशारा कर रहे थे। वे क्या कहना चाहते थे?

शायद वो पानी माँग रहे हों!

हो सकता है वो बताना चाह रहे हों उस थर्मस में जो कुछ भी था, उसे पीने के बाद उनकी तबियत बिगड़ गयी!

क्या वो यह कहना चाह रहे थे कि उसमें जो कुछ भी था, दूध या पानी, उसमें जहर मिला था?

तो थर्मस की फॉरेन्सिक-जाँच क्यों नहीं की गयी?

क्योंकि थर्मस तो मिला ही नहीं!

जब अटल बिहारी वाजपेयी समेत कई सांसद, पत्रकार और शास्त्री के परिवार ने जान मोहम्मद पर प्रश्न खड़े किये तो सरकार ने संसद में यह बताया कि पहले वे मौलाना अबुल कलाम आजाद के रसोइये थे, बाद में उन्हें मॉस्को में टी.एन. कौल का रसोइया बनाया गया। उन्हें उस दिन वहाँ इसलिये भेजा गया था क्योंकि वे मांसाहारी भोजन बनाना जानते थे। अब सवाल यह उठता है कि अगर वे मांसाहारी भोजन बनाना जानते थे तो वहाँ पर उनका क्या काम था क्योंकि शास्त्री तो शुद्ध शाकाहारी थे। दूसरी बात यह, कि इस पर स्वर्ण सिंह, वाय.बी. चह्वाण और विद्या चरण शुक्ल, तीन-तीन केबिनेट मंत्रियों ने बयान दिये पर एक ने भी यह नहीं बताया कि शास्त्री को जहर देने के शक के आधार पर जान मोहम्मद को गिरफ्तार किया गया था।

'लेकिन अगली सुबह... उन्हें छोड़ भी दिया गया था ...'–पल्लवी ने कहा!

'उससे क्या फर्क पड़ता है?'–मैंने पूछा।

'कि वे बेकसूर थे'–पल्लवी ने मुझे समझाते हुए कहा।

'पर यह बात देश से छुपाकर क्यों रखी गयी?'–तृप्ति का कहना था।

'कुछ भी स्पष्ट नहीं था, किसी भी बात का कोई सबूत नहीं मिल रहा था'–मैंने उत्तेजित होते हुए कहा।

'सर आप सही बोल रहे हैं। जब कोई सबूत नहीं होता तो सारी बातें एक सिरे से नकार दी जाती हैं। पर एक बात ऐसी है, जो सब मानते हैं कि वहाँ पर निस्संदेह एक थर्मस था जिसका पता न तब लग सका और आज तक इस बात का किसी को कुछ नहीं पता कि आखिर वह थर्मस कहाँ गायब हो गया? उस कमरे से उनकी निजी डायरी समेत हर एक चीज जो शास्त्री इस्तेमाल किया करते थे, वह गायब है। वह डायरी कहाँ है? न तो वह उनके परिवार को दी गयी... न सरकार के पास है... और न ही वह किसी संग्रहालय में रखी गयी, तो गयी कहाँ? एक तो पोस्ट-मॉर्टम और दूसरे, उस थर्मस और डायरी में मिले सबूतों के आधार पर यह रहस्य सुलझाया जा सकता था पर यही चीजें गायब हो गयी थीं। ऊपर से इस पर कभी कोई जाँच भी नहीं की गयी... न मृत्यु पर और न ही गुम हो गयी चीजों पर। क्या अदालत में, यह बातें उचित संदेह पैदा करने के लिये पर्याप्त नहीं? और अगर यह भी कम है तो सत्तारोव और भारत के राजदूत के कुक का गिरफ्तार किया जाना भी कम माना जायेगा? और वो किसलिये गिरफ्तार किये गये थे?–प्रधानमंत्री को जहर दिये जाने के संदेह के आधार पर...। उसके बावजूद मंत्री और अधिकारियों ने पोस्ट-मॉर्टम करवाना उचित नहीं समझा? उन्होंने थर्मस को कब्जे में लेकर उसकी फॉरेन्सिक-जाँच करवाना भी उचित नहीं समझा? और इन बातों पर भारतीय राजदूत द्वारा कोई विवरण तक नहीं दिया गया। क्या यह संवैधानिक-लोकतंत्र है, या कोई निजी

कंपनी या बनाना रिपब्लिक? मैं खुद ही नहीं जानता मैं कौन हूँ? एक स्वतंत्र नागरिक जिसे सच जानने का अधिकार है या झूठे लोकतंत्र में फँसा एक कैदी जो एक कपटी राष्ट्र में रहने से भी बद्तर है? यदि अतीत में न्याय न मिला हो तो वर्तमान में आशा भी मर जाती है। हमारा गला घोंटा जा रहा है। हमारा लोकतंत्र व्यर्थ है।'–डॉक्साब की आँखों में पानी आ गया था और ये आँसू क्रोध और कुंठा से भरे थे।

उनका क्रोधित होना बिलकुल सही था। शास्त्री की मृत्यु, अब तक रहस्य इसलिये भी बना रहा क्योंकि उस समय किसी ने इतना क्रोध नहीं दिखाया। क्रोध, कभी-कभी लोकतंत्र के लिये अच्छा भी होता है। ऐसे क्रोध का भय सरकार को हमेशा सतर्क रखता है। डॉक्साब के अंदर, मैं अपने विद्यार्थी जीवन की खुद की छवि को देख पा रहा था।

मैंने अपने कॉलेज में लड़कियों को लड़कों से अलग बैठाने की परंपरा का विरोध किया था। मुझे लगता था यह एक गलत परंपरा है। अगर महिलाओं को पुरुषों के साथ बराबरी से चलना है, तो पहले पुरुषों को उन्हें अपने समुदाय में शामिल करना होगा और महिलाओं को, पुरुषों को अपने समुदाय में शामिल करना होगा। आप ऐसा नहीं कर सकते थे कि एक तरफ परम्पराओं के आधार पर आप उन्हें अलग रखें और दूसरी तरफ समानता और समावेश पर भाषण दें।

सबसे पहले मैंने इसकी चर्चा अपने शिक्षकों से की। उन्हें लगता था कि ऐसा मैं, सिर्फ लड़कियों के पास बैठने के लिये कर रहा था। फिर मैं प्रधानाचार्य के पास गया पर वो यह प्रस्ताव सुनकर मेरे ऊपर गुस्सा करने लगे और बोले, 'हिम्मत कैसे हो गयी... बहुत जवानी चढ़ रही है क्या?' हाँ मैं ऐसी उम्र में तो था जहाँ जवानी चढ़ी थी पर इसका यह मतलब तो नहीं कि मेरे पास

सामाजिक निष्ठा नहीं हो सकती। मैंने इसका विरोध करना शुरू किया और प्रधानाचार्य और उस व्यवस्था के खिलाफ नारे लगाने शुरू कर दिये जो हमें भेदभाव करना सिखा रहे थे। मुझे लगता था कि जितना ज्यादा लड़कियों को लड़कों से दूर रखा जायेगा उतना ही ज्यादा लड़के उनका पीछा करेंगे। छेड़-छाड़ और मानसिक विकृतियों का एक बड़ा कारण यह भी है। बल्कि अगर लड़के और लड़कियाँ आपस में बातें करें तो वे एक-दूसरे को समझ पायेंगे और एक-दूसरे के प्रति सवेंदनशील भी हो पायेंगे और इस तरह छेड़-छाड़ भी कम हो जायेगी। लेकिन प्रधानाचार्य ने मुझे निलंबित कर दिया और मेरे पापा को बुलवाया गया। मैं बहुत डर गया था और नहीं जानता था कि इस पर पापा की क्या प्रतिक्रिया होगी। वे बहुत सम्मानित व्यक्ति थे और हर कोई उनके बेटे से मर्यादा पुरषोत्तम राम बनने की अपेक्षा करता था। इससे बड़ी बात यह थी कि जिस प्रधानाचार्य ने पापा को बुलवाया था वह खुद उस विश्वविद्यालय में पढ़े थे जिसमें पापा कुलपति रह चुके थे। प्रधानाचार्य ने उन्हें बताया, 'आपके लड़के को गुस्सा बहुत ज्यादा आता है और अब वह हमारे कॉलेज और उसकी संस्कृति के लिये खतरा बन गया है। अगर वह आपका बेटा न होता तो निश्चित ही मैं उसे टी.सी. दे देता पर मैंने आपको बुलाकर यह बता देना उचित समझा ताकि आप ही उसे उचित दंड दे सकें।' पापा ने पूरी बात बड़े ध्यान से सुनी और फिर बोले, 'न तो मैं अपने बेटे को कोई दंड दूँगा और न उससे माफी माँगने को कहूँगा और जो कारण आपने मुझे बताया है उस पर मैं उसको अपने क्रोध पर नियंत्रण करने को भी नहीं कहूँगा। जब तक कुछ लोग हम पर इस तरह क्रोध नहीं करेंगे, शायद तब तक हम ऐसी दृढ़-परम्पराओं को समाप्त भी नहीं करेंगे। ऐसे क्रोधों ने ही हमें सती प्रथा से मुक्ति दिलवायी... देवदासी प्रथा से मुक्ति दिलवायी; ऐसे क्रोध ने ही

हमें अंग्रेजों से स्वतंत्र करवाया और ऐसा क्रोध ही पौरुष-प्रभुत्व वाले इस परिसर को रूढ़िवादी परम्परा से मुक्ति दिलवायेगा जहाँ छात्राओं के साथ भेदभाव किया जाता है।' ऐसा कहकर पापा ने मेरा हाथ पकड़ा और प्रधानाचार्य के कमरे से बाहर निकल आये। बाहर आकर गले लगाकर उन्होंने मुझसे कहा, 'सत्ताधारियों के सामने कभी मत झुकना।' उस दिन सिर ऊँचा कर, मैं वहाँ से, ऐसे चल कर गया जैसे मैंने दुनिया जीत ली हो। वह क्रोध मेरे अंदर हमेशा जीवित रहा और वह क्रोध ही मुझको चलाकर यहाँ तक ले आया था।

मैं जाकर डॉक्साब के पास बैठ गया जो काँपते हाथों में अपनी सिगरेट इधर से उधर घुमा रहे थे।

'सर हमें झूठा इतिहास क्यों पढ़ाया गया? आज मुझे यह बात जानकर खुशी होती है कि वह सब गलत है जो हमें बताया गया था।'

'इतिहास कभी उन बातों का हिसाब नहीं रखता जो पर्दे के पीछे की जाती हैं, वह सिर्फ पर्दे के सामने दिखायी बातों को याद रखता है, पर पर्दा हटाकर उसके पीछे की बातों को देखने से हमें कोई रोक भी नहीं सकता और यह लोकतंत्र की एक बड़ी सुंदरता है।'–यह कहते हुए मैंने डॉक्साब का हाथ पकड़ा और उन्हें गले से लगा लिया।

21

क्या जयंती तेजा मॉस्को में मौजूद थे?

ओ माय गॉड!

यह मेरी पहली प्रतिक्रिया थी–जब मैंने अपना इन-बॉक्स खोला। वह जवाबों से भरा पड़ा था। मेरे आग्रह पर लोगों ने मुझे ढेरों जवाब भेजे थे। कई लोगों ने गूगल लिंक भेजे थे, जो मैं यकीन के साथ कह सकता हूँ कि डॉक्साब पहले ही देख चुके होंगे। कई जवाब ऐसे थे जो एक नया स्वरूप उजागर करते थे। कुछ लोगों ने मुझे ऐसे लोगों से जोड़ दिया जो उस रहस्य के बारे में कुछ जानते थे। हम बहुत खुश थे। यह एक वीडियो द्वारा लोगों से आग्रह करने का परिणाम था जो मैंने अपने अंदर की आवाज को सुनकर किया था। मनुष्य के अंदर जो सहज-प्रवृत्ति होती है, जिसे हम अंदर की आवाज या दिल की आवाज भी कहते हैं, उस पर मेरा विश्वास और प्रबल हो गया था। अब हमें यह समझ नहीं आ रहा था कि कहाँ से शुरू करें।

हमने यह फैसला लिया कि सबसे पहले हम साजिश की अविश्वसनीय कल्पनाओं को समझेंगे। साधारणत: हम ऐसी बातों पर चर्चा भी नहीं करते पर जैसे-जैसे हम आगे बढ़ते जा रहे थे, हमारे सामने नयी अज्ञात बातें खुलती चली जा रही थीं। यह बातें केवल शास्त्री से ही संबंधित नहीं थीं पर इनमें दिल दहला देने वाले खुलासे थे।

जैसे कि, बिहार से एक वृद्ध द्वारा भेजा गया छोटा सा एक लेख जिसने हमारा ध्यान तेजा की ओर आकर्षित किया और हमने इस पर आगे खोज की। इस खोज से हमने तेजा के बारे में जाना जो भ्रष्टाचार में लिप्त, एक बहुत बड़ा उद्योगपति था जिसे उस समय की सरकार द्वारा अपार संरक्षण प्राप्त था। यह सब ऐसे शुरू हुआ कि शास्त्री के समय में केंद्र सरकार में कार्यरत एक सज्जन पुरुष ने उस समय के बारे में हमें कुछ बातें लिखीं। उनका कहना था कि लाल बहादुर शास्त्री सदैव सादे जीवन का आचरण करते थे, संसाधनों की हानि के खिलाफ रहते थे और एक कट्टर ईमानदार व्यक्ति थे। जब वे ऑल इण्डिया काँग्रेस कमेटी के महासचिव थे, तब वे अपनी धर्म-पत्नी, ललिता शास्त्री को मासिक भत्ते के रूप में ₹40 दिया करते थे पर ललिता जी उसमें से ₹10 बचा लेतीं थीं। जैसे ही शास्त्री को इस बात का पता लगा कि खर्चा ₹30 में ही चल जाता है, उन्होंने उनके खर्चे से ₹10 कम कर दिये।

इससे हमें उनके आर्थिक प्रबंधन को और समझने की उत्सुकता जागी और हमने पता किया कि शास्त्री, अर्थव्यवस्था की गहरी समझ रखते थे। 1965 के अकाल में भोजन संकट एक बड़ी समस्या बन गयी थी और ऊपर से युद्ध, तब लाल बहादुर शास्त्री ने जवानों और किसानों के मनोबल को प्रोत्साहित करने के लिये 'जय जवान जय किसान' का नारा दिया था। शास्त्री की दुविधा यह थी कि 'खाद्यान्न आयात बिल' का पैसा रक्षा पर खर्च हो रहा था। कृषि उत्पादन में 17 प्रतिशत की कमी आ गयी थी, ऊपर से खाद्यान्न सामग्री की कीमतों में 14 प्रतिशत की वृद्धि हो गयी थी और सरकारी गोदाम खाली होते चले जा रहे थे। अब केवल आयात ही एक मात्र विकल्प बचा था।

अमित कपूर अपनी किताब, 'The Age of Awakening' में लिखते हैं–'संयुक्त राज्य अमेरिका ने भारत और पाकिस्तान दोनों पर किसी भी प्रकार की मदद पर रोक लगा दी थी क्योंकि उन्हें लगता कि एक निरर्थक युद्ध पर दुर्लभ संसाधन बर्बाद नहीं किये जाना चाहिये। तब शास्त्री ने कृषि क्षेत्र में बाजार-आधारित नीति को आगे बढ़ाया। उन्होंने भारतीय कृषि को पुनर्जीवित करने के लिये सुब्रमणियम की विशेषज्ञता के तहत एक कार्यक्रम निर्धारित किया जिसमें उच्च उपज वाले विभिन्न बीजों का उपयोग, किसानों को मूल्य प्रोत्साहन और सिंचित क्षेत्रों में सुधार के कार्यक्रम शामिल थे। पर वित्त मंत्री टी.टी. कृष्णमचारी और योजना आयोग ने इसका विरोध किया। एक बड़ी समस्या उर्वरक के उत्पादन की थी जो जिसे सार्वजनिक क्षेत्र द्वारा किया जाना था... पर यहाँ खराब तकनीक का इस्तेमाल किया जाता था जिसके कारण सरकार को उर्वरक पर आर्थिक छूट देनी पड़ती थी; शास्त्री की सरकार ने भारतीय उर्वरक उद्योग में निवेश करने वाली इच्छुक विदेशी निजी कंपनियों को विशेष सुविधायें प्रदान करने की एक नयी नीति पारित की। इस नीति के तहत पहली बार बाजार को खोला गया जो कि नेहरू की सोवियत-सोशलिस्ट नीति के विपरीत थी। इसे लागू करने के लिये, विश्व बैंक द्वारा सुझाया मुद्रा-अवमूल्यन एक मात्र पहलू था। कृष्णमचारी ने इसका जमकर विरोध किया। कृष्णमचारी के ऊपर पहले भी अपने पद का दुरुपयोग करने के आरोप थे। शास्त्री ने अपने वित्तमंत्री की ओर कोई ध्यान ही नहीं दिया बल्कि इस मुद्दे का परीक्षण करने के लिये, उन्होंने एक स्वतंत्र न्यायिक प्राधिकरण स्थापित करने की योजना बनायी। यह बात कृष्णमचारी सहन नहीं कर पाये और यह तर्क देते हुए, कि अगर उनके रहते, प्रधानमंत्री को किसी और से परामर्श करना पड़ा, तो वे स्पष्ट रूप से शास्त्री

का विश्वास खो चुके हैं, कृष्णमचारी ने वर्ष के अंतिम दिन अपना इस्तीफा दे दिया।

इस निर्णय को स्वीकार कर, शास्त्री ने 'ईमानदार-शासन' पर मुहर लगा दी।

इससे भ्रष्ट अधिकारी और भ्रष्ट व्यापारी बुरी तरह से बरगला गये। डॉक्टर जयंती धर्मा तेजा इनमें से एक ऐसे ही उद्योगपति थे। इससे पहले तेजा को जवाहर लाल नेहरू तक पहुँचने में थोड़ी कठिनाई तो हुई थी पर जैसे कि नेहरू, सफल लोगों की बड़ी इज्जत किया करते थे, उन्हें तेजा से मिलकर खुशी हुई। इससे तेजा के वर्चस्व को जबरदस्त ताकत मिली और साथ ही मिली कामयाबी की लम्बी सीढ़ी।

इन्दर मल्होत्रा, जो उनसे व्यक्तिगत रूप से मिले थे, विभिन्न प्रेस रिपोर्टों और लेखों में लिखते हैं–'न्यूक्लियर फिजिक्स में तेजा का शैक्षणिक जीवन अति-उत्तम रहा था। जल्द ही वे भारत आ गये और बहुत जल्द उनको तीन मूर्ति स्थित प्रधानमंत्री निवास पर देखा जाने लगा... 1961 में उन्होंने जयंती शिपिंग कॉर्पोरेशन के नाम से एक शिपिंग कंपनी की शुरुआत की। इस सपने को पूरा करने के लिये उनको वित्तीय-ऋण की आवश्यकता पड़ी जिसके लिये उन्होंने सरकार के पास अर्जी लगायी। तेजा ने अपनी पहचान प्रधानमंत्री जवहार लाल नेहरू के करीबी विश्वासपात्रों के रूप में बना ली थी।' कुछ अधिकारियों ने, खास कर पोत परिवहन के महानिदेशालय के अधिकारियों ने तेजा को 'घिनौना-नो मेन' का नाम दिया था और वे उसके दावों पर आश्चर्य व्यक्त किया करते थे। बिना किसी रुकावट के इस मामले को केबिनेट में पेश किया गया। नेहरू ने अपने सहकर्मियों से कहा, 'थोड़ा कुछ दे दो' और सरकार ने करोड़ों रुपये दे डाले।

तेजा ने जापानी जहाज मँगवाये और फिर पहली किश्त भरने के बाद इन्हीं को गिरवी रख जहाजों का बेड़ा अर्जित कर लिया। फिर उन्होंने दुनिया भर में सम्पत्तियाँ खरीदना शुरू कर दिया। जहाँ एक तरफ लोग उनकी आकांक्षाओं और उपलब्धियों की प्रशंसा कर रहे थे वहाँ कई लोग इतनी तेज प्रसिद्धि पर चिंता भी व्यक्त कर रहे थे।

लेकिन, शास्त्री ने प्रधानमंत्री बनते ही उनकी सारी गतिविधियों पर रोक लगा दी। तेजा ने शास्त्री के करीब आने की बहुत कोशिश की पर उसका कुछ फायदा नहीं हुआ और जल्द ही उन पर आयकर-विभाग द्वारा कार्यवाही शुरू कर दी गयी जिससे वे मुसीबतों में फँसने लगे। एक तरफ से शास्त्री ने उन पर शिकंजा कसना शुरू दिया और दूसरी तरह से आयकर-विभाग की पूछताछ के कारण तेजा को लगने लगा जैसे उनका ऐश्वर्य खतरे में पड़ गया। ऐसा कहा जाता है कि शास्त्री के ताशकंद जाने के कुछ ही दिन पहले तेजा ने मॉस्को जाकर भारत के राजदूत टी.एन. कौल से मुलाकात की थी और बाद में भी जब शास्त्री ताशकंद में थे, तब तेजा भी वहाँ मौजूद थे। राम मनोहर लोहिया ने संसद में इस बात पर सफाई की माँग रखी थी और पूछा था कि जिस समय, ताशकंद में, शास्त्री और पाकिस्तान के राष्ट्रपति, अयूब खान के बीच चर्चा चल रही थी, उस समय तेजा वहाँ क्या कर रहे थे? इस पर तत्कालीन विदेशमंत्री, स्वर्ण सिंह ने सभा में घोषणा की थी कि 'माननीय सदस्य ने पहचानने में भूल की है। वहाँ पर तेजा तो मौजूद थे पर वे यह नहीं बल्कि मॉस्को में हमारे दूतावास पर पदस्थ जे.एस. तेजा थे जो कि विदेश सेवा के अधिकारी रहे हैं।'

तेजा और इंदिरा गाँधी के बीच 'विशेष संबंध' केवल राजनीतिक हलकों में ही नहीं सुने जाते थे। एक बार राम मनोहर लोहिया ने संसद में कहा था कि तेजा ने इंदिरा गाँधी को उपहार

स्वरुप एक सेबल का कोट दिया था, जब उनकी पहचान 'नेहरू की पुत्री के अलावा और कुछ भी नहीं' थी।

यह सच है कि तेजा ने शास्त्री से कई बार मिलने की कोशिश की पर शास्त्री ने मिलने से मना कर दिया। कई सांसदों द्वारा यह आरोप लगाया गया था कि किसी प्रभावशाली व्यक्ति (जिसका सन्दर्भ इंदिरा गाँधी से है) की मदद से, तेजा, शास्त्री का 'प्रबंध करने' के लिये टी.एन. कौल से मिलने मॉस्को गये थे... कौल, जो कि श्रीमती गाँधी के एक और विश्वासपात्र थे। क्या इस 'प्रबंध करने' का मतलब शास्त्री की मृत्यु से था? यह हम नहीं कह सकते पर इस पर छान-बीन तो होनी चाहिये थी। लालकृष्ण आडवाणी ने इस मुद्दे को संसद में उठाया था और विशेष रूप से पूछा-'क्या यह सच नहीं कि 23 दिसंबर 1965 के दिन जयंती तेजा ने बम्बई से मॉस्को के लिये उड़ान भरी थी और 23 से 28 दिसंबर के बीच वे भारत के राजदूत टी.एन. कौल के साथ मॉस्को में रहे थे? 23 से 28 दिसंबर का समय शास्त्री की ताशकंद में हुई मृत्यु से कुछ दिन पहले का समय है। इसलिये यह नहीं कहा जा सकता है कि जयंती तेजा की मॉस्को में उपस्थिति से इसका कुछ लेना-देना नहीं है।'

इंदर मल्होत्रा ने लिखा है, 'प्रधानमंत्री बनने के तुरंत बाद, इंदिरा गाँधी अमेरिका की आधिकारिक यात्रा पर गयी थीं। उस दल में, धर्मा तेजा उन शक्तिशाली उद्योगपतियों में से एक थे जिन्होंने वॉशिंगटन और न्यूयॉर्क के समारोह में शामिल हो अपनी पहचान दोबारा स्थापित की थी।'

देर-सबेर यह बात तो सामने आनी ही थी और जैसा कि जाँच में पाया गया कि तेजा का आर्थिक साम्राज्य एक मृगतृष्णा की तरह था। परिणामस्वरूप पोत परिवहन मंत्रालय ने जयंती शिपिंग

का अधिग्रहण किया और इतनी बड़ी धोखेबाजी करने के लिये तेजा को केवल सात वर्ष की सजा सुनायी गयी।

भले ही तेजा ने कुछ समय तिहाड़ जेल में गुजार लिया हो पर जयंती तेजा का बाकी जीवन एक धनवान व्यक्ति के रूप में निकला। आज भी यह माना जाता है कि नेहरू, इंदिरा गाँधी और काँग्रेस से घनिष्टता ही तेजा की कीर्ति का कारण रहा है।

'इसका मतलब यह है कि भ्रष्टाचार की संस्कृति और धोखाधड़ी करने वाले उद्योगपतियों को संरक्षण देना और उन्हें देश से भागने में मदद करना वास्तव में नेहरू के शासन में ही शुरू हो गया था'–तृप्ति ने कहा।

'ललित मोदी, विजय माल्या, चौकसी, नीरव मोदी इस महान परंपरा के हाल हीं के खिलाडी हैं जो पी.एम.ओ. की मदद से भ्रष्टाचार कर भागे हैं'–मैंने टिप्पणी की।

'सर, तेजा ताशकंद में एक अकेले रहस्यमय अतिथि नहीं थे'–डॉक्साब ने पाकिस्तान के राष्ट्रपति, अयूब खान और कई अन्य लोगों के साथ ताशकंद में खींची गयी शास्त्री की एक तस्वीर निकाली।

इस तस्वीर में ऐसी क्या बात है?

डॉक्साब, अयूब खान के पीछे खड़े एक चश्मा पहने हुए व्यक्ति की तरफ इशारा करते हुए बोले–'क्या आपको यह नेताजी सुभाष चंद्र बोस की तरह नहीं दिखते?'

हालाँकि मैंने इस संभावना को सिरे से खारिज कर दिया था पर मैं इसके बारे में और जानना भी चाहता था कि आखिर यह रहस्यमय व्यक्ति कौन हो सकता था जिसकी शक्ल वाकई में नेताजी सुभाष चंद्र बोस से बहुत मिलती थी।

22

नेताजी बोस: द ताशकंद मैन

हम सब बहुत ध्यान से, मेग्नीफायिंग ग्लास के सहारे उस तस्वीर को देख रहे थे और सच में इस आदमी की शक्ल नेताजी सुभाष चंद्र बोस से हूबहू मिलती थी। हमने इसे और गहरायी से जानना शुरू किया।

ऐसा मान लिया गया था कि 48 वर्षीय सुभाष चंद्र बोस, जो आम तौर से नेताजी के नाम से जाने जाते थे, 18 अगस्त 1945 के दिन ताइवान में विमान दुर्घटना में मारे गये थे। हालांकि, ब्रिटिश खुफिया एजेंसियों ने यह मानने से इन्कार कर दिया था। 22 अगस्त 1945 के दिन टोक्यो में रेडियो पर यह घोषित कर दिया गया था कि 18 अगस्त के दिन फारमोसा (जो अब ताइवान के नाम से जाना जाता है) से जापान जाते समय विमान-दुर्घटना में नेताजी सुभाष बोस की मृत्यु हो गयी। पर विमान दुर्घटना वाली कहानी को नेताजी के लाखों चाहने वालों ने मानने से इन्कार कर दिया; और दावे करने लगे कि एक बार क्रांतिकारी नेता पुन: प्रकट होंगे। जवाहर लाल नेहरू की सरकार ने कथित रूप से लगभग दो दशकों तक नेताजी के परिजनों पर जासूसी करवायी। पश्चिम-बंगाल की इंटेलिजेंस शाखा द्वारा सार्वजनिक किये गये दस्तावेजों के माध्यम से यह पता चलता है कि बोस

के परिजनों पर अंग्रेजों के काल से जासूसी करने की प्रथा, राज्य द्वारा भी जारी रखी गयी थी। अब एक सीधा सवाल यह है कि अगर कोई गुप्त रहस्य था ही नहीं तो उनके परिजनों पर जासूसी क्यों करवायी जाती रही? 'जो राष्ट्र अपने इतिहास को भूल जाते हैं वे उसे दोबारा खड़ा करने की शक्ति नहीं रखते'–प्रधानमंत्री नरेंद्र मोदी ने 15 अक्टूबर 2015 के दिन यह कहते हुए घोषणा की थी कि नेताजी की सभी गोपनीय फाइल सार्वजनिक की जायेंगी। जो 39 फाइल अभी तक सार्वजनिक नहीं की गयीं उनमें से 4 'सबसे अधिक गोपनीय', 20 'गोपनीय' 5 'वर्गीकृत' और 10 'अवर्गीकृत' की श्रेणी में आती हैं।

नेताजी के परिवार का यह मानना है कि नेताजी से संबंधित गोगनीय दस्तावेज रूस, जापान, चीन, अमरीका, यूके, सिंगापुर, और मलेशिया, के पास हैं। वे प्रधानमंत्री से अनुरोध कर चुके हैं कि प्रधानमंत्री इन देशों को लिखकर इन्हें उजागर करवायें।

बोस और शास्त्री की मृत्यु का रहस्य भारतवासियों के दिलों में सदियों से पल रहा है। फिल्मों में रहस्यों की कहानियों पर लिखने की शैली की महारत हासिल कर लेने के बाद भी... मैं इसकी एक ऐसी पटकथा लिखना चाहता था जहाँ दोनों हस्तियाँ एक जगह... एक समय पर मिलती हैं... और उस जगह का नाम होता है 'ताशकंद'।

वह तस्वीर मेरी आँखों के सामने रखी हुई थी। डॉक्साब ने उस इंसान के चेहरे पर लाल रंग के पेन से गोला बना दिया था जिसे नेताजी समझा जा रहा था। इस व्यक्ति को 'द ताशकंद मैन' के रूप में जाना जाता है, जो 10 जनवरी 1966, के ताशकंद समझौते की घोषणा के बाद वीडियो और तस्वीर, दोनों में दिखाई पड़ता था। 'ताशकंद मैन' भारत के प्रधानमंत्री लाल बहादुर शास्त्री,

पाकिस्तान के राष्ट्रपति अयूब खान और अलेक्सी कोसिगिन के इर्द गिर्द ही नजर आता था। क्या वे छद्म-वेश में सुभाष चंद्र बोस ही थे?

बोस के रहस्य को सुलझाने के लिये लन्दन में रहने वाले एक एन.आर.आई. सिद्धार्थ सतभाई ने एक शोध करवायी थी। उन्होंने ब्रिटिश सेना के रॉयल सिग्नल रेजिमेंट के एक अनुभवी, नील मिलर नामक व्यक्ति को इंटरनेट के एक समूह, जिसका नाम नहीं बताया गया, द्वारा वीडियो और फोटोग्राफिक साक्ष्य उपलब्ध करवाये और मिलर से इन पर एक काल्पनिक विश्लेषण करने को कहा गया। उनकी अंतिम रिपोर्ट के अनुसार 'ताशकंद मैन' वाकई में नेताजी ही थे। उन्होंने कई तरह से अवलोकन किया जो कि सतभाई की वेबसाइट *thebosemystery.com* पर उपलब्ध है।

अगला सवाल यह उठता है कि 'ताशकंद मैन' अगर वाकई में नेताजी ही थे तो वे वहाँ शांति-वार्ता में क्या कर रहे थे? ओपन मैगजीन में छपे इकबाल मल्होत्रा द्वारा लिखे इस लेख में इसका विवरण दिया हुआ है। वह लिखते हैं कि '1930 के दशक में उपलब्ध, सार्वजनिक जानकारी के आधार पर, नेताजी नाजियों के सर्वोच्च नेतृत्व तक पहुँचने में असमर्थ रहे थे। अब सोवियत संघ ही अंतर्राष्ट्रीय क्षेत्र में एकमात्र विकल्प था, जो भारत के स्वतंत्रता संग्राम में उनकी मदद कर सकता था इसलिये नेताजी ने अपना रुख सोवियत संघ की ओर कर लिया था... मैं आपका ध्यान इस ओर केंद्रित करना चाहता हूँ कि स्वतंत्रता पाने की आस में, नेताजी अहिंसा के मार्ग के अलावा कुछ और विश्वसनीय विकल्प भी खोज रहे थे जिसमें सोवियत संघ, उनका सहयोगी बन सकता था और न कि जर्मनी या जापान। स्वतंत्रता की लड़ाई के आदर्शों के विकल्पों में यह दोनों किसी मजबूरी के कारण ही साथ देने को तैयार होते ...अगर "ताशकंद मैन" और नेताजी एक ही थे तो

इस लेख में दी गयी बारीकियाँ सच से मेल खाती हैं। और अगर "ताशकंद मैन" और नेताजी एक ही आदमी नहीं थे और बिना बात के यह विवाद फैलाया जा रहा था तो यह माना जा सकता था कि नेताजी की मृत्यु रूस में ही हो गयी थी... या तो एक कैदी के रूप में या समय और कष्टों के साथ... पर दोनों ही मामलों में सच केवल रूस ही जानता था।'

एक बात बहुत साफ होती चली जा रही थी कि दोनों रहस्यों के पीछे रूस की भूमिका का अध्ययन किया जाना अत्यंत आवश्यक था।

हम अपने दिन का काम समेट ही रहे थे तभी हमें एक ई-मेल प्राप्त हुई। यह गुमनामी बाबा के सन्दर्भ में थी।

'गुमनामी बाबा? अब यह कौन है और इनका शास्त्री से क्या लेना-देना?'-पल्लवी ने पूछा।

'ऐसा कहा जाता है कि असल में गुमनामी बाबा कोई और नहीं बल्कि नेताजी सुभाष चंद्र बोस ही थे'-मैंने जवाब दिया।

प्रत्येक सत्य का एक प्रतिपक्ष होता है और फिर उसका भी एक विपरीत – है न आश्चर्यजनक!

23

गुमनामी बाबा: भारत के सर्वाधिक रहस्यमय व्यक्ति

नेताजी सुभाष चंद्र बोस के साथ क्या हुआ, इसके बारे में तीन सबसे प्रचलित और तर्कपूर्ण बातें कही जाती हैं—पहली कि उनकी मृत्यु ताइवान में विमान दुर्घटना में हो गयी थी; दूसरी कि वो वहाँ से बचकर निकल गये थे और उन्होंने अपना शेष जीवन सोवियत संघ में बिताया और तीसरी कि वे भारत लौट आये थे और वे उत्तर प्रदेश के कई हिस्सों में छुप-छुप कर रहते रहे।

जब तक वे उत्तर प्रदेश के फैजाबाद में रहे उनके अनुयायी उन्हें भगवनजी कहकर संबोधित करते थे पर उनकी मृत्यु के बाद मीडिया ने उन्हें 'गुमनामी बाबा' का नाम दिया। उनकी मृत्यु के बाद इस बात से पर्दा उठा दिया गया कि इतने सालों से वे जीवित थे और उनके कमरे से सैंकड़ों ऐसी वस्तुएँ भी प्राप्त हुईं जिन्हें देखकर यह लगता था कि वे नेताजी ही थे; उनकी भतीजी ललिता बोस ने इस सामान में मिले उनके द्वारा लिखे गये लेख और पत्रों की जाँच कर इस बात की पुष्टि भी की कि गुमनामी बाबा, सुभाष चंद्र बोस ही थे। ललिता ने कुछ अन्य लोगों के साथ मिलकर इलाहाबाद उच्च न्यायालय में अर्जी भी लगायी जिसका जवाब देने में उत्तर-प्रदेश सरकार को 13 साल लग गये। इसके कुछ साल बाद तत्कालीन मुख्यमंत्री अखिलेश यादव ने जस्टिस विष्णु सहाय के आधीन एक जाँच-समिति भी बनायी पर यह

जाँच-समिति निश्चित तौर से इस प्रश्न का उत्तर नहीं दे पायी कि गुमनामी बाबा कौन थे?

1985 से, गुमनामी बाबा की वास्तविक पहचान के बारे में कई कहानियाँ कही जाती हैं। कोई कहता है वो एक सी.आई.ए. एजेंट थे पर मुझे यह समझ नहीं आता कि भला कोई सी.आई.ए. एजेंट उत्तर प्रदेश के एक छोटे से कस्बे में बैठ कर क्या करेगा। कानून से छिपे हुए सुभाष चन्द्र बोस के परिवार के कुछ सदस्य (अपनी निजी बातचीत में) और बी.जे.पी. नेता सुब्रमण्यन स्वामी (सार्वजनिक रूप से) यह दावा करते हैं कि गुमनामी बाबा वाली कहानी भारत के लोगों को गुमराह करने के उद्देश्य से इंटेलीजेंस ब्यूरो द्वारा रचा गया एक ढोंग है जिससे लोगों को वास्तविक सच्चाई से दूर रखा गया पर असल बात यह है कि पहले ही जवहार लाल नेहरू की मिली-भगत से उनको रूस में मार दिया गया था।

कई शोधकर्त्ता, पत्रकार और कार्यकर्ताओं का यह मानना है कि गुमनामी बाबा दरअसल नेताजी ही थे। 1985 में, अयोध्या के पास स्थित फैजाबाद शहर में, भा.ज.पा. नेता के घर के पीछे बने नौकर के कमरे में किसी साधु की मौत हो गयी थी और उसके एक महीने के बाद यह अफवाह फैलना शुरू हो गयी थी पर इस खबर ने आग तब पकड़ी जब उस साल 28 अक्टूबर के दिन वहाँ के स्थानीय अखबार 'नये लोग' में यह खबर छपी कि असल में वह नेताजी ही थे जो साधु के वेश में छुपकर रहते थे।

सबसे पहले अशोक टंडन ने 'नये लोग' में छपी इस खबर की ओर ध्यान आकर्षित किया और फिर सय्यद कौसर हुसैन, निर्मल निबेदन (अब जो दोनों ही जीवित नहीं है) और वी.एन. अरोरा ने 'नॉर्दन-इंडिया पत्रिका' के लिये इस पर विस्तृत जाँच की। 2002 में राष्ट्रीय दैनिक, 'हिन्दुस्तान-टाइम्स' के लिये अनुज धर ने इस पर गहरा अध्ययन किया।

'इंडिया टाइम्स' में छपी रिपोर्ट के अनुसार, 'गुमनामी बाबा के पास से मिली आठ वस्तुएँ ऐसी हैं जो उनका संबंध नेताजी सुभाष चंद्र बोस से जोड़ती हैं।' ऋषभ बेनर्जी के अनुसार, 'पत्र, तार और डाक टिकट उन 197 वस्तुओं में से थे जिनकी छान-बीन फैजाबाद के जिला-कोषागार में की गयी थी और यह वस्तुएँ नेताजी सुभाष चंद्र बोस के तार गुमनामी बाबा उर्फ भगवनजी से जोड़ती हैं। कुछ बातें उनके और स्वतंत्रता सेनानी के बीच अस्वाभाविक रूप से समान पायी गईं... डॉक्टर पबित्र मोहन रॉय (जो कि बोस की आजाद हिन्द फौज के इंटेलिजेंस विंग के एक वरिष्ठ अधिकारी थे) द्वारा लिखित अंतर्देशीय पत्र और टेलीग्राम गुमनामी बाबा के सामान से प्राप्त किये गये... जर्मनी में बनी दूरबीन की पुष्टि आई.एन.ए. के पुराने सिपाही निजामुद्दीन के पुत्र अकरम द्वारा की गयी जिसका उपयोग नेताजी और आजाद हिन्द फौज के अन्य अधिकारी किया करते थे... 16 सितम्बर 1972 को राष्ट्रीय स्वयं सेवक संघ के अध्यक्ष (सरसंघचालक), एम.एस. गोलवलकर द्वारा लिखा गया पत्र भी उनके सामान से मिला... आर.एस.एस. के अध्यक्ष ने अपने पत्र में उन्हें "पूज्यपद श्रीमान स्वामी विजयानन्दजी महाराज" से संबोधित किया था।'

1999 में केंद्र सरकार द्वारा सर्वोच्च न्यायालय के सेवानिवृत्त न्यायाधीश, एम.के. मुखर्जी के आधीन इस रहस्य को उजागर करने के उद्देश्य से एक जाँच-आयोग बनाया गया। कई वर्षों तक चली जाँच के बाद, इस आयोग ने पाया कि नेताजी की मृत्यु कभी भी हवाई दुर्घटना से नहीं हुई थी पर 2006 में काँग्रेस के नेतृत्व वाली सरकार ने संसद में पेश की गयी इस रिपोर्ट को बिना कोई कारण बताये सिरे से खारिज कर दिया। पर 2010 में न्यायमूर्ति मुखर्जी ने यह कहकर सनसनी फैला दी कि उन्हें विश्वास था कि गुमनामी बाबा ही नेताजी थे।

जो लोग इस बात पर भरोसा करते थे कि 'गुमनामी बाबा ही नेताजी थे', उन्होंने सहाय समिति, जो गुमनामी बाबा की वास्तविकता के ऊपर जाँच कर रही थी, से यह सवाल किया कि आखिर वे न्यायमूर्ति मुखर्जी के पास क्यों नहीं गये? मुखर्जी, जो कि सर्वोच्च न्यायालय के न्यायाधीश रहे हैं, वो नेताजी के तार गुमनामी बाबा से क्यों जोड़ेंगे जब कि विशेषज्ञों द्वारा उन्हें यह बताया जा चुका है कि डी.एन.ए. जाँच में गुमनामी बाबा का नमूना नेताजी के परिवार से मेल नहीं खाता? इसके बड़े कारण थे और ऐसा माना जाता है कि फोरेंसिक रिपोर्ट, हस्तलेखन जाँच, और डी.एन.ए. जाँच में, सरकारी विशेषज्ञों द्वारा गड़बड़ी की गयी है।

लोगों द्वारा की गयी खोज की खूबी यह होती है कि यहाँ आपको हर पक्ष सुनने को मिलता है और गुमनामी बाबा वाली कहानी को समझने में हमें लोगों से बहुत सहयोग मिला था।

नवंबर 1985 में, एक हिंदी समाचार-पत्र, 'जनमोर्चा' को एक गुमनाम पत्र मिला था जिसमें यह दावा किया गया था कि गुमनामी बाबा वास्तव में के.डी. उपाध्याय (उर्फ कप्तान बाबा) थे, जो पंडित ब्रह्मदेव शास्त्री की हत्या करने के बाद फरार हो गये थे। उसमें यह भी लिखा था कि 'हत्या करने के बाद पहले वे सीधा नेपाल भाग गये थे। कुछ समय बाद उन्होंने बस्ती में रहना शुरू कर दिया था।' गुमनामी बाबा के कुछ अनुयायियों के अनुसार, बाबा बस्ती छोड़कर उत्तर प्रदेश के अयोध्या शहर में रहने लगे थे। शेष जीवन उन्होंने फैजाबाद के बी.जे.पी. नेता राम भवन के घर के पीछे नौकर के लिये बनवाये गये कमरे में बिताया।

धीरेंद्र के. झा ने अपनी रिपोर्ट में विभिन्न मतों को रखा है, जो यह मानते हैं कि गुमनामी बाबा और उपाध्याय एक ही व्यक्ति थे। सूर्य नारायण मिश्र ने अपनी आत्मकथा 'मेरी जीवनी' में 1958 में, हुई एक हत्या का महत्वपूर्ण विवरण दिया है। इस किताब के

अनुसार, उपाध्याय और ब्रह्मदेव शास्त्री मिलकर अयोध्या में गायत्री ब्रह्मचर्याश्रम संस्कृत विद्यालय चलाते थे लेकिन पैसे को लेकर उनका आपस में कुछ विवाद हो गया था। 10 अक्टूबर 1958 को, ब्रह्मदेव शास्त्री, जब बोर्ड की बैठक समाप्त कर उठ ही रहे थे, तब उनकी हत्या कर दी गयी। पंडित रामाभिलाष मिश्रा जो मंदिर के पुजारी और इसके एकमात्र गवाह थे, उनका कहना था कि 'उस दिन, शाम के समय जब ट्रस्टी हनुमान मंदिर (स्कूल के केंद्र में) के सामने खुले स्थान पर बैठक कर रहे थे, खुलेआम, उनकी हत्या कर दी गयी। उस बैठक में उपाध्याय नहीं आये थे, पर मंदिर के पीछे से, हाथों में पिस्तौल लिये वे अचानक आये और ब्रह्मदेव शास्त्री को गोली मार दी जिससे उनकी वहीं पर मृत्यु हो गयी।' कप्तान बाबा (जिस नाम से उपाध्याय को पुकारा जाता था) उस दिन के बाद फिर कभी नहीं दिखे।

फैजाबाद की जिला प्रबंधक, इंदु कुमार पांडे ने बताया कि इस तरह की अफवाह तो थी कि गुमनामी बाबा ने किसी की हत्या की है, लेकिन नेताजी की भतीजी, ललिता बोस द्वारा इलाहाबाद उच्च न्यायालय में गुमनामी बाबा की संपत्ति को ज्यों का त्यों रखने के लिये याचिका दायर किये जाने के बाद, यह मामला उच्च न्यायालय के पास ही है।

कई अन्य रिपोर्ट और शोध-सामग्री का अध्ययन करने के बाद हमें यह लगा कि यह रहस्य तो बहुत गहरा है पर इन दोनों रहस्यों का आपस में कोई संबंध नहीं है और हमें अपना ध्यान केवल शास्त्री की मृत्यु पर ही केंद्रित रखना चाहिये। जहाँ तक गुमनामी बाबा की बात है, बिना यह पता लगाये कि वास्तव में 'वह' कौन थे... अगर नेताजी नहीं थे... तो कौन थे?... यह जाने बगैर... यह विवाद कभी खत्म नहीं किया जा सकता।

24

भाभा की विमान दुर्घटनाः एक आश्चर्यजनक संयोग

सब लोग शोधार्थी तो नहीं होते पर जिज्ञासा हर किसी के अंदर होती है। अपनी जिज्ञासा से हासिल की गयी जानकारी लोगों के अचेतन मन में रह जाती है। फिर लोग किसी विशेष घटना के तार अपने अचेतन मन में पल रही जानकारी से जोड़कर एक नयी कहानी बना लेते हैं और फिर इस तरह की कहानियाँ अफवाहें बन जाती हैं। पर एक सचेत पुलिस वाला इन अफवाहों के जरिये असलियत तक पहुँच सकता है। हम केवल उस 'पुलिस वाले' की तरह बनने की कोशिश कर रहे थे।

लोगों ने और शास्त्री के प्रशंसकों ने हमें एक से बढ़कर एक चीजें भेजी थीं–तस्वीरें, अखबार और पत्रिकाओं आदि में छपे लेख, किस्से, पते, उल्लेख और हर वह चीज जिसका संबंध शास्त्री की मौत से हो सकता था। इधर, हमारा ध्यान उनकी मृत्यु पर संसद में की गयी बहसों और अन्य मुद्दों पर लगा रहा जो इससे सीधा संबंध रखते थे। पिछले कुछ महीने, हमने केवल ढेर सारी मिली जानकारी में से खास चीजें छाँटने में लगा दिये थे, जो मेरी अपील के बाद, लोगों ने हम तक पहुँचाई थी। इतनी सारी जानकारी में से हम महत्वपूर्ण खबरों का चुनाव कर रहे थे और लंबे समय तक विचार-विमर्श करने के बाद हमने उसके अंदर केवल संभावित कारणों को ही रखा था।

एक बड़ा अजीब संयोग हमारे सामने आया था जिसने हमें यह सोचने पर मजबूर कर दिया, कि कहीं वास्तव में यह साजिश CIA ने तो नहीं रची थी। शास्त्री ने होमी जहाँगीर भाभा के नेतृत्व में भारत के परमाणु कार्यक्रम को गति दी थी और शास्त्री की मृत्यु के मात्र 13 दिनों के अंतराल में, एक बहुत ही रहस्यमयी विमान दुर्घटना में भाभा की मृत्यु भी हो गयी थी और इन दोनों रहस्यों पर आज तक पर्दा पड़ा है।

इस संयोग ने हमारा ध्यान दो बातों की ओर आकर्षित किया, एक तो CIA अधिकारी द्वारा कही गयी बातों पर आधारित 'Conversations with the Crow' नामक पुस्तक जो हमें किसी सहयोगी द्वारा भेजी गयी थी और दूसरा वह दस्तावेज जो CIA का संबंध, सीधा 'शास्त्री की मृत्यु' से स्थापित करता था। अब भारत के परमाणु कार्यक्रम की नीव रखने वाले होमी जहाँगीर भाभा का इस तरह रहस्यमय तरीके से विमान दुर्घटना में मारा जाना इस बात को और भी सिद्ध करता था।

'Conversations with the Crow' में पत्रकार ग्रेगरी डगलस द्वारा CIA के गुप्तचर, रॉबर्ट क्रॉऊली के लिये गये इंटरव्यू के अंश लिखे गये हैं जिनमें रॉबर्ट क्रॉऊली द्वारा कहा गया है कि CIA भाभा को लेकर परेशान हो गयी थी और उन्हें भारत के परमाणु कार्यक्रम को कमजोर करने में अड़चने आने लगीं थीं। क्रॉऊली द्वारा यह दावा भी किया गया है कि हवाई जहाज के कार्गो सेक्शन में बम रखा गया था जिसके कारण वह पर्वतों पर गिर कर ढेर हो गया।

होमी जहाँगीर भाभा को भारतीय परमाणु कार्यक्रम का जनक माना जाता है जो कि भौतिकी के प्रोफेसर थे और टाटा इंस्टीट्यूट ऑफ फंडामेंटल रिसर्च और ट्रॉम्बे परमाणु ऊर्जा प्रतिष्ठान (जिसका नाम बाद में भाभा परमाणु अनुसंधान केंद्र–BARC कर दिया

गया) के संस्थापक निदेशक थे। इन दोनों संस्थानों के निदेशक, भाभा ही थे, जिन्होंने कथित तौर पर भारत के परमाणु हथियारों के विकास में मुख्य भूमिका निभायी। 1964 के अंत में, चीन ने परमाणु बम परीक्षण किया था। तब चीन से मिली अपमानजनक हार के बाद, लाल बहादुर शास्त्री ने भाभा से पूछा था कि क्या भारतीय वैज्ञानिक एक भूमिगत परीक्षण का प्रबंध कर सकते हैं। इस पर भाभा ने, जो खुद भारत को प्लूटोनियम बम बनाने में सक्षम होने की स्थिति में देखना चाहते थे, कहा कि 18 महीनों के भीतर और 10 मिलियन डॉलर की लागत से ऐसा किया जा सकता है। शास्त्री ने उन्हें, यह हासिल करने की पूर्ण स्वतंत्रता देदी क्योंकि अफ्रीका और जम्बूद्वीप में साम्यवादी विचारों का पालन करने वाली चीन की प्रतिष्ठा को संतुलित करने के लिये ऐसी 'शांतिपूर्ण उपलब्धि' का हासिल किया जाना अति आवश्यक हो गया था।

लेकिन यह 18 महीने पूरे होने से ठीक 3 महीने पहले, भारतीय परमाणु कार्यक्रम के दोनों निर्माताओं की मृत्यु हो चुकी थी... केवल 13 दिनों के अंतर से... क्या यह संयोग था? या कोई साजिश थी? या केवल हादसा?

'Sino-Indian Nuclear Rivalry: Glacially Declassified'– जयिता सरकार की 'इंडियन डिफेंस' न्यूज में छपी रिपोर्ट के अनुसार, '22 जनवरी 1966... लगभग सुबह 7.02 बजे... एयर इंडिया की उड़ान क्रमाँक 101... "कंचनजंगा"... में विस्फोट हो गया... मो ब्लौं पर्वतों के ऊपर... फ्रेन्कों इटेलियन सीमा के पास। होमी जहाँगीर समेत जहाज में सवार सभी 117 यात्रियों की मौत हो गयी। वे केवल 56 वर्ष के थे... 1966 में हुए इस हादसे का ब्लैक बॉक्स आज तक नहीं मिल सका और दुर्घटना के दूसरे दिन मो ब्लौं पर्वतों पर मौसम की गंभीर स्थिति को देखते हुए बचाव

कार्य रोक दिया गया। सितम्बर 1966 में, यह जाँच दोबारा से शुरू की गयी और मार्च 1967 तक फ्राँस के जाँच आयोग ने अपनी रिपोर्ट तैयार कर ली थी। दुर्घटना का कारण पर्वत के शिखर पर "अत्यधिक सफेदी" और साथ ही जिनेवा में एयर ट्रैफिक कंट्रोल और विमान के कप्तान, जे.टी. डिसूजा के बीच हुए वार्तालाप की शब्दावली में गलत सूचनाओं का आदान-प्रदान होना बताया गया। भारतीय सरकार ने फ्राँस द्वारा दिये गये तर्क को स्वीकार कर लिया। जिनेवा में हुए उनके संचार और एयर ट्रैफिक नियंत्रक के वार्तालापों के अंशों के अनुसार... नियंत्रक ने विमान संख्या 6029 से इस बात पर रिपोर्ट करने को कहा कि उन्हें मो ब्लौं के पर्वतों आस-पास क्या नजर आता है। इस पर कप्तान ने इटेलियन भाषा में कहा "काला बादल" जिससे इन्होंने यह सोच लिया कि शायद काला बादल जो "विस्फोट" के कारण बन गया होगा... अगस्त 2012 में बचाव कर्मी अर्नोड क्रिस्टमेन को एक बोरी मिली जिसमें भारत के विदेश मंत्रालय से जुड़े कुछ कूटनीतिक कागजात थे जो उन्होंने चमोनिक्स (एक स्थान) की पुलिस के हवाले कर दी। इस बोरी का वजन लगभग 9 किलो (19.8 पाउंड) था जिसमें 1966 के अखबारों की रिपोर्ट पायी गयी थीं जिसे तुरंत ही ठीक हालत में, पेरिस में स्थित भारतीय दूतावास को सौंप दिया गया।'

डेनियल रोशे विमानों और हवाबाजी के शौकीन, स्विटजरलैंड के पर्वतारोही हैं, इन्हें 2017 में उस स्थान पर कुछ हड्डियाँ और एक जेट इंजन पड़ा मिला जो एयर इंडिया के दुर्घटनाग्रस्त हुए दो विमानों में से एक का हो सकता था। इन्हें विश्वास है कि एयर इंडिया की विमान संख्या 101 को हवा में दूसरे विमान की सहायता से गिराया गया था।

वे लिखते हैं, 'यदि कंचनजंगा, पहाड़ से टकराकर दुर्घटनाग्रस्त हुआ होता, तो उसमें विशाल आग लगना चाहिये थी और विस्फोट

भी होना चाहिये था क्योंकि विमान में 41,000 टन ईंधन था, पर ऐसा कुछ भी नहीं हुआ था। मेरे हिसाब से, यह इटली के किसी विमान से टकरा गया था और चूँकि उस ऊँचाई पर ऑक्सीजन बहुत कम होती है, इसलिये इसने कोई आग नहीं पकड़ी जिससे विस्फोट हो सकता था।' भाभा के बारे में उनका कहना था, 'मुझे नहीं पता कि यह कोई साजिश थी या कुछ और, क्योंकि भाभा भारत को पहला परमाणु हथियार देने जा रहे थे... मुझे लगता है कि यह मेरा कर्तव्य है कि मैं सबूत के साथ, दुनिया के सामने सच को रखूँ। अगर भारत सरकार चाहे तो मैं सारे कागजात और लोगों का सामान उन्हें वापस दे सकता हूँ।'

भाभा की मृत्यु के कुछ वर्ष उपरांत, 30 दिसंबर 1971 के दिन, विक्रम साराभाई जिन्हें भारत के परमाणु कार्यक्रम का जनक माना जाने लगा था, कोवलम के हैलसयों केसल के अपने होटल के कमरे में मृत पाये गये। पिछली शाम तक वे अच्छे खासे थे और बीमारी के कोई संकेत नहीं दर्शाये थे पर अचानक रहस्यमय तरीके से, उनकी मृत्यु हो गयी। बिना पोस्ट-मॉर्टम किये उनका अंतिम संस्कार कर दिया गया।

तब से लेकर अब तक, भारतीय अंतरिक्ष अनुसंधान संगठन (ISRO) के 684 कर्मचारियों की अस्वाभाविक मृत्यु हो चुकी है। कहा जाता है कि इसके पीछे विदेशी ताकतें हैं जो संस्था को अपंग बनाना चाहती हैं। लेकिन शास्त्री और भाभा की मृत्यु शीत युद्ध के ऐसे समय में हुई थी जब सी.आई.ए. को बड़े-से-बड़े राजनेताओं को रास्ते से हटाने के लिये जाना जाता था। लोगों को यह लगता था कि एयर इंडिया दुर्घटना और होमी भाभा के निधन में अमेरिका की इंटेलीजेंस एजेंसी का हाथ था।

यह माना जाता है कि अमेरिका इस बात से बुरी तरह से बौखला गया था कि भारत जैसे देश भी परमाणु शक्ति और परमाणु हथियार बनाने के लिये आगे कदम बढ़ा रहें हैं। 1945 में, अमेरिका मात्र एक ऐसा देश था जिसके पास यह शक्ति थी पर 1964 तक आते-आते इस श्रेणी में रूस और चीन भी शामिल हो गये थे। अब शास्त्री के नेत्तृत्व में भारत भी परमाणु परिक्षण के केवल तीन महीने दूर रह गया था तो अमेरिका कैसे चुप बैठ सकता था?

इस बात को तब और भी हवा मिल गयी जब सी.आई.ए. के गुप्तचर रॉबर्ट क्रॉऊली ने यह दावा किया कि शास्त्री और भाभा, दोनों को रास्ते से हटाने के लिये सी.आई.ए. जिम्मेदार है और इसमें कोई आश्चर्य की बात भी नहीं, क्योंकि अमेरिका अपना हर ऐसा काम, जिसमें वह खुद सामने आना नहीं चाहता, सी.आई.ए. से ही करवाता है।

सी.आई.ए. अधिकारी के हवाले से कहा गया था, 'हम परेशान हो गये थे, भारत से, आप जानते होंगे 60 के दशक में, जब उन्हें घमंड हो गया था और परमाणु बम बनाने का काम शुरू कर दिया था।' होमी भाभा और शास्त्री का जिक्र करते हुए क्रो ने कहा था, 'हमने भाभा को कार्गो में रखे बम के साथ उड़ा दिया... और हमने टोपी पहनने वाले, गाय-प्रेमी शास्त्री को भी ठोक दिया।'

'क्या?'-हमसे कुछ बोला ही नहीं जा रहा था।

'हमने भाभा को कार्गो में रखे बम के साथ उड़ा दिया... और हमने टोपी पहनने वाले, गाय-प्रेमी शास्त्री को भी ठोक दिया।'

क्रॉऊली के यह शब्द हमारे कानों में अगले कई दिनों तक गूँजते रहे।

25

क्रो के साथ वार्तालाप

रॉबर्ट ट्रमबुल क्रॉऊली जिन्होंने सी.आई.ए. के गुप्तचर विभाग का नेत्तृत्व किया था, 8 अक्टूबर 2000 के दिन, वाशिंगटन में अल्जाइमर और दिल का दौरा पड़ने की वजह से उनकी मृत्यु हो गयी। जोसफ ट्रेन्टो, जिन्होंने सी.आई.ए. के ऊपर कई किताबें लिखी हैं, क्रॉऊली के शहर गये और उनके घर पर रखी हुई सी.आई.ए. की फाइलें 50 बक्सों में अपने साथ ले आये। सी. आई.ए. को जब इस बात का पता चला तो फौरन सी.आई.ए का एक दस्ता ट्रेन्टो के घर पहुँचा और वे लोग उन फाइलों में से उन कागजों को ढूँढ़ने लगे जो वे कभी सार्वजनिक करना नहीं चाहते थे। कुछ एक कागजात मिले भी पर उनकी घबराहट इस बात को लेकर थी कि जो फाइल क्रॉऊली के पास से मिलना चाहिये थी वह वहाँ से गायब कर दी गयी थी।

फिर 2002 में केनेडी के खिलाफ सी.आई.ए. द्वारा की गयी कार्यवाही से संबंधित कुछ कागजात सार्वजनिक हो गये। फिर इस बात का पता लगाया गया कि जो दस्तावेज गुम हो गये थे, जिन कागजों में एशिया में सी.आई.ए. की गतिविधियों के विवरण के साथ-साथ राष्ट्रपति जॉन कैनेडी की हत्या के बारे में जानकारी थी, वह क्रॉऊली ने किसी अन्य व्यक्ति तक पहुँचा दिये थे। यह अन्य व्यक्ति ग्रेगरी डगलस ही थे।

सेवा-निवृत्ति के बाद क्रॉऊली, जो क्रो के नाम से भी जाने जाते थे, अपनी जीवनी लिखने के लिये किसी लेखक की तलाश कर रहे थे पर उनकी तलाश ग्रेगरी डगलस पर आकर रुक गयी। दोनों के बीच लंबे टेलीफोन वार्तालापों का सिलसिला शुरू हो गया जिनमें बहुत महत्वपूर्ण जानकारियाँ साझा की जाने लगीं, जिन्हें डगलस ने चुपके से रिकॉर्ड करना शुरू कर दिया था। 1998 में अस्पताल जाने के पहले, क्रॉऊली ने अपने पुत्र, ग्रेग से कहा, कि वह दो बड़े लॉकरों में रखे दस्तावेज, डगलस तक पहुँचा दें और डगलस को यह कह दें कि उन्हें वह उनकी मृत्यु के उपरान्त ही खोलें। इन दस्तावेजों में कई गुप्त कार्यवाहियों के बारे में जानकारियाँ छुपी थीं। क्रो के अनुसार सी.आई.ए. द्वारा की गयी दो कार्यवाही ऐसी थीं जिनमें शास्त्री और भाभा को मारने की सफलता की बात कही गयी थी।

हालांकि, इस बात को नजरअंदाज नहीं किया जा सकता है, कि क्रो के बारे में कहा जाता है कि वह एक अस्थिर इंसान थे और सेवानिवृत्ति के बाद वह अपनी ओर लोगों का ध्यान आकर्षित करना चाहते थे; इस प्रकार हो सकता है कि 'उन्होंने अपने आप को चर्चा में लाने के लिये', मन-गढंत कहानियाँ बना ली हों।

कुछ भी हो पर शास्त्री और भाभा की रहस्यमय मृत्यु को देखते हुए अगर भारत सरकार क्रॉऊली और डगलस के बीच हुए वार्तालापों पर विस्तार से जाँच करवाती तो शायद इससे कुछ अनसुलझे प्रश्नों का उत्तर मिल सकता था।

ऐसे ही इन वार्तालापों में यह कहा गया है कि 'हम परेशान हो गये थे, भारत से, आप जानते होंगे 60 के दशक में, जब उन्हें घमंड हो गया था और उन्होंने परमाणु बम बनाने का काम शुरू कर दिया था। ये गायों को प्यार करने वाले लोग, बड़ी-बड़ी डींगें

मारने लगे थे कि वे कितने चतुर हैं और कैसे, वे भी दुनिया में एक महान शक्ति बनने जा रहे हैं। दरअसल बात यह थी कि वो रूसियों के कुछ ज्यादा ही करीब आते जा रहे थे... हम यह बिलकुल नहीं चाहते थे कि किसी भी तरह के परमाणु हथियार उनके हाथ लगें... और हाँ उनका मुखिया इस बात की पूरी क्षमता रखता था कि वह परमाणु बम बना लें और हम यह अच्छी तरह से जानते थे कि उनके इरादे क्या हैं। हमने उन्हें कई बार चेताया भी पर वह घमंडी मूर्ख न जाने अपने आप को क्या समझता था। हमसे कहा गया–भाड़ में जाओ और फिर हमें यह साफ कर दिया गया कि भारत को अब परमाणु शक्तियों से बराबरी करने से कोई नहीं रोक सकता। आप जानते हैं यह बड़ी-बड़ी बातें करने वाला कौन था? उसका नाम होमी भाभा था... और सच मानिये, वह बहुत खतरनाक था। उसके साथ एक दुर्भाग्यपूर्ण घटना घटी जब वह दुनिया की परेशानियाँ बढ़ाने विएना जा रहा था... तब 707 के कार्गो में रखा वह बम फटा और विमान में बैठे सारे के सारे लोग, हमेशा-हमेशा के लिये उन पर्वतों में समा गये। किसी को कुछ पता नहीं चला और न किसी के पास कोई सबूत है, और दुनिया फिर से एक सुरक्षित स्थान बन गयी।'

वो आगे कहते हैं, 'हमने शास्त्री को भी ठोक दिया... सर पर टोपी पहनकर-गाय से प्यार करने वाले इंसान को। ग्रेगरी आप कहेंगे कि आप इन लोगों के बारे में कुछ नहीं जानते पर यकीन कीजिये ये बम बनाने के बहुत नजदीक पहुँच चुके थे और सोचिये अगर ये इससे अपने सबसे बड़े दुश्मन पाकिस्तान को मिटा देते? तब क्या होता? दोनों देशों में कितनी ज्यादा आबादी है। ये खरगोशों की तरह बच्चे पैदा करते हैं और साँपों को पूजने जैसे बेवकूफी भरे काम करते हैं। मुझे जीवन भर यह समझ नहीं आया कि आखिर अंग्रेजों को भारत से क्या चाहिये था। ऊपर से

हमें धमकियाँ दे रहे थे। वे रूसियों के साथ लड़ाई में शामिल थे, मैं कहता हूँ, हो सकता था वो पनामा कनाल या लॉस एंजेलिस उड़ा देते। वैसे हमें इस बारे में कुछ नहीं पता पर असंभव तो कुछ भी नहीं।'

जब डगलस ने शास्त्री के बारे में पूछा तो क्रो ने कहा, 'एक तो वे इस तरह के राजनीतिज्ञ थे जिसने इस तरह के कार्यक्रम की शुरुआत कर दी थी और भाभा इतनी योग्यता भी रखते थे जो यह कर भी दिखाते तो हमने दोनों को निपटा दिया। और हमने कुछ लोगों को यह इशारा भी कर दिया कि हम और भी बहुत कुछ कर सकते हैं।'

हमारे पास शास्त्री की मृत्यु पर आज भी कोई उत्तर नहीं था लेकिन साल भर पहले 2 अक्टूबर को किये गये एक ट्वीट के बाद हमने जो छान-बीन शुरू की थी और मेरी अपील के बाद, लोगों ने हमें जो चीजें भेजी थीं, उनसे हमने राजनीतिक रहस्यों के अंधेरे गलियारों को जान लिया था। इस यात्रा में हमने अपने लोकतंत्र में पल रहे रहस्यों को भी समझा था। अब यह बात बड़ी नहीं लगती थी कि सत्य का पता लगाने पर से लोगों का विश्वास क्यों उठ चुका है।

हमें ऐसा लग रहा था कि जैसे हम नदी से तैरते-तैरते सागर में निकल आये और सागर से तैरते-तैरते अब महासागर में आ पहुँचे लेकिन कहीं भी क्षितिज नजर नहीं आ रहा था। इस अँधेरे सागर में एक बात, जो हमने भारत के परमाणु वैज्ञानिकों की अस्वाभाविक मृत्यु के बारे में जानी, वह हमारे लिये एक दिल दहलाने वाली खबर थी, जो क्रो की बात में वजन भी भर देती है कि किस तरह सी.आई.ए., गुप्त संचालन द्वारा, परमाणु शक्ति रखने वाले राष्ट्रों को कमजोर करता है।

द स्टेटमेंट में प्रसेनजीत चौधरी अपने लेख 'अननेचुरल डेथ्स' में लिखते हैं कि 'परमाणु ऊर्जा विभाग (DAE) द्वारा दिये गये, आर.टी..आई. पूछताछ के जवाब के अनुसार, 2009-2013 के दौरान भारत में ग्यारह परमाणु वैज्ञानिकों की अप्राकृतिक परिस्थितियों में मृत्यु हुई है। इनमें 3 साल की अवधि में BARC के साथ-साथ कायगा परमाणु केंद्र में संदिग्ध मौतों की श्रृंखला पर ध्यान आकर्षित किया गया है... 2013 में दो उच्च पदस्थ इंजीनियरों के शव... रेल की पटरी के पास पाये गये थे और रेल की पटरी पर रखने के पहले उन्हें जहर दिये जाने के आरोप भी लगाये गये थे। भारत के मीडिया ने इस तरह से भारतीय वैज्ञानिकों की अस्वाभाविक मृत्युओं की परिस्थितियों को अनियमित तौर से दिखाने के अलावा और कुछ भी नहीं किया। ऐसी धारणा है कि साजिश के तहत परमाणु और अंतरिक्ष अनुसंधान क्षेत्र में, देश की प्रगति को रोकने के लिये और देश को अन्य यूरेनियम समृद्ध देशों पर निर्भर बनाने के प्रयासों के कारण, भारतीय वैज्ञानिक मारे जा रहे हैं... युगों से लेकर आज तक, साजिशों का भय राजनीतिक व्यवस्था में प्रबल शक्ति बना चला आ रहा है लेकिन यह किसी भी प्रतिष्ठान या उसमें काम कर रहे लोगों के खिलाफ सच्चा सबूत नहीं माना जा सकता। गुमनामी में रहने के कारण, साजिशों की निरंतरता कायम है। अप्रत्यक्ष हत्यारे और अस्पष्ट विध्वंसक इस तरह से स्वतंत्र घूम रहे हैं।'

क्या शास्त्री के मामले में भी अप्रत्यक्ष हत्यारे स्वतंत्र घूम रहे हैं?

26

जाँच रिपोर्टों का गायब हो जाना और अविश्वसनीय संयोग

एक राष्ट्र के लिये नेतृत्व के क्या मायने होते हैं? नेता कोई दूसरे ग्रह से तो आते नहीं। वो भी आप और मेरे जैसे इंसान की तरह ही होते हैं जिनके अंदर गुण भी होते हैं और दोष भी। केवल यह मायने रखता है कि उन्होंने जीवन से क्या सीखा है। जीवन वह है जो हमारे आसपास है। जीवन हमारी पाठशाला है।

भारत के अंदर भी दो भारत हैं—एक **उच्च भारत** और एक **निम्न भारत। उच्च भारत** में, सम्पन्न, अंग्रेजी बोलने वाले, अंग्रेजों का प्रतिपालन करने वाले उनके उत्तराधिकारी, राजनीतिक रूप से शक्तिशाली और धनवान वंश के लोग आते हैं और **निम्न भारत** में **बाकी सब**।

अपने वंश के नाम के कारण और राजनीतिक रूप से शक्तिशाली लोग—जैसे कि नेहरू **उच्चकोटि** के लोगों में गिने जाते रहे और अपने बल-बूते पर जमीन से उठे लोग—जैसे कि शास्त्री, **निम्न भारत** के माने जाते रहे। शास्त्री **बाकी सब** लोगों की तरह ही थे।

उच्च भारत के कभी किसी **श्रेष्ठ** व्यक्ति की मृत्यु हो जाती है तो पूरे राज्य का प्रशासन इस बात की तहकीकात करने में जुट जाता है कि कहीं कोई साजिश तो नहीं रची गयी थी। संदिग्ध लोगों को उठा लिया जाता है, उन्हें मारा-पीटा जाता है, छानबीन

हवा की गति पकड़ लेती है और नियमों को अपनी सुविधानुसार तोड़ा-मरोड़ा जाता है, उनके परिवार वालों को हर तरह की सुविधा दी जाती है, आदर दिया जाता है, सम्मान दिया जाता है। उनकी बड़ी-बड़ी **समाधियाँ** बनायी जाती हैं, उनके नाम पर बड़े-बड़े स्मारक बना दिये जाते हैं जिन्हें उनके परिवार के लोग अपनी निजी संपत्ति समझने लगते हैं। उनकी हर पुण्यतिथि धूमधाम से मनायी जाती है, अखबारों में पूरे पेज पर विज्ञापन छपता है, उनका व्यक्तित्व पूजनीय बना दिया जाता है। देखा जाये, तो उच्च लोगों का जीवन कभी समाप्त ही नहीं होता। उनका तो केवल स्वरूप बदल जाता है—भौतिक जीवन से उसे भव्य बनावटी स्मृति में परिवर्तित कर दिया जाता है।

पर **निम्न-भारत** के **बाकी सब** में से किसी की मृत्यु हो जाती है... तो बस... वह मृत्यु हो जाती है।

जब शास्त्री की मृत्यु हुई तो पोस्ट-मॉर्टम नहीं करवाया गया। किसी प्रकार की कोई जाँच नहीं करवायी गयी। उनके किसी बच्चों को उत्तराधिकारी के रूप में सामने नहीं लाया गया जैसे इंदिरा गाँधी, राजीव गाँधी, सोनिया गाँधी और यहाँ तक अब राहुल गाँधी सामने लाये जाते रहे हैं। वास्तव में शास्त्री का नाम नेहरू वंश की गौरवशाली परंपरा से जुड़ना किसी के लिये कितना दर्द का कारण बना होगा। यहाँ तक कि उनके लिये समाधि स्थल का स्थान भी आसानी से नहीं मिल पाया था। उसके लिये भी उनकी पत्नी को लड़ना पड़ा था। शास्त्री के नाती संजय नाथ सिंह ने मुझे वीडियो इंटरव्यू में बताया था कि जब उनके परिवार के लोग और उनके समर्थकों ने उनकी समाधि पर 'जय जवान जय किसान' अंकित करवाना चाहा तो प्रधानमंत्री बनने का इंतजार कर रहीं, इंदिरा गाँधी ने इसका विरोध किया। जब ललिता जी ने समाधि पर

जाकर भूख हड़ताल करने की बात कही तब मीडिया और प्रेस में अपनी बदनामी के डर से उन्हें यह बात मानना पड़ी।

भारत में वी.आई.पी. सड़कें चिकनी और अच्छी बनायी जाती हैं। **बाकी** लोगों को गति अवरोधकों और गड्ढों से जूझना पड़ता है। अगर शास्त्री का जीवन गति अवरोधकों से भरा रहा तो उनकी मृत्यु के पश्चात उन्हें गड्ढे में डाल दिया गया। इसमें भी कोई आश्चर्य की बात नहीं कि उनकी मृत्यु की तहकीकात संसद के थाने से करवाना उचित समझा गया और भारत के दूसरे प्रधानमंत्री की मृत्यु की जाँच न तो सी.बी.आई. से करवायी गयी और न ही इसके लिये कोई विशेष जाँच दल गठित किया गया। सरकार से जब इस मामले पर गंभीरता से जाँच करवाये जाने के लिये आग्रह किया गया तो गृह मंत्रालय ने औपचारिकता निभाने के लिये यह मामला दिल्ली पुलिस को सौंप दिया, वह भी बगैर कोई दिशा-निर्देश या समय-सीमा निर्धारित किये। आखिर दिल्ली पुलिस को दस्तावेजों को खोजने का काम क्यों दिया गया? यह कितना मूर्खतापूर्ण और बेतुका निर्णय था कि एक भूतपूर्व प्रधानमंत्री की रहस्यमय मृत्यु पर छानबीन करने की जिम्मेदारी एक जिला स्तर के पुलिस थाने को सौंप दी जाती है जबकि यह सर्वोच्च प्राथमिकता का विषय था।

इससे भी ज्यादा बेहूदी बात यह थी कि निरीक्षण करने के लिये कोई रिपोर्ट ही मौजूद नहीं थी। जब हमने इस पर विस्तार से जाँच की तो हमे पता चला कि किसी पुलिस अधिकारी को इस बारे में कुछ पता ही नहीं था। उनके लिये यह **बाकी सब** की तरह, एक आम या साधारण मृत्यु थी।

संसदीय रिकार्डों के माध्यम से मुझे यह जानकारी प्राप्त हुई कि दो ऐसे अवसर थे जब इस पर संसदीय जाँच स्थापित की गयी

थी। पहली बार यह संसद में राज नारायण द्वारा बहस के उपरान्त स्थापित की गयी और दूसरी बार जब आम लोगों द्वारा की गयी शोध की खबरें अखबारों में छपने लगी थीं।

दिसंबर 1970 में संसद में राज नारायण द्वारा दिया गया बयान कि 'मैं सदन के माननीय सदस्यों को यह बताना चाहता हूँ कि श्री एच.एन. कंजूर की अध्यक्षता में, श्री लाल बहादुर शास्त्री की मृत्यु के ऊपर जाँच के लिये राष्ट्रीय समिति, पहले से ही गठित की गयी है और श्री एच.वी. कामत और श्री भार्गव इसके सदस्य हैं और श्री धर्मेश देव इसके सचिव हैं। 14 तारीख को श्री देव ने मुझे एक पत्र लिखा था जिसके अंश मैं पढ़कर सुनाना चाहता हूँ: "मैंने इस बात को काफी विश्वसनीय हवाले से जाना है कि प्रधानमंत्री के सलाहकारों ने यह निर्णय लिया है कि इस श्वेत-पत्र को संसद के समक्ष वर्तमान सत्र के अंतिम दिन ही रखा जायेगा। इसके पीछे की वजह और रणनीति काफी हद तक स्पष्ट है, सरकार नहीं चाहती कि विपक्षी सांसद इसके बारे में बहुत ज्यादा शोर कर सकें या इस पर गंभीर चर्चा करने का मौका पा सकें क्योंकि यह श्वेत-पत्र सिवाय खण्डन और भद्दी, लीपा-पोती के अतिरिक्त और कुछ भी नहीं। अगर मेरी जानकारी सही है तो यह काफी गंभीर मसला है और सरकार को इस तरह के हथकंडे अपनाने से रोका जाना चाहिये।" इस पत्र से यह साफ हो जाता है कि यह समिति कुछ ही दिन पहले बनायी गयी थी और चार दिन के अंदर यह पत्र प्राप्त हुआ क्योंकि प्रधानमंत्री इंदिरा गाँधी के सलाहकारों ने उनको यह सुझाव दिया था कि यह श्वेत-पत्र सभा के आखिरी दिन के आखिरी घंटे में उद्‌घोषित करें ताकि विपक्ष इस पर सवाल न कर पाये। जिस तरह इस मामले को संभाला गया है और जिस तरह से इंदिरा गाँधी इस मसले पर बहस को टालते

आयीं हैं, इससे साफ हो जाता है कि सरकार गलत है... और शास्त्री की हत्या किसी बड़े षड्यंत्र के तहत की गयी है जिसकी जानकारी सरकार के पास उपलब्ध है।'

फिर उन्होंने सभापति की ओर देखते हुए आगे कहा, 'सर, अब आप खुद ही इस बात पर सोचकर फैसला कीजिये कि इतनी लम्बी-चौड़ी रिपोर्ट अगर सभा के अंतिम दिन के अंतिम पल में पेश की जायेगी तो इतनी जल्दी सदस्य इसका अध्ययन कर इस पर सवाल कैसे पूछ सकते हैं? ऐसा क्यों किया गया?'

'इतनी बड़ी बात का कहीं पर कोई जिक्र क्यों नहीं किया गया'–पल्लवी ने पूछा।

'मीडिया का आलसपन'–मैंने कहा।

'प्लीज सर... इसे मीडिया मत कहिये... यह सरकार की साजिशों में साथ देने वाले, उनके सहकर्मी हैं'–डॉक्साब ने अपने अंदाज में कहा।

मुझे याद है, एक बार पापा ने मुझ से कहा था 'जब तक षड़यंत्र में मीडिया की साझेदारी न हो, सरकार षड़यंत्र नहीं रच सकती।'

हमने कई संदर्भों के माध्यम से यह जानकारी प्राप्त की कि 1977 में, मोरारजी देसाई सरकार द्वारा, राज नारायण के अधीन, एक और समिति का गठन किया गया था। जिन लोगों ने शास्त्री से संबंधित कई चीजें भेजकर हमारी मदद की थी उनमें से कई लोगों ने हमसे अनुरोध किया था कि हम राज नारायण वाली रिपोर्ट की खोज करें। हमने उसे खोजने की बहुत कोशिश की पर हमें उसका कहीं कोई विवरण प्राप्त नहीं हुआ। हालांकि एक राज नारायण समिति का उल्लेख जरूर किया गया था, लेकिन इस जाँच का कहीं कोई

रिकॉर्ड उपलब्ध नहीं था। हमने इस जाँच से संबंधित दस्तावेज संसद के पुस्तकालय में जाकर भी खोजे जहाँ इन्हें रखा जाना चाहिये था पर यहाँ भी कुछ नहीं मिला। राष्ट्रीय अभिलेखागार में भी इस जाँच से संबंधित कोई कागज उपलब्ध नहीं था। हमने इसके बारे में कई पत्रकारों से बातचीत की लेकिन किसी को कोई भनक तक नहीं थी। आज तक **उच्च भारत** से किसी ने इस पर सवाल नहीं किया कि आखिर यह रिपोर्ट गुम कर दी गयी या दबा दी गयी या नष्ट कर दी गयी। ऐसी बातें **बाकी सब** के साथ तो होती रहती हैं–कभी उनके रिकॉर्ड गायब हो जाते हैं और कभी वे खुद ही गायब हो जाते हैं। अक्सर उनकी याददाश्त भी गायब हो जाती है–जैसे कि राज नारायण जाँच आयोग की रिपोर्ट, जैसे कि लाल बहादुर शास्त्री।

भारत में गवाह किसी भी जाँच के लिये महत्वपूर्ण माने जाते हैं। **उच्च भारत** के **श्रेष्ठ** लोगों के लिये गवाहों की रचना कर ली जाती है और वे उनसे जो हेरफेर या झूठ बुलवाना चाहें, वह सब कर लिया जाता है और **बाकी सब** के लिये गवाह या तो अपने बयान से पलट जाते हैं या गुम हो जाते हैं या सड़क हादसे में मारे जाते हैं।

1977 में, शास्त्री की मृत्यु को लेकर दो गवाहों का संसद में गवाही देना निर्धारित किया गया था। इनमें से एक डॉक्टर आर. एन. चुघ थे जो शास्त्री के साथ ताशकंद गये थे और दूसरे उनके निजी-सेवक, रामनाथ, जो उनकी मृत्यु के दिन वहाँ मौजूद थे। चुघ, कमेटी के समक्ष गवाही देने के लिये सड़क मार्ग से दिल्ली आ रहे थे तब एक ट्रक, उनकी कार से टकराया और उस हादसे में उनके परिवार सहित उनकी मौत हो गयी। केवल एक बच्चा बच गया था।

उसके कुछ दिन बाद अपने गाँव से निकलकर, रामनाथ गवाही देने के पहले ललिता जी से मिलने शास्त्री जी के घर पहुँचे। उनके परिवार वालों के अनुसार, उन्होंने ललिता जी से कहा, 'बहुत दिन का बोझ था, अम्मा। आज सब बता देंगे'।

रामनाथ, भूतपूर्व प्रधानमंत्री के निवास, 1–मोतीलाल नेहरू मार्ग से संसद जाने के लिये निकले। तभी एक सरकारी बस से उन्हें टक्कर लगी और वह कोमा में चले गये। उनके पैरों को काटना पड़ा और वे अपनी याददाश्त खो बैठे। कुछ ही महीनों में उनकी मृत्यु हो गयी।

सुनने में यह ऐसा लग रहा होगा जैसे बॉलीवुड की फिल्म की कोई कहानी चल रही हो, पर फिल्मों की कहानियाँ भी तो असल जिंदगियों पर ही लिखी जाती हैं। भारत में यह बहुत साधारण बात है कि पहले वे गवाह को डराते-धमकाते हैं, फिर वे उन्हें पैसे देकर बयान बदलने को कहते हैं पर इन सब के बाद भी अगर गवाह झुकने से मना कर दें, तब वे उसे खत्म ही कर डालते हैं। अगर आप कभी भी अखबार खोल कर देखेंगे तो बीच के किसी पन्ने पर एक-न-एक ऐसी छोटी-सी खबर पढ़ने को मिल ही जायेगी कि कोई गवाह किसी रेलवे पटरी के पास मृत पाया गया या उस पर से रेलगाड़ी गुजर गयी या वह सड़क दुर्घटना में मारा गया। ऐसी वारदातें इंदिरा गाँधी की सरकार के समय बहुत आम सी हो गयी थीं। उस समय कई न्यायाधीशों ने भी सरकार के ऊपर इस कष्टप्रद चलन पर अपनी नाराजगी जतायी थी।

कोई भी समझदार व्यक्ति यही पूछेगा कि यह कैसे संभव हो सकता है कि दोनों महत्वपूर्ण गवाहों की मौत सड़क हादसे में गवाही वाले दिन कैसे हो सकती है? मेरे पापा ने यह पूछा। मैं भी यही पूछता हूँ। डॉक्साब ने भी यही पूछा और मेरा बेटा भी यही पूछेगा।

मृत्यु के कारण का पता लगाने के लिये दो समितियाँ गठित की गयी थी जिन्होंने अपनी रिपोर्ट इंदिरा गाँधी सरकार को सौंप दी थी, लेकिन दोनों जाँच समितियों की रिपोर्ट गायब हैं। संसद के थाने की रिपोर्ट गायब है। सारे सबूत गायब हैं।

संक्षेप में, सत्य–गायब है। जैसे **बाकी सब** के साथ ऐसा ही होता आया है और यही इस महान कथा का सार है।

27

असंभव को संभव 'होने' में थोड़ा समय तो लगता है

बहुत से लोग अंत का पीछा करते हैं। वे केवल अंतिम परिणाम जान लेना चाहते हैं। ये उन लोगों में से होते हैं जो सबसे पहले उपन्यास का सबसे आखिरी पन्ना पढ़ते हैं। यह वही लोग होते हैं जो रहस्यपूर्ण फिल्म का अंत, पहले से जान लेना चाहते हैं। ये वही लोग होते हैं जो दुनिया के अंत की काल्पनिक कहानियों से सहमत हो जाते हैं। अगर देखा जाये तो हम सब अंत के पीछे दौड़ने के शिकार बन चुके हैं।

अगर हमें यह फिल्म बनानी थी, तो हमें भी एक अंत की जरूरत थी... एक क्लाइमेक्स की... एक निष्कर्ष की...। लेकिन हमारे पास अनेक सवाल थे, कुछ अनुमान भी लगाये जा सकते थे, कुछ कही-सुनी बातें थी, कुछ साजिश से जुड़े तर्क और कुछ ऊटपटांग किस्से। अगर कोई साजिश की गयी थी, तो साजिशकर्ता भी होना चाहिये। भले ही हमारे पास कुछ ऐसी ठोस बातें थीं जो विशेष साजिशकर्ताओं की तरफ इशारा करती थीं पर स्पष्ट तथ्य या पक्के सबूत नहीं थे क्योंकि साजिशकर्ता ही खुद सबूतों का पहरेदार बना बैठा रहा था। लेकिन इस बात का भी कोई पक्का सबूत नहीं था कि साजिशकर्ता ने ही सबूतों को मिटाया है। ऐसा लगता था कि अब यह कभी न खत्म होने वाली स्थिति बन

चुकी है–दुविधा भरी और कठिन परिस्थिति, जहाँ परस्पर विरोध एक–दूसरे के आड़े आ रहे थे।

क्या अब हम भूल जायें कि इस पर हम कभी एक फिल्म बनाना चाहते थे? यह प्रश्न चिंता का विषय बन गया था।

उस दिन रविवार था और ऑफिस में कोई भी नहीं था। बस, मैं अकेला बैठा हुआ, महीनों से बिना रुके इस सत्य को खोजने के लिये न जाने कहाँ–कहाँ, कितनी भाग–दौड़ कर चुका था, कितना कुछ पढ़ चुका था, उस दिन अकेला बैठा, थका और अधूरा महसूस कर रहा था।

मैं खो गया था–कहीं भी नहीं पहुँच पा रहा था। मैं बहुत भारी भीड़ में खड़ा था। लोग मेरे पास आ–आकर मुझे पर्चियां पकड़ाते जा रहे थे जिनमें कई रहस्य लिखे हुए थे पर वे गुप्त भाषा में लिखे थे। मैं उनको समझने का प्रयास तो कर रहा था पर ठीक से समझ नहीं पा रहा था तो मैंने दौड़ना शुरू कर दिया और लोग मेरे पीछे–पीछे भागने लगे। मैं जहाँ–जहाँ जा रहा था वहाँ–वहाँ लोग लाऊड–स्पीकर लिये चिल्ला रहे थे। मैं बर्फ की एक घाटी के बीच फँस गया जहाँ कागजों के बड़े–बड़े ढेरों ने मुझे चारों ओर से घेर लिया था। उन कागजों पर कुछ–कुछ लिखा भी हुआ था... पर सब आधा–अधूरा सा था... मैंने उन्हें पढ़ने की बहुत कोशिश की... बहुत कोशिश... बहुत... पर कहीं पर भी पूरा वाक्य नहीं लिखा था... धीरे–धीरे कागज के वो ढेर मेरे ऊपर गिरने लगे... बहुत मुश्किल हो रही थी... और अचानक ऐसा लगा जैसे बादल फट गया हो... वो सारे के सारे ढेर मेरे ऊपर गिर गये और मैं उनके नीचे दब गया... मैं उस ढेर के अंदर धँसता चला जा रहा था... साँस भी नहीं ली जा रही थी... मैं बाहर भी नहीं निकल पा रहा था... ऐसा लग रहा था कि मैं किसी दलदल में

फँस गया हूँ... मेरा दम घुट रहा था... मुझे अपने आप को बचाना था... मुझे ताजी हवा की जरूरत थी... मैं साँस लेना चाहता था... ताजी हवा... मेरा दम घुट रहा था... मैं मर रहा था।

एकदम से मेरी आँख खुली–मेरी साँसें बहुत तेजी से चल रही थी। आस-पास देखा... कहीं कागजों के ढेर नहीं थे... लोगों की भीड़ नहीं थी... मैं अपने ऑफिस में था... मेरे बगल में केवल लैपटॉप रखा था जिसके अंदर शास्त्री पर की गयी शोध के कुछ मूल्यवान तथ्य थे और मेरे सामने एक बोर्ड लगा था जिस पर ऐसे कई सवाल लिखे थे जो बहुत महत्वपूर्ण थे किन्तु उनके उत्तर नहीं थे। मुझे ऐसा लग रहा था जैसे कि उनमें से कुछ शब्द मेरी ओर उड़-उड़ के आ रहे हैं और मेरे दिल से टकराकर उसे झंझोड़ रहे हैं।

अंतिम पल में उनके ठहरने का **स्थान** इनटूरिस्ट होटल से डाचा में **बदल** दिया गया था।

ताशकंद में प्रधानमंत्री के कमरे के अंदर **घंटी और टेलीफोन नहीं थे।**

रामनाथ के बजाय उनका खाना **जान मोहम्मद** ने क्यों बनाया था?

वहाँ पर **ऑक्सीजन** की व्यवस्था उपलब्ध **नहीं** थी।

डॉक्टर ने उन्हें **इंट्रावेनस** की जगह **इंट्रा-मस्क्युलर** इंजेक्शन क्यों लगाया था?

वह लगातार **थर्मस** की ओर इशारा कर रहे थे और वह थर्मस कभी भारत नहीं लाया गया।

डॉक्टर ई.जी. **येरेमेन्को** ने मेडिकल रिपोर्ट पर हस्ताक्षर करने से **इन्कार** क्यों कर दिया था?

दो मेडिकल रिपोर्ट क्यों बनाई गयी थीं–एक, भारतीय रिपोर्ट जिस पर **6 डॉक्टरों** के हस्ताक्षर थे और दूसरी रूसी रिपोर्ट जिस पर **8 डॉक्टरों** के हस्ताक्षर थे। दोनों में अलग-अलग दवाई देना लिखा है, एक में ग्लूकोज, एड्रीनालीन और **पोटेशियम-क्लोराइड** और दूसरी में ग्लूकोज, एड्रीनालीन और **कैल्शियम-क्लोराइड** देना लिखा है।

उनकी मृत्यु की उस रात के.जी.बी. के 9जी निदेशालय द्वारा **अहमद सत्तारोव** और **जान मोहम्मद** को गिरफ्तार किया गया था।

उनके शरीर पर **चीरा** लगाने के निशान बने हुए थे।

उनका शरीर **नीला** पड़ गया था।

ताशकंद में **नेताजी** की मौजूदगी?

पोस्ट-मॉर्टम क्यों नहीं किया गया?

इतनी शंकाओं के बावजूद कोई **जाँच क्यों नहीं करवायी गयी?**

जाँच आयोगों के बारे में किसी को कुछ **पता** क्यों **नहीं**... उन्हें **गुप्त** क्यों रखा गया... उनकी रिपोर्ट और रिकॉर्ड कहाँ गायब हैं?

यह दावा किया गया है कि शास्त्री के ताशकंद जाने के ठीक पहले **धर्मा तेजा** वहाँ गये थे।

दोनों गवाहों की मृत्यु संसद समिति के समक्ष जाते समय सड़क हादसे में हो गयी।

संसद की कार्यवाही के चलते **मेडिकल रिपोर्ट** कैसे खो गयी?

1994 में **के.जी.बी.** के जासूस ने अखबार को साक्षात्कार में यह बताया कि वे शास्त्री और अयूब खान के ऊपर **जासूसी** कर रहे थे।

क्रो के साथ वार्तालापः 'हमने भाभा को उड़ा दिया... और हमने शास्त्री को भी **ठोक दिया**।'

भले ही मैं चारों ओर से कागजों, किताबों और लेखों से घिरा बैठा था लेकिन फिर भी हम आगे नहीं बढ़ पा रहे थे। क्या हमें इतनी सारी जानकारियों की आवश्यकता थी? आधुनिक समय में हमारे दिमागों में यह भर दिया गया है कि हर एक बात जो लिख दी गयी है, वह सत्य हो जाती है। क्योंकि पढ़ने और लिखने की शक्ति सिर्फ उन्हीं के पास है जो पढ़-लिख सकते हैं और जो गिनती में बहुत कम हैं, तो लोग क्या पढ़ें और किस बात पर विश्वास करें, इसकी शक्ति भी उन्हीं के पास होती है। जैसे डाकिया देहातियों को पत्र पढ़कर सुनाता है जिनके लिये 'काला अक्षर भैंस बराबर' होता है तो डाकिया जो चाहे वह सुनाने का बूता रखता है। कुछ डाकिये अपने फायदे के हिसाब से इस शक्ति का दुरुपयोग, गलत सूचना देने में या सूचना छुपाकर करते हैं। मेरे गाँव में, अंग्रेज-अधिकारी आते थे और शासकीय सूचना पढ़ते थे, जिसका अनुवाद स्थानीय शिक्षक द्वारा किया जाता था। शिक्षक ग्रामीणों की मनोदशा के अनुसार सरकारी फरमान का अनुवाद करते थे। मैं यह अच्छे से समझता था कि ज्यादातर वह गलत अनुवाद कर देते थे क्योंकि गाँव वाले उन पर भरोसा करते थे और वह गाँव वालों को उदास करना नहीं चाहते थे। वह भले आदमी थे परन्तु उनके पास संदेश का अर्थ बदलने की शक्ति थी क्योंकि वे पढ़ सकते थे। लिखी गयी हर बात अधिकारिक यथार्थ, परम ज्ञान और परम सत्य मानी जाती थी। और जब वह एक शिक्षक द्वारा पढ़ी जाती थी तो उस पर और भी विश्वास किया जाता था क्योंकि शिक्षक की तुलना परम ज्ञानी से की जाती थी। लेकिन असल में वे केवल मध्यस्थता कर रहे होते थे। मध्यस्थता करने वालों के पास अपने प्रयोजन के हिसाब से सत्य को तोड़ने-मरोड़ने की शक्ति प्राप्त होती है।

सरकार ने भी यही किया था। उन्होंने जानकारियों को इतना तकनीकी, कानूनी और जटिल बना दिया था, ताकि आम आदमी

उससे दूर भाग जाये। इस प्रकार सरकार ने सत्ता कायम रखी पर यदि कोई वास्तव में सरकारी अभिलेखों को समझने के लिये निवेदन दे और उनका अध्ययन करे तो वह लिखी हुई बातों पर भरोसा करना छोड़ देगा।

मनु–स्मृति में धर्मशास्त्र में दी गयी शिक्षा के अनुसार मनुष्य में जागृति के संकेत इच्छा, ज्ञान और क्रिया द्वारा उत्पन्न हुए थे। वह इच्छा है जिसके कारण मनुष्य कुछ जानना चाहता है और वह ज्ञान है जिससे प्रेरित होकर मनुष्य कर्म करता है। नैतिक मान्यतायें (मूल्य) कर्म की नियामक तत्व हैं। ये कर्म की संजोई हुई परिणिति है जो मानवीय प्रयासों को लक्ष्य के लिये प्रेरित करती हैं। ये मान्यतायें सामाजिक दायित्वों को उद्भूत करने वाले विधि सम्मत लक्ष्यों को निर्धारित करने में सहायक हैं। ये सत्य, साधुता, सौंदर्य और स्वतंत्रता जैसे मूल्यों के आनुभविक यथार्थ के लिये आवश्यक मानवीय प्रयास की ओर इंगित करते हैं। ये मूल्य दायित्व के सहभावी हैं।

> *सत्ता के लोभ में, हम जो भी छल और कपट करते हैं, वह, हमारे अंत समय आने पर पूर्णतः व्यर्थ बनकर रह जाता है। राजनीति, छल, कपट और षड्यंत्रों से भरी है पर जो यह सोचता है कि वह निर्दोष नागरिकों के अधिकारों को कुचल सकता है, वह जल्द ही पाता है कि ईश्वर की समझ अकथनीय होती है, जिसकी भंवर की पकड़ से आज तक कोई नहीं बच पाया है और उसकी शक्ति के सामने मनुष्य के पैंतरे कितने तुच्छ और निरर्थक हैं। केवल 'वह' इस समाज और विश्व को बदलने का सामर्थ्य रखता है, जो सत्ता हासिल करने के लिये, छल, कपट और षड्यंत्रों का सहारा न लेता हो, और अपने*

नागरिकों के जीवन में सकारात्मक परिवर्तन लाने के संघर्ष में लगा रहता हो और ईश्वर की इच्छाओं के आगे सब कुछ समर्पित कर देता हो। छल, कपट और षड्यंत्रों का रास्ता त्याग कर, 'परम-सत्य के प्रति समर्पण' ही परमात्मा द्वारा रचा गया, संसार के लिये, एक मूल सिद्धान्त है। जो इस सहज सिद्धांत का पालन करते हुए, दुर्बलों की सेवा करने का भाव रखता है, परिस्थितियाँ स्वयं उसके लिये, बाधाओं को दूर कर, श्रेष्ठता अर्जित करने का रास्ता बना देती हैं। जबकि छल, कपट और षड्यंत्र करने वाले परमात्मा के प्रचण्ड क्रोध से उत्पन्न, बवंडर में फँस कर रह जाते हैं।

कहीं-न-कहीं, मैं अपने पापा की बात से सहमत नहीं हो पा रहा था। हाँ, मैं सत्य की शक्ति पर विश्वास रखता हूँ। मैं परमात्मा पर भी विश्वास करता हूँ। लेकिन मुझे यह समझ नहीं आता कि आखिर सच्चे इंसान, छल और कपट करने वालों के हाथों शिकार क्यों बन जाते हैं?

घोर अँधेरे में, अपने मन में कई प्रश्न लिये, मैं अकेला खड़ा था... मुझे उत्तर देने वाला कोई नहीं था।

'जब तुम्हें कहीं से कोई उत्तर न मिले, तब अपने आप को ईश्वर के प्रति समर्पित कर देना। असंभव को संभव 'होने' में थोड़ा समय तो लगता है किन्तु तुम अपनी आशा को सदा जीवित रखना। आशा के रूप में तुम्हें एक ऐसा उपहार प्राप्त है जिसे समर्पित करने की आवश्यकता नहीं, वह एक ऐसी शक्ति है जिसका दामन तुम कभी मत छोड़ना'—पापा ने एक बार मुझसे कहा था।

सत्य तक पहुँचने तक अब केवल आशा का सहारा ही एकमात्र रास्ता बचा था और ऐसा लग रहा था कि इतनी सारी जानकारियाँ होने के बावजूद, बाकी सारे रस्ते बंद हो गये हैं। मैंने

लाइटें बंद की... सीढ़ियों के रास्ते नीचे आया और कार में बैठ कर जाने को तैयार हो गया–कहीं तक भी न पहुँचने के लिये।

लेकिन सत्य की एक बड़ी अजीब दास्ताँ हैं कि वह प्राण लेने तक परीक्षाएँ लेने के बाद उभरता है, चाहे उसमें कितना भी समय लग जाये पर वह ऐसी जगह से प्रकट होता है जिसकी आप कल्पना भी नहीं कर सकते।

कुछ समय पश्चात किसी ने मुझे भारतीय संविधान की एक प्रति भेजी जिसके पहले पन्ने पर जहाँ प्रस्तावना लिखी गयी थी, एक पीले रंग के पर्ची चिपकी हुई थी और उस पर लिखा हुआ था–'कृपया आप इसके पीछे के कारण खोजें कि 1975 में, भारत के संविधान में "सेक्युलर और सोशलिज्म" शब्द क्यों जोड़ दिये गये थे और हो सकता है इससे बरसों से पड़े, बंद दरवाजे खुल जायें।'

मैंने प्रस्तावना पर गौर किया, 'भारत एक सम्पूर्ण प्रभुत्त्व-संपन्न, समाजवादी, धर्मनिरपेक्ष, लोकतांत्रिक गणराज्य', उसमें दो शब्द, 'समाजवादी और धर्मनिरपेक्ष' नीले रंग की कलम से रेखांकित किये गये थे।

तब हमें इस बात का कोई अंदाजा नहीं था कि उस पर चिपकी एक छोटी-सी पीले रंग की पर्ची, हमारे जीवन में कितना बड़ा परिवर्तन लाने वाली थी।

मुझे ऐसा लग रहा था जैसे, मेरे पापा मेरी उंगली थामे मेरे आगे-आगे चलकर मुझे उजाले की ओर ले जा रहे हैं।

मैंने अपना फोन उठाया और डॉक्साब को मेसेज टाइप किया...

असंभव को संभव 'होने' में थोड़ा समय तो लगता है पर तुम अपनी आशा को सदा जीवित रखना।

तीसरा दृश्य

28

तानाशाही: आपातकाल

उस दिन तेज गर्मी थी... बहुत तेज... और झुलसा देने वाली धूप जब सूरज सर के ठीक ऊपर आ गया था। पंखे फुल स्पीड पर चल रहे थे और नयी खस-खस बदलने के बावजूद कूलर गर्म हवा फेंक रहे थे। चिलचिलाती धूप में, मैं दौड़कर बाहर गया और हमारे विशाल बंगले के मुख्य द्वार पर अपने पापा के बगल में खड़ा हो गया जो जबलपुर विश्वविद्यालय में कुलपति थे... पर मम्मी मुझे पूरी ताकत से खींच कर वापस ले गयीं और घर के अंदर बंद कर बाहर से दरवाजा लगा दिया।

अगर यह कोई सामान्य दिन होता तो मैं इस तरह जाकर पापा के साथ खड़ा न होता अगर वह अपने छात्रों से बात कर रहे होते पर आज का दिन सामान्य नहीं था। गुस्से से भरे सैंकड़ों छात्र हमारे घर का मुख्य द्वार तोड़कर अंदर घुस आना चाहते थे पर उनको अब तक सुरक्षाकर्मियों ने रोक रखा था। वे इतने क्रोधित थे कि मानो किसी का खून ही कर डालेंगे। वे जोर-जोर से चिल्ला रहे थे, 'तानाशाही नहीं चलेगी... नहीं चलेगी... नहीं चलेगी...'

मैंने, हमारे घर काम करने वाले, 'तुकाराम' से तानाशाही का मतलब पूछा।

'जब कुर्सी बचाने के लिये कोई गलत काम करता है'–उसने मुझे बताया।

'पर कोई अपनी कुर्सी को बचाकर क्यों रखना चाहेगा? उस कुर्सी को कौन उठाकर ले जायेगा?'

'कुर्सी का मतलब, पद... ताकत।'

'पर कुर्सी के अंदर ताकत कैसे हो सकती है? वो तो अपने आप इधर से उधर चल भी नहीं सकती।'

'जो व्यक्ति उस कुर्सी पर बैठता है वो सबको इधर से उधर चला भी सकता है और घुमा भी सकता है।'

'कोई कैसे सबको अपने आस-पास घुमा सकता है?'

'जब कोई व्यक्ति *तानाशाह* हो जाता है तो उसको किसी की परवाह नहीं होती... न तुम्हारी, न देश की, न तुम्हारी स्वतंत्रता की और न तुम्हारे अधिकारों की... अधिकार केवल उसके पास होते हैं और तुम्हारे पास उसके आदेशों को चुनौती देने के अधिकार भी नहीं बचते... और यदि तुम उसके आदेशों का पालन नहीं करते तो वह तुम्हें दंडित भी कर सकता है। इसी को *तानाशाही* कहते हैं और जो ऐसा करता है, उसको *तानाशाह*।'

'जैसे कि मेरी कक्षा के अध्यापक।'

'हाँ... हो सकता है'–बहुत सोचने के बाद तुकाराम ने जवाब दिया।

यह तानाशाही के बारे में मेरा पहला सबक था... 10 साल की उम्र में।

बाहर नारे लगाने का शोर लगातार बढ़ता ही जा रहा था। पुलिस भी वहाँ पहुँच गयी थी पर छात्रों का घेरा पुलिस को हमारे घर तक पहुँचने से रोके हुआ था। वे लोग मेरे पापा से सीधे बात करना चाहते थे पर उनके गुस्से को देखते हुए पापा का उनके बीच जाना ठीक नहीं था। मुझे याद है, मेरी मम्मी, मेरे पापा के स्टाफ को समझा रहीं थीं कि किसी तरह वे पापा को छात्रों के

बीच जाने से रोकें। वे लोग अपनी पूरी ताकत से चिल्ला ही नहीं रहे थे बल्कि उनमें से कुछ लोगों ने मम्मी के सबसे प्रिय पेड़ से आम भी चुरा लिये थे। मैं समझ नहीं पा रहा था कि मम्मी को उनके चिल्लाने से ज्यादा गुस्सा आ रहा था या आम तोड़ने से... पर जो भी हो, उस दिन मम्मी बहुत परेशान लग रहीं थीं।

मेरे पापा उनकी बात हमेशा बहुत ध्यान से सुनते थे पर उस दिन पापा ने बहुत कड़ा रुख अपनाते हुए मम्मी को इस मामले में दखल देने से मना कर दिया। फिर वो तेजी से बाहर की ओर बढ़े और उनके निजी-सहायक उनके पीछे-पीछे दौड़े। मम्मी ने चिल्लाकर घर के अन्य नौकरों को पापा के साथ जाकर गुंडों से हिफाजत करने को कहा।

मम्मी का उपद्रवी छात्रों की तुलना, गुंडों से करना बिलकुल ठीक था। भारत में हर कोई अपने जीवन में कम-से-कम एक बार तो गुंडा बन ही जाता है। जब कोई और बात काम नहीं आती, कोई आपकी बात भी नहीं सुनता और खोने के लिये आपके पास कुछ खास नहीं होता, तो हर कोई गुंडा बन जाता है।

शरद यादव के नेत्तृत्व में इन छात्रों ने परीक्षाओं का बहिष्कार किया था। इन्होंने कुल-सचिव को बंद कर दिया था और कई प्राध्यापकों को अपमानित किया था। सब लोग इनसे डरते थे और कोई भी सज्जन पुरुष कभी यह नहीं चाहेगा कि इस तरह के गुंडे उसके चेहरे पर कालिक मल दें। लेकिन मेरे पापा इनकी ओर आगे बढ़ रहे थे और उनके चेहरे पर कोई भय नहीं था बल्कि उनका चेहरा गुस्से से लाल हो गया था। मैं देख रहा था कि वे सुरक्षाकर्मी से लोहे का बड़ा दरवाजा खोल देने को कह रहे थे। यह देखकर, छात्र आश्चर्य में पड़ गये थे क्योंकि उनको इसकी उम्मीद नहीं थी। दरवाजा खोल दिया गया और मैंने देखा कि पापा शरद यादव के सामने खड़े होकर उससे कुछ बातचीत करने लगे।

पीछे से छात्रों के नारों का शोर बढ़ता ही जा रहा था और कुछ एक गाली-गलोच की आवाजें भी सुनायी पड़ रही थीं। पता नहीं वहाँ पर क्या हुआ पर अचानक से पापा ने एक छात्र को कसकर एक थप्पड़ जड़ दिया।

'हे भगवान-अब क्या होगा'-मेरी मम्मी जोर से चिल्लायी।

शायद उन्होंने भाँप लिया था कि कुछ गड़बड़ होने वाली है। भय में हम, हमेशा बुरा ही सोचते हैं। ये बात और है कि भय में मनुष्य अपने अंदर की अद्‌भुत शक्ति का अनुभव भी करता है।

यहाँ के छात्र अपने प्राध्यापकों के साथ मार-पीट करने के लिये पहले से ही बदनाम थे और पिछले कुलपति को तो इन लोगों ने, उन्हीं के कार्यालय में, रस्सी से बाँध दिया था। कई वर्षों से जबलपुर विश्वविद्यालय में कुलपति जल्दी-जल्दी बदले जा रहे थे क्योंकि बिना लगाम के इन छात्रों से कोई भी उलझना नहीं चाहता था। पर मेरे पापा ने गुंडागर्दी कर रहे इन छात्रों से न सिर्फ उलझ कर दिखाया था बल्कि बिना पुलिस संरक्षण के अभद्र व्यवहार कर रहे एक छात्र को अनुशासन का सबक भी सिखाया था।

सदियों से युद्ध रणनीतिकार यह मानते आये हैं कि टकराव की स्थिति में सबसे अच्छी रणनीति, प्रतिद्वंद्वी को आश्चर्यचकित करने की होती है, और यही मेरे पापा ने भी किया था। गुंडागर्दी कर रहे इन उपद्रवी छात्रों को इस तरह की प्रतिक्रिया का थोड़ा भी आभास न था-उन्होंने इस बात की कभी कल्पना भी नहीं की थी। वहाँ पर पूरी तरह से सन्नाटा छा गया।

'मैं तुम लोगों से अलग नहीं हूँ-तुम्हारे विरुद्ध नहीं हूँ-मैं तुम्हारे साथ हूँ पर यह मत भूलो कि तुम लोग मेरे छात्र हो। मैं यहाँ पर तुम्हारी समस्याओं का निवारण करने के लिये बैठा हूँ। लेकिन तुम लोग मेरे घर में आकर अभद्र व्यवहार नहीं कर सकते, तो

अगर तुम लोग यह चाहते हो कि मैं तुम्हारी बात सुनूँ तो मेरे साथ अंदर चलो–शांति से और बिना कोई शर्त के साथ'–पापा ने यादव से कहा।

कुछ देर बाद शरद यादव और कुछ और अन्य छात्र, पापा के दफ्तर में बात करने अंदर आ गये। ऐसा यहाँ पर कई सालों में पहली बार हुआ था। इस तरह की नयी घटना ने सबको आश्चर्य में डाल दिया था। कुछ देर उन लोगों की बातचीत चली और फिर शरद यादव ने पापा के पैर छुए, मम्मी को बुलवाकर उनके पैर छुए और मुझे गले से लगा लिया। मुझे बस इतना याद है कि उस के पास से पसीने और धूल की बदबू आ रही थी।

जाते–जाते उसने पापा से कहा–'सर जब तक आप यहाँ पर हैं, आपको छात्रों की तरफ से कोई परेशानी नहीं होगी।'

मेरे पापा ने मुस्कुराते हुए जवाब दिया–'छात्रों की परेशानी मेरे लिये नेताओं की परेशानियों से तो बेहतर ही है।'

यह किस्सा शहर में चर्चा का विषय बन गया था, लेकिन इंदिरा गाँधी सरकार ने इसकी तनिक मात्र भी तारीफ नहीं की। अभी तक कुलपति छात्रों के विरोध को या तो टालते आये थे या फिर उसका प्रतिरोध करते थे जिसके कारण छात्र और भी अधिक भड़क जाते थे और उनकी गुंडागर्दी भी बढ़ जाती थी जिससे प्रशासन अलग–थलग पड़ जाता था और इस तरह एक दुष्चक्र बन जाता था जिसे कभी किसी ने तोड़ने की कोशिश नहीं की थी। आखिरकार सरकार ने विश्वविद्यालयों में आपातकाल घोषित कर दिया जिससे कुलपति और प्रशासन को असीम अधिकार और शक्तियां प्राप्त हो गयीं थीं। इसके विपरीत पापा ने इन अधिकारों का इस्तेमाल किये बगैर 'गुंडे कहे जाने' वाले इन छात्रों से अपनी जान जोखिम में डाल कर सीधे बात करने का निर्णय लिया और उनके ज्यादातर मामलों का निवारण भी कर दिया।

भारत में तीन तरह से संचालन किया जाता है। जिम्मेदार लोगों का पहला रुख समस्या की तरफ अनदेखी करने का होता है फिर उस पर प्रतिरोध जताया जाता है और जब कोई और रास्ता नहीं बचता तो उसका मुकाबला किया जाता है। ज्यादातर लोग पहले स्तर पर ही जब उनकी समस्या की ओर अनदेखी की जाती है, अपनी हार मान लेते हैं। कुछ लोग जो हार नहीं मानते वे या तो रिश्वत देकर या कोई तिकड़म या जुगाड़ से अपना काम चला लेते हैं। पर जिनका काम इससे भी नहीं बनता वो तोड़-फोड़ करते हैं, सरकारी सम्पत्तियों को नुकसान पहुँचाते हैं और पूरी व्यवस्था को ठप्प कर देते हैं ताकि उनकी बात सुनी जा सके।

जब छात्रों ने प्रशासन पर दबाव बनाया तो सरकार ने इसका प्रतिरोध जताते हुए विश्वविद्यालयों में आपातकाल की घोषणा कर दी। पर छात्र उस समय जयप्रकाश नारायण के आंदोलन के चलते इतने अधिक उत्साहित थे कि वे अपने विरोध प्रदर्शन से हटने को तैयार ही न थे। पुलिस ने गिरफ्तारियाँ शुरू कर दीं लेकिन जल्द ही सारी जेलें भर गयीं और पुलिस के पास गिरफ्तार किये गये छात्रों को रखने के लिये कोई स्थान ही नहीं बचा।

'आपातकाल क्या होता है?'–रात को खाना खाते समय, मैंने पापा से पूछा।

'उसमें कुलपति और उनके प्रशासन को असाधारण अधिकार प्राप्त हो जाते हैं।'

'उनको ऐसे अधिकारों की क्या आवश्यकता पड़ती है... क्या उनके पास वह पहले से ही नहीं हैं?'

'नहीं, साधारण समय में, कुलपति को संस्थाओं से और विभागों के प्रमुखों से परामर्श करना पड़ता है और लोकतंत्र के

सारे कानूनों का पालन भी करना पड़ता है लेकिन आपातकाल में, वे जैसा चाहें, कर सकते हैं।'

'साधारण समय में वे ऐसा क्यों नहीं कर सकते?'

'क्योंकि हमारी लोकतांत्रिक व्यवस्था यह सुनिश्चित करती है कि हर बात को सभी दृष्टिकोण से जाँचा और परखा जा सके।'

'तो अभी इस स्थिति में हर बात को अच्छे से जाँचा और परखा नहीं जा रहा?'

'नहीं–ऐसा नहीं हो रहा।'

'तो आप जो चाहें वह कर सकते हैं?'

'हाँ।'

'तो क्या आप *तानाशाह* हैं?'–मैंने पूछा।

मेरे पापा कहीं से भी तानाशाह नहीं थे, यह तो मैं बाद में समझ पाया पर उस समय, जैसे लोग धीरे-धीरे कानाफूसी किया करते थे, मैं यह समझ गया था कि कुछ तो ऐसा चल रहा है जिसमें कुछ गड़बड़ है। पहले की तरह जो कवि और लेखक हमारे घर नियमित रूप से आया करते थे, अब उनके चेहरे पर वो उमंग और मुस्कान नहीं दिखायी पड़ती थी। बल्कि उनके चेहरे पर नाराजगी के भाव छलकते थे। इंदिरा गाँधी और जयप्रकाश नारायण, ये दो नाम ऐसे थे जो सभी अखबारों में भी छपते थे और सभी चर्चाओं और बातों में भी यह नाम लिये जाते थे। मैं यह जान गया था कि पूरे भारत में छात्र विरोध-प्रदर्शन कर रहे थे तथा कई स्थानों पर उन्होंने सार्वजनिक संपत्ति को नुकसान पहुँचाया था और शासन के अधिकारियों के साथ मार-पीट भी की थी।

'देश में आग लग रही है'–हमारी विलीज जीप (Willys Jeep) में स्कूल जाते समय तुकाराम ने मुझे बताया।

'कहाँ?'

'हर जगह... मिलों में... पटरियों पर... बैंकों में... विश्वविद्यालयों में... सब लोग हड़ताल पर बैठे हैं।'

'क्यों?'

'वे इंदिरा गाँधी का त्यागपत्र चाहते हैं।'

'इंदिरा गाँधी के बिना देश कैसे चल सकता है?'

'भारत तब भी चलता था जब कुछ नहीं था... भारत तब भी चलता रहेगा जब कुछ भी नहीं रहेगा'–तुकाराम ने कहा।

मुझे इस बात का ज्ञान जीवन में कुछ देर से प्राप्त हुआ जब मैंने वैदिक दर्शन के बारे में जाना। अगर सच कहूँ तो मैंने हिन्दू तत्त्वज्ञान के बारे में जितना आम आदमी से सीखा उतना स्कूल में नहीं। तुकाराम केवल एक काम करने वाले ही नहीं थे बल्कि वे मेरे लिये 'विकिपीडिया' थे। उन्होंने मुझे हिन्दू तत्त्वज्ञान के कई जटिल तथ्यों को सबसे सरल ढंग से समझाया था।

शास्त्री की मृत्यु के सात साल बाद, भारत में उत्पात मचा हुआ था। तुकाराम की भाषा में, 'देश में आग लगी थी', बिहार में आर्थिक संकट के चलते वामपंथियों ने बड़े पैमाने पर विरोध किया था। राजनीति के दूसरे छोर से अखिल भारतीय विद्यार्थी परिषद एवं अन्य छात्र संघ भी इस विरोध से जुड़ गये। पूरा विपक्ष एक जुट हो गया था और जय प्रकाश नारायण से अपना नेत्तृत्व करवाना चाहता था; लेकिन जब उनकी सम्पूर्ण क्रांति एकजुट हो गयी और इंदिरा गाँधी प्रशासन के अत्याचार उन्हें दबाने से नहीं रुके तब राष्ट्रीय स्वयं सेवक संघ अपनी भूमिका निभाने के लिये आगे आया और मुख्यधारा में शामिल होकर अपना एक स्थान बनाया जिसके लिये उसने पहले भी संघर्ष किया गया था। पूरा विपक्ष एकजुट होकर इस महिला के सामने खड़ा हो गया जिसका नाम इंदिरा गाँधी था।

मिलों में ताले लग गये थे, काला-बाजारी से वितरण पद्धति अस्त-व्यस्त पड़ गयी, गोदामों में अवैध जमाखोरी की जाने लगी थी, विश्वविद्यालयों में अप्रत्यक्ष रूप से हड़ताल जारी थी। अधिकांश प्रमुख विश्वविद्यालयों में, वर्षों तक कोई परीक्षा आयोजित नहीं की गयी थीं। कोई रोजगार भी नहीं बचे थे। केवल भ्रष्टाचार और चाटुकारिता करने के विकल्प बचे थे। ऐसा लगता था कि जिन पहियों पर भारत चलता था, वे थम गये थे। दूसरी ओर 1971 का युद्ध जीतने के बाद इंदिरा गाँधी अपनी लोकप्रियता और ताकत का पूरा इस्तेमाल कर रही थीं। पूरे के पूरे राजनीतिक वर्ग, बुद्धिजीवि, नौकरशाही और प्रभावशाली ताकतों के पास एक ही काम रह गया था—इंदिरा गाँधी की ताकत को बढ़ाना, भले ही उससे भारत के लोकतंत्र और संप्रभुता पर खतरा मंडराने लगे। यहाँ तक कि काँग्रेस के अध्यक्ष यह घोषणा करने की हद तक पहुँच गये थे कि 'इंदिरा इंडिया या इंडिया इंदिरा' दोनों एक ही बात है।

जब 1966 में, इंदिरा गाँधी ने कुर्सी संभाली थी तब लोग उन्हें गूँगी गुड़िया से ज्यादा और कुछ नहीं समझते थे लेकिन 1971 के आते-आते उनकी तुलना दुर्गा से की जाने लगी थी, जिन्हें शक्ति की देवी माना जाता है। 'गरीबी-हटाओ' के उनके नारे से लोगों ने यह मान लिया था कि वे जनता की एक पूज्य सेवक हैं। भले ही इंदिरा ने इन महान ऊँचाइयों को छू लिया था लेकिन वह वहाँ टिक न पायीं क्योंकि उनकी महानता में सच्चाई नहीं थी। जनार्दन ठाकुर, जिन्होंने कई वर्षों तक उनके साथ काम किया था, ने इंदिरा गाँधी के बारे में लिखा था, 'उन्होंने लोगों के दिलों में आशा तो पैदा कर दी थी पर उस आशा को पूरा करने का उनका कोई इरादा नहीं था। उनकी सरकार भी उनकी ही तरह मनोरोगी थी। गरीबों और शोषित वर्गों के हकों को छीनकर अपनी तरह के लोगों को दे दिया जाता था जो अपने हितों के लिये गरीबों का शोषण करते थे।'

कुछ भी हो, मुद्दे की बात यह थी कि 1975 में, इंदिरा गाँधी एक बार फिर से सत्ता कायम रखने में कामयाब रहीं थीं और इस बार पिछले कई वर्षों की तुलना में वे कहीं अधिक मजबूत स्थिति में थीं। पार्टी के अंदर, भिन्न विचार रखने वाले लोगों के वर्चस्व को ध्वस्त कर दिया गया था और ऐसे प्रभुत्व रखने वालों को या तो सरकार में शामिल नहीं किया गया था या उन्हें नीचे का दर्जा दे दिया गया था। उनकी जगह उन को मंत्री बना दिया गया जिनका नाम मुख्यमंत्री के लिये नामांकित किया गया था और जो इंदिरा के नुमाइंदे थे, जो हर बात पर उनका समर्थन करते थे। यह इंदिरा गाँधी की एक और विशेषता थी। जागीरदारों की तरह, मतभेद रखने वाले मंत्रियों को उन लोगों से बदल दिया जाता था जो निर्विवादित रूप से शीर्ष पद पर बैठे व्यक्ति के सुर में सुर मिलाकर बात करते थे।

काँग्रेस पार्टी के अंदर, इंदिरा, सबसे छोटी होने के कारण हमेशा असुरक्षित महसूस करती थीं और अपने पद को लेकर उन्हें अपनी ही पार्टी के अन्य दावेदारों से खतरा लगा रहता था इसलिये उन्होंने धीरे-धीरे इनके वर्चस्व को समाप्त करने के लिये अपने आप को तैयार कर लिया था। पर उन्होंने कभी इतने शक्तिशाली, एकजुट और आक्रामक विरोध की कल्पना भी नहीं की थी। उनकी स्थिति अभिमन्यु की तरह हो गयी थी। उनके पिता ने उन्हें अपनी खुद की पार्टी की राजनीति को समझने में और सब कुछ अपने हिसाब से चलाने में तो निपुण कर दिया था लेकिन उन्होंने विपक्ष के चक्रव्यूह से बाहर आने का रास्ता नहीं सिखाया था। जब उन्हें एक मजबूत और एकजुट विरोध का सामना करना पड़ा, तो वह घबरा गयीं और न्यायपालिका को भी अपना प्रतिद्वंद्वी समझ बैठीं। इतनी घबराहट में उन्हें यह विश्वास हो गया था कि अब केवल

लोकतांत्रिक सिद्धांतों की हत्या ही उन्हें बचा सकती है। अपनी सत्ता को बचाने की परीक्षा के क्षणों में, इंदिरा यह जान गयी थीं कि उनकी असल लड़ाई राजनीतिक दलों से नहीं बल्कि भारत के लोकतंत्र से है। उनके लिये अपनी सत्ता को कायम रखने के लिये लोकतंत्र की हत्या करना आवश्यक बन गया था।

और वह ऐसा करने से बिलकुल पीछे नहीं हटीं और भारत के युवा लोकतंत्र की हत्या कर आपातकाल की घोषणा कर दी गयी।

आपातकाल एक ऐसी स्थिति होती है जब आपके मौलिक अधिकारों का कोई अस्तित्व नहीं रह जाता। इसका अर्थ यह है कि राज्य, लोगों पर किसी भी तरह की कार्यवाही कर सकता है और जनता के पास सरकार के आदेशों का विरोध करने का कोई प्रावधान नहीं रह जाता। 25 जून 1975 को, इंदिरा गाँधी ने राष्ट्रीय सुरक्षा और खराब आर्थिक स्थितियों के खतरों का हवाला देते हुए पूरे देश में आपातकाल की स्थिति घोषित कर दी। आपातकाल के दौरान अटल बिहारी वाजपेयी, लालकृष्ण आडवाणी, जॉर्ज फर्नांडिस, और कई पत्रकारों, कार्यकर्ताओं और बुद्धिजीवियों सहित हजारों लोगों को बिना किसी सुनवायी के गिरफ्तार कर लिया गया और जेल की सलाखों के पीछे डाल दिया गया। सामूहिक नसबंदी की जाने लगीं और राज्य की नीतियाँ बलपूर्वक तरीके से थोपी जाने लगीं।

देश की अर्थव्यवस्था और सभी संस्थानों पर काबू पा लेने के अलावा, आपातकाल लगाने के कई अन्य कारण भी थे। शुरू से, भारत की न्यायपालिका प्रणाली और विधानसभाओं के बीच टकराव रहा है। स्वतंत्रता के बाद, सरकार ने अपनी समाजवादी नीति के तहत भूमि अधिग्रहण करना शुरू कर दिया था। लेकिन संपत्ति का अधिकार एक मौलिक अधिकार माना गया था। इसलिये

संविधान में कई संशोधन किये गये जैसे कि संपत्ति के अधिकारों को हटाया गया और छठी अनुसूची लागू की गयी जिसके तहत कोई भी इसे मौलिक अधिकारों के उल्लंघन के आधार पर चुनौती नहीं दे सकता था। और इस अनुसूची के आधार पर केंद्र सरकार, सज्जन सिंह और शंकरी प्रसाद वाला मुकदमा जीत गयी पर 17 साल बाद आई.सी. गोलकनाथ और पंजाब सरकार के बीच मुकदमे में जीत याचिकाकर्ता को मिली। इस मामले के तहत, नौवीं अनुसूची और कई अन्य संशोधनों को चुनौती दी गयी।

इस बीच, भारत की आर्थिक परिस्थिति पतन की खाई में समा गयी। रूस से प्रभावित होकर जो समाजवादी नीतियाँ लागू की गयीं थीं, वो इच्छानुसार काम नहीं कर रहीं थीं। समाज में अशांति फैली हुई थी, जगह-जगह ताले लग गये थे और हर कहीं हड़ताल देखने को मिलती थीं। जयप्रकाश नारायण द्वारा शुरू किया देशव्यापी आंदोलन, आग की लपटों में बदल गया था।

उसके बाद वक्त आया उस प्रसिद्ध मुकदमे का-राज नारायण विरुद्ध इंदिरा गाँधी। इस मुकदमे ने न केवल इंदिरा गाँधी की मुश्किलें बढ़ा दी थीं बल्कि इसने ताबूत में आखिरी कील ठोकने का काम भी किया था। राज नारायण ने इंदिरा गाँधी के विरुद्ध चुनाव लड़ा था और उन्होंने इंदिरा गाँधी के ऊपर मुकदमा कर उन पर चुनाव में भ्रष्टाचार करने के आरोप लगाये थे। उन्हें दोषी पाया गया। न्यायमूर्ति जगमोहन लाल सिन्हा ने इंदिरा गाँधी पर सरकारी उपकरणों का चुनाव में दुरुपयोग किये जाने वाले आरोपों को सही पाया और उन्हें दोषी करार देते हुए यह सजा सुनायी कि वे अगले छह साल तक निर्वाचित-कार्यालय में प्रवेश करने से वंचित रहेंगी। सजा लागू करने की तारीख उन्होंने तीन हफ्ते बाद, यानी 12 जून 1975 घोषित की ताकि उन्हें उच्चतम न्यायालय में अपील करने का समय मिल सके। उन्होंने अपील की लेकिन फिर से हार गयीं।

भारत हमेशा से ही उपासकों का देश रहा है। हम देवी-देवताओं के उत्पन्न होने की कहानियों पर विश्वास करते आये हैं। इंदिरा गाँधी को भी लोग भगवान ही मान बैठे थे। जनता यह सोच ही नहीं सकती थी कि इस देश में इंदिरा गाँधी के अतिरिक्त कुछ और विकल्प भी हैं और काँग्रेस को भी यही लगता था। कुलदीप नैयर ने मुझे बताया था कि प्रधानमंत्री कार्यालय में उच्च न्यायालय के निर्देश को ऐसे लिया गया था जैसे यातायात का कोई छोटा सा नियम तोड़ने के लिये उन्हें दंडित किया गया हो। भारत के लोकतंत्र में ऐसा पहली बार हुआ था जब न्यायपालिका द्वारा इतनी बड़ी हस्ती को दंड दिया गया था। गाँधी परिवार और लोगों को यह लगता था कि भगवानों को दंड नहीं दिया जा सकता पर इलाहाबाद उच्च न्यायालय ने इस भ्रान्ति को तोड़ दिया था।

पश्चिम-बंगाल के मुख्यमंत्री, सिद्धार्थ शंकर रे को यह समझ आ गया था कि विपक्ष की जीत पक्की है तो उन्होंने इंदिरा को 'आंतरिक आपातकाल' लगा देने की सलाह दी थी। इंदिरा गाँधी इससे सहमत हो गयीं और 'लोकतंत्र की कार्यप्रणाली को नकारने की साजिश' को विफल करने के नाम पर आपातकाल लागू कर दिया गया।

कुलदीप नैयर लिखते हैं, 'आपातकाल में हजारों लोगों को बिना सुनवायी के जेलों में भर दिया गया था। प्रेस का मुँह बंद कर दिया गया था और तमाम अनाधिकृत कार्यों की श्रृंखला शुरू कर दी गयी थी। यहाँ तक कि श्रीमती गाँधी के पश्चिम के दोस्त भी इससे भयभीत हो गये थे। एक जवहार लाल नेहरू की पुत्री ने पूरे भारत के लोगों की स्वतंत्रता को सिकोड़ कर एक कोने में पटक दिया था और ऐसी डरावनी सच्चाई का सामना करने में उदारवादियों को भी मुश्किल जा रही थी। यह कितने दु:ख की बात है कि उन शासकीय सेवकों या राजनेताओं को, जिन्होंने

आपातकाल के समय में ज्यादतियाँ करने में कोई कसर नहीं छोड़ी थी, कभी दंडित नहीं किया गया। आपातकाल में जो नुकसान हमारी व्यवस्था और विभिन्न संस्थाओं को हुआ उसकी भरपाई हम कभी नहीं कर सकते क्योंकि जिन लोगों ने सबसे गंदे अपराधों को अंजाम दिया था, वे उस पर आज भी, खेद तक व्यक्त नहीं करते... आपातकाल का लागू किया जाना भारतीय समाज की कायरता और बुजदिली को उजागर करता है और नैतिकता के ऊपर पाखंड करने वालों को बल देता है। जो गलत था उसके बारे में जागरूकता नहीं थी और जो सही हो सकता था उस पर चलने की किसी की आकांक्षा नहीं थी। सही और गलत, नैतिक और अनैतिक के बीच की जो रेखा होती है, उसे मिटा दिया गया था। और राष्ट्र इसकी भरपाई आज भी कर रहा है।'

यह सचमुच स्तब्ध कर देने वाली बात है कि आज 45 सालों के बाद भी काँग्रेस पार्टी या गाँधी परिवार को 'लोकतंत्र की हत्या' किये जाने पर जरा भी शर्मिंदगी महसूस नहीं होती और उनके नेता इस पर एक बार खेद भी व्यक्त नहीं करते। किसी भी तरह का कोई भी कारण, आपातकाल लगाने को उचित नहीं ठहरा सकता।

न्यायमूर्ति जे.सी. शाह, जिन्होंने आपातकाल में किये गये उल्लंघनों को परखा था, अपनी रिपोर्ट में लिखते हैं, 'लेकिन देश के किसी भी कोने से कानून एवं व्यवस्था के उल्लंघन के कोई सबूत नहीं पाये गये जो आपातकाल लगाने के कारण को सिद्ध करते हों। ऐसा सोचना कि लोकतांत्रिक परिपाटी का पालन कर राजनीतिक उतार-चढ़ाव कम नहीं किये जा सकते थे, बिलकुल गलत था।' नैयर महसूस करते हैं कि अगर आपातकाल नहीं लगाया गया होता, तो प्रेस, शासकीय सेवक और न्यायपालिका की विकलांगता साबित नहीं हो पाती।

लालकृष्ण आडवाणी के शब्दों में, 'मीडिया से जब झुकने को कहा गया तो वह रेंगने लग गया।' किसी भी कीमत पर नौकरी बचे रहने का भय, शासकीय कर्मचारियों के लिये प्रमुख चिंता का विषय बन गया था। इंदिरा गाँधी ने इन लोगों के अंदर जो भय पैदा कर दिया था उससे लड़ने के लिये इन्होंने खुलकर सामने आने की हिम्मत नहीं दिखायी। न्यायपालिका के अधिकांश लोग इस बात से इतना भयभीत हो गये थे कि (बंदी प्रत्यक्षीकरण) गैर-कानूनी कारणों से गिरफ्तार व्यक्ति की याचिकाओं को सिरे से खारिज कर देते थे। न्यायमूर्ति एच.आर. खन्ना को छोड़कर सर्वोच्च न्यायालय में पदस्थ, दो उच्च न्यायमूर्तियों ने आपातकाल और 'मौलिक अधिकारों के निलंबन' का समर्थन किया था।

आपातकाल के दौरान संजय गाँधी का नाम अचानक उभरकर ऊपर आया था जिनको अप्रत्यक्ष रूप से प्रधानमंत्री भी समझा जाने लगा था और जिन्होंने केंद्र में सबसे भ्रष्ट और शातिर लोगों की मण्डली बना ली थी। विद्या चरण शुक्ल इस मण्डली के अधिप्रचारक बन गये थे जिन्होंने आकाशवाणी पर किशोर कुमार के गानों पर प्रतिबंध लगा दिया था। इसके अलावा जाटों के दबंग–बंसी लाल, महान सलाहकार धीरेन्द्र ब्रह्माचारी और पी.एन. हकसर जिन्होंने इंदिरा गाँधी के मस्तिष्क में सजावटी परत जमा दी थी। एन.डी. तिवारी, सिद्धार्थ शंकर रे, यशपाल कपूर और ललित नारायण मिश्रा जैसे चापलूसी में अनुभवी नेता जिन्होंने इंदिरा गाँधी की निर्लज्जता को मान्यता तक दे डाली।

संजय गाँधी इंदिरा को यह विश्वास दिला देना चाहते थे कि देश को उनकी कितनी जरूरत है जिसके लिये वे बड़ी-बड़ी रैलियाँ आयोजित करते थे और इसी बहाने उनके दुश्मनों को भी दूर रखते थे। काँग्रेस के कुछ असभ्य सांसदों ने इंदिरा गाँधी के लिये अपना समर्थन प्रदर्शित करने के लिये 'जन' प्रदर्शनों पर रोक

लगा दी थी और इस पर इंदिरा गाँधी का जवाब था–'वे उनकी अपनी मर्जी है।'

नागरिक-स्वतंत्रता और मानवाधिकारों से वंचित जनता, पुलिस की क्रूरता से बहुत नाराज हो गयी थी। इंदिरा गाँधी ने अर्थव्यवस्था से जुड़े 20 सूत्रीय कार्यक्रम और संजय गाँधी ने 5 सूत्रीय कार्यक्रम की घोषणा की और इस प्रकार भारत की 'सफाई' का एक व्यर्थ और अमानवीय कार्य शुरू किया गया।

'समूहों में नसबंदी किया जाना, जामा मस्जिद के प्रति अनदेखी, प्रतिबद्ध लोगों का अपमान, चाटुकारिता, फर्जी आँकड़े, फर्जी शासन और कम काम और अधिक दिखावे की संस्कृति शुरू हो गयी। मुझे नहीं लगता कि हम आज भी भारत को अपने नैतिक चरित्र पर हुए उस हमले से उबार पायें हैं'–मैंने कहा।

'लेकिन, आखिर हम शास्त्री की मृत्यु के 10 साल बाद वाली राजनीति पर इतनी खोज-बीन क्यों कर रहे हैं?'–पल्लवी ने मुझ से पूछा।

'यह जानने के लिये कि उन्हें किसने मारा'–मैंने जवाब दिया।

'पर उनकी मृत्यु के 10 वर्ष बीत जाने के बाद के हालातों में?'

'क्योंकि हत्या करने की नीयत की वजह हत्या के बाद के हालातों में ही ढूँढी जा सकती है।'

'तो अभी तक आपको कुछ मिला?'

'अभी तक तो नहीं।'

'तो फिर आप सो क्यों नहीं जाते? कई दिन हो गये आप 5-6 घंटों से ज्यादा नहीं सोये।'

'जब तक मैं उन दो शब्दों के पीछे के रहस्य को नहीं जान लेता, शायद मुझे चैन की नींद आयेगी।'

'जाने भी दो, लोग हर तरह की बातें लिख देते हैं, हमें उनकी बातों से इतना परेशान नहीं होना चाहिये और उन पर से अपना ध्यान हटा लेना चाहिये जिसकी आपको सख्त जरूरत है'–यह कहते हुए पल्लवी ने लाइट बंद कर दी और सो गयी।

मैंने भी लाइट बंद कर दी लेकिन रात के घनघोर अँधेरे में वे दो शब्द मेरी आँखों के सामने दमक रहे थे–शायद डरा भी रहे थे–*सेक्युलर, सोशलिस्ट...*

29

42वाँ संशोधन: लोकतंत्र की हत्या

भारत के संविधान में सबसे विवादास्पद और अलोकतांत्रिक संशोधन 42वाँ संशोधन था जिसे आपातकाल के दौरान इंदिरा गाँधी के नेतृत्व वाली काँग्रेस सरकार द्वारा लागू किया गया था। यह पहला और एकमात्र उदाहरण है जब यह संशोधन केवल नेहरू की सुपुत्री की व्यक्तिगत महत्वाकांक्षाओं को पूरा करने के लिये किया गया था। इसे 'इंदिरा का संविधान' के रूप में भी जाना जाता है।

42वें संशोधन ने सर्वोच्च न्यायालय सहित, न्यायपालिका और कानूनों की संवैधानिक वैधता पर निर्णय लेने की शक्ति को कम कर दिया था। संशोधन के 59 खंडों में से कई खंडों ने सर्वोच्च न्यायालय के कई अधिकारों को छीन लिया था और संसदीय शक्ति को सर्वोच्चता की ओर बढ़ाया था। इस संशोधन से, संसद को, न्यायिक समीक्षा के बिना संविधान के किसी भी हिस्से को संशोधित करने की असिमित शक्ति प्राप्त हो गयी थी। इसने भारत के 'परस्परता से स्वीकृति' वाले ढाँचे को ध्वस्त करते हुए केंद्र सरकार को राज्य सरकार के मुकाबले कहीं ज्यादा अधिक शक्तिशाली बना दिया था। संशोधन ने चुनावी विवादों को भी अदालतों के दायरे से हटा दिया था। संशोधन के विरोधियों ने इसे 'सुविधाजनक छलावरण' के रूप में वर्णित किया। इसने देश में

लोकतांत्रिक अधिकारों पर अंकुश लगा दिया और प्रधानमंत्री को व्यापक अधिकार दे दिये।

इंदिरा गाँधी यहीं पर नहीं रुकीं। उन्होंने भारत के संविधान की प्रस्तावना को ही बदल डाला। प्रस्तावना किसी राष्ट्र की परिभाषा होती है। वर्षों के कठिन परिश्रम के बाद, भारत की प्रस्तावना महान बुद्धिजीवियों द्वारा परिभाषित की गयी थी। ऐसा करने में लोगों ने अपना पूरा जीवन, राष्ट्र-निर्माण के लिये समर्पित कर दिया था। एक 'संप्रभु (सर्वश्रेष्ठ) लोकतांत्रिक गणराज्य' के रूप में जाने वाले भारत को इंदिरा गाँधी ने 'संप्रभु, समाजवादी, धर्मनिरपेक्ष, लोकतांत्रिक गणराज्य' में बदल दिया।

मैंने संविधान की वो प्रति निकाली जो किसी ने मुझे भेजी थी और मैंने उसका पहला पन्ना खोला तो मेरी आँखों में केवल वे दो शब्द 'सेक्युलर और सोशलिस्ट' जिनको नीले रंग की कलम से रेखांकित किया गया था, चमक रहे थे बाकी सब धुंधला दिख रहा था।

एक बार को यह बात समझी भी जा सकती है कि एक सत्तावादी नेता होने के नाते इंदिरा गांधी, लोकतंत्र की हत्या कर सत्ता को अपने पास रखना चाहती थीं और इसलिये उन्होंने संविधान में संशोधन करवाये थे। पर उन्होंने प्रस्तावना क्यों बदल दी? भारत तो पहले से ही हिन्दू मान्यताओं और संस्कृति के धर्मनिर्पेक्षता के आदर्शों का पालन करता आया है। वास्तव में हम इस मान्यता का पूरी सच्चाई से पालन करते आये हैं क्योंकि यह हमारे समाज और जीवन का एक हिस्सा है और इसका आचरण करने के लिये हमें बाहर सीखने नहीं जाना पड़ता लेकिन धर्मनिरपेक्ष 'शब्द' हमारे लिये बिलकुल पराया था। भारत ने न केवल दुनिया के चार

सबसे शांतिपूर्ण धर्मों को जन्म दिया है, बल्कि उसने कई धर्मों को मुसीबत के समय आश्रय भी दिया है जब उन पर आक्रमण हो रहे थे और उनके पास जाने के लिये कोई और स्थान नहीं बचा था। जबकि संयुक्त राज्य अमेरिका और कई अन्य पश्चिमी देशों में धर्मनिरपेक्षता केवल नाममात्र के लिये है जो न तो संवादात्मक है और न ही सहयोगपूर्ण पर यह केवल भारत ही है जहाँ इतनी विशाल और जटिल विविधताओं के होते हुए भी हम इसका पालन करते आये हैं जो संवादात्मक और निरंतर सहयोगपूर्ण भी हैं। भारत में भक्ति और सूफी जैसे शांतिपूर्ण और कलात्मक आंदोलन ऐसे ही नहीं पनपे। भारत एकमात्र ऐसा देश है जिसमें मुसलमानों के लिये एक पूरी भाषा का आविष्कार हुआ है–जिसे हम उर्दू कहते हैं। बसुधैव कुटुम्बकम् (धरती ही परिवार है) और 'सम्पूर्ण-स्वीकृति' के हमारे आचरण पर एक पूरी किताब लिखी जा सकती है।

फिर इस युवा और प्रगतिशील लोकतंत्र में जहाँ इसकी आवश्यकता ही नहीं थी, वहाँ 'धर्मनिरपेक्षता' जैसे शब्द को, बनावटी ढंग से हमारे खून में मिलाने कि क्या आवश्यकता थी? न तो किसी ने इसकी माँग की थी और न किसी ने इसके लिये कोई आंदोलन किया था फिर इसे क्यों शामिल किया गया? इसमें ऐसा कुछ भी नया नहीं था जिस के समावेश से हमारे समाज में कोई बदलाव आया हो। वास्तव में, इसने विपरीत दिशा में काम किया। इंदिरा गाँधी के सारे के सारे अयोग्य, निरर्थक, भ्रष्ट, चाटुकार और भारत के दुश्मन, सभी प्रकार की नकारात्मक और विनाशकारी ताकतें, समाज के समृद्ध, शक्तिशाली और कुलीन वर्ग ने धर्मनिरपेक्षता का मुखौटा पहनकर समाज का शोषण, उत्पीड़न और विनाश किया। एक तरफ संजय गाँधी और उनकी मंडली ने आपातकाल में लाखों अनिच्छुक और निर्दोष नागरिकों की नसबंदी कराने का बीड़ा उठा लिया था जिनमें नौजवान और

बुजुर्ग भी शामिल थे और दूसरी तरफ धर्मनिरपेक्षता के नाम पर समाज के संभ्रांत वर्ग ने, हिन्दू समाज में जीवन के उच्च स्तर के मूल्यों का विकास करने के उत्साह को भंग करने में और उन पर नियंत्रण करने में कोई कसर नहीं छोड़ी थी। धर्मनिरपेक्षता के नाम को हथियार बना कर मुसलमानों को लुभाने का काम और हिंदुओं के अधिकारों को मिटाने का काम शुरू कर दिया गया था। धर्मनिरपेक्षता भारतीय समाज के मूल स्वभाव के प्रतिकूल है। इंदिरा गाँधी तो उस व्यक्ति की पुत्री थीं, जिन्होंने 'भारत की खोज' किताब लिखी थी। कम-से-कम उनको तो यह समझना चाहिये था।

आखिर इंदिरा गाँधी इसे सबके गले क्यों उतार देना चाहती थी? वह 'धर्मनिरपेक्षता' को लेकर इतनी उतावली क्यों हो गयी थी, जिसके कारण अंततः भारत की राजनीतिक व्यवस्था नष्ट हो सकती थी? 'धर्मनिरपेक्षता' का थोपा जाना भारत के लिये सबसे अधिक हानिकारक रहा है। क्या यह सब उन्होंने अपने दम पर किया था? या फिर इसके पीछे कोई तीसरी ताकत थी जो दुनिया के सबसे प्राचीन समाज को पुनः परिभाषित करना चाहती थी?

'समाजवादी'–यह एक और शब्द था, जो पिछले शब्द से और भी अधिक खतरनाक था, इस शब्द को भी संविधान की प्रस्तावना में जोड़ा गया था। 'धर्मनिरपेक्षता' शब्द ने हमारी 'सामाजिक संरचना को परिभाषित कर दिया था' और 'समाजवादी' शब्द ने हमारी 'आर्थिक संरचना को परिभाषित कर दिया।' कोई भी व्यक्ति सामाजिक और आर्थिक परिभाषा से एक राष्ट्र को परिभाषित करना क्यों चाहेगा जबकि एक 5वीं कक्षा का बच्चा भी यह बात अच्छे से समझता है कि समाज और अर्थव्यवस्था दोनों गतिशील प्रक्रियाएँ हैं और उन्हें स्थिर परिभाषाओं में बाँधकर नहीं रखा जा

सकता। मान लीजिये, अगर आज के युग की डिजिटल पीढ़ी पूरी तरह से पूँजीवादी अर्थव्यवस्था को अपनाना चाहती हो या पूरी तरह से एक ऐसे नये आर्थिक सिद्धांतों को अपनाना चाहती हो जो आज के डिजिटल युग के लिये अधिक उपयुक्त हैं? इंदिरा गाँधी ने भविष्य की पीढ़ियों को इस देश को सबसे अनुकूल तरीके से चलाने की स्वतंत्रता देने से क्यों इन्कार कर दिया? क्या वे स्वयं ऐसा कर रही थी या इस के पीछे कोई और था?

बाबा साहेब भीमराव आम्बेडकर, जो भारतीय संविधान के जनक माने जाते हैं, ने भी भारतीय संविधान में भारत की सामाजिक और आर्थिक संरचना को परिभाषित करने का विरोध किया था। संविधान की रचना करते समय, 1946 में, संविधान-सभा की बहस के दौरान, के.टी. शाह ने भारत को 'धर्मनिरपेक्ष, संयुक्त, समाजवादी' राष्ट्र घोषित करने के लिये संशोधन का प्रस्ताव रखा था। इस प्रस्ताव का विरोध करते हुए आम्बेडकर ने कहा था–'संक्षेप में, मेरी दो आपत्तियाँ हैं। पहली बात संविधान... राज्य की विभिन्न संस्थाओं के काम को नियंत्रण करने के उद्देश्य से बनाया एक तंत्र है। यह ऐसा तंत्र नहीं है जिसके तहत विशेष सदस्य या विशेष दल की सोच इसमें स्थापित की जा सके। राज्य की नीति क्या होनी चाहिये, समाज को उसके सामाजिक और आर्थिक पक्ष में कैसे व्यवस्थित किया जाना चाहिये, यह मामला समय और परिस्थितियों के अनुसार उस समय के लोगों के द्वारा स्वयं तय किया जाना चाहिये। इसे संविधान में नहीं रखा जा सकता, क्योंकि ऐसा करने पर यह लोकतंत्र को पूरी तरह से नष्ट कर देगा। यदि आप संविधान में इसका उल्लेख कर देते हैं कि किसी राज्य की सामाजिक संरचना विस्तृत ढंग से चलायी जायेगी तो मेरी परख से आप उनको इस अधिकार से वंचित कर रहे

हैं और वे कभी अपनी इच्छानुसार अपने समाज की रचना नहीं कर पायेंगे। यह पूर्णत: संभव है कि हो सकता है कि आज का बहुसंख्यक समाज इस बात से सहमति रखता हो कि समाजवादी संरचना पूँजीवादी संरचना से श्रेष्ठ है। पर इस बात की भी पूरी संभावनाएँ हैं, कि हो सकता है कि कल को लोग किसी अन्य तरह की सामाजिक संरचना चाहे जो आज की समाजवादी संरचना से बेहतर हो। तब मेरे हिसाब से उस समय संविधान के कारण लोगों को एक विस्तृत ढंग से रहने पर बाध्य नहीं किया जाना चाहिये और इस विषय पर उनको निर्णय लेने से वंचित नहीं करना चाहिये। यह पहली बात है जिसके कारण मैं संशोधन का विरोध करता हूँ।'

आम्बेडकर की दूसरी आपत्ति यह थी कि संशोधन पूरी तरह से निरर्थक और अनावश्यक था क्योंकि समाजवादी सिद्धांत हमारे संविधान में पहले से ही मौलिक अधिकारों और राज्य के नीति-निदेशक तत्त्वों में सम्मिलित हैं। निदेशक तत्त्वों का उल्लेख करते हुए, उन्होंने शाह से पूछा, 'जिन पर मैंने आपका ध्यान आकर्षित किया है, यदि इन निदेशक-तत्त्वों के आशय और लक्ष्य में, समाजवाद नहीं है, तो मैं यह समझने में विफल हूँ कि इससे अधिक समाजवाद और क्या हो सकता है, "धर्मनिरपेक्ष" और "समाजवादी" का समावेश, लोकतंत्र के सिद्धान्तों की हत्या होगी।' इस तरह 42वें संशोधन के पहले शाह द्वारा प्रस्तुत किया गया संशोधन पारित नहीं हो सका। आम्बेडकर से कई मौकों पर जब भी यह सवाल पूछा जाता कि उन्होंने के.टी. शाह द्वारा सुझाया गया संशोधन अस्वीकार क्यों कर दिया था तब उनका केवल एक जवाब ही होता–'यह लोकतंत्र की हत्या होती।'

1980 के आम चुनाव के बाद सर्वोच्च न्यायालय ने 42वें संशोधन के अनुच्छेद 4 और 55 को गैरकानूनी घोषित कर दिया गया था। इस अनुच्छेद पर निर्णय देते हुए भारत के मुख्य न्यायाधीश वाय. वी. चंद्रचूड़ ने कहा था–'हमारे संविधान के तीन अनुच्छेद, और केवल तीन, स्वतंत्रता के स्वर्ग के बीच में खड़े हैं जिस स्वतंत्रता के स्वर्ग से टैगोर चाहते थे कि उनका देश जागृत हो जाये और अनियंत्रित शक्ति का रसातल हो। चूँकि संविधान ने संसद को संविधान में केवल सीमित संशोधन करने की शक्ति प्रदान की थी, इसलिये संसद उस सीमित शक्ति का इस्तेमाल कर सीमित शक्ति से परम शक्ति प्राप्त नहीं कर सकता।'

8 जनवरी 2008 को एक गैर सरकारी संगठन–'गुड गवर्नेन्स इंडिया फॉउंडेशन' से संजीव अग्रवाल ने एक याचिका दायर की थी जिसमें 42वें संशोधन के अनुच्छेद 2 को चुनौती दी गयी थी जिसके माध्यम से संविधान की प्रस्तावना में 'समाजवादी' शब्द जोड़ा दिया गया था। इस प्रकरण की पहली सुनवायी पर मुख्य न्यायधीश, के.जी. बालकृष्णन ने कहा, 'आप साम्यवादियों द्वारा परिभाषित समाजवाद का अर्थ संकीर्णता से क्यों जोड़ देते हैं? अगर आप इसको उदारता से समझेंगे तो इसमें नागरिकों के कल्याणकारी उपायों के बारे में कहा गया है। यह लोकतंत्र का एक पहलू है। इसका कोई निश्चित अर्थ नहीं है। अलग-अलग समय पर इसका अलग-अलग अर्थ निकलता है।'

मैं यह पढ़कर भौंचक्का रह गया, '...इसका कोई निश्चित अर्थ नहीं है। अलग-अलग समय पर इसका अलग-अलग अर्थ निकलता है।' अगर इसका कोई निश्चित अर्थ ही नहीं है तो फिर आपातकाल घोषित कर, भारत के संविधान में 'समाजवादी' शब्द का समावेश कर उसे पुनः परिभाषित करने की क्या आवश्यकता पड़ गयी थी और वह भी ऐसे समय पर जब सारे के सारे

सामाजिक नेता, कार्यकर्ता या समाजवादी विचारक जेल में बंद थे। लेकिन 2008 तक भारत में कम्युनिस्ट और समाजवादी विचारधारा रखने वाले लोग इतनी बुरी तरह से फैल चुके थे कि भारत की संप्रभुता, संविधान, न्याय और स्वतंत्रता की रक्षा करने वालों में से भी कुछ लोगों पर इस खतरनाक विचारधारा का अनुयायी होने का संदेह था।

इतिहासकार बिपिन चंद्र ने अपनी पुस्तक 'In the Name of Democracy: JP Movement and the Emergency' में लिखा था–'संजय गाँधी और उनके घनिष्ठ, जैसे कि बंसी लाल, चुनाव को स्थगित कर कई वर्षों तक आपातकाल को लंबा चलाने की योजना बना रहे थे... अक्टूबर-नवम्बर 1976 में भारतीय संविधान के बुनियादी ढाँचे को 42वें संशोधन के माध्यम से बदलने का प्रयास किया गया था। न्यायपालिका की कीमत पर कार्यपालिका को मजबूत करने के लिये सबसे महत्वपूर्ण बदलाव की योजना बना ली गयी थी। इस प्रकार सोच-विचार कर तैयार की गयी प्रणाली जिसमें सरकार की तीन मुख्य संस्थाओं को, जिन पर संवैधानिक जाँच द्वारा संतुलन रखा जाता है, उसे बिगाड़ने का प्रयत्न किया गया था।'

अगर तुकाराम आज जीवित होते तो इसके हवाले से वे तानाशाही का उदाहरण देते। वो यह जरूर पूछते, 'वे कौन थे जो भारत के विकास को समाजवाद की सख्त और अपारदर्शी सन्दूक में बंद कर देना चाहते थे जिसके अंदर काले अंधेरे के सिवा और कुछ नहीं देखा जा सकता था।'

जाहिर है, पूँजीवाद के सिद्धांतों को मानने वाले अमेरिका का नाम इससे खारिज किया जा सकता है। शीत युद्ध के इस दौर में, यदि अमेरिका नहीं था, तो फिर और कौन बचा था? सोवियत

संघ? के.जी.बी.? जो भारत के लोकतंत्र को तानाशाही में बदल देना चाहता था।

इस तरह के प्रश्न मेरे मन में लगातार उफन रहे थे। शीत-युद्ध के दौर में जहाँ एक ओर अमेरिका 'लोकतंत्र' को स्थापित कर अपना अधिपत्य हासिल कर लेना चाहता था वहाँ दूसरी ओर सोवियत संघ 'समाजवादी-तानाशाही' स्थापित कर अपना अधिपत्य हासिल कर लेना चाहता था।

'तो सोवियत संघ? या के.जी.बी.?'

मेरे पास केवल प्रश्न थे उत्तर नहीं।

उस समय अपने कमजोर 4जी नेटवर्क का इस्तेमाल कर, मेरा मन गूगल मैप खोलने को किया। मैप तो खुल गया पर उसमें रास्ते लोड नहीं हो पा रहे थे।

30

नोवोस्ती, एक भगौड़ा और भारत के टुकड़े-टुकड़े

यूनानी लोग शक्तिशाली, पराक्रमी, सुविज्ञ एवं प्रबुद्ध माने जाते हैं लेकिन ईसाईयों ने किसी भी प्रकार का बल प्रयोग किये बिना उनका धर्मांतरण कर दिया। आत्मज्ञान को खोजने वाला समाज जो उस समय परमात्मा के अस्तित्व पर संशय कर उसके रहस्यों को समझने का प्रयत्न कर रहा था, वापस अँधेरे में खो गया। अंधकार वास्तव में प्रकाश को आत्मसात कर लेता है।

सामान्य लोगों को उच्च स्तर के ज्ञान और दर्शन के व्याख्यान आकर्षित नहीं करते क्योंकि वे बहुत भोले-भाले प्राणी होते हैं और उन्हें ईश्वर के बारे में असाधारण और रहस्यमय कहानियाँ अधिक लुभाती हैं। ईसाई धर्म और इस्लाम अति महत्वाकांक्षी धर्म रहे हैं जिनमें ऐसी कई असाधारण और रहस्यमय कहानियाँ हैं जो लोगों को अपनी ओर आकर्षित करती हैं। ये आग की तरह फैल रहे थे और अंततः एक-दूसरे के प्रतिस्पर्धी बन गये। इन अति महत्वाकांक्षी धर्मों ने हजारों सालों की निरंतरता से चले आ रहे हिन्दू धर्म के ज्ञान को एक ओर ढ़ककर रख दिया। पहले तो इन्होंने हिन्दुओं के निष्कर्षों

तक पहुँचने के आधार के तथ्यों की माँग कर उन्हें हतोत्साहित किया, यह स्वीकार किये बिना कि सत्य पर पहुँचने के लिये केवल एक नहीं बल्कि कई प्रणालियाँ हो सकती हैं। हिन्दू समाज की हजारों वर्षों से चली आ रही आध्यात्मिक शोध को एक पल में अंधविश्वासी और अवैज्ञानिक बताकर नष्ट कर दिया गया। फिर एक बार संदेह स्थापित कर दिया गया तो आक्रमण और धर्मांतरण द्वारा समाज में अस्थिरता फैलायी जाने लगी। इन्होंने हमें विभाजित करने के लिये वर्ण-प्रथा का दुरुपयोग किया जो यथार्थ में आर्थिक व्यवस्था थी। वसुधैव कुटुम्बकम् और कर्म की संकल्पना हमें सर्वोप्रिय थी, जिसे हमने सर्वोच्च स्थान दिया था और इस कारण हम सब कुछ सहन करते रहे और बड़े साहेब के सामने मुंशी बनकर रह गये।

शीत-युद्ध के चलते जैसे ही यह बात अमेरिका और सोवियत संघ की जानकारी में आयी तो उन्होंने भी अशक्त राष्ट्रों को दबाने के उनके अभियान में, इसका उपयोग किया। उपनिवेशीकरण भले ही समाप्त हो गया था पर उसकी प्रवृत्ति नहीं। रूस ने पूर्व में पश्चिम-शासित राज्यों की पहचान कर ली थी (जो गैर-समाजवादी और अब तक गैर-पूँजीवादी, और निश्चित रूप से 'साम्राज्यवाद-विरोधी' और जो अमेरिका के रास्ते को अपनाकर विकास करने के विरुद्ध थे) भारत इस हिसाब से सबसे उपयुक्त बैठता था। 1000 साल की वैचारिक और आर्थिक गुलामी के बाद भारत को संवैधानिक स्वतंत्रता तो मिल गयी थी पर मनोवैज्ञानिक स्वतंत्रता नहीं मिली थी। आत्म-संदेह एक आदत बन चुकी थी। गाँधी

की हत्या के बाद भारत में एक मजबूत विचारधारा के खालीपन का अनुभव किया जा सकता था। नेहरू का रूसी समाजवाद के प्रति झुकाव संयोगवश नहीं था। भारत की विचारधारा को समझने का रास्ता इतना सीधा और आसान बना दिया गया था कि रूसियों ने भी वही कौशल अपनाया जो पहले ईसाई और मुसलमानों ने अपनाया था–विध्वंस... धर्मांतरण।

हमें यह दिखाया गया कि रूस हमारा सबसे अच्छा मित्र है पर असल में उसने हम पर अप्रत्यक्ष रूप से कब्जा कर लिया था... हमारी सरकार पर, सुशिक्षित समाज पर, हमारे अधिकारी-तन्त्र पर और यहाँ तक कि हमरा मीडिया भी उनके हाथों बिक गया था। यह बात मुझे तब समझ में आयी जब मैं आधिकारिक प्रतिनिधिमंडल के सदस्य रूप में रूस के दौरे पर गया था। हमें अपनी-अपनी शिक्षा प्रणालियों पर विचारों का आदान-प्रदान करने के लिये कहा गया। मैंने वहाँ पर जो देखा उसे देखकर मैं स्तब्ध हो गया। मेरे प्रतिनिधिमंडल के लगभग सारे सदस्य पहले कई बार रूस का दौरा कर चुके थे और वे हमारे मेजबानों से भली-भाँति परिचित थे। उन लोगों ने आपस में अपना एक सामंजस्य बैठा लिया था–जैसे स्कूल के मित्र आपस में एक-दूसरे के राज की बातें बताते हैं। हमारे प्रतिनिधिमंडल के लगभग सभी सदस्य वहाँ की महिला वेटरों को नाम से जानते थे, सारे रूसी प्रचारकों से उनकी घनिष्टता थी, यहाँ तक कि सारी बैले नर्तकियों से भी उनकी पहचान थी।

हमारी आधिकारिक बैठकों में, किसी भी आदान-प्रदान के बजाय, सोवियत अधिकारी केवल निर्देश देते थे। शामें

वोदका पार्टियों से भरी होती थीं। क्योंकि मैं शराब नहीं पीता, मैं अलग-थलग पड़ जाता था। लेकिन इससे मुझे दूर से खड़े होकर स्थिति की समीक्षा करने का अवसर मिल जाता था। थोड़ा पीने के बाद कुछ प्रतिनिधियों का व्यवहार, बिल्कुल वैसा होता था जैसा कि एक वार्षिक कॉर्पोरेट पार्टी में डीलरों का होता है। यह अनुमान लगाना आसान था कि सोवियत अधिकारी कॉर्पोरेट मालिकों की तरह बर्ताव करते थे जैसे कॉर्पोरेट मालिक डीलरों को असीमित शराब और बैले डांसर के मजे करवा कर उनसे काम लेते हैं वैसे ही रूसी अधिकारी भी यह उम्मीद करते थे, यह लोग वापस जाकर वांछित परिणाम प्रस्तुत करेंगे–भारत की वैचारिकता और अर्थव्यवस्था पर अप्रत्यक्ष रूप से आधिपत्य हासिल करवा कर। इसमें कोई आश्चर्य की बात नहीं क्योंकि इन दिनों अधिकांश बुद्धिजीवी जो मुझे मिलते हैं, वे सोवियत क्रांति और सोवियत वर्ग के संघर्ष की भाषा बोलते हैं। एक सहनशील समाज होने के कारण भारत पर सदा से ऐसा खतरा मंडराता रहा जिसके कारण भारत को लूटा गया और कब्जा किया गया और अब तो ऐसा लगता है जैसे पूरे के पूरे भारत को बेच दिया गया हो। यहाँ पर रहने वाले लोगों को अपनी संस्कृति पर, अपनी वैचारिकता पर, अपनी परम्पराओं पर, अपने मूल्यों पर आत्म-संदेह होने लगा था। उन्होंने भारत की 5000 साल पुरानी सभ्यता के अस्तित्व पर सवाल उठाना शुरू कर दिये थे। पहली बार मैं भी यह पूछने को बाध्य हो गया था–क्या भारत बिक चुका था?

मैंने पापा की डायरी से पढ़कर यह लेख डॉक्साब को सुनाया।

'सर यूरी बेजमनोव ने भी यही कहा था'—डॉक्साब ने कहा।

'यूरी... कौन?'—मैंने पूछा।

'यूरी अलेक्जांदरोंविच बेजमनोव। वो के.जी.बी. के जासूस थे और एक प्रचारक भी। शीत-युद्ध के दौरान रूस के कई बुद्धिजीवियों ने रूस की निर्दयी शासन पद्धति का नैतिक आधार पर विरोध किया था, जिस तरह वो लोगों की जान जोखिम में डालकर उनसे विदेशों में काम करवाते थे'—डॉक्साब ने मुझे जानकारी दी।

'ओह... तो उनमें से एक यूरी अलेक्जांदरोंविच बेजमनोव थे'—मैंने अंदाजा लगाया।

'जी सर। उन्होंने बताया है कि किस तरह सोवियत संघ और के.जी.बी. ने कई देशों को तोड़ने की गंदी राजनीति खेली थी—विशेष रूप से भारत को... उन्होंने इस बारे में विस्तार से लिखा है कि जब वे नोवोस्ती की नई दिल्ली शाखा में पदस्थ थे तब उन्होंने यह जाना कि कैसे के.जी.बी. ने भारत में धर्म, सरकारी प्रणाली और आर्थिक प्रणाली को विकृत कर दिया था।'

'नोवोस्ती?' मैंने पूछा।

'सर, "नोवोस्ती" का मतलब रूसी भाषा में "समाचार" होता है। नोवोस्ती प्रेस एजेंसी भ्रामक सूचनाओं के लिए के.जी.बी. का मुखौटा थी। इसे 1961 में कॉमिनफॉर्म के बदले स्थापित किया गया था, कॉमिनफॉर्म (कम्युनिस्ट इंफॉर्मेशन ब्यूरो) एगिटप्रॉप और के.जी.बी. के तहत सीधे काम करता था। यह समाचार एजेंसी के.जी.बी. का एक हिस्सा थी जिसका उपयोग दुष्प्रचार के लिये किया जाता था। नोवोस्ती प्रेस एजेंसी सोवियत संघ की सबसे ताकतवर प्रचार और वैचारिक-नाश करने की संस्था बन गयी थी।

यूरी को भारत में "वैचारिक विध्वंस" करने के लिये दिल्ली में एक एजेंट के रूप में तैनात किया गया था, लेकिन मूल रूप से उन्हें जासूसी करने का काम सौंपा गया था'–डॉक्साब फाइल पढ़ कर बता रहे थे।

'क्या कहा उन्होंने?'

डॉक्साब ने थॉमस शुमेन द्वारा लिखी 'World Thought Police' नाम की एक पुस्तक उठायी और पढ़ना शुरू किया, 'आम जनता को मूर्ख बनाना एक चाल है जो अनंतकाल से चली रही है–फैरो से लेकर अयातुल्लाओं तक, एन्ड्रोपोव से लेकर ट्रूडों तक, "विदेशी संबंध परिषद्" (Council on Foreign Relation) से लेकर संयुक्त राष्ट्र-संघ तक, सभी महाद्वीपों में युगों-युगों से... शासक, राजनेता और "नेता" (जैसा कि आज हम उन्हें कहते हैं) अक्सर इस कला को रचने में या फिर यह कहा जाये कि लोगों को बहकाने की कला को रचने में लिप्त रहते हैं... लेकिन केवल और केवल अपने फायदे के लिये... और अधिक शक्ति पाने के लिये, समाज की धन-सम्पत्ति हड़पने के लिये अधिक से अधिक नियंत्रण हासिल कर लेने के लिये और अंत में अपने राष्ट्र की सब पर विजय पा लेने के लिये। आज सोवियत के के.जी.बी. ने इस प्राचीन कला में अद्भुत निपुणता के साथ कुशलता प्राप्त कर ली थी। वे इसे "सक्रिय उपाय" कहते हैं, जिसका अर्थ है वैचारिक विध्वंस।'

डॉक्साब पढ़ते-पढ़ते रुक गये।

'चलने दीजिये... रुकिये मत'–इसने मेरा ध्यान आकर्षित कर लिया था।

डॉक्साब ने मुस्कुराते हुए मुझे कुछ अन्य किताबें थमा दीं।

'सर, ये उनकी कुछ अन्य किताबें हैं और यह नोवोस्ती की रिपोर्ट। आप इन्हें जरूर पढ़ना और मैं आपको उनके इंटरव्यू के कुछ लिंक भी भेज दूँगा। मुझे लगता है आपको मजा आयेगा।'

जाने से पहले उन्होंने मुझ से पूछा, 'सर आपके पापा किस समय का जिक्र कर रहे थे... मेरा मतलब डायरी में?'

'मुझे लगता है, 70 के दशक का।'

'ठीक है, फिर तो ये एकदम ठीक बैठता है।'

यह कहकर वो चले गये पर मेरा मन जल्द से जल्द इस रहस्य को समझना चाहता था। मैं बहुत उत्सुक था।

शुमेन की भारत में नियुक्ति किये जाने के बाद, भारत के लोगों के प्रति और भारत की संस्कृति के प्रति उनका प्यार बढ़ने लगा। मॉस्को में बैठे बुद्धिजीवियों द्वारा बनायी नीतियों से वे विमुख रहने लगे और के.जी.बी. के उत्पीड़न पर उन्होंने नाराजगी जताना शुरू कर दिया। उन्होंने यह सब त्याग कर पश्चिम जाने का फैसला किया और 70 की शुरुआत में वे कनाडा पहुँचकर वहाँ पर हिप्पी के वेश में रहने लगे और अपना नाम भी बदलकर 'शुमेन' रख लिया। उनकी सभी किताबें इस उपनाम के तहत लिखी गयी हैं।

मैंने उनके द्वारा लिखी गयी कुछ किताबें 'Love Letter to America', 'World Thought Police' और 'The Art of Subversion' को देखा।

मैंने नोवोस्ती और शुमेन के साक्षात्कारों और पुस्तकों की तुलना बहुत ध्यान से की और पाया कि दोनों एक ही बात कह रहे थे। यदि दोनों की बातों पर विश्वास किया जाये तो भारत वास्तव में सोवियत संघ और के.जी.बी. के हाथों की कठपुतली बनकर रह गया था। भारत बिक चुका था।

उन्होंने कई घटनाओं में यह बताया था कि किस तरह कई भारतीय बुद्धिजीवी, के.जी.बी. के एजेंट बना दिये गये थे, 'भारत के वामपंथी और कम्युनिस्ट अखबारों के संपादकों और प्रकाशकों के एक बड़े दल ने... सोवियत संघ के तीन सप्ताह का दौरा पूरा कर लिया था। उस समय नोवोत्सी द्वारा जो भी व्यवस्था की गयी थी, उस हिसाब से मैंने उन लोगों को वहाँ के कुछ "सटीक-आदर्श-रूपी" सामूहिक-खेत और कुछ बालविहार दिखलाये और यह देख कॉमरेड इतने ज्यादा प्रभावित हुए कि उनके मन में उत्तेजक सवाल आने लगे। वे वही निकले, जिन्हें हम "बिना सोचे समझे काम करने वाले महामूर्ख" और "सत्य चाहने वाले" नामों से पहचानते हैं। वे हमें दिखाना चाहते थे कि वे हमारे प्रचार को गंभीरता से समझ रहे थे और हमसे अपेक्षा कर रहे थे कि अब हम यह मान लें कि हम जो निर्देश देंगे, वे उसे पूरा करेंगे। उनको देखकर ऐसा लग रहा था जैसे वह इस बात पर विश्वास करते थे कि उन्हें मॉस्को में विचारों के आदान-प्रदान करने के लिये आमंत्रित किया गया था। उन्होंने पूछा कि नोवोत्सी ने अपने प्रचार साहित्य में इस तरह की कठिन और समझ से बाहर आने वाली असंगत भाषा का इस्तेमाल क्यों किया है? वे पूछने लगे कि क्या भारत के जनमानस के लिये समाजवाद के लाभों की व्याख्या सरल भाषा में करना संभव नहीं है? तब भारतीय कॉमरेडों को यह बताया गया कि यह समाजवाद का नाट्य रूपांतरण नहीं है जिसे वे विकासशील जनता को "सरल भाषा" में सिखाना चाहते हों, बल्कि यह वैज्ञानिक साम्यवाद की भाषा है जिसे जन-साधारण को समझना पड़ेगा।'

'इंडो-सोवियत फ्रेंडशिपः माय कप ऑफ टी' के चैप्टर में यूरी लिखते हैं, 'चाहे वह कठपुतली प्रदर्शनी हो, या "भारतीय-सोवियत आर्थिक सहयोग" की वर्षगाँठ की शाम... कार्यक्रम हमेशा उसी

क्रम में आगे बढ़ता था... सबसे पहले बालाबुशेविच एक टाइप किए गये पृष्ठ से कुछ पढ़ते थे जो श्रोतागण में बैठे किसी भी व्यक्ति की समझ में नहीं आता था और न वे उसे समझाने की चेष्टा करते थे... फिर भारत के राजदूत प्रदर्शन-मंच संभाल लेते थे और फिर वे बहुत ध्यान से भिलाई स्टील प्लांट या किसी अन्य औद्योगिक केंद्र के बारे में किसी भी बात से बचते हुए जिसके लिये भारत को सोवियत संघ का आभारी माना जाता है... रूसी सर्दियों के बारे में कुछ अच्छा-अच्छा कहने लगते थे... फिर भारतीय अतिथि इस बात पर ध्यान नहीं देने का नाटक करते थे कि "मीडिया प्रतिनिधियों" ने उनसे केवल वही प्रश्न पूछे जिनके उत्तर पहले से ही मौजूद थे... और अधिकांश उत्तर सोवियत विदेश नीति के पक्ष में होते थे। अगली सुबह, "प्रावदा" और रूस के अन्य प्रमुख अखबारों में, "सोवियत संघ द्वारा शांति बनाये रखने के प्रयासों को गति दी" की गाथा छपती थी... उसी क्षण, सोवियत रक्षा मंत्रालय, भारत और पाकिस्तान दोनों पर अधिक से अधिक सोवियत निर्मित सैन्य सामग्री लेने का दबाव बना रहा होता था और दोनों देशों को खुद पर निर्भर करने की कोशिश कर रहा होता था।'

वह आगे बताते हैं कि किस तरह वे लोगों को उसमें भर्ती करते थे जिसमें एक विदेशी पत्रकार को पर्याप्त मूल देकर असभ्य प्रचार, जो चलन से हटकर होता था, लिखकर दिया जाता था। वह पत्रकार चाहे तो उसे दोबारा अपने हिसाब से लिख सकते थे या फिर वे उसे अपनी रिपोर्ट में जैसा का तैसा आगे बढ़ा सकते थे। वह आगे यह भी बताते हैं कि किस तरह भारतीय अखबार नोवोस्ती पर निर्भर करने लगे थे क्योंकि वे अपने संवाददाताओं को मॉस्को में रखने का जोखिम नहीं उठा सकते थे पर वे कभी 'राजनयिक हलकों से नवीनतम चर्चे' प्रकाशित करने से नहीं

हिचकिचाते थे, असल में जिनके बीज के.जी.बी. द्वारा लगाये जाते थे।

वे आगे समझाते हैं कि किस तरह के.जी.बी. अपने अनुकूल प्रत्याशियों का चुनाव करता था, '....ऐसे दंभी अहंकारी नकचढ़े "बुद्धिजीवी" जो आत्म-महत्त्व से ग्रस्त हों और जो दृढ़ता से यह विश्वास करते हों कि उनके अपने देश की जनता उनकी महान प्रतिभा को समझने के हिसाब से अनपढ़ और अनभिज्ञ है। नोवोस्ती प्रेस एजेंसी ऐसे लोगों के लिये जो अपनी बात सुनाने के लिये पागल रहते हों, एक बहुत ही कोमल और भावुक श्रोतागण जुटा सकती थी खासकर, अगर ऐसे लोग सोवियत संघ पर अपने अनुभवों को लेकर समाजवाद से जुड़े यथार्थ पर एक किताब लिखें... नोवोस्ती प्रेस एजेंसी और के.जी.बी. में उनके शासक इस स्वतंत्र जगत में लोगों के विचारों को दूषित करने के काम में तब तक सफल होते रहेंगे जब तक ऐसे नीतिभ्रष्ट लोग जो स्वयं के अनैतिक लाभ और उद्देश्यों को पूरा करने के लिये APN-KGB जैसी संस्थाओं के आगे बिकते रहेंगे।'

भारत में ऐसे कई लोग थे जो यह काम करने के लिये एक पैर पर तैयार खड़े थे।

यूरी के अनुसार, 'भारत-राष्ट्र को तोड़ने के लिये यह एक राजनीतिक षड़यंत्र रचा गया था। शीत-युद्ध के उस काल में ऐसा लगता था मानो पूरा देश बिकने को तैयार हो।'

पापा बिलकुल सही थे। भारत सच में बिकने को तैयार था।

तो प्रश्न यह था कि अगर यूरी सच कह रहे थे... नोवोस्ती के लेख सच्चे थे... तो भारत को किसने बेचा था?

पहले उन्होंने बरसों से पल रही भारत की मूल भावना को चूर-चूर कर दिया, फिर उन्होंने उसके आदर्शों को मिटा दिया और आखिरी में उन्होंने भारत की सामाजिक संरचना के टुकड़े-टुकड़े कर डाले और इस बात पर फसाद होने लगा कि अब इसको किससे बदला जाये। फिर इन्होंने मार्क्स और लेनिन से भारत का परिचय करवाया। यूरी कहते थे कि ये उन सब को मिटा देते थे जो इनके रास्ते में आता था। शास्त्री ने रूसी सोच पर आधारित न केवल पंचवर्षीय योजना को समाप्त कर दिया था बल्कि रूसी विचारों पर आधारित सभी नीतियों पर भी रोक लगाना शुरू कर दी थी। वे निश्चित रूप से इनके रास्ते में आ गये थे... क्या उन्हें मिटा दिया गया? किसने? जो भारत का विनाश करना चाहते थे या जो भारत को चंद रूबलों के लिये बेच देना चाहते थे?

मैंने इसकी शुरुआत डायरी से की थी पर अब लगता है वह केवल एक डायरी नहीं रह गयी। इसमें भारत के दुखद संघर्ष की निरंतरता को विस्तृत किया गया है। उन अक्षरों में एक स्वतंत्रता सेनानी के पसीने की सुगंध आती है।

स्वतंत्रता सेनानियों द्वारा इस तरह की सैकड़ों डायरियाँ लिखी गयी होंगी... कुछ कलम से... कुछ विचारों में और हर एक डायरी में केवल एक ही सपना, एक ही कामना की गयी होगी '...हमारी स्वतंत्रता...'। इन सब के सामूहिक विचारों की सुगंध ही निस्संदेह स्वतंत्रता है।

तो क्या इनको भी बेच दिया गया था?

31

वैचारिक विध्वंस और देशद्रोही पैदा करने की विधा

मैंने नोवोस्ती के दस्तावेजों और शुमेन की किताबों का ध्यान से अध्ययन किया और उस पर संक्षेप में लिखना शुरू कर दिया।

के.जी.बी. का विशेष ध्यान हमारी इंटेलिजेंस पर केंद्रित नहीं था। इस पर और इस तरह की जासूसी करने पर केवल 15 प्रतिशत समय, पैसा और अमला खर्च किया जाता था। बाकी 85 प्रतिशत, एक धीमी प्रक्रिया में लगाया जाता था जिससे वैचारिक-विध्वंस किया जाता था।

वैचारिक-विध्वंस, सी.आई.ए. और के.जी.बी. के वैध उपकरण थे और वे दोनों ही इसका उपयोग किसी भी देश की संस्कृति, धर्म, सरकारी प्रणाली और आर्थिक व्यवस्था को नष्ट करने के लिये करते थे। यह हासिल कर लेने के बाद इस पर दूसरे देश की विचारधारा और सरकारी व्यवस्था थोप दी जाती थी। जैसे सी.आई.ए. के मामले में पूँजीवाद और सोवियत संघ के मामले में समाजवाद।

वैचारिक-विध्वंस का मूल रूप से यह मतलब है कि वर्षों से चली आ रही लोगों के सोचने की पद्धति और उनकी धारणाओं को अपनी सुविधानुसार इस तरह धीरे-धीरे परिवर्तित कर दी जाये कि स्वयं उन्हें भी अहसास न हो और वे वास्तविकता से दूर होते

चले जायें। किसी के मस्तिष्क में अपने विचार डाल देने की यह एक विचित्र प्रक्रिया है जिसे लम्बे समय में पूरा किया जाता है। लोगों के मस्तिष्क में अपने सोचे हुए विचार डाल कर बहुत सरल तरीके से आप उन्हें बेवकूफ या पागल बना सकते हैं। किसी भी देश की संस्कृति और सभ्यता को नष्ट करने में लगभग 15-20 साल लगते हैं। यह काम इतने दबे कदमों से और इतने धीमे-धीमे किया जाता है कि लोगों को अहसास ही नहीं होता कि उनके जीवन में जहर घोला जा रहा है और उन्हें यह पता भी नहीं चलता कि कब वो समाप्त हो जाते हैं।

जिस क्षण इन पुरानी सभ्यताओं ने, जिनमें मोहनजोदड़ो, बेबीलोनिया और मिस्र, आदि आते हैं, अपना धर्म खो दिया था, उस क्षण से उनका पतन शुरू हो गया और अंततः वे ध्वस्त हो गयीं, समाप्त हो गयीं। धर्म, अर्थात्–संस्कृति, नैतिक शिक्षा और सामाजिक संरचना। पर आप ऐसे शत्रु का विनाश नहीं कर सकते जो अपना विनाश नहीं चाहता हो। उदाहरण के तौर पर जापान... जापान ने अपनी संस्कृति, विचारधारा, परंपराओं और मूल्यों को संरक्षित रखने के लिये 50-60 साल पहले तक किसी भी बाहरी देश से कुछ भी स्वीकार नहीं किया था।

यूरी और नोवोस्ती दोनों के अनुसार, पीढ़ी के हिसाब से पूरी की पूरी आबादी की सोच और आचरण, 4 चरणों में बदले जा सकतें हैं:

1. नैतिक पतन
2. अस्थिरता पैदा करना
3. संकट की स्थिति लाना
4. सामान्यीकरण

इस अध्याय में, हम पहले दो चरणों पर ही ध्यान केंद्रित करेंगे–नैतिक पतन और अस्थिरता पैदा करना–चूँकि भारत को इसके अगले दो चरणों तक कभी नहीं पहुँचाया जा सका। जैसा पहले भी कहा गया है कि किसी भी देश की संस्कृति और सभ्यता को नष्ट करने में लगभग 15-20 साल लगते हैं। लेकिन आखिर इतने सारे साल क्यों लगते हैं? क्योंकि किसी दुश्मन के देश में अपनी विचारधारा को स्थापित करने के लिये वहाँ के छात्रों की एक पीढ़ी को अपने मतानुसार शिक्षित करने के लिये न्यूनतम इतने वर्षों की आवश्यकता पड़ती है। यह विधि लोगों की नैतिकता को नष्ट कर देती है। इस प्रक्रिया के माध्यम से वहाँ की जनता हतोत्साहित हो जाती है और अंततः वहाँ नैतिक पतन की शुरुआत हो जाती है।

नैतक पतन के बाद, अगला कदम अस्थिरता लाने की होता है जिसके द्वारा सरकारी प्रणाली को नष्ट कर दिया जाता है। आपके शत्रु देश में छात्रों की एक पीढ़ी को सिखाया जाता है कि उनके देश की सरकारी प्रणाली सड़ी हुई है और आपके देश के सरकार अति उत्तम है। इस तरह आप दुश्मन के युवाओं की विचारधारा को अपने अधीन कर लेते हैं। प्राध्यापकों और अध्यापकों जैसे शिक्षित वर्ग को राष्ट्र को अस्थिर करने का उपकरण बनाया जाता है।

कम-से-कम तीन पीढ़ियों से, मासूम छात्रों को मार्क्सवादी-लेनिनवादी विचारधाराओं को पढ़ा-पढ़ाकर उत्तेजित किया जा रहा है, भड़काया जा रहा है। ऐसी व्यवस्था को न तो कोई चुनौती दी जा रही है और न इसे संतुलित करने के लिये राष्ट्र के मूल्यों को पढ़ाया जा रहा है।

शूमेन लिखते हैं, 'वे हमारी जटिल विधि को समझने में विफल रहे हैं; और इस प्रकार वे अपने देश और देशभक्ति की विचारधारा

को छोड़कर हमारे शिकार बन चुके हैं। विभाग का विशेष ध्यान, समाज में महत्वपूर्ण भूमिका निभाने वाले व्यक्तियों पर जानकारी एकत्रित करने में लगा रहता था ताकि सार्वजनिक राय बनायी जा सके। इस उद्देश्य को हासिल करने के लिये प्रकाशक, संपादक, पत्रकार, अभिनेता, शिक्षाविद, राजनीति विज्ञान के प्रोफेसर, संसद सदस्य, व्यवसाय मंडल के प्रतिनिधि हमारे द्वारा उपयोग किये जाते रहे।'

के.जी.बी. द्वारा इन्हें 'उपयोगी-मूर्ख' कहा जाता था।

नोवोस्ती के दस्तावेजों के अनुसार, 'हमने उन्हें दो भागों में विभाजित कर दिया था; उनमें से एक हिस्सा कम्युनिस्ट विचारधारा का प्रचार-प्रसार करने का होता था। हमने उन्हें उच्च पदों पर रखने की व्यवस्था कर रखी थी; ताकि वे मीडिया और सार्वजनिक संचार के माध्यम से लोगों को अच्छे से गुमराह कर सकें।'

यूरी दूसरे भाग को विस्तृत करते हुए लिखते हैं, 'अन्य लोग, जो हमारे खिलाफ थे, हम उन्हें नष्ट कर देते थे; या तो उनके चरित्र पर हमला कर, या उनके बारे में अफवाहें फैलाकर या उन्हें मारकर या उन्हें किसी दुर्घटना में मृत दिखाकर।'

'हम युवाओं को ऐसा कुछ पढ़वाते थे जिसे पढ़कर वे गुमराह हो जाते थे और उनका मनोबल गिर जाता था। शिक्षित वर्ग, जैसे प्राध्यापक और अध्यापक राष्ट्र को अस्थिर करने का उपकरण बन जाते हैं। इनकी गतिविधियों में धर्म का नाश, सरकारी तंत्र और आर्थिक प्रणाली का विनाश शामिल है। लोगों को इस बात का शायद ही एहसास होगा कि किस तरह उन्हें समाप्त करने के लिये धीमा जहर दिया जा रहा है। यह देश खुद को सर्वनाश करने वाले एजेंटों को अपना दुश्मन नहीं मानता, इसलिये वे दिन-प्रतिदिन देश

को कमजोर और कमजोर बनाते जा रहे हैं। यह एक रेत का महल बनाने जैसा है, जो आज नहीं तो कल, ढह ही जायेगा। भारत के नैतिक पतन की प्रक्रिया मूल रूप से पहले ही पूरी हो चुकी है। यहाँ तक कि अगर आप भारत की नयी पीढ़ी को आज से भी शिक्षित करना शुरू करते हैं तो भी वास्तविकता के वैचारिक बोध को मोड़ने में आपको कम-से-कम 15 से 20 साल तो लग ही जायेंगे। इसके बाद ही वे अपने आत्मसम्मान को पा सकेंगे, देशभक्त और उत्साहपूर्ण बन पायेंगे, तभी वे सच्चाई को समझ पायेंगे; और अपना, अपने परिवार का, अपने समुदाय का और अपने देश का बचाव करने में सक्षम हो पायेंगे।'

नोवोस्ती का आधिकारिक दस्तावेज में विस्तार से वर्णन कर समझाया गया है कि किस तरह ये लोग पुरस्कार वितरण करते थे और किस प्रणाली के आधार पर वे पुरस्कार दिये जाने वाले लोगों को चुनते थे। यूरी/शूमैन ने इसे कई पुस्तकों, व्याख्यानों और वीडियो साक्षात्कारों में शामिल किया है ताकि इस तरह के सैकड़ों लोग इनसे जुड़ सकें।

पुरस्कार के रूप में सोवियत या विदेशी मुद्रा में नियमित भुगतान दिया जाता था, इनमें रूस की मुफ्त यात्राएँ और बहुमूल्य उपहार भी शामिल थे। फिर, कुछ प्रतिष्ठित पुरस्कार थे, जैसे कि अंतर्राष्ट्रीय मंचों या समारोहों में निमंत्रण दिया जाना। कुछ अनैतिक पुरुस्कार भी दिये जाते थे जैसे कि सेक्स (अक्सर विकृत), शराब और ड्रग्स।

मैंने किताब बंद कर रख दी। अब मैं इसके आगे और पढ़ना नहीं चाहता था क्योंकि मुझे गुस्सा आ रहा था। भारत के दुश्मन बाहर नहीं हैं, वे भीतर हैं। नक्सलवाद, जिहाद, आतंकवाद, दंगे, उग्रवाद, सब कुछ पैसे से पल रहे हैं। यह बिलकुल संभव है क्योंकि हमारे

देश के कुछ लोगों ने हमें के.जी.बी. के हाथों बेच दिया था। और यह काम उन्होंने जान-बूझकर देशद्रोहियों के साथ कंधे से कंधा मिलकर देश का 'सर्वनाश' करने के लिये किया था।

500 ईसा पूर्व में, चीनी दार्शनिक और रणनीतिकार 'सन त्जु' ने युद्ध का मुख्य सिद्धांत बताया था, 'युद्ध की उच्चतम कला, युद्ध के मैदान में लड़ना नहीं है, बल्कि अपने दुश्मन के देश में उसके सभी नैतिक मूल्यों को नष्ट कर दुश्मन को मात देने में है।'

इन 'देशद्रोहियों' ने यह काम देश के दुश्मनों के साथ मिलकर देश के विनाश के लिये किया था।

शास्त्री भी भारत के दुश्मनों से घिरे हुए थे।

भारत के दुश्मनों ने कुछ घिनौने पुरस्कारों के लालच में आकर के.जी.बी. और नोवोस्ती के हाथों अपनी आत्मा को बेच दिया था। फिर इन्होंने रूसी अत्याचारियों के साथ इस अनमोल चीज का भी सौदा कर डाला जिसमें भारत देश की सामूहिक चेतना, विचारों की स्वतंत्रता, स्वयं की परखने का विवेक और 'स्वतंत्रता' शामिल थी।

32

चमत्कार होते हैं

तुम सदैव आशा बनाये रखना, चमत्कार अवश्य होंगे।
तुम सदैव विश्वास बनाये रखना और निरन्तर चलते रहना... बढ़ते रहना... अग्रसर होते रहना।

‘विवेक, जब तक आप मुझे स्क्रिप्ट का क्लाइमेक्स नहीं दे देते, मैं कुछ नहीं कर सकती,’ पल्लवी ने एक निर्माता की तरह पूरे अधिकार के साथ कहा।

कभी-कभी, मुझे यह याद दिलाने की जरूरत पड़ जाती थी कि वे वास्तव में इस फिल्म की निर्माता हैं।

‘देखो पापा ने कितना अच्छा लिखा है, “*तुम सदैव आशा बनाये रखना, चमत्कार अवश्य होंगे। तुम सदैव विश्वास बनाये रखना और निरन्तर चलते रहना... बढ़ते रहना... अग्रसर होते रहना*”’–मैंने इस मुद्दे से बचने के लिये उनका ध्यान हटाने की कोशिश की।

‘बहुत सुन्दर लिखा है। तो क्लाइमेक्स?’

‘लेकिन, मैं नहीं जानता कि ऐसा कुछ कभी सच भी होता है या यह कवि की कल्पना मात्र है? मेरे साथ तो इसका उल्टा ही होता है।’

‘विवेक आप बातें मत घुमाइये। आप क्लाइमेक्स कब लिख रहे हैं?’

'मैं ऐसे कैसे बैठकर क्लाइमेक्स लिख दूँ? हमें उसे ढूँढना पड़ेगा'–रोज-रोज एक ही सवाल पूछने से मैं तंग आ गया था।

'तो फिर ढूँढिये... क्लाइमेक्स के बिना जाने, हम अभिमन्यु की तरह चक्रव्यूह में नहीं घुस सकते।'

'अगर हमारे पास क्लाइमेक्स नहीं है तो बस नहीं है। अब हम उसका आविष्कार तो कर नहीं सकते। हम किसी मन-घडंत कहानी पर फिल्म नहीं बना रहे और मैं कोई भी कहानी अपने अनुमान के आधार पर तो लिखने से रहा। इसका उल्लेख सदियों तक किया जायेगा। सिर्फ इसलिये कि हमें प्रोडक्शन खत्म करना है इसका यह मतलब तो नहीं कि हम एक प्रामाणिक फिल्म के 2 घंटे बाद फिक्शन दिखा दें।'

'तो फिर हम क्या करें? घर गिरवी रख दें?'

'मुझे लगता है जल्द ही हमें कुछ मिलने वाला है... मैं कुछ पढ़ रहा हूँ और मुझे यकीन है कि यह हमें कहीं आगे ले जाने वाला है... जल्द ही।'

'विवेक, मैंने कभी आपके जैसा आशावादी इंसान नहीं देखा... लेकिन ऐसा आशावाद जो आपकी बचत के पैसों को खत्म कर सकता है, घर को गिरवी रखवा सकता है और आपको कर्ज से मार सकता है, आशावाद नहीं मूर्खता कहलाता है। इसके लिये आपको कोई मेडल भी नहीं मिलने वाला है। इतना तो उनके परिवार वालों ने भी नहीं किया, उनकी पार्टी ने कुछ नहीं किया, उनके दोस्तों ने... उनके समर्थकों ने... वे लोग भी इस हद तक नहीं गये; बुद्धिजीवियों, कलाकारों और फिल्म निर्माताओं ने कुछ नहीं किया। आप कितनी भी बातें कर लें पर अपनी जेब से किसी ने चवन्नी तक नहीं निकाली। लेकिन आप ऐसा कर रहे हैं। क्या किसी को धमकियाँ मिली? लेकिन आप को मिल रहीं हैं। आप

जो कुछ कर सकते थे, वह सब आपने किया... अब इसको खत्म करने का और आगे बढ़ने का समय आ गया है।'

फिल्म बनाते समय एक समय ऐसा आता है जब हर कोई इससे बाहर निकल जाना चाहता है, खासकर के फिल्म निर्माता। पल्लवी मुझे एक फिल्म निर्माता होने के साथ-साथ एक पत्नी के रूप में यह सब समझा रहीं थीं। एक पति-पत्नी के लिये, जो साथ में काम भी करते हों, ऐसी परिस्थिति सबसे कठिन परिस्थिति बन जाती है–काम करने वाले सहायक की आवाज और जीवनसाथी की आवाज के बीच के अंतर को समझना कठिन हो जाता है।

'मैं समझ सकता हूँ... मुझे थोड़ा समय चाहिये... मुझे लगता है कि मैं कहीं पहुँच रहा हूँ'–मैंने पल्लवी को तसल्ली देते हुए कहा।

'आपको कितना समय चाहिये?'

'मुझे दिल्ली से वापस आ जाने दो... अगले सोमवार तक।'

अपने विमान की खिड़की से मैं नीले और नारंगी आकाश के मिलन को देख रहा था, अपने चारों ओर बादलों के बदलते आकारों को देख रहा था–न जाने ये मुझे कहाँ लिये जा रहे थे।

विमान के अंदर से मैं जब भी प्रकृति का मनोहर दृश्य देखता हूँ तो मुझे लगता है कि मैं खुद इसका एक हिस्सा नहीं हूँ। मैंने इसको हमेशा एक बाहरी तौर से महसूस किया है। जैसे कि फिल्म देखना... आप उस कहानी को केवल बाहर से देखते हैं।

अचानक मेरे मन में तरह तरह के सवाल आने लगे...

क्या होगा अगर इस विमान की खिड़की खुल जाये और मैं उड़ने लगूँ?

फिर मैं भी प्रकृति के इस मनोहर दृश्य का एक हिस्सा बन जाऊँगा।

क्या होगा अगर मैं भी फिल्म की कहानी का एक हिस्सा बन जाऊँ?

आखिर यह फिल्म किसके लिये बनायी जा रही है? भारत के युवाओं के लिये...

ये युवा फिल्म को सिर्फ बाहर से देखेंगे या वे खुद भी इस फिल्म का एक हिस्सा बन जायेंगे?

क्या ये लोग फिल्म में मेरी आवाज स्पीकर पर सुनेंगे या खुद अपने-आप में एक आवाज बन जायेंगे?

उसी क्षण मेरे दिमाग में यह आया कि फिल्म का क्लाइमेक्स एक युवा की आवाज में ही होना चाहिये। मुझे यह भी समझ आ गया था कि प्रश्नों के उत्तर दिया जाना आवश्यक नहीं है। शास्त्री को किसने मारा? यह फिल्म केवल इस सवाल को उठाने के लिये बनायी जा रही है। यह हमारे घटिया सिस्टम की स्थिति को प्रदर्शित कर सकती है, जहाँ आम आदमी को कभी भी अपने सवालों के जवाब नहीं दिये जाते। किसी ने भी कभी ऐसी फिल्म नहीं बनायी, जहाँ केवल सवाल उठाये गये हों।

'ये बॉक्स ऑफिस में खलबली मचा सकती है...' एक और सवाल मन में आया और अगले पल उसका उत्तर भी मिल गया, 'क्या मैं बॉक्स ऑफिस के लिये फिल्में बनाता हूँ?' यह एक फिल्म है या एक मिशन? यदि यह एक मिशन है, तो क्लाइमेक्स सच पर आधारित होना चाहिये जो उत्तर देता हो कि शास्त्री की हत्या किसने की या ये कहे कि शास्त्री को किसने मारा और फिर भारत को बेच दिया गया?'

जैसे ही टी3 हवाई अड्डे से मैं बाहर निकला, मुझे अप्रैल महीने की गर्म हवाओं का अहसास हुआ। यह चौथी गर्मी थी जब से मैंने इस फिल्म के ऊपर काम करना शुरू किया था। जब मैं वहाँ खड़ा होकर कार आने का इंतजार कर रहा था तभी मेरा फोन बजा और जैसे ही मैंने स्क्रीन पर फोन करने वाले का नाम देखा, मैं वहाँ खड़ा उस गर्मी में जम गया।

पिछले एक साल से मैं शास्त्री की मौत के एकमात्र जीवित गवाह, अनुभवी पत्रकार कुलदीप नैयर से संपर्क करने की कोशिश कर रहा था। उनका इंटरव्यू लेना हमारी फिल्म के लिये बेहद महत्वपूर्ण था। मेरे दिल में कहीं-न-कहीं यह बात खटकती थी कि दो दर्जन से अधिक आर.टी.आई. के बावजूद, अभिलेखागार से जमा किये गये बेशुमार दस्तावेज होने के बावजूद, वर्षों से की जा रही कई स्तर पर हमारी शोध, लोगों द्वारा भेजी गयी जानकारियाँ, उनके परिवार और अन्य जुड़े स्रोतों के साथ व्यक्तिगत साक्षात्कार, और कई गोपनीय रिपोर्ट होने के बाद भी नैयर के साथ साक्षात्कार के बिना शास्त्री की रहस्यमयी मौत कभी भी प्रामाणिक नहीं की जा सकती थी। मैंने उन्हें कई बार फोन लगाया था लेकिन हर बार उन्होंने मेरा नंबर लिया और कुछ बहाने व ज्यादातर स्वास्थ्य से जुड़े कारणों से इंटरव्यू देने से मना कर दिया। फिर मैंने उन्हें कॉल करना छोड़ दिया, लेकिन आशा बनी रही।

'मिस्टर अग्निहोत्री?'—श्री नैयर ने अपनी गहरी, भारी आवाज में पूछा।

'जी, सर। आप कैसे हैं?'—मैंने उत्तर दिया, मुझे समझ ही नहीं आया कि मैं और क्या बोलूँ!

'मैं ठीक हूँ। खैर, आप शास्त्री पर मेरा इंटरव्यू चाहते थे... क्या आप मुझे आज शाम 4 बजे, मेरे घर पर मिल सकते हैं?'

मैंने शास्त्री मेमोरियल में शाम 4-6 बजे तक शूटिंग का कार्यक्रम बना रखा था। मुझे कई लोगों के इंटरव्यू करने थे जो मुझसे मिलने के लिये अन्य शहरों से आ रहे थे।

'सर, क्या मैं आपको शाम 7 बजे के बाद मिल सकता हूँ?'

'नहीं। मैं शाम को किसी से नहीं मिलता।'

'क्या मैं 1 या 2 बजे आ सकता हूँ...?'

'नहीं... मैं दोपहर में सोता हूँ। मेरे पास यही समय है।'

'ठीक है सर। फिर मैं आपसे मिलता हूँ।'

'ठहरिये, यह इंटरव्यू किसलिये है?'

'एक फीचर फिल्म के लिये।'

'एक वृत्तचित्र की तरह?'

'नहीं सर, एक फुल-लेंथ फीचर फिल्म।'

'अभिनेताओं के साथ?'

'जी, सर।'

'ठीक है, मेरा पता ले लो।'

मैंने उस सुबह का अधिकांश समय अपने शास्त्री मेमोरियल वाले कार्यक्रम को पुनः निर्धारित करने में बिताया। मैं श्री नैयर के वसंत विहार स्थित आवास पर अपने छोटे दल के साथ समय से पहले पहुँच गया, लेकिन हमें अंदर जाने की अनुमति नहीं मिली क्योंकि उस समय श्री नैयर सो रहे थे। क्योंकि हमें शाम 4 बजे का समय दिया गया था। हम दिल्ली की गर्मी में 20 मिनट तक बाहर एक पुराने पीपल के पेड़ के नीचे खड़े होकर 4 बजे का इंतजार करते रहे।

एक मेज के पीछे एक वृद्ध इंसान जिनके शरीर पर झुर्रियों की परतें पड़ गयी थीं, एक पुरानी कुर्सी पर अपनी ओर झुक कर

बैठ गये। श्री नैयर उस समय 95 वर्ष के थे। मैंने अपने पापा को भी 95 वर्ष का देखा था।

एक वृद्ध एवं अनुभवी पुरुष और स्वयं विकसित पुरुष के चेहरे पर एक अलग ही तेज होता है। उनके पसीने की गंध अलग होती है। उस गंध में इतिहास की खुशबू आती है, उस तेज में इतिहास झलकता है। इतिहास किसी एक द्वारा देखी गयी घटना नहीं है बल्कि इतिहास एक सामूहिक चेतना है। कुछ लोग इतिहास पढ़ते हैं, कुछ उसे समझते हैं और कुछ खुद ही इतिहास बन जाते हैं। जो खुद इतिहास समझते हैं वह यह भी जानते है कि कुछ लोग खुद इतिहास कैसे बन जाते हैं। ऐसे लोग अपने-आप में एक विद्यालय, गुरुकुल, आश्रम या एक विद्यापीठ होते हैं।

श्री नैयर ने इतिहास को देखा था, इतिहास का अनुभव और विश्लेषण किया था, इतिहास के बारे में लिखा और बातें की थीं। इतिहास में वे सदा यह कहते आये थे कि इस बात में कोई शंका नहीं कि शास्त्री को दिल का दौरा पड़ा था। यह अलग बात है कि जिस तरह वे ताने-बाने बुनने की कला में माहिर थे, वे कुछ संशय भरी बातें हमारे लिये बूझने को छोड़ गये।

आधा घंटा बीत चुका था। श्री नैयर ने कई चीजों के बारे में बातचीत की लेकिन मेरे सवालों का जवाब नहीं दिया था। मैंने उनसे तीन बार अलग-अलग तरीकों से पूछा, लेकिन हर बार उन्होंने मुझे वही जवाब दिये जो उन्होंने अपने लेखन में व्यक्त किये थे। उन्हें तोड़ना बहुत मुश्किल था। लेकिन, फिर उन्होंने मुझे बुलाया क्यों था? मैं थोड़ा बेचैन हो रहा था।

'सर, यह इंटरव्यू विशेष रूप से हमारी फिल्म के लिये किया जा रहा है जो हम शास्त्री की रहस्यमयी मृत्यु पर बनाने जा रहे हैं। मुझे नहीं लगता कि कभी कोई और इस विषय पर फिल्म

बनायेगा। यह उनकी रहस्यमय मौत पर बोलने का आपका आखिरी मौका है। अगर कुछ भी नहीं हुआ था तो यह रहस्य 50 साल से जिन्दा क्यों बना है?'–मैंने थोड़ा अंदर घुसने की कोशिश की।

'तुमने क्या कहा कि तुम क्या बना रहे हो?'–उन्होंने जानना चाहा।

'एक फीचर फिल्म।'

'टी.वी. के लिये?'

'नहीं, यह सिनेमा हॉल में रिलीज होगी।'

'एक सामान्य फिल्म की तरह?'

'जी।'

'अभिनेताओं के साथ?'

'जी।'

'क्या आप इकोनॉमिक हिटमैन के बारे में जानते हैं?'–काफी देर रुकने के बाद उन्होंने पूछा।

'शायद नहीं जानता।'

'इकोनॉमिक हिटमैन राज्य द्वारा प्रायोजित अनुभवी व्यक्ति होते हैं जो अविकसित या भारत जैसे विकासशील देशों के साथ धोखाधड़ी का काम करते हैं, और अरबों-खरबों डॉलर निकाल ले जाते हैं। ये विश्व बैंक और अन्य विदेशी "सहायता" संगठनों का पैसा बहुत विशाल संस्थाओं और धनी परिवारों में लगवाते हैं जो इस संसार के प्राकृतिक संसाधनों को नियंत्रित करते हैं। उनके कामों में फर्जी वित्तीय रिपोर्ट बनाना, चुनाव में धाँधली करना, अपहरण, जबरन वसूली, सेक्स, हत्या... सब शामिल हैं। यह खेल एक उम्र से खेला जा रहा है लेकिन शीत युद्ध के समय, यह एक खतरनाक आयाम पर पहुँच गया था। आपको जॉन पर्किन्स की किताब, "Confessions of an Economic Hit Man" पढ़ना

चाहिये'–नैयर ने एक विराम लिया और एक मोटी सफेद सूती नैपकिन से अपनी लार को साफ किया।

'अमेरिका और सोवियत संघ दोनों ने इकोनॉमिक हिटमैन को अच्छी तरह से समझ लिया था। उन्हें एक-दूसरे के साथ युद्ध के खतरे के बारे में चिंता करने की जरूरत नहीं थी। सी.आई.ए. और के.जी.बी. जैसे संगठनों का उपयोग संभावित इकोनॉमिक हिटमैन की भर्ती के लिये किया जाता था और उन्हें निजी परामर्श कंपनियों, जैसे इंजीनियरिंग फर्मों एवं निर्माण करने वाली कंपनियों में रखवा दिया जाता था ताकि अगर वे पकड़े जायें, तो सरकार के साथ कोई संबंध स्थापित न हो सके'–नैयर ने धीरे-धीरे, टूटी आवाज में आगे बताया।

'अब आप समझ सकते हैं कि हमारी अर्थव्यवस्था हमेशा विश्व बैंक के प्रति उदासीन और आभारी क्यों रही है? आप जाकर पता करें कि भारत में ये आर्थिक हिटमैन कौन थे? और किसे फायदा हो रहा था?'

कमरे में सन्नाटा छा गया। मुझे नहीं पता था कि वह मुझसे क्या कहना चाह रहे थे, लेकिन एक बात स्पष्ट थी–यूरी ने वैचारिक-विध्वंस के बारे बताया था और नैयर आर्थिक-विध्वंस के बारे में बता रहे थे। यह कोई आम आदमी नहीं थे, इन्होंने इतिहास को परखा था; वह शब्दों और अभिव्यक्ति में समृद्ध थे। जो बातें उन्होंने कहकर भी नहीं कही थी, वे अधिक महत्वपूर्ण और समझने वाली थीं।

'इस पर एक डॉक्यूमेंट्री या फिल्म भी बनायी गयी थी... मैं नाम भूल गया। आप इंटरनेट पर देख सकते हैं'–नैयर ने कुछ देर सोचने के बाद कहा।

'सर, शास्त्री जी के कमरे में घुसते ही आपने क्या देखा था?'

'पहली बात जो मैंने देखी कि वहाँ थर्मस उल्टा पड़ा था। तभी जगन नाथ ने आकर मुझे बताया कि शास्त्री जी ने उसके कमरे पर दस्तक दी थी, डॉक्टर चुघ के बारे में पूछा था और फिर उसकी मदद से वे अपने कमरे में चले गये थे। वह बहुत असहज महसूस कर रहे थे, फिर डॉक्टर चुघ ने मुझसे बात की... जैसे ही वे पहुँचे, उन्होंने कहा, "बाबूजी, आपने मुझे एक मौका भी नहीं दिया", इसका मतलब है कि डॉक्टर चुघ के पहुँचने तक शास्त्री की मौत हो चुकी थी।'

'क्या शास्त्री किसी तनाव में थे?'

'ऐसा नहीं है कि यह मुझे तब पता था। मुझे यह तब भी महसूस नहीं हुआ, जब मैं उनकी मृत्यु के कुछ घंटे पहले ही उन्हें छोड़कर आया था। लेकिन मैंने सुना है कि जब शास्त्री ने हाजी पीर और चितवल पोस्ट को वापस करने के लिये समझौते पर हस्ताक्षर करने से मना कर दिया था, तो कोसिगिन ने कहा था कि अगर शास्त्री ने हस्ताक्षर नहीं किये तो वे वीटो पॉवर का उपयोग करेंगे। शायद इससे कुछ तनाव पैदा हुआ होगा। अन्य कारण यह भी हो सकता है कि हाजी पीर और चितवल के मामले में शास्त्री के खिलाफ अटल जी और कृष्णा मेनन के बयानों से उनका परिवार बहुत खुश नहीं था। हो सकता है... पर मैं यह कैसे कह सकता हूँ... शायद... यह सब तनाव का कारण बना हो।'

'उनके शरीर पर कोई काटे जाने के निशान थे?'

'मैंने खुद तो नहीं देखा, लेकिन जैसे ही मैं पालम हवाई अड्डे से उनके आवास पर पहुँचा, ललिता जी ने मुझे इसके बारे में बताया था।'

'क्या इसमें इंदिरा गाँधी की कोई भूमिका थी?'

'मैं नहीं कह सकता। कई लोगों ने यह कहा लेकिन मुझे नहीं पता। इंदिरा मॉस्को समर्थक थी। वहाँ बड़बड़ाहट थी कि

वे उसे पी.एम. के रूप में लाना चाहते थे। इसलिये मैंने आपको इकोनॉमिक हिटमैन के बारे में बताया था। कौन जानता है कि वहाँ राजनीतिक हिटमैन भी होते हो। मित्रोखिन की मानें तो ऐसा होना चाहिये। लेकिन जैसा मैंने कहा, मुझे नहीं पता।'

'मित्रोखिन?' मैं अपने आश्चर्य को छिपा नहीं सका।

'वह के.जी.बी. के निदेशक थे।'

'उन्होंने क्या कहा?' मैंने उन्हें टोकते हुए पूछा।

'आपने मुझसे इंदिरा गाँधी के बारे में पूछा था। मुझे याद है कि इंदिरा गाँधी चाहती थीं कि शास्त्री का अंतिम संस्कार इलाहाबाद में किया जाये। फिर ललिता शास्त्री ने हस्तक्षेप किया और कहा कि गाँधी और नेहरू की समाधि के बगल में उनका अंतिम संस्कार किया जाना चाहिये और उनकी समाधि पर "जय जवान, जय किसान" अंकित किया जाना चाहिये। पर इंदिरा अपना विचार बदलने के लिए तैयार नहीं थीं। तब ललिता अनशन पर बैठ गयीं। फिर इंदिरा ने कहा कि हम जगह दे सकते हैं लेकिन कोई शिलालेख अंकित करने की इजाजत नहीं दे सकते। लेकिन जनता की राय को देख, इंदिरा, जल्द ही यह भी मान गयीं। मुझे यह भी याद है कि पी.एम. के रूप में, इंदिरा को आधिकारिक प्रधानमंत्री आवास में शिफ्ट होना था, जहाँ शास्त्री रहते थे। उन्होंने मुझे उनके साथ चलने के लिये कहा। घर को देखने के बाद वे बोली–"कितना मध्यम वर्ग का है।"'

'ताशकंद में पोस्ट-मॉर्टम क्यों नहीं किया गया?'

'मैं नहीं कह सकता। लेकिन मुझे याद है, ताशकंद में, राजदूत, टी.एन. कौल ने हमें उनके शरीर को छूने भी नहीं दिया था, यहाँ तक कि उनके प्रति सम्मान व्यक्त नहीं करने दिया था। यह थोड़ा असामान्य था। फिर, उन्होंने मुझे यह कहते हुए एक बयान देने को कहा कि कोई गड़बड़ी नहीं थी और शास्त्री का निधन दिल

का दौरा पड़ने की वजह से हो गया था। मैंने सोचा कि शायद वह किसी भी तरह के संदेह को खत्म कर देना चाहते हैं। लेकिन यह भी थोड़ा असामान्य था। पोस्ट-मॉर्टम उस समय मुझे भी क्लिक नहीं हुआ, पर होना चाहिये था। कुछ गलत तो था।'–नैयर ने खिड़की से बाहर देखते हुए उदासीन भाव से कहा!

'सर, क्या आपको लगता है कि पोस्ट-मॉर्टम इसलिये नहीं किया गया था क्योंकि कोई कुछ छिपाने की कोशिश कर रहा था। क्योंकि, विज्ञान के इस आधुनिक युग में, अगर किसी व्यक्ति को कुछ देकर मारा जाता है तो वो पोस्ट-मॉर्टम में छुपाया नहीं जा सकता'–मैंने पूछा।

'मुझे नहीं पता। मैं कुछ नहीं कह सकता। लेकिन, उस समय जहर दिये जाने की बात सामने आयी थी। बाद में मैंने कहीं एकोनाइट नामक जहर के बारे में पढ़ा था। आपको भी उस पर पढ़ना चाहिये। एक डॉक्यूमेंट्री है जिसे फोरेंसिक फाइल्स कहा जाता है, जिसमें बताया गया है कि पोटेशियम-क्लोराइड दिल के दौरे को कैसे बढ़ा सकता है। और, चूँकि पोटेशियम-क्लोराइड एक मृत व्यक्ति के शरीर में स्वाभाविक रूप से बनता है, इसलिये इसको पकड़ने का एकमात्र तरीका यह है कि पोस्ट-मॉर्टम तुरंत किया जाना चाहिये।'

थोड़ी देर के लिये सब चुप हो गये।

जो बात चल रही थी उससे एकदम हटकर, नैयर ने अचानक पूछा, 'आप लोग चाय पसंद करेंगे?'

हम सभी ने मना कर दिया।

'क्या टी.एन. कौल कुछ छिपाने की कोशिश कर रहे थे?'–मैंने पूछा।

'मुझे नहीं पता। लेकिन एक बात पक्की है कि बाद में जब वह दिल्ली में तैनात थे, तो वह मुझसे कई दफे मिले और शास्त्री की मौत की साजिश में उनका नाम साफ करने के लिये मुझसे एक बयान देने को कहा। फिर उन्होंने मुझे बयान जारी करने के लिये कई बार फोन किया। मुझे लगता है कि उस समय वह विदेश सचिव थे और मैं *स्टेट्समैन* का संपादक था। उन्होंने मुझे कई बार फोन किया और कहा, "स्टेटमेंट तुम क्यों नहीं देते ताकि सब बातें खत्म हो जाये... मैंने कहा, अब मैं अखबार में हूँ, क्यों स्टेटमेंट दूँ..." लेकिन उस दिन से मुझे शक शुरू हुआ... क्योंकि उसने एक दफा नहीं कितनी दफे मुझे फोन किया... तो मैंने कहा ये भी एक आस्पेक्ट (पहलू) हो सकता है।'

एक बार फिर सन्नाटा छा गया।

'मैं आपको यह बताना भूल ही गया था कि टी.एन. कौल भी शास्त्री के समझौते पर हस्ताक्षर को लेकर बहुत उत्सुक थे'—नैयर ने अपने बड़े सफेद रुमाल से लार पोछते हुए कहा।

हम समझ चुके थे... वे कह चुके थे... और हम यह भी जान गये थे कि इतने सारे शब्दों में समझाने के बाद अब वे इसके बारे में दोबारा बात नहीं करेंगे।

अगर अपने शानदार पेशे में नैयर ने पहली बार यह कहा कि उन्हें संदेह है तो इसका मतलब वास्तव में यह संदेह है... रहस्य है... एक साजिश है... जिसका जवाब सरकार को देना चाहिये... यह सत्य पर हमारा अधिकार है।

क्या मुझे फिल्म का क्लाइमेक्स मिला गया था?

'क्या आप यह सब अपनी डॉक्यूमेंट्री में दिखायेंगे?'—नैयर ने मुझसे फिर से पूछा।

'जी सर, लेकिन वह एक फीचर फिल्म है डॉक्यूमेंट्री नहीं।'

'अरे हाँ, आपने मुझे बताया था।'

तभी नौकरानी ने उनसे मीटिंग खत्म करने को कहा।

'सर आपने मुझे मित्रोखिन के बारे में नहीं बताया'—मैंने कहा।

'अरे हाँ, मित्रोखिन, लिखिये—मित्रोखिन आर्काइव्स मि-त्रो-खि-न... पढ़ियेगा... खासकर वो चेप्टर जो उसमें भारत के बारे में लिखा गया है। उससे आपको बेहतर ढंग से समझ आयेगा कि भारत में हिटमैन किस तरह काम करता है। और जब आपकी डॉक्यूमेंट्री आयेगी, तब आप मुझे बताना।'

'सर, फीचर फिल्म।'

'मैं इसे कैसे देखूँगा?'—नैयर ने एक बच्चे की तरह मासूमियत से पूछा।

मैंने कहा, 'मैं यह सुनिश्चित करूँगा कि मैं आपके लिये एक स्क्रीनिंग रखूँ'—यही बात मैंने अपने पापा को भी कही थी जब उन्होंने कहीं आना-जाना बंद कर दिया था।

'मैं अब कहीं बाहर नहीं निकलता हूँ'—पूरी तरह से अपनी कुर्सी की तरफ झुकते हुए उन्होंने कहा, और उन के मुँह में लार आ गयी।

'फिर मैं यहाँ, आपके पास आकर दिखाऊँगा'—यह कहते हुए मैंने उन्हें सफेद सूती का रुमाल पकड़ा दिया।

'अच्छी बात है। मुझे फोन करना। मैं जानता हूँ आप लंबे समय से मेरा पीछा कर रहे थे। शायद मैं तैयार नहीं था। लेकिन जो भी होता है, ईश्वर की इच्छा से होता है... केवल भगवान तय करता है और... "केवल ईश्वर ही जानता है" मैं तुम्हें शुभकामनाएँ देता हूँ।'

हमारी मुलाकात कुछ सेल्फी लेने के साथ खत्म हुई। उन सभी सेल्फी में, मैं कहीं और देख रहा था। जैसे कि मैं तस्वीर में तो हूँ

पर दृश्य में नहीं। जैसे मैं विमान की खिड़की से बाहर देखते वक्त सोच रहा था या जैसा मैं फिल्में बनाते समय सोचता हूँ। अभी तो मैं इस बात पर विचार कर रहा था कि नैयर ने मुझसे मित्रोखिन आर्काइव्स की सिफारिश क्यों की थी?

मैंने अपने iPhone पर अमेजॉन से 'द मित्रोखिन आर्काइव्स' की एक प्रति का आर्डर कर दिया।

डॉक्साब कूदकर मेरी कार में अंदर आये और मुझसे अपनी बात बहुत ध्यान से सुनने के लिये कहा।

'सर, क्या आपने देखा कि श्री नैयर ने एकोनाइट नामक जहर के बारे में बात की थी। कुछ जहर इतने महीन होते हैं कि उनका शरीर में पता ही नहीं लगता या यूँ कहा जाये कि उनको शरीर में ढूँढा नहीं जा सकता क्योंकि गैस क्रोमैटोग्राफी जैसी प्रक्रियाओं के माध्यम से इन्हें रक्त में खोजने के लिये असामान्य तरीकों की आवश्यकता होती है। जहर की "रानी" कहा जाने वाला–एकोनाइट एक ऐसा ही जहर होता है। एकोनाइट को कुछ और कूल नामों से भी जाना जाता है जैसे वोल्फ–स्बेन (भेड़िये का शाप) मॉन्क्स-हुड (जोगी की कफनी) और डेविल्स हेलमेट (शैतान की टोपी। यह जहर शरीर के अंदर वोल्टेज पर निर्भर सोडियम चैनलों को प्रभावित कर सकता है जो हृदय और न्यूट्रल-सेल की मेम्ब्रेन में मौजूद प्रोटीन होते हैं। इससे यह चैनलों को "खुला" रखते हैं, जिससे सोडियम सेल के अंदर प्रवाह होता रहता है। परिणामस्वरूप, हृदय की कोशिकाएँ इसे पुनः उत्पन्न नहीं कर सकती हैं, अंत में दिल का दौरा पड़ सकता है।'

जब वे यह बता रहे थे तब मेरे साथ लाल बहादुर शास्त्री के नाती संजय नाथ सिंह भी थे। उन्होंने अपना हाथ मेरे कंधे पर रख दिया।

'विवेक भाई, मैं आपके साथ एक रहस्य उजागर करने जा रहा हूँ। मेरे पास शास्त्री जी की खादी की टोपी है, जिसे उन्होंने तब पहना था जब उनका शरीर घर लाया गया था। मैंने इतने सालों तक उसे संभाल कर रखा है। मेरा परिवार यह बात पसंद नहीं करता कि मैं इस बारे में बात करूँ। लेकिन, अब मैं इसे आपको दिखाना चाहता हूँ। मुझे आप पर पूरा भरोसा है'–संजय ने धीरे से कहा।

'लेकिन, मैं इसे कैमरे पर रिकॉर्ड करना चाहूंगा'–मैंने कहा।

'हाँ... अब मेरे अंदर इस बात की हिम्मत आ गयी है और सच्चाई भी सामने आनी चाहिये।'

संजय नाथ सिंह ने मुझे एक पुरानी खादी की टोपी दी। इसमें चारों तरफ लाल रंग के खून के धब्बे लगे थे। रंग फीका पड़ गया था और इतने सालों में जहाँ तक भी फैल सकता था धीमे-धीमे फैल गया था... समुद्र तट पर धीमी तरंगों की तरह।

'मैं आपसे फिर पूछ रहा हूँ, क्या मैं इस फुटेज का इस्तेमाल अपनी फिल्म में कर सकता हूँ?'

संजय नाथ सिंह ने अपनी पत्नी की तरफ देखा। कुछ देर रुके रहे, फिर दोनों ने एक-दूसरे को एक बार दोबारा देखा और फिर उनकी पत्नी ने सिर हिलाया। संजय ने एक गहरी साँस ली और कहा, 'हाँ... अभी नहीं तो कभी नहीं।'

अगले डेढ़ घंटे तक, हमारी कार दिल्ली के अव्यवस्थित और शोर-शराबे वाले यातायात में चलती रही। लेकिन मेरा मन शांत हो गया था, मेरे कानों से शोर गायब हो गया था और मन में मौन की भाषा में एक गीत बज रहा था:

तुम सदैव आशा बनाये रखना, चमत्कार अवश्य होंगे।
तुम सदैव विश्वास बनाये रखना और निरन्तर चलते रहना... बढ़ते रहना... अग्रसर होते रहना।

(श्री कुलदीप नैयर इंटरव्यू देने के 3 महीने और 9 दिनों के बाद, उनके जन्मदिन के ठीक 10 दिन बाद, चल बसे। शास्त्री की मृत्यु पर यह उनका अंतिम इंटरव्यू था। क्या यह इंटरव्यू उनकी अंतरात्मा की पुकार थी? हमें इसका उत्तर कभी नहीं मिल पायेगा। श्री नैयर के शब्दों में कहा जाये तो, 'केवल ईश्वर ही जानता है।')

33

द मित्रोखिन आर्काइव्ज: भारत बिकने को तैयार है

मुझे इस बात का बिलकुल अंदाजा नहीं था कि मेरे सभी सवालों के जवाब एक छह फीट दो इंच लंबे जासूस के जूतों में छिपे होंगे। अगर के.जी.बी. के अभिलेखागार के पूर्व-निदेशक मित्रोखिन ने 12 वर्षों तक हर दिन के.जी.बी. के गुप्त दस्तावेजों को चुराया नहीं होता, तो न कोई मित्रोखिन आर्काइव्ज नाम की किताब होती और न मेरी फिल्म का क्लाइमेक्स। ऐसा लग रहा था जैसे यह किताब मेरे सवालों का मार्गदर्शन करने के लिये ही लिखी गयी थी।

वासिली निकितिच मित्रोखिन ने अपने कार्यकाल की शुरुआत के.जी.बी. के मुख्य-निदेशालय के विदेशी जासूसी विभाग के छद्म क्रियाकलापों से की थी। जब मित्रोखिन ने निकिता खुश्चेव के गोपनीय भाषण की आलोचना की तब उन्हें अभिलेखागार में स्थानांतरित कर दिया गया।

1960 का दशक समाप्त होते-होते लुब्यंका में स्थित के.जी.बी. मुख्यालय में काफी भीड़-भाड़ रहने लगी थी जिसके चलते के.जी.बी. के तत्कालीन अध्यक्ष, यूरी एंड्रोपोव ने मॉस्को के बाहर यासीनवो में एक नये भवन के निर्माण के आदेश दिये थे। यह के.जी.बी. का नया मुख्यालय और सभी विदेशी गतिविधियों

के संचालन का पहला मुख्य-निदेशालय बनाया गया। मित्रोखिन उस समय तक अभिलेखागार विभाग के प्रमुख थे, इसलिये उनको दस्तावेजों को सूचीबद्ध कर नये मुख्यालय में स्थान्तरित करने का काम सौंपा गया था। 1972 से 1984 तक, बड़े पैमाने पर इन दस्तावेजों के स्थानांतरण में 12 वर्षों का समय लग गया।

दस्तावेजों को सूचीबद्ध करते समय, मित्रोखिन ने चुपके से उनकी प्रतियाँ ले ली और उनमें से अत्यंत महत्वपूर्ण कागज निकाल लिये। सोवियत संघ के विघटन के पश्चात उन्होंने लातविया की यात्रा की और रीगा में स्थित अमेरिकी दूतावास पहुँचे। वहाँ के सी.आई.ए. अधिकारियों ने उन्हें विश्वसनीय नहीं माना। फिर वे ब्रिटिश दूतावास गये। इसके एक महीने बाद MI6 के प्रतिनिधियों ने उनके घर में छिपी 25,000 पेजों से भरी फाइलों को हासिल किया जिन के अंदर 1930 के समय के गुप्त दस्तावेज भी शामिल थे।

इसके बाद मित्रोखिन 1992 में वहाँ से भाग कर यूके चले गये। उनका इस तरह से वहाँ से जाना और फिर इतने बड़े पैमाने पर यह उजागर होना, इंटेलिजेंस की दुनिया में इस सदी का सबसे बड़ा खुलासा माना जाता है जिसके कारण पूरी दुनिया में सनसनी फैल गयी थी। इन दस्तावेजों की पुष्टि सी.आई.ए. और एम.आई. 5 द्वारा की गयी। 1999 में जब 'द मित्रोखिन आर्काइव्ज' प्रकाशित की गयी, तो इसकी प्रामाणिकता और के.जी.बी. की हजारों फाइलों से कॉपी की गयी विस्तृत जानकारी के कारण पश्चिम के खुफिया हलकों में सुनामी आ गयी थी। यूके और इटली में तो 'मित्रोखिन-जाँच-आयोग' स्थापित किये गये।

मित्रोखिन में दिये गये लेखों के अनुसार, 'सोवियत सुरक्षा संगठनों ने कई देशों में कम्युनिस्टों की कठपुतली सरकारों की स्थापना करवाने में महत्वपूर्ण भूमिका निभायी थी। उनकी रणनीति

में बड़े पैमाने पर राजनीतिक दमन और गोपनीय पुलिस सेवाएँ स्थापित करना शामिल था। लेखों में यह भी बताया गया है कि के.जी.बी. ने विश्व के कई बड़े नेताओं की किस तरह हत्याएँ करवायी थी। कुल मिलाकर इस किताब का निचोड़ यह है कि सोवियत संघ ने यह फैसला कर लिया था कि विकासशील देश (third world countries) वह रंगभूमि हैं जहाँ छद्म युद्ध द्वारा शीत-युद्ध जीता जा सकता है।

'द स्पेशल रिलेशनशिप विद इंडिया' वाले अध्याय में भारत के अंदर के.जी.बी. संचालन के विस्तार के बारे में बताया गया है और उसमें यह विवरण भी दिया गया है कि भारत में के.जी.बी. कितना अंदर तक घुस चुका था। वाशिंगटन में 'कोल्ड वॉर इंटरनेशनल हिस्ट्री प्रोजेक्ट' के अलावा ऐसे ढेर सारे कागजात हैं जिनमें भारत में के.जी.बी. के प्रवेश का विवरण है।

हम सब किताब लेकर बैठ गये। पल्लवी, तृप्ति, डॉक्साब और मैं... हम सब ऐसे बैठे थे जैसे बच्चे वूडू खेलते समय बैठ जाते हैं... और अज्ञात की दुनिया में जाने से डरते हैं। क्या होगा अगर रहस्यों को उजागर करने पर बुराई सामने आ जाती है?

'आप पढेंगी?'–तृप्ति ने पल्लवी से कहा।

'नहीं, आप पढ़िये'–पल्लवी ने तृप्ति से कहा।

'डॉक्साब से पढ़वाते हैं'–तृप्ति ने कहा।

'सर, आप पढ़िये, आप मित्रोखिन की तरह दिखते भी हैं'–डॉक्साब ने तुरंत कहा।

'हम सब पढ़ेंगे, बारी-बारी से'–मैंने परेशानी को हल कर दिया।

हमने 'मित्रोखिन आर्काइव्ज 2' में 'के.जी.बी. और विश्व' के एक के बाद एक पेज पढ़ना शुरू कर दिये। यह कोई जासूसी

उपन्यास नहीं था पर पढ़ने में कुछ ऐसा ही लग रहा था। पढ़ते-पढ़ते अंत में आखिर हम अध्याय 17 और 18 पर पहुँच गये जिसका नाम था, 'भारत के साथ विशेष संबंध, भाग 1: भारत में इंडियन नेशनल काँग्रेस की सर्वोच्चता' (द स्पेशल रिलेशनशिप विथ इंडिया, पार्ट 1: द सुप्रीमेसी ऑफ इंडियन नेशनल काँग्रेस)।

इस पर मैंने ढेरों नोट्स बनाये थे... कुछ मुझे अभी भी परेशान करते हैं।

1. भारत जासूसों के लिये डिज्नीलैंड अर्थात खेलने का मैदान बन गया था।
2. विकासशील देशों में सरकार के अंदर घुसपैठ करने में भारत, के.जी.बी. के लिये आदर्श माना जाने लगा था जहाँ के.जी.बी. के बहुत से लोग सरकार, इंटेलिजेंस, खुफिया एजेंसियों, सेना, विदेश मंत्रालय, पुलिस... में काम करते थे।
3. शीत-युद्ध के दौरान के.जी.बी. का तीसरी दुनिया के देशों में सबसे अधिक ध्यान भारत पर ही केंद्रित था।
4. सोवियत संघ के अलावा, पूरी दुनिया में के.जी.बी. के जासूसों की सबसे बड़ी संख्या भारत में थी।
5. 1978 में, भारत में के.जी.बी. के 30 से भी अधिक जासूस काम कर रहे थे, जिनमें से 10 खुफिया विभाग में अधिकारी बन चुके थे।
6. तत्कालीन प्रधानमंत्री इंदिरा गाँधी को अपनी पार्टी-कोष को भरने के लिये सूटकेसों में भर-भर कर नकद राशि दी जाती थी और ऐसी ही बड़ी रकम सी.पी.आई. को भी भिजवायी जाती थी।

7. 1977 में, के.जी.बी. ने 21 गैर-कम्युनिस्ट राजनेताओं की पहचान की थी और उनके चुनाव का कुछ खर्चा उठाया था जिनमें से 4 केंद्रीय-मंत्री बने।
8. 1959 में, सी.पी.आई. के महासचिव अजोय घोष ने सोवियत-ब्लॉक के साथ मिलकर एक सौदे के लिये आयात-निर्यात व्यापार की योजना पर सहमति व्यक्त की। एक दशक से भी कम समय में, इसका वार्षिक लाभ तीस लाख रुपयों से भी अधिक हो गया।
9. रक्षामंत्री के रूप में वी कृष्ण मेनन को ब्रिटिश विमानों को अस्वीकार कर सोवियत मिग खरीदने के लिए राजी कर लिया गया था। 1962 और 1967 में उनके चुनाव का खर्च के.जी.बी. द्वारा उठाया गया।
10. 1973 के आने तक, भारत के 10 अखबार और एक प्रेस एजेंसी के.जी.बी. से वेतन लेते थे। 1972 के दौरान के.जी.बी. ने भारतीय अखबारों में 3,789 लेख छपवाने का दावा किया था और शायद गैर-साम्यवादी दुनिया के किसी भी देश की तुलना में यह सबसे अधिक थे। इनकी फाइलों के अनुसार, 1973 में यह संख्या 2,760 तक गिर गयी, लेकिन 1974 में 4,486 और 1975 में 5,510 हो गयी। नाटो (NATO) के कुछ प्रमुख देशों में, जहाँ के.जी.बी. का सक्रिय होना माना जाता है, वहाँ पर भारतीय प्रेस में छपने वाले लेखों के मुकाबले 1 प्रतिशत से भी कम लेख छप पाये थे।
11. कम्युनिस्ट विचारधारा के निष्ठावान समर्थक, प्रमोद दासगुप्ता को के.जी.बी. ने भारतीय कम्युनिस्ट आंदोलन में इंटेलिजेंस ब्यूरो (IB) के मुखबिर के रूप में पहचाना था।
12. चुनाव में काँग्रेस (आर) के नौ उम्मीदवार के.जी.बी. एजेंट थे। मित्रोखिन ने 21 गैर-कम्युनिस्ट राजनेताओं की पहचान

की थी जिनके चुनाव अभियानों को के.जी.बी. द्वारा आर्थिक सहायता दी गयी थी और जिनमें से 4 केंद्रीय-मंत्री बने थे। सोवियत मीडिया ने सभी लोकतांत्रिक शक्तियों और विशेष रूप से सत्तारूढ़ भारतीय राष्ट्रीय काँग्रेस और भारतीय कम्युनिस्ट पार्टी की एकता का आह्वान किया था। श्रीमती गाँधी के समर्थन को सुनिश्चित करने के लिये नई दिल्ली और मॉस्को दोनों जगह से सी.पी.आई. नेतृत्व पर कई बार दबाव डाला गया था।

13. इंदिरा गाँधी मंत्रिमंडल में से चार केंद्रीय मंत्री और दो दर्जन से अधिक सांसद के.जी.बी. से वेतन लेते थे।
14. इंदिरा गाँधी के प्रमुख फंडरेसर (धन इकट्ठा करने वाले), एल.एन. मिश्रा ने भी सोवियत से धन लेने वाली बात स्वीकार की थी। वास्तव में, भारत के पूर्व अमेरिकी राजदूत डेनियल मोयनिहान ने भी श्रीमती गाँधी द्वारा धन स्वीकार करने के बारे में दावा किया था। बाद में, एल.एन. मिश्रा की समस्तीपुर में बम विस्फोट में हत्या कर दी गयी। उनकी मृत्यु के रहस्य पर आज भी पर्दा पड़ा है।
15. मॉस्को दूतावास में एक भारतीय राजनयिक, जिनका गुप्त-नाम (code name) PROKHOR रखा गया था, जिन्हें हनि ट्रैप (honey trap) में फँसाकर शामिल किया गया था, जिनको के.जी.बी. की एक महिला एजेंट ने फँसाया था जिसका आकर्षक गुप्त-नाम (code name) NEVEROVA रखा गया था। PROKHOR ने एजेंसी को दूतावास की कोडबुक और अन्य सामग्री 4,000 रुपये के मासिक भुगतान के एवज में प्रदान की थी। दो अन्य राजनयिकों से भी समझौता करवाया गया था। मुझे टी.एन. कौल याद आ गये।
16. रक्षामंत्री कृष्णा मेनन, खुले तौर पर अमेरिका का विरोध करते थे। यह देख के.जी.बी. ने उनका समर्थन किया था क्योंकि

के.जी.बी को लगता था कि नेहरू के बाद वे भारत की बागडोर संभालेंगे पर उनकी यह संभावना 1962 में चीनी आक्रमण के साथ समाप्त हो गयी।

17. के.जी.बी. ने 'अत्यंत प्रभावशाली' मंत्री जिनका गुप्त-नाम (code name) ABAD रखा गया था, को पैसा पहुँचाया था। के.जी.बी. को भारत के निर्णय से मदद भी मिली, जो मेनन के समय लिया गया था, जिसमें सारे आवश्यक हथियार मॉस्को से लिये जाने का फैसला लिया गया था, जो कि '70 के दशक की शुरुआत में आना भी शुरू हो गये थे, तब दिल्ली में के.जी.बी. के प्रमुख शिबाशिन ने अपनी फाइल में लिखा था-'एक अंतहीन प्रवाह' (In An Endless Stream)।
18. के.जी.बी. ने भारत के एक बहुत ही प्रभावशाली पत्रकार को अपना सदस्य बनाया था, जिसका गुप्त-नाम (code name) NOK रखा गया था। उनके अमेरिका विरोधी लेख, लुब्यंका में तख्तापलट का एक प्रमुख कारण माना जाता है। हालांकि, उनके पास अमेरिका विरोधी भावनाओं को भड़काने के अन्य तरीके भी थे। 1969 में, द मित्रोखिन आर्काइव्ज के अनुसार, एंड्रोपोव ने मास्को में पॉलितब्यूरो को सूचित किया कि वे दिल्ली में अमेरिकी दूतावास के सामने 20,000 मुसलामानों के प्रदर्शन का आयोजन कर सकते हैं और इसकी कीमत 5,000 रुपये होगी। जिस पर 'लियोनिद ब्रेजनेव' ने लिखा, 'मैं इस अनुरोध पर विचार करने की माँग करता हूँ' और 'एंड्रोपोव' का अनुरोध स्वीकार कर लिया गया।
19. के.जी.बी. श्रीमती गाँधी को अमेरिका विरोधी नीतियाँ बनाने के लिये प्रभावित करने में सक्षम था।
20. के.जी.बी. संजय गाँधी के समाजवाद पर खुले अविश्वास को बदलने के लिये अत्यंत संवेदनशील था इसलिये उन्होंने संजय

गाँधी के एक करीबी दोस्त को अपना सदस्य बना लिया था जिसका गुप्त-नाम (code name) PURI रखा गया था।

'भारत बिकने को तैयार था... भारत बिकने को तैयार था... भारत बिकने को तैयार था'–चिढ़चिढ़ाते हुए मैंने घसीट-घसीट कर एक कागज पर लिखा।

के.जी.बी. के पूर्व मेजर-जनरल, ओलेग कलुगिन ने भी कहा था, 'ऐसा लगता था, पूरा का पूरा देश बिकने को तैयार बैठा है।'

यूरी के शब्द भी मेरे कानों में गूँज रहे थे, 'ऐसा लगता है कि भारत बिकने के लिये तैयार है।'

'क्या इंदिरा गाँधी वास्तव में कठपुतली बन गयीं थीं? क्या उन्होंने भारत को बेच दिया था? क्या भारत के खिलाफ साजिश रचने वाली काँग्रेसियों की भ्रष्ट सरकार, मीडिया, बुद्धिजीवी, कलाकार, कथावाचक, हितैषी, राजनेता, जमींदार... सबने आपस में 'मेलजोल' कर लिया था? 'भारत की संप्रभुता किसने बेची? उसकी स्वतंत्रता... किसने बेची? स्वतंत्रता सेनानियों की मेहनत और पसीना... किसने बेचा? उनकी डायरी... किसने बेची?' मेरा मन सवालों से गूँज उठा।

'मित्रोखिन आर्काइव्ज' पढ़ लेने के बाद हम सब, मेरे छोटे से स्टूडियो के अलग-अलग कोनों में चले गये। हमें समझ ही नहीं आ रहा था कि अब आगे क्या कहें... हम आपस में नजरें तक नहीं मिला पा रहे थे... हम अचंभे में पड़ गये थे... हमें शर्म आ रही थी... हम पूरी तरह से टूट चुके थे... हम सब आश्चर्यचकित थे।

मेरे अंदर एक अजीब सा खालीपन समा गया था... ऐसा लग रहा था सब कुछ खाली हो गया हो... खालीपन के उस शून्य में... मेरी आत्मा से एक आवाज निकली।

मैंने पेपर की कुछ शीट्स उठायी और उन पर लिखना शुरू कर दिया... एक प्रवाह में... बिना रुके... बिना सोचे... जैसे कोई दैवीय शक्ति मेरे अंदर प्रवास कर गयी हो और मुझे बता रही हो और मैं, मात्र एक माध्यम हूँ... मुझे यह भी नहीं पता कि मैं कितनी देर तक लिखता रहा... किन्तु यह एक पल की तरह ज्ञात हुआ।

चमत्कार, पल भर में होते हैं... परमात्मा पल भर में मिल जाते हैं।

अब मैं दृश्य के बाहर नहीं रह गया था... अब मैं दृश्य के अंदर प्रवेश कर गया था... यह मेरी कहानी बन गयी थी... मुझे अपनी आवाज मिल गयी थी... मैंने अपने लक्ष्य को प्राप्त कर लिया था... मुझे, मैं खुद, मिल गया था।

मैंने पल्लवी को वो शीट्स देते हुए कहा–'ये रहा फिल्म का क्लाइमेक्स।'

34

कहानी का अंत

उस दिन मुझसे जो भी लिखा गया था, वह लिखते समय मैं मन ही मन में खुद से बातें कर रहा था। क्या यह मेरी आवाज थी? या उनकी समर्थक रागिनी फुले की आवाज थी? या उनके विरोधी श्याम सुंदर त्रिपाठी की आवाज थी? शायद, यह मेरे बदलते स्वरूप की आवाज थी। पहले तो इनके बीच मतभेद थे पर शून्य के इस पल में, ये दोनों एक हो गये थे।

दो अलग-अलग दृश्यों में, एक में श्याम सुंदर त्रिपाठी, जो प्रतिपक्ष लेकर चल रहे थे और दूसरे में रागिनी फुले जो उनके समर्थन में बोल रहीं थीं, यह मोनोलॉग फिल्म का क्लाइमेक्स बन गया।

जब मैंने यह क्लाइमेक्स लिखा, तब मैं रो पड़ा था।

जब यह पढ़कर मैंने सबको को सुनाया, तो वे सब रो पड़े।

जब अभिनेताओं ने इसे पढ़ा था, तो उनकी आँख में आँसू आ गये।

'जब श्वेता बसु प्रसाद ने इसे शूट किया तो वह रो पड़ी, कलाकार रो पड़े और पूरी यूनिट रो पड़ी। जब इस दृश्य का पहला कट चलाया गया, तो सारे टेकनीशियन रोये।

जब यह फिल्म सिनेमाघरों में रिलीज हुई, तो दर्शकों की आँखें गीली हो गयी।

इस फिल्म के 25 मिनट लंबे चले क्लाइमेक्स ने सभी को रुला दिया।

ये आँसू अलग नहीं थे... ये आपस में जुड़े हुए थे। ये आँसू दुख, हानि, पीड़ा, क्रोध और कुंठा से दबे लोगों की अभिव्यक्ति थे। ये आँसू इस व्यवस्था के साथ जुड़ी नाराजगी और हताशा की अभिव्यक्ति थे।

इसे मैं बिना काटे-छाँटे प्रस्तुत करता हूँ।

यह मेरी आवाज है, आपकी आवाज है, पूरे भारत की आवाज है।

जो काम टेररिस्ट इतने सालों की लड़ाई के बाद भी न कर सके, हमने आसानी से कर दिया। हमने हिन्दुस्तान को डिवाइड कर दिया है। हिन्दुस्तान समबडीज... हिन्दुस्तान नोबडीज। हिन्दुस्तान समबडीज मतलब हम चंद लोग जो इसे कंट्रोल करते हैं और हिन्दुस्तान नोबडीज... मतलब जो हिन्दुस्तान के सच्चे आदमी हैं-जो हम पर भरोसा करते हैं... यह हमने कैसे किया...? उनके पास एक ही ताकत है-'सच'... हमने उसे छीन लिया... आवाज उठाने की ताकत का खात्मा कर दिया... हम हैं पोलिटिकल टेररिस्ट... आतंकवादियों से भी बदतर...

इंदिरा जोसेफ रॉय (फिल्म में सामाजिक कार्यकर्ता) समिति का विरोध इसलिये कर रही हैं क्योंकि वह सरकार के साथ बातचीत करना चाहती हैं ताकि उनकी एन.जी.ओ. सरकार की जाँच के दायरे में न आये। समाज के प्रति उनकी कोई हमदर्दी नहीं है। उनको केवल विदेशी धन और समाज में अपना ऊँचा स्थान बनाये रखने से मतलब है जिसे वो गरीबों का शोषण करके हासिल करती हैं। वह एक सोशल टेररिस्ट हैं।

जज साहब समिति का समर्थन इसलिये कर रहे हैं क्योंकि वह सरकार की गुड बुक्स में बने रहना चाहते हैं ताकि उन्हें किसी समिति या आयोग में नियुक्त किया जा सके और सेवानिवृत्ति के बाद उन्हें सारे सुख सुविधा प्राप्त हों। उन्हें सच्चाई या न्याय से कोई लेना देना नहीं है। वह एक जुडिशियल टेरेटिस्ट हैं।

जी.वी.के. (पूर्व रॉ अधिकारी) इसलिये विरोध कर रहें हैं क्योंकि सरकार ने उनका कार्यकाल का नवीकरण नहीं किया। वे सरकार से अपना बदला ले रहे हैं। देश की सुरक्षा से उनका कोई लेना-देना नहीं है। वह अपने हितों के लिये देश की खुफिया बातें और देश की सुरक्षा को बेच सकते हैं। वह एक आतंकवादी से भी बदतर है।

आयशा अली शाह (पुरस्कार-विजेता इतिहासकार) नहीं चाहतीं कि जाँच जारी रहे क्योंकि अगर नये तथ्य सामने आते हैं, जिन से उनकी किताब में लिखी बातें झूठी साबित हो जातीं हैं तो बेस्टसेलर के उनके सपने का क्या होगा। उन्हें सच्चाई से कोई सरोकार नहीं है। वह केवल अपनी रॉयल्टी, अपने पुरस्कारों और अपनी प्रसिद्धि की परवाह करतीं हैं। वह अपने चुनिंदा इतिहास के साथ भावी पीढ़ियों को गुमराह करतीं हैं। वह एक इंटेलेक्चुअल टेररिस्ट हैं।

गंगाराम झा (वैज्ञानिक और बुद्धिजीवी) पूछताछ इसलिये जारी रखना चाहते हैं ताकि वह साबित कर सकें कि शास्त्री को जहर दिया गया था क्योंकि रसोइये का नाम जान मोहम्मद था। वह सांप्रदायिक हैं... वह एक कम्युनल टेररिस्ट हैं।

ओंकार कश्यप (अभिलेखागार निदेशक, अफसरशाह) की अपनी तो कोई आवाज ही नहीं है। इनका काम सच्चाई की रक्षा करना है लेकिन इनके लिये सब चलता है, रावण भी चलता है... राम भी चलता है... जब तक इनका बैंक बैलेंस बढ़ता रहता है। यह एक स्टेट टेररिस्ट हैं।

ये लोग अपने-अपने फायदे और मतलब से अलावा कुछ और सोच ही नहीं सकते। लोगों को लगता है कि लोकतंत्र मतदान से चलता है। गलत, लोकतंत्र विचार से चलता है... विवेक से चलता है... जो एक सच्चे हिन्दुस्तानी के अंदर है... लेकिन दुर्भाग्य से, उस पर उसका अपना कोई नियंत्रण नहीं है। उसका असली नियंत्रण यहाँ बैठे अलग-अलग वेशों में छुपे आतंकवादियों के पास है।

निर्दोष जनता ने इन आतंकवादियों पर भरोसा किया और इस उम्मीद से इन्हें प्यार और ताकत दी कि ये बदलाव लायेंगे, लेकिन इन लोगों ने भारत को ही बेच डाला। उनकी स्वतंत्रता को बेचा डाला। यह स्वतंत्र भारत के साथ किये गये विश्वासघात की कहानी है। भारत के लगभग 1.2 अरब लोग दिन-रात कड़ी मेहनत करते हैं, चुनौतियों से जूझते हैं, अपना खून जलाते हैं ताकि भारत और मजबूत बने... भारत चमकता रहे... ताकि भारत की नब्ज धड़कती रहे... लेकिन इन लोगों ने के.जी.बी. के हाथों इस नब्ज को ही बेच डाला।

शास्त्री जी की मृत्यु से जुड़ी कई कहानियाँ हैं। मैं नहीं जानता, इनमें से कौन सी कहानी सबसे अधिक प्रचलित है पर मैं यह जानता हूँ कि कौन सी सबसे कम प्रचलित है—और वो है सच

सिर्फ एक ऐसा सवाल है जिसके तार बाकी सारे सवालों के साथ जुड़े हुए हैं—पोस्ट-मॉर्टम।

हमें यह बताया गया कि पोस्ट-मॉर्टम केवल तभी करवाया जाता है जब उसके पीछे कोई ठोस वजह या उचित संदेह हो। और क्योंकि वहाँ कोई उचित संदेह नहीं था, इसलिये कोई पोस्ट-मॉर्टम नहीं करवाया गया था।

यह एक सफेद झूठ है। यह राज्य द्वारा प्रायोजित सफेद झूठ बोला गया।

शास्त्री की मृत्यु के तुरंत बाद, के.जी.बी. के नौवें निदेशालय ने अहमद सत्तारुव, उनके सहायक और एक भारतीय कुक (रसोइया) जिसका नाम जान मोहम्मद, को गिरफ्तार किया था। किस आधार पर? शास्त्री को जहर दिये जाने के शक के आधार पर। क्या संदेह करने के लिये यह कारण काफी नहीं था? यह कैसे संभव हो सकता है कि एक भारतीय कुक को गिरफ्तार किया जाता है–एक सामान्य नहीं बल्कि एक राजदूत के कुक को गिरफ्तार किया जाता है जिसके ऊपर भारतीय प्रधानमंत्री को जहर देने का संदेह था और सरकार कहती है उसे इस बारे में कुछ पता ही नहीं... क्या यह संभव हो सकता है?

कुलदीप नैयर ने इस बात की पुष्टि की थी कि राजदूत टी.एन. कौल ने अपना नाम साफ कराने के लिये उन्हें बयान जारी करने के लिये कई बार कहा था। क्या संदेह करने की यह एक ठोस वजह नहीं थी?

सरकार ने बताया कि ब्रिटिश डॉक्टरों ने यह कहा था कि शरीर का नीला पड़ जाना दिल का दौरा पड़ने की स्थिति में स्वाभाविक माना जाता है। पर सरकार ने हमें जो नहीं बताया वह यह है कि ब्रिटिश डॉक्टरों ने यह भी कहा था कि 'पोस्टमार्टम और टैक्सोलॉजिकल अध्ययनों के बिना, यह कहना बिल्कुल असंभव है कि उन्हें जहर नहीं दिया गया हो।'

फिर, खून से सनी हुई शास्त्री की टोपी, जिससे यह साबित होता है कि उनकी गर्दन से खून रिस रहा था। क्या यह भी संदेह करने की ठोस वजह नहीं थी?

मैं आपसे केवल एक मिनिट के लिये अपनी आँख बंद करके अपने दिल पर हाथ रखकर यह कल्पना करने के लिये कहता हूँ कि मान लीजिये कि आपके परिवार का कोई सदस्य, विदेश जाता है और वहाँ पर उसकी रहस्यमय परिस्थितियों में मौत हो जाती है।

जब शरीर वापस लाया जाता है, तो आप देखते हैं कि वह नीला पड़ गया है, सूज गया है और शरीर पर जगह-जगह काटे जाने के निशान बने हुए हैं और उन में से खून रिस रहा है। लेकिन, आपको पोस्ट-मॉर्टम कराने की अनुमति नहीं दी जाती और इस बात को पचास साल बीत जाते हैं... कैसा लगेगा आपको?

1998 में, ब्रिटेन की खुफिया एजेंसी एमआई6 के पास मित्रोखिन के दस्तावेज आ गये थे और उन्होंने यह जानकारी RAW के साथ साझा की थी तो फिर इसे राष्ट्र के सामने क्यों नहीं रखा गया?

क्या यह सच नहीं कि उन दिनों के.जी.बी. हत्याएँ कराने के लिये कुख्यात माना जाने लगा था-खासकर जहर देकर... क्या यह सच नहीं है कि उन दिनों के.जी.बी. शरीर में से अंग काटकर निकाल लेता था ताकि जहर दिये जाने का कोई सुराग न बचे। क्या यही कारण था कि शास्त्री जी के शरीर पर चीरा लगाने के निशान बने थे?

अगर यह सारी जानकारियाँ सरकार के पास थी, तो इन्हें संसद में पेश क्यों नहीं किया गया? इन्हें जनता से छिपाकर क्यों रखा गया? इसके पीछे कौन था?

इतने सबूत, इंटरव्यू ऊपर से जो लोगों ने खुद स्वीकारा है... क्या यह कहना गलत होगा कि शास्त्री की मृत्यु के बाद भारत को दोबारा से बाँट दिया गया था... कॉलोनाईज कर दिया गया था। इस बार व्यवस्थित तरीके से... और ऐसा करने के लिये हमारे अपने संविधान का उपयोग किया गया था... हमारे राजनेताओं का उपयोग किया गया था... हमारी खुफिया एजेंसियाँ... हमारा मीडिया... अफसरशाही और बुद्धिजीवियों का उपयोग किया गया था... हमारे सिस्टम का उपयोग किया गया था। इसके पीछे कौन था?

भारत का संविधान एक पवित्र ग्रन्थ है। यह किसी पार्टी का घोषणा पत्र नहीं है। भारत के संविधान की मूल प्रस्तावना में भारत को 'संप्रभु लोकतांत्रिक गणराज्य' के रूप में परिभाषित किया गया था। जब संविधान सभा में यह प्रस्ताव रखा गया कि प्रस्तावना में 'समाजवादी और धर्मनिरपेक्ष' भी शामिल किये जायें, तो आम्बेडकर ने इसे यह कहते हुए खारिज कर दिया था कि ऐसा करना 'लोकतंत्र की हत्या होगी'। उन्होंने तर्क दिया था कि 'समाजवाद और धर्मनिरपेक्षता किसी देश की नहीं, बल्कि पार्टी की नीति हो सकती है। क्या होगा अगर आने वाली पीढ़ियाँ एक नये प्रकार की व्यवस्था चाहती हों?' फिर, क्या कारण था कि शास्त्री जी की रहस्यमयी मौत के 10 सालों के भीतर आम्बेडकर की परिभाषा बदल दी गयी? इन शब्दों को क्यों जोड़ा गया, और वह भी आपातकाल के दौरान जब सारे के सारे समाजवादी और धर्मनिरपेक्ष नेता, विचारक, कार्यकर्ता सलाखों के पीछे बंद थे? क्या यह 'लोकतंत्र की हत्या' नहीं थी?

इस समझौते से सबसे ज्यादा फायदा किसे होने वाला था? वह कौन था जो समाजवाद की विचारधारा में भारत को उलझा देना चाहता था? हत्या के सुराग हत्या से पहले क्या है, इसमें नहीं बल्कि, हत्या के बाद जो होता है, उसमें छिपे होते हैं। शास्त्री की मृत्यु के कुछ वर्षों के भीतर, भारत दफ्तरशाही, काला-बाजारी, राष्ट्रीयकरण और भ्रष्टाचार से घिर गया था... क्या यह संभव होता यदि शास्त्री जीवित होते?

भारत में मित्रोखिन के खुलासे को दबा दिया गया। पुस्तक को स्वतंत्र रूप से बेचने की अनुमति नहीं दी गयी थी... संसद में बहस स्थगित कर दी गयी... मीडिया ने कभी इसकी जाँच नहीं की... बुद्धिजीवियों ने कभी इस पर चर्चा नहीं की। इस प्रकार, सामान्य नागरिक यह कभी नहीं जान पाया कि भारत बिकने के लिये तैयार था...

अगर शास्त्री जीवित होते, तो क्या कोई भारत को बेचने की हिम्मत कर सकता था?

क्या इसीलिये पोस्ट-मॉर्टम नहीं किया गया?

वे कौन लोग हैं जिन्होंने भारत के माथे पर लिख दिया था कि भारत बिकने के लिये तैयार है?

जब युवा विरोध करते हैं, तो उनसे कहा जाता है कि वे कुछ नहीं जानते। हाँ, वे नहीं जानते कि शास्त्री की मृत्यु के बाद, भारत जासूसों के लिये 'डिज्नीलैंड' बन गया था। भारत में किसी भी अन्य देश की तुलना में के.जी.बी. के सबसे अधिक जासूस थे। हमारी अपनी खुफिया एजेंसी में कई अधिकारी के.जी.बी. के वेतन पर काम कर रहे थे।

क्या भारत की सुरक्षा का सौदा करने को आप राष्ट्रवाद कहेंगे?

सैकड़ों नेताओं, मंत्रियों और काँग्रेस सहित कई राजनीतिक दलों को के.जी.बी. पैसा भिजवाता था।

हमारे पत्रकार, मीडिया, प्रोफेसर, वैज्ञानिक, इतिहासकार, लेखक... लगभग हर प्रभावशाली या शक्तिशाली व्यक्ति... सभी के.जी.बी. के लिये प्रत्यक्ष या अप्रत्यक्ष रूप से काम कर रहे थे। पर हमारी इतिहास की किताबों में हमें कभी यह बात नहीं बतायी गयी। क्या गलत इतिहास लिखना... चुनकर इतिहास लिखना... लोकतंत्र के साथ छल नहीं है?

मैं कोई बुद्धिजीवी नहीं हूँ, मैं कोई एक्टिविस्ट नहीं हूँ, मैं कोई शोधकर्ता या विश्लेषक नहीं हूँ, मैं लेखक भी नहीं हूँ... मैं एक साधारण सा कथाकार हूँ। मुझे आश्चर्य इस बात पर है कि जब इतने बड़े सच पर पर्दा डाला जा रहा था तब हमारे सभी बुद्धिजीवियों, पत्रकारों, इतिहासकारों, राजनेताओं, अफसरशाहों ने इसे क्यों छिपा रहने दिया। हो सकता है कि उनको सब पता था पर उन्होंने अपने निजी स्वार्थ, पक्षपात और एजेंडे के चलते इसकी जाँच न करना बेहतर समझा हो।

शास्त्री के देहांत के अगले दिन, उनके सचिव को शास्त्री के हाथों का लिखा, साकिब लखनवी का एक शेर मिला–'जमाना बड़े शौक से सुन रहा था, हम ही सो गये दास्तान कहते-कहते।'

हो सकता है शास्त्री ने ये हमारे लिये ही लिखा हो... क्योंकि सब कुछ तो हमारी आँखों के सामने हो रहा है और हम आँखें बंद करके सो रहे हैं।

जब आने वाली पीढ़ियाँ पूछेंगी कि शास्त्री को किसने मारा, तो सभी उंगलियाँ हमारी ओर इशारा कर रही होंगी। शास्त्री एक नहीं दो बार मारे गये। पहले ताशकंद में... और फिर वह हमारे द्वारा मारे गये जब हमने उन्हें अपने दिलों से निकाल दिया और अपने आलसपन में अनजान बनकर, उदासीन होकर, सच्चाई का पता लगाये बिना यह मान लिया कि सत्य पर हमारा अधिकार नहीं है और शास्त्री को भुला दिया।

शास्त्री की हत्या, हमने की है।

मैंने जो कुछ भी सुना, पढ़ा, सीखा, महसूस किया और समझा, वह मैंने कहा है। हो सकता है, मैं बिल्कुल गलत हूँ। इसको केवल मैंने समझा है। लेकिन, अगर आप सोचते हैं कि लोकतंत्र में, एक नागरिक का पहला मौलिक अधिकार, सत्य का अधिकार है, तो अब, आपको पता लगाना है कि सच्चाई क्या है... और ये होगा वास्तविक न्याय, वास्तविक देशभक्ति, वास्तविक राष्ट्रवाद और भारत के दूसरे प्रधानमंत्री, श्री लाल बहादुर शास्त्री के प्रति असली श्रद्धांजलि।

यह मोनोलॉग फिल्म के बहुप्रशंसित अंतिम दो दृश्य बन गये।

35

उपसंहार: सत्यमेव जयते

सुबह के 4 बज रहे थे। हमने सिनेमाघरों में 'द ताशकंद फाइल्स' के 100 दिन पूरे कर लिये थे। यह और बात है कि हम इसे 117 वें दिन मना रहे थे। दरअसल हम अपने अगले प्रोजेक्ट–'कश्मीर फाइल्स' में व्यस्त हो गये थे। मैं गोवा में था और वहाँ मैं 'द कश्मीर फाइल्स' के ऊपर रिसर्च कर रहा था, तब बहुत से लोगों ने 'ताशकंद फाइल्स' की भव्य सफलता के ऊपर मुझे ट्वीट किये थे। उस दिन, हमने आखिरकार एक साथ रहने का समय निकाला... हम चारों ने... पल्लवी, तृप्ति, डॉक्साब और मैंने।

अब यह सब एक स्वप्न की तरह लग रहा था। यही सपनों की खूबसूरती होती है। जब हम उन्हें पा लेते हैं तो वो एक सपने की तरह दिखने लगते हैं। जैसे पर्वत की ऊँची छोटी पर चढ़ते-चढ़ते आप उसके शिखर पर पहुँच जाते हैं और वहाँ से नीचे देखने पर सबकुछ सपने जैसा लगता है और जब आप मुड़कर पीछे देखते हैं, तो यात्रा भी एक सपने की तरह लगती है। ऊपर बढ़ते प्रत्येक कदम के साथ आप 'रचनात्मक चेतना' में जीने लगते हैं। जब आप एक दल के साथ शिखर पर पहुँचते हैं तो मानव व्यवहार का निरीक्षण करना बहुत दिलचस्प होता है। कुछ लोग ऊंचाई को कोसते रहते हैं, कुछ सेल्फी लेना शुरू कर देते हैं। ऐसे लोग प्रकृति को भी सेल्फी के माध्यम से ही देखते हैं। कुछ लोग ऐसे

भी हैं जो बस वहाँ आराम करने लगते हैं। कुछ लोगों को इससे कोई फर्क ही नहीं पड़ता कि वे कठिन चढ़ाई पर चढ़ रहे हैं या पर्वतों के मनोरम दृश्य का आनंद ले रहे हैं। उनके लिये, ये दो अलग चीजें नहीं हैं... यह एक प्रक्रिया है... एक यात्रा है... एक मिशन है... एक अनुभव है... मैं भी आज उस मनोस्थिति में हूँ।

हमने एक बड़ी पार्टी की थी जब कुछ बड़ी फिल्मों के चलते हमरी फिल्म ने थियेटर में 50 दिन पूरे किये थे।

किसी ने भी कभी यह नहीं सोचा था कि हमारी छोटी सी फिल्म इतने लंबे समय तक चलेगी, इसलिये अब यह एक बड़ी सफलता की तरह लग रहा था। असंभव को संभव करके दिखा दिया था। हमने अंधेरी के एक रेस्तरां में कुछ दोस्तों को आमंत्रित किया था। रेस्तरां की क्षमता 150 थी, इसलिये हमने 200 लोगों को आमंत्रित किया था। आखिर में 500 लोग आ गये थे। सिर्फ इसलिये क्योंकि मैंने अपने व्हाट्सएप ग्रुप में लिख दिया था–'यह आपकी फिल्म है... इसलिये ये आपकी पार्टी है'... ताशकंद फाइल्स लोगों की फिल्म बन गयी थी। जिस किसी ने भी इसे देखा वह इसका ब्रांड एंबेसडर बन गया। सभी की फिल्म थी इसलिये यह पार्टी भी सभी के लिये थी ...मैंने कई दोस्तों और प्रशंसकों को आमंत्रित किया था।

मुझे याद है किस तरह हम पसीने में भीगे मेहमानों के साथ तस्वीरें ले रहे थे... शायद यह मेरे जीवन की सबसे सफल पार्टियों में से एक थी पर न जाने क्यों मुझे इसका इस तरह से मनाया जाना कुछ अटपटा सा लग रहा था।

'आखिर क्यों? ऐसी सफलता का स्वाद आपने पहले कभी नहीं चखा... अब आप इसका उत्सव मनायें'–पल्लवी ने मिथुन दा' और अनुपम खेर के साथ सेल्फी लेते हुए मेरे कान में आकर कहा।

लेकिन, इसमें उत्सव मनाने जैसे तो कोई बात नहीं थी... यह आत्म-खोज की एक यात्रा थी।

जब इस फिल्म का विचार मेरे मन में आया था तब मैंने सोचा भी नहीं था कि वो इसे कहाँ लेकर जायेगा। धीरे-धीरे यह मेरा जुनून बन गया और जैसे-जैसे यह परिपक्व होता गया, यह मेरा लक्ष्य बन गया। इसके लिये हमने कड़ी मेहनत की... हमने समझदारी से काम किया... हमने योग्यता से काम किया... हमने रचनात्मक ढंग से काम किया... इसके लिये हमने वह सब दे दिया जो कुछ भी हमारे पास था... दिन और रात... चित्त और जीवन... तर्क और उमंग... परिवार, मित्र और सामाजिक जीवन... बचत की कमाई, हमारी नींद... और हमारे जीवन के चार साल।

यह एक कठिन यात्रा थी... आर्थिक, सामाजिक, व्यक्तिगत, मनोवैज्ञानिक, भावनात्मक, पेशे से और आध्यात्मिक रूप से... यह संकल्प की सम्पूर्णता थी जिसके कारण यह एक सपने जैसा लगता है।

जब हमने इस पर इतनी खोज कर ली थी, हमारे पास कहानी थी, रूपरेखा थी तो पटकथा नहीं थी। जब हमारे पास पटकथा आ गयी थी तो हमारे पास क्लाइमेक्स नहीं था फिर एक दैविक क्षण में हमें सककुछ मिल गया। श्वेता ने इसे केवल एक टेक में जादू की तरह प्रदर्शित कर दिया।

अदाकारों का चुनाव करने में भी कई दिक्कतें आयीं। बहुत सारे अभिनेता, सहमत होने के बाद, मुकर गये। कुछ के वास्तविक कारण थे लेकिन कुछ वैचारिक मतभेद के कारण छोड़ कर चले गये। फिर एक समय ऐसा आया जब मुझे लगने लगा कि शायद मैं इस फिल्म के लिये कभी भी कलाकारों को नहीं चुन पाऊँगा। मुझे इस बात से आघात हुआ और कुछ दिनों के लिये बहुत दुखी

हो गया लेकिन फिर इसने मेरे संकल्प को और भी ज्यादा मजबूत कर दिया। अंततः हमें सबसे प्रतिभाशाली कलाकार मिले। छह राष्ट्रीय पुरस्कार विजेता... अन्य कलाकार भी अति प्रतिभावान और अति सम्मानित श्रेणी से आते थे। इसके लिये मुझे कोई संघर्ष नहीं करना पड़ा... सब कुछ जैसे अपने आप होता चला गया–सपने जैसा। हम पर सरस्वती की कृपा थी... निश्चित रूप से कोई दैवीय शक्ति इसके पीछे थी।

इसकी खोज कठिन थी और फिर ऐसा काम हमने पहले कभी किया भी नहीं था लेकिन हमने इसे धीरे-धीरे सीख लिया। कई बातें हमारे पास खुद चलकर आ गयी, जैसे कोई चुपके से हमारी मदद कर रहा हो। फिर, मैंने लोगों से अपील की कि वे इस शोध में हमारी मदद करें और उस के बाद तो जैसे सूचनाओं का ढेर लग गया।

इसे पूरा करने के लिये हमारे पास कोई खास पैसा भी नहीं था और बहुत ही कम पैसों में हमें यह फिल्म पूरी करनी थी... एक बड़े स्तर की फिल्म बहुत ही कम पैसों मैं...। यह फिल्म बनाते समय, मैंने एक और बात जानी कि कुछ उत्साही, कुछ नया सीखने के लिये तत्पर, आत्म-प्रेरित, युवा, कई अहंकारी, उबाऊ और तथाकथित प्रतिभाशाली कलाकारों से कहीं बेहतर हैं। इस फिल्म का निर्माण करने के लिये हमने उन्नतिशील और ताबड़तोड़ तरीके अपनाये, शूटिंग के हर एक पल का उपयोग किया, बहुत अच्छे सौदे तय किये, हर काम कड़ी मेहनत और समझदारी से किया।

हमने अपने कलाकारों को पच्चीस पेजों पर लिखे सीन याद कर लेने के लिये कहा ताकि समय बचाने के लिये इन्हें दो या तीन बार में फिल्माया जा सके। कलाकारों ने इन्हें एक ही बार

में पूरा कर हमें चकित कर दिया। हमने नियत समय से दो दिन पहले ही अपना काम समाप्त कर लिया। हमारे आकार की फिल्म के लिये, दो दिन बहुत मायने रखते थे। ये सभी अपने आप में दिग्गज कलाकार थे। मुझे हमेशा डर लगा रहता था कि कहीं कोई नाराज न हो जाये क्योंकि जब आप इतने सारे लोगों को लेकर एक साथ काम करते हैं तो किसी न किसी के नाराज होने की संभावनाएँ भी बढ़ जाती हैं। अभिनेता बच्चों की तरह होते हैं; ये चाहते हैं कि निर्देशक केवल इनकी ओर अपना ध्यान केंद्रित रखे। उपेक्षा का एक छोटा-सा संकेत भी समस्याओं का कारण बन सकता है। एक और मुश्किल यह थी कि सेट पर हमेशा प्रतिस्पर्धा की भावना बनी रहती थी यदि एक कलाकार किसी दिन पूरा ध्यान अपनी ओर आकर्षित कर लेता और उसकी बहुत प्रशंसा की जाती, तो कुछ अन्य परेशान हो जाते और अगले दिन शूटिंग का रुख अपनी ओर मोड़ देना चाहते। मैंने पहले कभी ऐसी स्थिति का सामना नहीं किया था इसलिये, मैंने सब कुछ सरस्वती माँ पर छोड़ दिया था और सब कुछ इतनी आसानी से होता चला गया। यह सब एक सपने जैसा लगता है। यह मेरे जीवन के सबसे अच्छे अनुभवों में से एक था।

क्या ऐसा अनुभव दूसरों ने भी किया था?

जिस दिन मिथुन दा' ने अपनी शूटिंग खत्म की, सेट पर एक भावुक माहौल बन गया। उन्होंने अपनी प्रतिभा, कड़ी मेहनत, लगन और अपने स्वभाव से सेट पर सभी का दिल जीत लिया था। जब हमने केक काटा और विदाई समारोह के समापन के बाद मैं उन्हें छोड़ने उनकी वैन तक गया तब उन्होंने मुझे गले लगाया और कहा कि उन्होंने शूटिंग का ऐसा आनंद पहले कभी नहीं लिया। मैं सेट पर वापस आ गया।

करीब एक घंटे बाद, उनके सहायक ने आकर मुझसे कहा, 'दादा आपको बुला रहे हैं।' 'क्या? वो अभी तक गये नहीं?'–मैंने आश्चर्य से पूछा।

'नहीं'–उन्होंने कहा।

वैन के अंदर, दादा एक कोने में बैठे थे... बत्ती धीमी कर रखी थी।

उन्होंने मेरा हाथ पकड़ा और कहा, 'माफ करना मैंने तुम्हें शूटिंग के बीच में से बुला लिया पर मैं अभी तक जा न सका। पता नहीं क्या पर मुझे कुछ सत्ता रहा है और ऐसा मेरे 40 साल के अनुभव में, अनगिनत फिल्मे करने के बाद, पहली बार हो रहा है। यह एक अलग एहसास है... पता नहीं क्यों पर मैं जाना नहीं चाहता।'

उनकी आँखें नम हो गयीं थीं... पर उन्होंने उसे रोका नहीं... दिखावा नहीं किया।

'तुमने मुझे एक नयी चुनौती दी है... एक नया इम्तिहान लिया है... मुझे उम्मीद है कि मैं तुम्हारे इस इम्तिहान में खरा उतर पाया।'

उस वातावरण में एक पूर्णतः सत्यता का अहसास हो रहा था। मैंने इस तरह के सच के पलों का अनुभव भोपाल छोड़ने के बाद कभी नहीं किया था। संवेदना के प्रति मेरी शून्यता एक क्षण में भंग हो गयी।

'यह आप क्या कह रहें हैं मिथुन दा', मैंने आपसे कितना कुछ सीखा है।'

'मैंने तुम्हें इसलिये बुलवाया क्योंकि तुमने मुझे जो अवसर दिया, उसके लिये मैं तुम्हें धन्यवाद देना चाहता हूँ और यह बात मैं पूरे दिल से कह रहा हूँ।'

कृतज्ञता के ऐसे भाव की अनुभूति मैंने पहले कभी न की थी।

जब नसीरुद्दीन शाह का काम खत्म हुआ, तो फिर से एक केक मंगवाया गया। यहाँ माहौल कुछ अलग था। मिथुन दा' के जाते समय, हर कोई भावुक था जैसे कोई बुद्धिमान और प्यार करने वाले सयाने इंसान के जाने पर हो जाता है पर नसीर के जाते समय ऐसा महसूस हो रहा था जैसे कोई सुशिक्षित प्राध्यापक के जाने पर होता है। हम उन से थोड़ा भयभीत रहते थे पर हमें उन से बहुत कुछ सीखने को मिला था। अगर मिथुन दा' से हमने अपने जीवन के बारे में सीखा था तो नसीर से हमने कला के बारे में सीखा था।

जाते समय नसीर भावुक हो गये और बोले, 'अपने पूरे पेशे में, मैं हमेशा यह सोचा करता था कि कब ये शूट खत्म हो और कब मैं वापस घर जाऊँ... पर यह पहली बार है कि मैं नहीं चाहता की शूटिंग खत्म हो ...तुम लोग मुझे इतनी जल्दी वापस क्यों भेज रहे हो? मैं और शूटिंग करना चाहता हूँ।'

शूटिंग खत्म होने के बाद, निवेशक के पैर ठंडे पड़ गये जो हमेशा एक छोटी फिल्म के जीवन में होता है। हर कोई उनसे यह कहने लगा कि भला शास्त्री पर फिल्म कौन देखना चाहेगा। शुरुआत में, उन्होंने सोचा था कि जैसे ही वह शूटिंग पूरी करेंगे, स्टूडियो उनके पास पैसों की बोरियां ले लेकर आ जायेंगे। यह असंभव था पर ऐसा न होने से वे निरुत्साहित हो गये और हमें पैसे भेजना बंद कर दिया। फिल्म अटक गयी। हमारे पास इतने पैसे नहीं थे जो हम उस में डाल पाते... लगभग नौ महीने तक कोई काम नहीं हुआ, जिससे मुझे अपनी अगली फिल्म पर काम करने के लिये पर्याप्त समय मिल गया।

इस बीच, मेरी पुस्तक 'अर्बन नक्सल्स' का लोकार्पण हुआ और कुछ ही समय में वह सबसे तेजी से बिकने वाली 'बेस्टसेलर' किताब बन गयी। इस किताब को लेकर मैंने अमेरीका, ब्रिटेन और पूरे भारत का दौरा किया। शिकागो में विश्व हिंदू काँग्रेस में, जब मैंने यह घोषणा की कि मेरी अगली फिल्म शास्त्री की रहस्यमय मौत पर आधारित है, तो दर्शक खड़े हो गये और लंबे समय तक ताली बजाते रहे। वे इतने उत्साहित हो गये थे कि बैठने के लिये, मुझे उनसे विनती करनी पड़ी। मुझे तब यह एहसास हुआ कि यह फिल्म चलेगी जरूर क्योंकि लोगों के मन में काफी उत्सुकता है।

पर कोई भी इस फिल्म को लेने के लिये तैयार नहीं था। निवेशक उस समय तक रिलीज फंड का भुगतान करने के लिये तैयार नहीं हो रहे थे, जब तक कोई स्टूडियो या एकमुश्त खरीदार न मिल जाये। ऐसे में विरोधाभास की स्थिति बन गयी थी। फिल्म उद्योग में लगभग सभी ने मुझसे यही कहा, 'शास्त्री में किसी की दिलचस्पी नहीं है, आज के युवा उनकी परवाह नहीं करते... जो किसी को जानता तक नहीं, भला वह उस पर फिल्म देखने क्यों जायेगा?'

'ठीक यही कारण है कि वह फिल्म देखने जायेंगे... क्योंकि वे जानते नहीं...और वे जानना चाहते हैं'—मैंने वही कहा जिस पर मुझे विश्वास था।

लेकिन किसी ने मुझे नहीं समझा... उन्होंने कभी यह समझने की कोशिश भी नहीं की कि आखिर यह फिल्म है क्या... वे फिल्म देखने के लिये भी तैयार नहीं थे... मुझे नहीं पता था कि वे शास्त्री या मेरे प्रति इतने उदासीन क्यों थे?

तब पल्लवी और मैं, सुभाष चंद्रा से मिलने वर्ली में उनके कार्यालय पहुँचे। मैंने उन्हें दस मिनट की क्लिप दिखायी... तब उन्होंने मुझसे पूछा कि मैं उनसे क्या चाहता हूँ। मैंने कहा कि

मैं चाहता हूँ कि जी स्टूडियोज या तो इस फिल्म को खरीद ले या रिलीज करा दे। उन्होंने तुरंत जी स्टूडियोज के सी.ई.ओ. को फोन किया और उनसे कहा कि उन्हें इस फिल्म को लेकर कुछ करना है।

जी स्टूडियोज ने फिल्म देखी, उसे पसंद भी किया लेकिन कभी उस पर विश्वास नहीं किया। सी.ई.ओ. इस बात को लेकर असमंजस में थे कि लोग तथ्यों और कल्पना के इस मिश्रित और नये प्रारूप को स्वीकार कैसे करेंगे। इसके अलावा, उनके मन में शंका थी कि कोई भी इस तरह के भारी शब्दों से भरी फिल्म देखना क्यों चाहेगा? वह निर्णय नहीं ले पा रहे थे लेकिन उन्हें कुछ न कुछ तो करना था क्योंकि अध्यक्ष ने उनसे कहा था। कोई भी यह नहीं समझ रहा था कि यह सिर्फ एक फिल्म नहीं है, यह एक अनुभव है, यह एक आवाज है और अगर कुछ लोगों ने भी इस आवाज को पहचान लिया तो वो इससे जुड़ जायेंगे और लोगों को इससे जोड़ने लगेंगे। इस फिल्म के लिये आवश्यकता थी तो केवल एक अवसर की।

यह फिल्म केवल 250 स्क्रीन में रिलीज की गयी। एक औसत फिल्म 1000-2000 स्क्रीन्स में रिलीज होती है। बड़ी फिल्में 4000-5000 स्क्रीन में रिलीज की जाती हैं... यहाँ तक कि सबसे छोटी कला-फिल्म को भी 400-500 स्क्रीन मिलती हैं। हमें केवल 250 स्क्रीन दिये गये थे... एक औपचारिकता के तौर पर... न कोई विज्ञापन... न कोई जागरूकता... मैं कोई आदेश देने की स्थिति में नहीं था... सब कुछ एक औपचारिकता की तरह किया जा रहा था उस फिल्म के लिये... जिसकी खुद अपनी एक ऊर्जा थी... खुद अपना एक जीवन था।

रिलीज से दो दिन पहले, एक प्रसिद्ध आलोचक ने ट्वीट किया कि वह 'द ताशकंद फाइल्स' की समीक्षा नहीं करेंगे और

इसके बजाय उन्होंने मेरी पिछली फिल्म, 'बुद्धा इन अ ट्रैफिक जाम' पर अपनी दुर्भावनापूर्ण समीक्षा को संलग्न कर दिया, और उन्होंने इसे कोई स्टार भी देने से इन्कार कर दिया। कुछ अन्य हाई-प्रोफाइल आलोचकों ने इस फिल्म का बहिष्कार कर दिया। अधिकांश ने इसे बहुत निम्न श्रेणी का बताया; कुछ ने इसे जीरो स्टार दिये और कुछ ने इसे 5 स्टार दिये। अधिकांश आलोचकों ने मेरी, मेरी विचारधारा की, मेरे ट्वीट की और मेरे निजी जीवन की समीक्षा कर डाली लेकिन फिल्म की नहीं। लेकिन, स्वदेशी प्रेस ने इसे अच्छा बताया।

शुक्रवार को रिलीज करने के बाद पहले सोमवार को किसी भी फिल्म की कीमत का आंकलन किया जाता है। अगर फिल्म का कलेक्शन 50 प्रतिशत से ज्यादा गिरता है, तो माना जाता है कि यह असफल है। हमारे मामले में, शुक्रवार की तुलना में राजस्व, थोड़ा ज्यादा ही रहा। यह बहुत उत्साहजनक था। लेकिन डर यह था कि बुधवार को करण जौहर की एक बड़ी फिल्म 5,000 स्क्रीन पर रिलीज होने जा रही थी। इसका मतलब यह था कि उन की ताकतवर फिल्म को दिखाने के लिये कुछ थिएटर्स हमारी फिल्म उतार देंगे और उन्होंने ऐसा किया भी... फिर उस समय जब 'कलंक' रिलीज हुई, तो हमारी स्क्रीन नीचे गिरकर 110 पर पहुँच गयी... अब कोई रास्ता नहीं बचा था जिससे हम वीकेंड तक टिक सकते थे... लेकिन हमने ऐसा किया... सोमवार से, हमारी स्क्रीन बढ़ने लगीं और मंगलवार तक वे 750 तक जा पहुँची। यहाँ तक कि जी-स्टूडियोज भी इस पर विश्वास नहीं कर पा रहा था। लेकिन एक और अवरोधक था कि 'एवेंजर्सः एंडगेम' अगले शुक्रवार को रिलीज होने जा रही थी और यह 5,000 से अधिक स्क्रीनों में चौबीसों घंटे चलने वाली फिल्म थी... पर शुक्रवार को

भी, हमारी स्क्रीन 400 तक बनी हुईं थीं, जो खुद इस बात का सबूत था कि फिल्म काम कर रही थी।

धीरे-धीरे, लोगों के मुँह से इसकी तारीफ सुनी जाने लगी। लोगों ने लगभग सभी भाषाओं में इसकी समीक्षा लिखना शुरू कर दिया। अपने दम पर लोगों ने इसे 5 स्टार देना शुरू कर दिया... ये समीक्षा अब व्हाट्सएप ग्रुपों में चलने लगी... IMDB में इसकी रेटिंग 8.7 हो गयी, जो बॉलीवुड फिल्मों के लिये अब तक की सर्वाधिक थी... '3 इडियट्स' से भी ज्यादा। Google रेटिंग 5 में से 4.5 पर आ गयी थी और बुक माय शो (www.bookmyshow) को 95 प्रतिशत की मंजूरी मिली थी... एक ऐसी फिल्म जिसे कोई स्टार ही न दिये गये हों और जो मुख्यधारा से हटकर हो... आज दर्शकों द्वारा इस तरह पसंद की जा रही थी... दर्शकों द्वारा इसकी समीक्षा लिखी जा रही थी... और स्टार भी दिये जा रहे थे।

हम 'एंडगेम' के चलते टिके रहे... हमारे शो फिर से बढ़ना शुरू हो गये... लेकिन अगले शुक्रवार को करण जौहर की एक और फिल्म 'स्टूडेंट ऑफ द ईयरः 2' रिलीज होने जा रही थी... लेकिन हम फिर भी टिके रहे। सोमवार को स्क्रीन में कमी और वृद्धि का सिलसिला जारी रहा... छोटे शहरों के कई मल्टीप्लेक्सों में जैसे देहरादून, भोपाल आदि में फिल्म को उतार लिया गया।

मैंने लोगों को व्यक्तिगत रूप से जाकर, स्थानीय सिनेमाघरों के प्रबंधकों से मिलने का अनुरोध करने के लिये एक वीडियो जारी किया। लोगों ने वास्तव में ऐसा करना भी शुरू कर दिया। फिर इस बात को लेकर, थिएटर के प्रबंधकों ने जी-स्टूडियोज से शिकायत करना शुरू कर दिया... ए.सी. में बैठकर आराम से काम करने वाले इन लोगों ने ऐसी घटना पहले कभी नहीं देखी थी... इनके पास ताकत थी, पर वे यह भूल गये थे कि वे जो

व्यवसाय कर रहे थे वह लोगों से जुड़ा था इसलिये बात भी इसमें लोगों की मानी जायेगी... लोगों को बस अपनी आवाज भर बुलंद करने की देर थी। 'द ताशकंद फाइल्स' के मामले में, उन्होंने ऐसा किया। सिनेमाघरों को एक सप्ताह के अंतराल के बाद यह फिल्म वापस चलानी पड़ी और फिर पाँच से छह सप्ताह तक इसका शो हाउसफुल चला।

हमने 50 दिन पूरे कर लिये थे... यह अविश्वास का क्षण था... हमने एक पार्टी रखी जिसे लोगों ने खूब आनंद के साथ मनाया... सभी लोग यह मानकर घर चले गये कि अब यह फिल्म 4–5 दिन और चलेगी पर इसके पैर में तो पहिये लग गये थे और इसने भागना शुरू कर दिया था।

जैसा कि मैंने पहले भी बताया था कि उस समय मैं गोवा में था जब मैंने इसके 100 दिन पूरे होने के बारे में जाना। एक फिल्म के लिये यह सबसे बड़ी उपलब्धि होती है। यह हमारी जैसी फिल्म के लिये एक असाधारण उपलब्धि थी जिसका न कोई विज्ञापन किया गया था, न कोई स्टार दिया गया था, न किसी भी प्रकार की मार्कीटिंग की गयी थी और न अच्छी समीक्षा की गयी थी। यह न केवल 100 दिनों तक चली, बल्कि इसने सभी के लिये पैसा भी कमाया और सत्य के अधिकार के लिये आंदोलन भी शुरू करवाया।

लोगों ने कहा था कि आज के युवा, शास्त्री में दिलचस्पी नहीं लेंगे... हमारे अधिकांश दर्शकों में युवा और महिलाएँ शामिल थीं।

फिल्म को दुनिया के कुछ सबसे प्रतिष्ठित मंचों पर प्रदर्शित किया गया था, जिसमें विश्वविद्यालय और अन्य स्थल शामिल थे। इंडियन इंटरनेशनल फिल्म फेस्टिवल, गोवा (IFFI) में एक विशेष स्क्रीनिंग रखी गयी जो बेशुमार तालियों की गड़गड़ाहट के साथ समाप्त हुई।

जिस किसी ने भी यह फिल्म देखी, उसने सर्वसम्मति से लगभग एक ही बात कही... 'इस फिल्म ने हमारी आँखें खोल दीं... हमने बहुत कुछ सीखा... काश हमारे स्कूल में यह सब पढ़ाया जाता... हर स्कूल, कॉलेज में इसे अनिवार्य कर देना चाहिये...'

इस फिल्म ने हंगामा मचा दिया था। इस फिल्म ने उन सभी आलोचकों को शर्मिंदा कर दिया था जिन्होंने दुर्भावना के भाव से इसे कुचल डालने का प्रयत्न किया था, जिन्होंने इसे दुष्प्रचार बताया था, जिन्होंने इसे मिटा देने की कोशिश की थी, जिन्होंने मुझे रोकने के लिये कानूनी नोटिस भेजे थे, जिन्होंने मुझे मौत की धमकियां दीं थीं, जिन्होंने मुझे ट्रोल किया था... एक फिल्म ने उनकी बिकी हुई समझ को उजागर कर दिया था... यह दृढ़ विश्वास और सत्य की जीत थी।

इस फिल्म ने युवाओं के अंदर शास्त्री के प्रति अद्‌भुत जागरूकता पैदा कर दी थी। पहली बार सोशल मीडिया पर शास्त्री को लेकर बाढ़ आ गयी थी। गाँधी की 150वीं वर्षगाँठ पर, प्रधानमंत्री नरेंद्र मोदी ने ट्वीट कर उन्हें सम्मान दिया... हजारों रीट्वीट किये गये। कुछ समय बाद, उन्होंने शास्त्री को श्रद्धांजलि देते हुए एक और ट्वीट पोस्ट किया... शास्त्री के ट्वीट को गाँधी के ट्वीट की तुलना में कम-से-कम 20 गुना अधिक रीट्वीट किया गया... पिछले वर्ष यह ठीक उल्टा था... फेसबुक और इंस्टाग्राम पर भी यही हाल था... हालांकि इससे कुछ साबित नहीं होता, पर यह एक आशा की किरण जगाता है।

सुबह के करीब 5.30 बजे थे, सब लोग सो रहे थे... पर मैं अभी जाग ही रहा था... पक्षियों ने चहचहाना शुरू कर दिया था... सवेरा किसी भी क्षण होने वाला था... हवा में थोड़ी ठिठुरन थी... मैंने अपने पापा की डायरी निकाली और सूरज की पहली किरण पृथ्वी

पर पड़ते ही बिना सोचे समझे अचानक ही डायरी का एक पेज खोला।

वास्तविक विजय वह नहीं जिसका अस्तित्व आपके अंत के साथ समाप्त हो जाता है। वास्तविक विजय इस संसार को इस तरह बदलने से अर्जित की जा सकती है जो आगे के बदलाव के लिये एक संदर्भ बन जाती है। अगर आप केवल समतल और सपाट सड़कों पर चलना चाहते हैं तो हमेशा पहले से ज्ञात रास्तों पर ही जाना लेकिन अगर आप नये रास्तों को खोजने निकले हैं तो आपको कठिन पथ ही चुनना पड़ेंगे और सभी अवरोधों को पार करना पड़ेगा। हो सकता है अंत में पहुँचकर आपको ऐसा लगे कि आपने कुछ भी नहीं पाया पर इस यात्रा का अनुपम अनुभव सदा आपके साथ रहेगा। यह आपकी अपनी कहानी होगी। अगर आप कुछ अर्जित कर लेते हैं तो उसे पकड़ कर वहाँ रुक मत जाना। अगर आप सत्य को पा लेने की चाह रखते हैं तो कभी नहीं थमना। एक नये सत्य की खोज में निकल पड़ना। सत्य एक जगह ठहरकर नहीं रहता। यह जीवन की तरह एक गतिशील क्रिया है। इतिहास कोई वस्तु नहीं है जो कहीं और घटित होती है, वह यहाँ, हमारी आँखों के सामने घटित होता है और हम सब इसे बनाने में योगदान देते हैं। जहाँ कहीं पर कुछ हो ही नहीं, जैसे की शून्य में... वहाँ पर शासन भी नहीं किया जाता। शक्ति का संचालन शक्तिशाली और शक्तिहीन के बीच अनेकों पारस्परिक क्रियाओं द्वारा तय किया जाता है।

आशा का साथ कभी न छोड़ना। आशा केवल तुम्हारे मन की एक दशा है... न कि संसार के मन की।

या तो हमारे अंदर आशा है या नहीं है... यह आत्मा का विस्तार है। आशावाद और आशा दोनों एक नहीं हैं–यह आस्था के कारण नहीं कि कुछ अच्छा होगा, बल्कि इस बात की निश्चितता के कारण, कि कुछ तो होगा, बगैर इस पर ध्यान दिये कि वह कैसा होगा। आशा हमें जीने की शक्ति देती है और लगातार नयी चीजों को परखने के लिये प्रेरित करती है, यहाँ तक कि हमारे यहाँ चल रहीं निराशाजनक परिस्थितियों में भी।

सत्य की खोज केवल वही कर पाते हैं जिन पर सरस्वती की कृपा होती है... जो स्वयं को सरस्वती के चरणों में समर्पित कर देते हैं और निरंतर आगे बढ़ते जाते हैं... अकेले बढ़ते जाते हैं... अनावृत दशा में बढ़ते जाते हैं... जो त्याग पर विश्वास करते हैं और हर कार्य तपस्या की तरह करते हैं। कृतज्ञता का आचरण एक ऐसा आचरण है जो जीवन में हमें हर क्षण करना चाहिये... सरस्वती आपको कई रूपों में मिलतीं हैं, परिस्थितियों के माध्यम से... लोगों के माध्यम से... इसलिये तुम अपने समर्थकों के प्रति कृतज्ञता का भाव रखना... तुम अपने आलोचकों के प्रति कृतज्ञता का भाव रखना... और तुम संसार के समस्त प्राणियों के प्रति कृतज्ञता का भाव रखना। अंत में केवल सत्य के विजय होगी।

मैंने डायरी बंद कर दी। पापा ने सही कहा था–सरस्वती हमें कई रूपों में मिलती है।

सूर्य पूरी तरह से उदित हो चुका था और यह दिन अत्यंत सुन्दर लग रहा था जहाँ नीला आकाश पूर्णतः स्पष्ट और निर्मल प्रतीत हो रहा था।

मैंने डॉक्साब को फोन लगाया पर उन्होंने उठाया ही नहीं। मैंने दोबारा लगाया तो वो आधी नींद में बोले...

'हेलो।'

'डॉक्साब?'

'जी सर।'

'सौरभ, माफ करना मैंने तुम्हें जल्दी उठा दिया। मैं तुम्हें सिर्फ धन्यवाद देना चाहता था।'

उनका कोई जवाब ही नहीं आया।

'दोबारा से सो जाओ'–मैंने कहा।

फिर मैंने तृप्ति को मेसेज लिखा–'हर चीज के लिए धन्यवाद।'

फिर मैं कमरे में गया... पल्लवी गहरी नींद में सो रहीं थीं... मैंने उन्हें गाल पर किस किया और धीरे से जाकर उनके कान में कहा–'थैंक यू'। उन्होंने मुझे गले लगा लिया... और मैं उनके पास जाकर सोने की कोशिश करने लगा।

उस क्षण मुझे ऐसा लग रहा था जैसे कि पूरा संसार मेरी ओर देख रहा है और मुझसे कह रहा है...

'सत्यमेव जयते।'

संदर्भ सूची

BOOKS

1. R PH Editorial Board. Biography of Lal Bahadur Shastri: Second Prime Minister of India
2. Mitrokhin, V.N. The Mitrokhin Archive II: The KGB and the World
3. Srivastava, C.P. Lal Bahadur Shastri: A Life of Truth in Politics
4. Malkani, K.R. Political Mystery
5. D ouglas, G. Conversations with the Crow
6. Perkins, J. Confessions of an Economic Hit Man
7. Nayyar, K. Beyond the Lines
8. Mishra, D.P. The Post-Nehru Era: Political Memoir
9. Kapoor, A. The Age of Awakening
10. Schuman, T. Love Letter to America
11. Schuman, T. World Thought Police
12. Schuman, T. The Art of Subversion
13. Bharat Ke Lal: A Compilation of Memoirs and Essays on Lal Bahadur Shastri
14. Cariappa, K.C. Field Marshal K.M. Cariappa
15. Dalvi, J. Himalayan Blunder
16. Banarjee, P.K. My Peking Memoirs of the Chinese Invasion of India
17. Das, D. India from Curzon to Nehru and After
18. Khanduri, C. Thimayya: An Amazing Life

URLs

1. https://en.wikipedia.org/wiki/Lal_Bahadur_Shastri
2. https://www.pmindia.gov.in/en/former_pm/shri-lal-bahadurshastri/

3. https://www.britannica.com/biography/Lal-Bahadur-Shastri
4. https://www.jagranjosh.com/general-knowledge/lal-bahadurshastri-1411637851-1
5. https://www.dailyo.in/politics/lal-bahadur-shastri-tashkentkgb-russia-rti-congress-pmo-mea-tn-kaul/story/1/8393.html
6. https://www.jagranjosh.com/general-knowledge/lal-bahadur-shastri-1411637851-1https://www.jagranjosh.com/generalknowledge/lal-bahadur-shastri-1411637851-1
7. https://www.bbc.co.uk/blogs/thereporters/soutikbiswas/2009/08/was_mr_shastri_murdered.html
8. https://web.archive.org/web/20130513171010/http://www.hindustantimes.com/India-news/Jaipur/Clear-air-on-Lal-Bahadur-Shastri-s-death-Son/Article1-915545.aspx
9. http://www.freeindia.org/biographies/greatleaders/shastri/page9.htm
10. https://en.wikipedia.org/wiki/Panchjanya_(magazine)
11. https://www.ndtv.com/india-news/post-mortem-on-shastricould-have-been-done-399518
12. https://timesofindia.indiatimes.com/india/45-yrs-on-Shastrisdeath-a-mystery/articleshow/4764773.cms?referral=PM
13. https://www.dnaindia.com/india/report-43-years-on-mysteryshrouds-post-mortem-of-lal-bahadur-shastri-1279124
14. https://lists.bcn.mythic-beasts.com/pipermail/bitlist/2008-October/000400.html
15. https://www.thehindu.com/elections/loksabha2014/north/grandson-banks-on-lal-bahadur-shastris-legacy-to-conquerallahabad/article5982302.ece
16. https://web.archivc.org/web/20101004123524/http://www.rediff.com/news/2004/oct/07spec1.htm
17. http://archive.indianexpress.com/news/shastri-memoriallosing-out-to-sonia-security/738420/0
18. https://pib.gov.in/newsite/erelease.aspx?relid=12805

19. https://web.archive.org/web/20061005034155/http://pmindia.nic.in/speech/content.asp?id=205
20. https://web.archive.org/web/20061005034155/http://pmindia.nic.in/speech/content.asp?id=205
21. https://books.google.co.in/books?id=cwB7ebB8TK8C&pg=PA591&redir_esc=y#v=onepage&q&f=false
22. https://www.rediff.com/news/special/no-iota-of-doubtabout-shastris-death/20190525.htm
23. https://en.wikipedia.org/wiki/1971_Nagarwala_scandal
24. https://www.indiatoday.in/magazine/cover-story/story/19770430-the-nagarwala-case-is-the-truthburied-823665-2014-08-06
25. https://www.sundayguardianlive.com/opinion/nagarwalaprobe-officer-hari-dev-dies
26. https://en.wikipedia.org/wiki/Tashkent_Declaration
27. https://www.mea.gov.in/bilateral-documents.htm?dtl/5993/Tashkent+Declaration
28. https://www.britannica.com/event/Tashkent-Agreement
29. https://www.asianage.com/india/all-india/100118/oftashkent-declaration-and-how-shastri-died-at-the-altar-of-indiapak-friendship.html
30. https://history.state.gov/milestones/1961-1968/india-pakistan-war
31. https://en.wikipedia.org/wiki/Indo-Pakistani_War_of_1965
32. https://www.bbc.com/news/world-asia-india-33815204
33. https://books.google.co.in/books?id=zFyMKRO i46kC&pg=PA33&redir_esc=y#v=onepage&q&f=false
34. https://www.questia.com/library/journal/1P3-141242471/the-indian-end-of-the-telescope-india-and-its-navy
35. http://www.defencejournal.com/may98/thewayitwas1.htm
36. http://www.defencejournal.com/may98/fightergap1.htm
37. https://www.belfercenter.org/publication/inside-storymusharraf-mahmood-tussle
38. https://timesofindia.indiatimes.com/A-word-from-Pak-1965-was-wrong/articleshow/1222586.cms?

39. https://en.wikipedia.org/wiki/File:1965_Infiltrators.jpg
40. https://www.jagranjosh.com/general-knowledge/what-were-the-reasons-behind-indopakistan-war-and-itseffects-1470226470-1
41. https://www.scoopwhoop.com/who-won-the-1965-indo-pak-war/
42. https://www.hindustantimes.com/india/pakistancommentators-question-country-s-1965-war-claims/story-OoMMAoGjEsxtupKH6g6pXP.html
43. https://moderndiplomacy.eu/2018/09/27/chinas-role-in-1965-indo pak-war/
44. https://www.india.com/news/india/pakistan-lost-the-warwith-india-in-1965-new-documents-reveal-528489/
45. https://www.indiatoday.in/magazine/nation/story/20051003-mitrokhin-archive-kgb-operations-in-india-during-coldwar-786931-2005-10-03
46. https://en.wikipedia.org/wiki/Mitrokhin_Archive
47. https://www.telegraphindia.com/opinion/the-kgb-papers-itseemed-like-the-entire-country-was-for-sale/cid/1023636
48. https://www.hindustantimes.com/world/kgb-s-mostextensive-intelligence-files-from-mitrokhin-archive-open-topublic/story-gNIGBmYrCzKlCmUQ1dAyeJ.html
49. https://www.irishtimes.com/news/book-alleges-kgb-cashtrail-to-india-1.494244
50. https://timesofindia.indiatimes.com/world/rest-of-world/KGB-moles-infiltrated-Indiras-PMO/articleshow/1234437.cms
51. https://www.indiatoday.in/magazine/special-report/story/19830331-jayanti-dharma-teja-an-unheraldedcomeback-770561-2013-07-24
52. https://www.rediff.com/money/2009/feb/12-before-rajuthere-was-dharma-teja.htm
53. https://indiankanoon.org/doc/325268/
54. https://bigthink.com/paul-ratner/what-was-the-kgb-and-whydid-it-terrify-the-world

55. https://www.wearethemighty.com/articles/9-infamous-kgbassassination-attempts-straight-out-of-spy-novels
56. https://www.washingtonpost.com/news/monkey-cage/wp/2018/03/13/russia-has-a-long-history-of-eliminatingenemies-of-the-state/
57. https://www.cia.gov/library/center-for-the-study-ofintelligence/kent-csi/vol19no3/html/v19i3a01p_0001.htm
58. https://en.wikipedia.org/wiki/KGB
59. https://en.wikipedia.org/wiki/Cold_War_espionage
60. https://en.wikipedia.org/wiki/Cold_War
61. https://www.britannica.com/topic/Left-Communist
62. https://books.google.co.in/books?id=qA_uT6GrcxEC&pg=PA26&redir_esc=y#v=onepage&q&f=false
63. https://www.history.com/topics/cold-war
64. https://www.britannica.com/event/Cold-War
65. https://www.history.com/topics/cold-war/cold-war-history
66. https://www.jfklibrary.org/learn/about-jfk/jfk-in-history/the-cold-war
67. https://www.nationalgeographic.com/culture/topics/reference/cold-war/
68. https://www.nytimes.com/2017/08/28/opinion/cold-waramerican-soviet-victory.html
69. https://courses.lumenlearning.com/suny-hccc-worldhistory2/chapter/the-iron-curtain/
70. https://en.wikipedia.org/wiki/Iron_Curtain
71. https://www.britannica.com/event/Iron-Curtain
72. https://www.historyonthenet.com/what-was-the-iron-curtain
73. https://www.france24.com/en/20190816-the-iron-curtainfive-things-to-know
74. https://edition.cnn.com/2014/01/02/world/how-the-ironcurtain-collapsed/index.html
75. https://en.wikipedia.org/wiki/Forty-second_Amendment_of_the_Constitution_of_India
76. http://legislative.gov.in/constitution-forty-second-amendmentact-1976

77. https://www.gktoday.in/gk/constitution-42nd-amendmentact-1976/
78. https://www.jagranjosh.com/general-knowledge/indianconstitution-important-amendments-at-a-glance-1409730280-1
79. https://byjus.com/free-ias-prep/42nd-amendment-act/
80. https://en.wikipedia.org/wiki/The_Emergency_(India)
81. https://economictimes.indiatimes.com/news/politics-andnation/democracy-interrupted-some-lesser-known-facts-aboutemergency-1975-77/emergency/slideshow/69940337.cms
82. https://www.news18.com/news/india/the-emergency-of-1975-how-former-pm-indira-gandhi-led-country-to-chaoswhat-followed-2202657.html
83. https://www.indiatimes.com/culture/who-we-are/indiragandhi-interview-tv-eye-1978-585652e6031fe-290724.html
84. https://www.indiatoday.in/magazine/investigation/story/19770531-rukhsana-sultana-the-chief-glamour-girl-ofthe-emergency-823746-2014-08-14
85. https://www.telegraphindia.com/7-days/the-night-nbsp-ofthe-nbsp-long-nbsp-knives/cid/1313962
86. https://indianexpress.com/article/explained/recalling-theemergency-1975-77-the-emergency-at-work/
87. https://www.theguardian.com/global-developmentprofessionals-network/2017/mar/09/indira-jaising-india-is-incrisis-this-fight-is-going-to-go-on
88. https://www.independent.co.uk/news/people/obituarymorarji-desai-1615165.html
89. https://www.thehindu.com/todays-paper/tp-miscellaneous/tpothers/unlearnt-lessons-of-the-emergency/article28026968.ece
90. https://scroll.in/article/736263/bjp-is-mythicising-its-antiemergency-role-it-did-not-face-the-brunt-academic-dl-sheth

91. http://archive.indianexpress.com/news/a-tale-of-threeemergencies-real-reason-always-different/235992/0
92. https://indianexpress.com/ie/daily/20000713/e1.htm
93. https://timesofindia.indiatimes.com/india/Cong-blames-Sanjay-Gandhi-for-Emergency-excesses/articleshow/7181279.cms?referral=PM
94. http://www.legalservicesindia.com/article/1834/Three-typesof-emergencies-under-the-Indian-Constitution.html
95. http://www.legalserviceindia.com/legal/article-1187-nationalemergency.html
96. https://countercurrents.org/2019/06/on-44th-anniversary-of-theemergency-in-india-how-rss-betrayed-the-anti-emergency-struggle
97. http://www.businessworld.in/article/Apart-From-Emergency-10-Other-Major-Things-Happened-In-1975/25-06-2015-82950/
98. https://photogallery.indiatimes.com/news/india/archival-pictures-from-the-emergency-india-1975-1977/articleshow/69940351.cms
99. https://indianexpress.com/article/research/four-reasons-whyindira-gandhi-declared-the-emergency-5232397/
100. https://www.asiatimes.com/2019/07/opinion/indiasvanishing-nuclear-scientists/
101. https://economictimes.indiatimes.com/news/politics-andnation/isro-scientist-found-dead-at-his-residence-in-hyderabadmurder-suspected/videoshow/71406056.cms
102. https://www.change.org/p/investigate-unnatural-deaths-ofindian-scientists-working-on-nuclear-program-and-increasesecurity-to-all-research-staff-families
103. https://www.indiatoday.in/crime/story/isro-scientist-hit-onhead-found-dead-in-hyderabad-home-1605454-2019-10-02
104. https://en.wikipedia.org/wiki/Homi_J._Bhabha
105. https://phys.org/news/2010-10-future-energy-giant-indiathorium-based.html

106. https://www.theguardian.com/environment/2011/nov/01/homi-bhabha-india-thorium-nuclear?intcmp=239
107. https://www.bbc.com/news/world-asia-india-19645550
108. https://timesofindia.indiatimes.com/city/mumbai/operativespoke-of-cia-hand-in-1966-crash-report/articleshow/59826686.cms
109. https://www.indiatoday.in/education-today/gk-currentaffairs/story/homi-bhabha-facts-1378571-2018-10-30
110. https://theprint.in/report/the-theories-india-nuclear-energypioneer-homi-bhabha/31233/
111. http://conversationswiththecrow.com/
112. https://isgp-studies.com/robert-crowley-cia-history
113. https://en.wikipedia.org/wiki/Robert_Crowley_(CIA)
114. https://timesofindia.indiatimes.com/city/mumbai/operativespoke-of-cia-hand-in-1966-crash-report/articleshow/59826686.cms
115. https://spartacus-educational.com/JFKcrowleyR.htm
116. https://en.wikipedia.org/wiki/Timur
117. https://en.wikipedia.org/wiki/Indo-Pakistani_War_of_1971
118. https://en.wikipedia.org/wiki/Indo-Pakistani_wars_and_conflicts
119. https://www.history.com/topics/cold-war/cuban-missile-crisis
120. https://en.wikipedia.org/wiki/Cuban_Missile_Crisis
121. https://en.wikipedia.org/wiki/K._Kamaraj
122. https://theprint.in/politics/k-kamaraj-the-southern-stalwartwho-gave-india-two-pms/127890/
123. https://www.scoopwhoop.com/inothernews/lal-bahadurshastri-conspiracy/
124. https://www.rediff.com/news/special/no-iota-of-doubtabout-shastris-dcath/20190525.htm
125. https://economictimes.indiatimes.com/news/politics-andnation/declassify-documents-on-lal-bahadur-shastris-deathsays-ex-pms-son/articleshow/64699947.cms?from=mdr
126. https://en.wikipedia.org/wiki/Sino-Indian_War

127. https://www.indiatoday.in/india/story/the-guilty-menof-1962-india-china-war-jawahar-lal-nehru-krishnamenon-185333-2014-03-18
128. http://www.bbc.co.uk/schools/gcsebitesize/history/mwh/ir2/eventsofthecrisisrev1.shtml
129. https://www.thehindu.com/opinion/lead/publish-the-1962-war-report-now/article3591887.ece
130. https://timesofindia.indiatimes.com/city/kolkata/Face-mappingshows-man-with-Lal-Bahadur-Shastri-at-Tashkent-could-be-Netaji-Subhas-Chandra-Bose/articleshow/50147078.cms
131. https://www.dailyo.in/politics/tashkent-files-subhash-chandrabose-lal-bahadur-shastri-subhash-chandra-bose-death-mysterynarendra-modi-nehru/story/1/30504.html
132. https://lawzmag.com/2016/12/07/the-tragic-death-of-lalbahadur-shastri-and-the-mystifying-netaji-subhas-chandrabose-angle/
133. https://www.indiatoday.in/india/delhi/story/netajifiles-tashkent-angle-may-divulge-new-facts-about-bosesdeath-276935-2015-12-13
134. https://www.asianage.com/books/060117/bose-a-case-ofwhat-could-have-been.html
135. https://www.dailyo.in/variety/subhash-chandra-bosegumnami-baba-jawaharlal-nehru-soviet-union-sahaicommission-yogi-adityanath/story/1/21665.html
136. https://www.timesnownews.com/india/article/gumnamibaba-was-not-netaji-subhash-chandra-bose-but-his-followersahai-commission-report/530352
137. https://timesofindia.indiatimes.com/city/lucknow/netaji-kinfor-gumnami-baba-case-probe-by-sit/articleshow/62628163.cms
138. https://www.indiatoday.in/india/story/netajisubhas-chandra-bose-gumnami-baba-probe-reportinconclusive-1572821-2019-07-24

139. https://www.indiatoday.in/india/story/exclusive-upsgumnami-baba-netaji-disguise-bose-family-writes-modi-govtagainst-book-1470934-2019-03-05
140. https://en.wikipedia.org/wiki/List_of_scandals_in_India
141. https://yourstory.com/2017/12/8-scams-india
142. https://www.indianmirror.com/indian-industries/indianscams/scamhome.html
143. https://www.indiatoday.in/india/story/congress-nehrusyama-prasad-mookerjee-jp-death-inquiry-1554722-2019-06-23
144. https://m.dailyhunt.in/news/india/english/news+gram+24-epaper-newsgram/what+was+the+reason+behind+sh yama+prasad+mukherjee+death+was+he+murdered-newsid-95291811
145. https://www.rbth.com/arts/2013/10/02/lal_bahadur_shastris_death_in_tashkent_still_raises_questions_29837
146. https://www.outlookindia.com/magazine/story/the-nightshastri-died-and-other-stories/281456
147. https://www.dailyo.in/politics/lal-bahadur-shastri-tashkentkgb-russia-rti-congress-pmo-mea-tn-kaul/story/1/8393.
148. https://www.thequint.com/news/politics/lal-bahadur-shastrivs-morarji-desai-kuldip-nayar-second-prime-minister-of-india

VIDEOS

1. https://www.youtube.com/watch?v=mutRFWWBKG8
2. https://www.youtube.com/watch?v=tGhRkRlPu2A
3. https://www.youtube.com/watch?v=X2FM3_h33Tg
4. https://www.youtube.com/watch?v=xd2HBaQ7GH0
5. https://www.youtube.com/watch?v=K8YMBpLA MTg
6. https://www.youtube.com/watch?v=nr6L7wkzqhA
7. https://www.youtube.com/watch?v=rC4860IpvTg
8. https://www.youtube.com/watch?v=iku7_nJBPSo
9. https://www.youtube.com/watch?v=F_bylS_E6Ug
10. https://www.youtube.com/watch?v=SECD0lixXUM
11. https://www.youtube.com/watch?v=1F_tcuuM91A
12. https://www.youtube.com/watch?v=PTlA7FRMD9E

13. https://www.youtube.com/watch?v=tcdygN0a7IA
14. https://www.youtube.com/watch?v=SzE6I43k4II
15. https://www.youtube.com/watch?v=DWXwVK7rrNY
16. https://www.youtube.com/watch?v=OUHvi0i4Q0Q
17. https://www.youtube.com/watch?v=4yEIOU5-g-w
18. https://www.youtube.com/watch?v=k9MgBGtVX0Q

ADDITIONAL MATERIAL

1. Parliament Debate Records, courtesy Anuj Dhar
2. Lalita Shastri's interview in Dharmayug
3. Henderson Brooks Report on the Sino-Indian War
4. CIA's declassified documents on the 1962 War
5. Various news features, video clippings, documentaries
6. Video recorded interviews in India and Tashkent conducted by our research team
7. Crowd-sourced research. (Even though we didn't depend on it for its lack of authenticity, it directed us in directions where we wouldn't have gone otherwise)